Erwartungen an die Erziehungsberatung

Ralf Kaisen

Erwartungen an die Erziehungsberatung

Inhalte und Auswirkungen der Wünsche und Vermutungen von Klienten und Beratern

Waxmann Münster/New York

Die Deutsche Bibliothek - CIP-Einheitsaufnahme

Kaisen, Ralf:
Erwartungen an die Erziehungsberatung : Inhalte und
Auswirkungen der Wünsche und Vermutungen von
Klienten und Beratern / Ralf Kaisen - Münster ; New
York : Waxmann 1992
    (Internationale Hochschulschriften)
    Zugl.: Münster (Westfalen), Univ., Diss., 1991
    ISBN 3-89325-107-3

D 6

INTERNATIONALE HOCHSCHULSCHRIFTEN
Die Reihe für sehr gute und ausgezeichnete Dissertationen

ISSN 0932-4763
Internationale Hochschulschriften
ISBN 3-89325-107-3
© Waxmann Verlag GmbH, Münster/New York 1992
Postfach 8603, 4400 Münster, F.R.G.
Waxmann Publishing Co.
P.O. Box 1318, New York, NY 10028, U.S.A.

Umschlaggestaltung: Ursula Stern

Vorwort

Die Idee zu der vorliegenden Arbeit entstand in Zusammenarbeit mit Praktikern in Erziehungsberatungsstellen, die sich fragten, was die Öffentlichkeit über ihre Arbeit denkt. Ausgehend von diesem Punkt wurde mir immer klarer, wie zentral eine solche Frage nicht nur im Vorfeld der Beratung, sondern auch für den Beratungsprozeß insgesamt sein kann. Die Vielschichtigkeit dieses Themas und seine Bedeutung weit über den Rahmen eines einzigen Beratungssektors hinaus, hat mich während der Zeit der Erarbeitung und Durchführung der empirischen Untersuchung zu dieser Frage und ihrer zusätzlichen Facetten im Bereich der Erziehungsberatung gleichbleibend beeindruckt und motiviert.

An dieser Stelle sei all jenen gedankt, die mich auf ganz unterschiedliche Weise im Verlauf des Projekts begleitet haben und auf ihre Art zur Realisierung der Arbeit beigetragen haben.

Mein Dank gilt zuerst einmal dem Betreuer der Arbeit, Herrn Prof. Dr. Hanko Bommert, der sich die Zeit nahm und die Geduld aufbrachte, mir zuzuhören, und dessen fachliche und pragmatische Hinweise mir an manchen Wegkreuzungen den Blick für den gangbaren Weg ermöglicht haben.
Zudem danke ich den Erziehungsberatern und Klienten, die sich zusätzlich zu den manchmal aufreibenden Anforderungen des Beratens oder Beratenwerdens der Mühe unterzogen haben, bei der Befragung mitzuwirken.
Von den beteiligten Praktikern bin ich vor allem Frau Diplom-Psychologin Felicitas Lehmann und Herrn Diplom-Psychologen Heinz-Josef Hülsmann zu Dank verpflichtet, die mir mit ihrem praxisorientierten Urteil bei der Planung der Untersuchung zur Seite standen und mich bei der Werbung um Untersuchungsteilnehmer unterstützt haben.
Mein Dank gilt auch dem Cusanuswerk, ohne dessen finanzielle Unterstützung dieses Projekt sicher nicht hätte zustande kommen können.

Sicher nicht an letzter Stelle sei Petra dafür gedankt, daß sie mir geholfen hat, immer festen Boden unter den Füßen zu behalten.

Münster, im Oktober 1991

Inhaltsverzeichnis

0. Einleitung

Die Einstellung der Öffentlichkeit zu den Angeboten der psychosozialen Versorgung ist ein Thema, das von Praktikern in diesem Bereich schon seit geraumer Zeit als wichtige Randbedingungen ihrer Arbeit diskutiert wird. Informationen über solche Einstellungen lassen sich grundsätzlich auf zwei verschiedene Weisen gewinnen. Zum einen geben die Anlässe, die Menschen motivieren, ein professionelles Beratungsangebot wahrzunehmen, indirekt Auskunft über ihre Vorstellungen von Zuständigkeit, Arbeitsweise und Erfolgschancen dieser Institution. Der zweite, und sicher direktere Zugang zu solchen Einstellungen besteht in der konkreten Befragung von Menschen, die sich an solche Stellen wenden, und von Personen, die dies in vergleichbaren Lebensumständen nicht tun. Beide Zugangswege zu solchen Informationen sind bislang mehrfach beschritten worden, und so liegen zumindest einige vereinzelte Informationen zu den Einstellungen von Menschen gegenüber verschiedenen Institutionen des psychosozialen Beratungssektors vor. Das Interesse an solchen Einstellungen bei den Praktikern ist als solches bereits legitim, doch es steckt weit mehr hinter dieser Frage als die Neugier danach, wie andere die eigene Arbeit beurteilen. Solche Einstellungen haben, so die unter Praktikern und Theoretikern verbreitete Überzeugung, wichtige Auswirkungen auf verschiedene Aspekte der Beratungspraxis. Diese Annahme ist jedoch trotz ihrer weiten Verbreitung auf empirischem Wege bislang nicht überzeugend geklärt worden.

Dessen ungeachtet scheinen schon seit geraumer Zeit Hypothesen oder stillschweigend als Allgemeingut vorausgesetzte "Erkenntnisse" zu den Effekten solcher Einstellungen an vielen Stellen der Literatur auf.

So fragt etwa Brackmann (1974, S.230): "Hat die EB bei Angestellten und Beamten ein besseres Image? Wenn ja, dann sind die Erwartungen an die EB optimistischer und es fällt leichter, dorthin zugehen." In eine ähnliche Richtung geht der Hinweis von Ell (1974, S. 445): "In früheren Tätigkeitsberichten wurde immer wieder Klage darüber geführt, daß die Eltern von sich aus in so geringer Zahl kommen, weil sie die EBSt mit dem Jugendamt identifizieren; denn mit einem "Amt" haben die Menschen nicht gerne zu tun."

An anderer Stelle wird zudem die Vermutung geäußert, daß die Erwartungen von Klienten an die Beratung "den gesamten Beratungsablauf beeinflussen" (Gmür et al. 1984, S.157), oder daß Klienten eine Beratung abbrechen, "weil sie eine andere Form der Hilfe erwartet haben" (Wegner 1975, S.827).

Wenn solche Annahmen bei den Praktikern vorliegen, dann ist zu vermuten, daß sie in ihrer Praxis z.T. auch handlungsleitend sind. Von daher ergibt sich die Notwendigkeit, diese Annahmen auch empirisch zu überprüfen.

Wie die obigen Äußerungen andeuten, lassen sich vor allem zwei Bereiche des

1

Therapie- oder Beratungsgeschehens benennen, in denen den Einstellungen von Klienten eine wichtige Funktion zugeschrieben wird.

Erstens haben solche Einstellungen, so wird vermutet, eine Bedeutung für die Inanspruchnahme von Beratungsangeboten. Das allgemeine "Image" solcher Stellen und der dort beschäftigten Berufsgruppen, aber auch konkrete Erwartungen bezüglich des institutionellen Rahmens, der Art und Effektivität des beraterischen Vorgehens oder des persönlichen Auftretens der Berater werden als grundlegendes Kriterium der Entscheidung für oder gegen ein Aufsuchen dieser Stellen angesehen. Während diese Annahme bereits zum Allgemeingut geworden ist und in ungezählten Veröffentlichungen zur Beratung weiterverbreitet wird, liegen jedoch kaum empirisch fundierte Aussagen zu der konkreten Ausprägung und den Mechanismen eines solchen Zusammenhangs vor. Obwohl sich sehr schlüssige theoretische Überlegungen zu den Zusammenhängen zwischen bestimmten Erwartungen an Erziehungsberatungsstellen und der Inanspruchnahme dieser Stellen finden lassen (vgl. Koschorke 1973, Gmür et al. a.a.O.), steht die empirische Überprüfung dieser Hypothesen noch aus.

Gerade für die Erziehungsberatung, eines der bestausgebauten institutionalisierten Beratungsangebote, ist dieser Gedanke von besonderer Relevanz. Der per Richtlinien ausschließlich freiwillige Zugang und die Funktion als "erste Anlaufstelle" bei Erziehungsproblemen macht es gerade für diese Institution notwendig sich zu fragen, welche Einstellungen die Öffentlichkeit ihr gegenüber hat, welches die Quellen solcher Einstellungen sind und ob es bestimmte Vorstellungen gibt, die als Zugangshemmnisse wirken könnten.
Diese Frage ist von emprischer Seite jedoch bislang nur sehr vereinzelt gestellt worden. Die weitgehende Unkenntnis der Erziehungsberater über die Einstellungen der Öffentlichkeit gegenüber ihrer Einrichtung kommt deutlich in einer Untersuchung von Schmidtchen et al. (1983) zum Ausdruck.
Gerade solche Kenntnisse sind aber eine grundlegende Voraussetzung für die in Richtlinien und Absichtserklärungen aus dem Bereich der Erziehungsberatung geforderte Öffentlichkeitsarbeit, die u.a. auch als ein gangbarer Weg zur Verbesserung der immer wieder beklagten Zugangsproblematik ("Mittelschichtorientierung") angesehen wird. Nur wenn deutlich ist, bei welchen potentiellen Klienten welche Informationsdefizite oder inadäquate Erwartungen vorliegen und woher diese Erwartungen stammen, kann eine solche Öffentlichkeitsarbeit, die die möglicherweise bestehenden Zugangshemmnissse und Schwellenängste abbauen will, über ein "Schrotschußverfahren" hinausgehen.
Auch in der seit einigen Jahren mit ziemlicher Vehemenz geführten Debatte bezüglich der Frage, ob die Erziehungsberatung mit ihrem Angebot offensiv auf die

Öffentlichkeit und besonders auf "Problemgruppen" zugehen soll (Geh-Struktur), oder bei durchaus verstärkter Außendarstellung die Inanspruchnahme des Beratungsangebots durch die Klienten abwarten soll (Komm-Struktur), wird immer wieder mit den Bedürfnissen und Erwartungen der Öffentlichkeit argumentiert. Es ist also offensichtlich auch für diese grundlegende Entscheidung über die gewählte Arbeitsweise der Erziehungsberatung notwendig, daß systematische Erkenntnisse darüber vorliegen, welche Einstellungen in der Öffentlichkeit zu dieser Beratungsarbeit vorliegen.

Neben der Frage des Zugangs deuten die obigen Zitate jedoch noch auf einen zweiten Bereich hin, in dem die Klienteneinstellungen als wichtiger Faktor angesehen werden. Hier wird vielfach vermutet, daß die Erwartungen, Vorstellungen, Vorurteile, Ängste und Wünsche, die Klienten zum Erstgespräch mitbringen, mit dem Verlauf und dem Erfolg der Beratung zusammenhängen. Das Bestehen eine solchen Zusammenhangs hätte natürlich nicht nur eine große Relevanz für den Umgang mit Klientenerwartungen im Vorfeld, zu Beginn und im Verlauf der Beratung (d.h. soll man Klienten im Vorfeld der Beratung umfassend informieren, ihren Wünschen entsprechen, Erwartungen thematisieren, Berater und Klienten auf der Basis solcher Erwartungen einander zuordnen?), sondern würde auch konkrete Konsequenzen für die Gestaltung der Öffentlichkeitsarbeit nahelegen. Allerdings ist auch zu dieser Frage im Bereich der Erziehungsberatung noch kaum empirisch gearbeitet worden. Vermutlich liegt dies weniger daran, daß man dieser Frage keine Relevanz zumißt, sondern daß die Bedeutung der Klienteneinstellungen für den Beratungsverlauf als gesicherte Erkenntnis vorausgesetzt wird.

Es hat sich zwar seit den sechziger Jahren ausgehend von der Diskussion um die Begriffe der Spontanremission und des Placeboeffektes ein eigenständiger Forschungszweig entwickelt, der die Rolle von Klienten und Beratereinstellungen für den Verlauf und Erfolg der Beratung untersucht, jedoch sind diese Ergebnisse in institutionellen und kulturellen Kontexten entstanden, die dem der hiesigen Erziehungsberatung kaum entsprechen. Wie verschiedene Untersuchungen gezeigt haben (vgl. Yuen & Tinsley 1981), können solche Ergebnisse nicht ohne weiteres auf die Bedingungen anderer Beratungsumstände übertragen werden. Zum anderen enthalten die meisten Arbeiten ein Konzept von Klienteneinstellungen, das dem theoretischen Diskussionsstand um dieses Konstrukt bei weitem nicht mehr entspricht. Dementsprechend uneinheitlich und widersprüchlich sind dann auch die Ergebnisse dieses Forschungszweiges.

In neuerer Zeit ist der Einstellungsbegriff für den Beratungssektor jedoch entscheidend weiterentwickelt worden und es zeigt sich nunmehr die Möglichkeit, mit dem entstandenen Konzept der "Beratungserwartungen" zu schlüssigeren Aussagen über die Rolle von Klienten- und Beratererwartungen für den Beratungsverlauf und -erfolg zu kommen.

Insgesamt zeigt diese Sachlage die Notwendigkeit, den beschriebenen Annahmen und Hypothesen systematische empirische Erkenntnisse zu den Inhalten und Auswirkungen von Klienteneinstellungen im Vorfeld und im Verlauf der Erziehungsberatung gegenüberzustellen. Angesichts der Möglichkeit, dies mit dem nunmehr differenzierten Erwartungsbegriff auch leisten zu können, soll deshalb mit der vorliegenden Arbeit die Frage verfolgt werden, welche Erwartungen die Klienten von Erziehungsberatungsstellen äußern, woher sie diese Erwartungen beziehen und welche Zusammenhänge sich zwischen diesen Erwartungen und dem Beratungsverlauf und -erfolg abzeichnen. Da solche Erwartungen erst dann sinnvoll einzuordnen sind, wenn man auch die entsprechenden Vorstellungen der Berater berücksichtigt, sollen auch deren Beratungserwartungen thematisiert werden.

Das Ziel der Arbeit soll es also sein, die Quellen und möglichen Auswirkungen von Klienten- und Beratererwartungen zu ermitteln, um damit Hinweise für den Umgang mit solchen Erwartungen im Vorfeld und im Verlauf der Erziehungsberatung zu erarbeiten.

Zu Beginn der Arbeit wird es wird es jedoch zuerst darum gehen, die Basis für ein Verständnis der Klienteneinstellungen zu schaffen, indem versucht werden soll, das Erscheinungsbild des Einstellungsgegenstandes "Erziehungsberatungsstelle" näher zu beleuchten. Im Anschluß daran sollen zur genaueren Ausdifferenzierung der Fragestellung diejenigen Befunde erläutert werden, die bislang über die Einstellungen und Erwartungen der Klienten gegenüber Einrichtungen der psychosozialen Versorgung und insbesondere der Erziehungsberatung vorliegen und es soll dargestellt werden, was sich zu der Rolle dieser Erwartungen für den Beratungs- verlauf- und erfolg bis heute herausgestellt hat. Dabei wird insbesondere auch auf die konzeptuellen und methodischen Konsequenzen von vorliegenden Untersuchungen für den empirischen Teil der Arbeit zu achten sein.
Aus diesen empirischen Befunden und methodischen Schlußfolgerungen soll dann ein Konzept für die empirische Untersuchung von Beratungserwartungen "im Feld" der Erziehungsberatung erarbeitet werden.
Der dritte Teil der Arbeit wird sich ausführlich mit den Ergebnissen dieser Untersuchung, die als Befragung konzipiert sein wird, beschäftigen, und im abschließenden Teil eine Reihe wichtiger Implikationen der entstandenen Befunde für die o.g. Fragestellung darstellen.

I. Inhalte und Auswirkungen von Beratungserwartungen aus theoretischer und empirischer Perspektive

1. Das gegenwärtige Erscheinungsbild der institutionellen Erziehungsberatung

Die Erwartungen von Klienten der Erziehungsberatung stehen im Mittelpunkt des Interesses dieser Arbeit. Um solche Erwartungen besser einordnen zu können, sollen im folgenden die gegenwärtigen Arbeitsbedingungen und praktischen Vorgehensweisen der institutionellen Erziehungsberatung (EB) kurz beleuchtet werden.

1.1 Erziehungsberatung als Teil des psychosozialen Versorgungssystems

Die institutionelle Erziehungsberatung hat sich seit dem Bestehen der Bundesrepublik zu einem bedeutsamen Sektor der psychosozialen Versorgung entwickelt. Nach einer neueren Erhebung von 1988 finden sich 799 der Bundeskonferenz für Erziehungsberatung (BKfE) bekannte Erziehungs- und Familienberatungsstellen, in denen 3947 Fachmitarbeiterstellen (voll- und teilzeit) zur Verfügung stehen (BKfE 1990). Allerdings zeigt diese recht große Zahl nicht, daß, gemessen an der bereits 1956 von der Weltgesundheitsorganisation aufgestellten Richtzahl von einer Erziehungsberatungsstelle (EBSt) für je 45000 Einwohner (Buckle & Lebovici 1960), noch etwa 400 EBStn fehlen (vgl. BKfE 1988b). Insbesondere ländliche Gebiete müssen weiterhin als unterversorgt gelten (Presting 1987a, S.34ff.). Dabei zeichnet sich seit Mitte der sechziger Jahre eine Verlangsamung und seit Beginn der achtziger Jahre eine deutliche Stagnation des weiteren Ausbaus von EBStn ab. Die daraus resultierenden Konsequenzen wie längere Wartelisten, Einschränkungen der beraterischen Arbeit oder unzureichende Möglichkeiten für präventive Ansätze liegen auf der Hand und sollen hier nicht weiter diskutiert werden (vgl. dazu Tuchelt-Gallwitz 1970, Smid & Armbruster 1980, Buj et al. 1981, Hölzel 1981, Seitz 1982, Gerlicher et al. 1990).

Gemäß dem Subsidiaritätsprinzip liegt die Trägerschaft der einzelnen EBStn mittlerweile nicht mehr vornehmlich bei den durch das Jugendwohlfahrtsgesetz zur Einrichtung solcher Stellen verpflichteten Jugendämtern, sondern in zunehmendem Maße bei konfessionellen Trägern (vgl. Tab.1).

Träger der EBSt	% - Anteil
Kommunen / Kreise	40.1
Caritas / Kath. Kirche	28
Diakonisches Werk / evang. Kirche	17.6
AWO, DPWV, DRK	4.7
sonstige konfessionelle Träger	4.9
sonstige freie Träger	4.6

Tab. 1: Anteile der EBStn nach Trägern (nach Presting 1987b)

Wenn auch die EB mit den genannten Zahlen gemessen am "gesamten Wohlfahrts-
system der BRD (...) nur einen kleinen Teilbereich darstellt" (Buer 1984b, S.50), so
kommt ihr doch eine besondere Bedeutung zu, da sie dem in der Psychiatrie-Enquete
(Deutscher Bundestag 1975) so benannten "ambulanten Zugangs- und Behandlungs-
bereich" angehört, der neben der eigentlichen Behandlungsfunktion vor allem auch
eine Integrations- und Schaltstellenfunktion besitzt. Damit wird der EB ein Platz an
der Schnittstelle zwischen den verschiedenen Einrichtungen der Familien- und
Jugendhilfe zugewiesen, der einerseits "Selektionsprozesse" (Flöter-Derleth 1977)
erfordert und zudem präventive als auch kurative Leistungen an der Grenze zum
Gesundheitswesen einschließt (vgl. Schütt 1978, Höger 1987a). Dies bedingt die
Notwendigkeit zur Zusammenarbeit mit Einrichtungen des Gesundheitswesens und der
Jugendhilfe als eine vermittelnde und vermittelte Instanz und führt dazu, daß die
EB in dieser Rolle für eine Vielzahl von Menschen als erste Anlaufstelle (nach dem
Arzt) im Rahmen des psychosozialen Versorgungssystems fungiert. Diese Annahme
wird durch die Zahlen zu den Zugangswegen der EBSt-Klienten gestützt, die einen
Selbstmelderanteil von 30% bis zu 50% (davon 1/2 bis 2/3 Erstanmeldungen) aufzeigen
und als "Überweisungsinstanzen" im wesentlichen Schulen, Jugendämter, Ärzte und
Kindergärten nennen (vgl. Brackmann 1974, Ell 1974, Rey et al. 1978, Keppler 1979,
Smid & Armbruster a.a.O., Hölzel a.a.O., Presting 1987a, Straus et al. 1988).

Für die Arbeit der EBStn bedeutet dies konkret, daß sie sich mehr als andere Stellen
mit Klienten auseinanderzusetzen haben, die sie ohne Vorerfahrungen aus dem
psychosozialen Bereich aufsuchen und somit als Vor"wissen" vor allem solche
Einstellungen mitbringen, welche das aktuelle gesellschaftliche Bild von sozialer
Arbeit, Beratung und Therapie widerspiegeln.
Wenn man davon ausgeht, daß solche Einstellungen für den (per Richtlinien
ausschließlich freiwilligen) Zugang selbst und für den Ablauf der Beratung von
Bedeutung sind, muß sich die EB in besonderem Maße mit den Vorstellungen der
Öffentlichkeit über ihr Selbstverständnis und ihr konkretes Vorgehen in der Arbeit

mit Klienten auseinandersetzen.

Wofür EBStn zuständig sind, welche Aufgaben sie zu übernehmen haben und welche Organisationsstruktur ihrer Arbeit zugrunde liegen soll, darüber liegen seit der Aufstellung von Grundsätzen für die einheitliche Gestaltung von EBStn (s. in Spittler & Specht 1984) übergeordnete Richtlinien vor.

Danach sollen EBStn auf der Grundlage von Freiwilligkeit, Kostenlosigkeit und Verschwiegenheit allen an der Erziehung Beteiligten ohne Vorbedingungen offenstehen. Zusätzliche Rahmenbedingungen der Arbeit geben dabei die Prinzipien der fachlichen Unabhängigkeit, gleichberechtigten Interdisziplinarität und Weiterbildungsverpflichtung vor (vgl. Hölzel a.a.O., Andre 1983).

Neben diesen Grundsätzen, die für die Entwicklung und Arbeitsweise der EBStn weitreichende Konsequenzen haben (s.u.), stecken die Richtlinien zudem den Arbeitsbereich der EB ab.

In Anlehnung an diese Richtlinien beschreibt die BKfE (1988a, S. 238) folgende Aufgaben von EBStn. Demnach sind die EBStn aufgefordert:

■ Diagnosen zu stellen bei Erziehungsschwierigkeiten und Entwicklungsstörungen und dabei körperliche, seelische und soziale Verursachungen zu berücksichtigen;

■ Beratungen durchzuführen mit Kindern, Jugendlichen, Eltern und anderen beteiligten Personen;

■ psychotherapeutische Maßnahmen einzuleiten, durchzuführen oder zu veranlassen, um Schwierigkeiten zu beheben und die seelische Entwicklung der Kinder und Jugendlichen zu fördern;

■ vorbeugend tätig zu werden, indem sie mit anderen Institutionen kooperieren und auftretende Probleme im Vorfeld zu lösen versuchen

■ ihre Erfahrungen in der Öffentlichkeit bekannt zu machen und Eltern, Familien und Erzieher über Fragen des Zusammenlebens zu orientieren.

Die damit formulierten Aufgaben von Diagnose, Beratung / Therapie, Zusammenarbeit mit anderen Institutionen, Prävention und Öffentlichkeitsarbeit umreißen ein Gebiet, dessen inhaltliche Ausgestaltung sehr weite Grenzen läßt. Während die Zielgruppe (Eltern, Familien und Erzieher) und die Problemstellungen (Erziehungsschwierigkeiten und Entwicklungsstörungen) relativ klar umgrenzt sind, ist über die Ausgestaltung der Aufgaben und insbesondere die Schwerpunktsetzungen wenig Konkretes ausgesagt.

Auch von theoretischer Seite ist das Gebiet von Beratung und Therapie im Bereich der EB auf vielfältige Weise definiert und abgegrenzt worden (zur Übersicht vgl. Nestmann 1984). So definiert Bommert (1980, S. 424) Beratung als die "wissenschaftlich fundierte Klärung und Beeinflussung individuellen menschlichen Verhaltens mit dem Ziel der Prophylaxe und Behandlung von Fehlentwicklungen auf der Basis der wissenschaftlichen Erkenntnisse der Psychologie, Soziologie, Medizin und Pädagogik"

und sieht Erziehungsberatung als eine solche Beratung an, die sich auf die "Klientengruppe von Kindern, Jugendlichen und Eltern/Erziehern" bezieht. Dabei gehen in diesen Beratungsbegriff Aspekte ein, die sonst häufig unter den Begriffen 'Beratung' vs. 'Therapie' subsumiert werden.

Angesichts der Tatsache, daß eine eigentliche "Beratungstheorie" nicht vorliegt (Junker 1977, Riedrick 1989) und sich die Beratungspraxis somit an vorliegenden Konzepten aus den o.g. Disziplinen orientieren muß, erscheint eine solch breite Definition sinnvoll.

Es wird hier jedoch deutlich, daß weder von seiten der Richtlinien noch von theoretischer Seite eine klare Konzeptualisierung von Erziehungsberatung möglich ist.

Einerseits wird angesichts dieser Offenheit spätestens seit den siebziger Jahren immer wieder heftig diskutiert, wie eine angemessene Ausgestaltung der formulierten Aufgaben der EB (z.B. Ell 1977, Buer 1984b, Gerlicher 1987) auszusehen habe, andererseits wird der den EBStn zugestandene "Freiraum" übereinstimmend als integraler Bestandteil effektiven Arbeitens anerkannt (vgl. Specht 1982, Gerlicher a.a.O.).

Faktisch bedeutet dies jedoch, daß es "die Praxis" der EB nicht gibt, sondern eine Vielzahl unterschiedlicher Ansätze und methodischer Zugänge.

Damit sehen sich sowohl Klienten als auch "zuweisende" Instanzen stark differierenden Angeboten gegenüber, die alle unter dem gleichen Label angeboten werden.

"Das bedeutet, daß für den Ratsuchenden, wenn er nicht selbst über weitreichende Informationen und Kenntnisse verfügt, nicht überschaubar ist, welcher Form von Problemsicht er sich anvertraut, wenn er eine solche Stelle in Anspruch nimmt" (Hornstein 1977, S.727).

Vor allem in besser versorgten Gebieten wie dem großstädtischen Bereich, sind Situationen denkbar, in denen Informationen über die EBSt in einem Stadtteil für eine zweite EBSt in einem anderen Stadtteil nicht zutreffen. Hinzu kommt, daß sich auch innerhalb einer EBSt häufig recht unterschiedliche Vorgehensweisen der einzelnen Mitarbeiter bei ähnlichen Problemstellungen gegenüberstehen (vgl. Ell 1974, Flöter-Derleth a.a.O., Eckhardt 1985).

Damit soll keineswegs verkannt werden, daß sich hier eine grundsätzlich positive

Flexibilität der EB zeigt, die ein Zusammenwirken und Ineinandergreifen verschiedener Ansätze und eine notwendige Anpassung an regionale Erfordernisse ermöglicht. Es ergeben sich jedoch möglicherweise durch diese Heterogenität der Vorgehensweisen Probleme in der Art, daß Klienten Vorinformationen über die Arbeit einer EBSt besitzen, die für die von ihnen in Anspruch genommene Stelle nicht zutreffen.

Einen Versuch, diese Heterogenität inhaltlich zu klären, stellen die sieben von Schlag & Langenmayr (1982) per Faktorenanalyse von EBSt-Tätigkeitsberichten gefundenen Dimensionen dar, mit denen sich unterschiedliche Schwerpunktsetzungen einzelner EBStn beschreiben lassen. Im einzelnen fanden sie folgende sieben "Merkmalskategorien" (S.90f.): Größe, klinisch-therapeutische Orientierung, konkrete Hilfeleistung u. Zusammenarbeit mit anderen Stellen, Betonung von Eigenständigkeit der EBSt, Eltern- und Erwachsenenarbeit, Betonung bestimmter Arbeitsinhalte (besonders Gruppenarbeit), beschäftigungs- und spieltherapeutische Orientierung.

Inwiefern hier möglicherweise Probleme dadurch entstehen, daß Klienten mit unzutreffenden Vorinformationen zu einer EBSt kommen, soll der empirische Teil klären.

1.2 Praxis und institutionelle Bedingungen der Erziehungsberatung

Es kann an dieser Stelle nicht darum gehen, den verschiedenen neueren Darstellungen von Aufgaben, Arbeitsformen und Organisationsstrukturen der EB (vgl. Schmidt 1978, Hölzel a.a.O., Zygowski 1984, Engels 1985, Hundsalz 1991) eine weitere hinzuzufügen, sondern es soll der Frage nachgegangen werden, mit welchem Erscheinungsbild die verschiedenen EBStn ihren potentiellen Klienten gegenüber- treten, um dieses Bild als Folie zu verwenden, vor der sich die konkreten Erwartungen ihrer Klientel abzeichnen. Ohne Anspruch auf Vollständigkeit sollen dazu im folgenden schlaglichtartig einige zentrale gegenwärtige Kontextbedingungen, Merkmale und Entwicklungen der Erziehungsberatung beleuchtet werden, die als Bedingungsfaktoren für Klientenerwartungen in Betracht kommen.

1.2.1 Gegenwärtige therapeutisch-beraterische Vorgehensweisen

In der Entwicklung der Erziehungsberatung läßt sich eine fortlaufende Veränderung der Art therapeutischer Problemdefinitionen und der damit einhergehenden schwerpunktmäßig angewendeten Beratungs- u. Therapiestrategien beobachten (zum Verlauf dieser Entwicklung in der EB vgl. Andriessens 1980, Seitz a.a.O., Buer 1984a, Nestmann a.a.O., Post 1987).

Mit dem Beginn des Anspruches, "Therapie" in den Beratungsstellen anzubieten und mit dem Einsetzen einer weiten Qualifikationswelle über Zusatzausbildungen entstand mithin das, was heute als "Methodenorientierung" beklagt wird. Nach Phasen, in denen zuerst psychoanalytische und später testdiagnostische Vorgehensweisen im Vordergrund standen (Nestmann a.a.O.), wurden vor allem die verhaltens- und gesprächspsychotherapeutischen Ansätze inklusive ihrer spiel- und gruppentherapeutischen Ableger übernommen (vgl. Darstellungen der Ansätze bei Bommert & Plessen 1978, Schmidt a.a.O., Marmon 1979). Dieses Nebeneinander führte auch innerhalb der Beratungsteams zum Teil zu "Glaubenskämpfen" (Post a.a.O., Eckhardt a.a.O.) bezüglich der adäquaten Vorgehensweisen. Bis in die siebziger Jahre blieben diese Ansätze im Mittelpunkt der Beratungspraxis, auch wenn weitere Verfahren wie z.B. körperorientierte Ansätze, Musiktherapie (Beimert 1985) oder Gestalttherapie (Rahm 1979 zit. nach Nestmann 1984) angewendet wurden.

Vereinfacht betrachtet vollzog sich ein Wandel von einem "psychodiagnostischen Modell" (Schmidt a.a.O.), das auf der Grundlage diagnostischer Methoden zu Ratschlägen für die Eltern kam, über ein "entscheidungstheoretisches Modell", das v.a. kindorientierte therapeutische Maßnahmen nach sich zog, zu einem "verhaltenstheoretischen Modell", das die Eltern direkt in die Beratung bzw. Therapie ("Elterntraining") mit einbezog (vgl. Seitz a.a.O.).

Die Vielfalt der heute nebeneinander bestehenden beraterisch-therapeutischen Ansätze spiegelt sich in den Ergebnissen verschiedener Untersuchungen wider. Bei der o.g. Analyse der Tätigkeitsberichte von 39 EBStn (Schlag & Langenmayr a.a.O., S.86) wird über folgende Tätigkeiten berichtet:

- Einzelgespräche, Elterngruppen   bei 90% der EBStn
- Therapeutische Gruppen für Kinder,
  Beratungsgespräche mit Eltern   bei 80% der EBStn

- Einbeziehung von "nahestehenden
  Personen", Sprach- und Spieltherapie   bei 50% der EBStn

- Therapiegruppen für Erwachsene   bei 38% der EBStn

- Werktherapien   bei 28% der EBStn

- Familientherapie   bei 26% der EBStn

- Reine Eheberatung   bei 15% der EBStn

- Beratung in Lebensfragen,
  medikamentöse Behandlung,
  Gruppen für alleinstehende Mütter   bei 10% der EBStn

Im Hinblick auf die Beratungskonzepte von EBStn resümiert Höger (1987b, S.12) nach Interviews bezüglich der Arbeitsschwerpunkte der von ihm untersuchten Stellen:

"die Spannbreite reichte von der offenen Anlaufstelle ohne festgelegtes Konzept über alle möglichen Kombinationen von therapeutischen Angeboten bis hin zur streng familientherapeutisch orientierten Einrichtung."

"Überspitzt formuliert" berichten Cardenas & Gewicke (1984, S.190), daß die verwendete Methode in der EB immer auch davon abhängig war "von welcher Fortbildungsveranstaltung ein Mitarbeiter gerade kam".

Über diese Vielfalt hinaus lassen sich zwei neuere Entwicklungsstränge in den Beratungsstrategien und -konzepten aufzeigen (Nestmann a.a.O).
Zum einen sind Modelle eines problemorientierten Vorgehens entwickelt worden, die eine Abkehr von der Orientierung an orthodoxen Therapieschulen in Richtung auf stärkere Methodenintegration fordern und dabei dem Klienten und seinem sozialen Umfeld eine aktivere Rolle im Beratungsprozeß zuschreiben (Bommert & Plessen 1978 u. 1982, Bommert 1980).
Die andere Entwicklung stellt die seit den siebziger Jahren immer stärker in den Mittelpunkt der EBSt-Arbeit rückende Familientherapie dar (zu den Grundlagen der Familientherapie in der EB vgl. Heekerens 1987 u. 1989). Der seit Jahren bestehende Ansturm auf familientherapeutische Zusatzausbildungen hält weiterhin an (Rexilius 1984) und es scheint, als sei die Familientherapie "auf dem Weg zur Normalform" der EB (Straus et al. a.a.O., S.233, vgl. auch Knobloch 1985). So fanden Straus et al. (a.a.O.), daß in ihrer Untersuchung an EBStn Familientherapie den "mit Abstand" am häufigsten gewählten Ansatz darstellt (S.237).
Betrachtet man die beschriebenen Vorgehensweisen im Überblick, dann wird deutlich, daß sich die Praxis der EB in zunehmendem Maße von populärpsychologischen Vorstellungen von Beratungstätigkeit, wie sie etwa auch von den Medien weiterhin vermittelt werden (z.B. "Beratungsseiten" in Zeitschriften, "Beratungssendungen" im Fernsehprogramm), entfernt hat. Wenn sich Vorstellungen von Klienten v.a. durch "Kindorientiertheit" und dem "Wunsch nach Ratschlägen" kennzeichnen lassen, wie dies in vielen Beiträgen zur EB berichtet wird (vgl. Kap. 2.3.2), dann treffen Klienten spätestens seit Verwendung eines "verhaltenstheoretischen" Modells auf eine eher unerwartete Praxis.

In dieser Hinsicht stellt die Familientherapie möglicherweise jedoch noch eine weitere Entfernung von Klientenerwartungen dar, da sowohl das Setting (z.B. Sitzungen mit mehreren Therapeuten, Teilnahme mehrerer Generationen einer Familie, Einwegscheibe, große zeitliche Intervalle zwischen den Sitzungen, Einzelelemente wie die

"Familienskulptur", das "zirkuläre Fragen", "paradoxe Verschreibungen" oder das "reflecting team") als auch ihr Grundansatz, der individuelle "Pathologie" als Beziehungsproblem umdefiniert, von verbreiteten Vorstellungen über Beratung und Therapie abweicht. Aus systemischer Perspektive etwa ist das Unerwartete der Problemsicht und des resultierenden Vorgehens des Therapeuten ein theorieimmanentes spezifisches Veränderungselement, da es hier um die "Verstörung" der familiären Organisation geht. So beschreibt Ludewig (1985) (familien-)therapeutisches Vorgehen als "den kontextuellen Erwartungen einer Therapie dissonant, also verstörend" (S.90).

Hinzu kommt, daß der aus dem medizinischen Modell übernommene und von daher dem Erfahrungsbereich der Klienten eher entsprechende Behandlungsverlauf von Diagnostik – Beratung u. ggf. Therapie im Bereich der Familientherapie häufig aufgegeben wird, d.h. insbesondere standardisierte diagnostische Verfahren sehr viel weniger zur Anwendung kommen (vgl. Gerlicher et al. 1977, Heekerens 1987). Auch wenn in neueren Befragungen (Straus et al. a.a.O., Zürn et al. 1990) eine recht hohe retrospektive Akzeptanz des Familiensettings in der Beratungsklientel festgestellt wird, kann doch, ohne dabei eine Bewertung zu implizieren, vermutet werden, daß sich die beschriebene gegenwärtige Praxis der EB häufig von den Erwartungen der sich anmeldenden Klienten unterscheidet. Ob dies zutrifft und welche Konsequenzen daraus entstehen, soll im empirischen Teil der Arbeit untersucht werden.

1.2.2 Bedingungen der Institution: Arbeitsrahmen und Träger

Im Vorfeld der Beratung werden die Erwartungen von Klienten sicher auch durch die für sie erkennbaren institutionellen Bedingungen der EB mitbestimmt. Insbesondere die Benennung einer Beratungsstelle wird den Klienten zu Schlußfolgerungen bezüglich der Zuständigkeit und Arbeitsweise anregen, und wirkt so vermutlich als ein Filter, der eine bestimmte Klientel selektiert (Breuer 1979). Aus dieser Erkenntnis heraus wird in zunehmendem Maße der eher wohl negativ besetzte Name *Erziehungs*beratungsstelle durch andere Benennungen ersetzt (vgl. Aufstellung bei Buj et al. a.a.O.). Inwiefern diese doch z.T. sehr unterschiedlichen Benennungen (z.B. "Psychologische Beratungsstelle", "Katholische Beratungsstelle") tatsächlich zu einer Selektion der Klientel führen und ob diese Titel eine Entsprechung in unterschiedlichen Arbeitsweisen der EBStn haben, ist bislang nicht geklärt worden.

Als weitere einstellungsrelevante "institutionelle" Bedingungen können die Träger der EBStn angesehen werden. Hier ergeben sich je nach freier oder kommunaler Trägerschaft unterschiedliche Aspekte.

EBStn in kommunaler Trägerschaft haben sich v.a. mit ihrer (teilweise auch räumlichen) Nähe zu Behörden auseinanderzusetzen. Dabei wird vermutet, daß dieser "Behördencharakter" nicht nur Befürchtungen bezüglich bürokratischer Abläufe, sondern v.a. hinsichtlich eines Wirkens im Sinne sozialer Kontrolle hervorruft (vgl. Koschorke 1973). Dabei ist diese Frage auch von praktischer Relevanz, da für die Mitarbeiter von rechtlicher Seite her noch einige Unklarheiten bestehen.[1]

In der Praxis scheinen Konflikte aufgrund dieser Rechtslage oder bezüglich der Informationsweitergabe z.B. an Jugendämter jedoch die Ausnahme zu sein (Hölzel a.a.O. S.41), so daß Befürchtungen von Klienten hinsichtlich behördlichen Eingreifens eher keine Entsprechung in der Praxis haben.

Bezüglich behördlicher Arbeitsweisen zeigt die Praxis der (meist telefonischen) Anmeldungen und des Fehlens von schriftlichen Anträgen u.ä., daß in EBStn vergleichsweise unbürokratisch gearbeitet wird. Die Möglichkeiten von Hausbesuchen und im Vergleich zu Behörden relativ flexibler Termingestaltung (allerdings längst nicht bei allen EBStn) zeigt ebenfalls, daß mögliche Befürchtungen hinsichtlich (im negativen Sinne) behördlichen Arbeitens an EBStn weniger gerechtfertigt sind. Trotzdem könnten die gängigen Kommunikationsstrukturen (Terminabsprache, Fragebögen, Anlegen einer Akte), das Bestehen von Vorschriften oder das (Büro)-Setting Assoziationen an Erfahrungen mit Behörden hervorrufen.

Wenn diese Aspekte grundsätzlich auch für EBStn in freier Trägerschaft zutreffen, so stehen anstatt der behördlichen Einbindung bei kommunalen Stellen für den potentiellen Klienten (insbesondere bei kirchlichen Trägern) wahrscheinlich eher Fragen der weltanschaulichen Ausrichtung der Beratungsstelle im Vordergrund. Die hier (z.T. auch räumlich) bestehende Assoziation mit anderen kirchlichen Einrichtungen mag sich auch auf Erwartungen hinsichtlich der Art und des Inhalts der Beratung auswirken.

Inwiefern die praktische Seite der Beratung tatsächlich vom Träger geprägt wird, darüber gibt es kaum Informationen. In der o.g. Analyse von Tätigkeitsberichten fanden Schlag & Langenmayr (a.a.O., S.92) zwar, daß

"in kirchlichen Stellen häufiger unmittelbar mit Kindern, vergleichsweise oft in Gruppen zusammengefaßt und spieltherapeutisch orientiert gearbeitet (wird),

---

[1]So besteht etwa eine Schweigepflicht nach § 203 StGB, jedoch kein Zeugnisverweigerungsrecht nach § 53 StPO. Umstritten ist auch die Frage der Akteneinsicht durch den Amtsträger (vgl. Bösel 1981, Hölzel a.a.O., Wolfslast 1985)

während nicht-kirchliche Stellen stärker zur Beschäftigung mit den Eltern wie auch zu Einzeltherapien und Einzelfallhilfe tendieren",

dies läßt jedoch keine Schlußfolgerungen bezüglich einer am Träger inhaltlich orientierten Arbeit zu. Die derzeitige Einstellungspraxis (vgl. Bösel 1981, S.60f.) als auch die jeweiligen Richtlinien der Träger (vgl. Evangelische Konferenz für Familien- und Lebensberatung 1981, Katholische Bundesarbeitsgemeinschaft Beratung 1981) zeigen jedoch recht eindeutig, daß neben der fachlichen Qualifikation die "Kirchlichkeit" (Post a.a.O., S.391) des Beraters im Privat- und Berufsleben vorausgesetzt wird. Obwohl häufig von einem Spannungsverhältnis zwischen Trägerauftrag und psychologischer Arbeit gesprochen wird (45% der von Bösel (a.a.O., S.113) befragten Berater berichten davon) gibt es wenige Anhaltspunkte, wie mit dieser Spannung verfahren wird und auf welche Praxis demgemäß mögliche trägerspezifische Wünsche oder Befürchtungen von Klienten treffen. An gleicher Stelle (S.115) findet sich die aufschlußreiche Zahl von 93% kirchlicher Berater, die den Glauben nicht für eine Voraussetzung erfolgreicher Beratung halten (zur weiteren Diskussion vgl. Dreier 1980, Langenmayr 1980, Zoll 1980, Buer 1984a).

Inwiefern in den genannten Bereichen bestimmte Klientenerwartungen bestehen und auf welche Einstellungen sie auf Beraterseite treffen, soll im empirischen Teil der Arbeit untersucht werden.

Letztlich werden die Erwartungshaltungen von Klienten gegenüber EBStn sicher auch durch ihr Bild von den dort arbeitenden Beratern geprägt.
Gemäß dem Prinzip der Multiprofessionalität sind Fachkräfte mit verschiedenen Berufsausbildungen an EBStn beschäftigt (vgl. Tab. 2).

Berufsgruppe	% - Anteile
Dipl.-Psychologen	49.5
Dipl.-Sozialarbeiter/-pädagogen	31.3
Kinder- u. Jugendl.-Psychotherapeuten	4.3
Dipl.-Pädagogen	4.4
Heilpädagogen	4.5
Ärzte	1.8
sonstige Fachkräfte	5.5

Tab. 2: Anteile der Berufsgruppen an allen Fachkräften (teil- und vollzeit) an EBStn (nach BKfE 1990, S. 385)

Die zahlenmäßig hervorgehobene Stellung der Dipl.-Psychologen, aber auch die teilweise Verwendung des Begriffes "psychologische Beratung" in der Benennung der
EBStn läßt vermuten, daß die Arbeit der EB in der Öffentlichkeit weitgehend mit
dieser Berufsgruppe verbunden wird.[1]

Daß dies auch in der praktischen Arbeit der Fall ist, d.h. daß psychologische
Theorien und damit verbundene psychotherapeutische Arbeitsweisen auch bei vielen
nicht-psychologischen Mitarbeitern der EBStn zur Grundlage ihrer Arbeit geworden
sind, wird immer wieder berichtet (s. z.B. Buer 1984a).

Damit ist zu vermuten, daß verbreitete Stereotype über Angehörige der
psychosozialen Berufe auch hier zur Geltung kommen.

Inwieweit ein solches, allgemein beschreibbares Erwartungsprofil vom Klienten
gegenüber dem Berater besteht, soll im späteren Teil der Arbeit gezeigt werden.

1.2.3 Selbstverständnis der EB: Komm- vs. Geh-Struktur

Neben den beschriebenen internen Arbeitsaspekten ist auch das Gesamtkonzept der
EBSt ein Faktor, der ihr Bild in der Öffentlichkeit bestimmt. Seit einigen Jahren wird
dieses Gesamtkonzept unter dem Schlagwort Komm- vs. Geh-Struktur heftig
diskutiert.

Dabei wird, ausgehend von der Frage, ob sich die EB auf die therapeutische
Behandlung von individuellen Störungen ausschließlich auf die Initiative der
Betroffenen hin (Komm-Struktur) beschränken kann, ohne die sozialen Rand-
bedingungen zu thematisieren und direkt anzugehen, eine präventive Öffnung der
Beratungsarbeit gefordert.

Unterstützt wird diese Argumentation durch die immer wieder beklagte "Mittelschichtorientiertheit" der EBStn, der durch ein aufsuchendes, im sozialen Feld
aktives Vorgehen (Geh-Struktur) begegnet werden soll. Wenn auch neuere Zahlen
und Sekundäranalysen die "Mittelschichtorientiertheit" zumindest zahlenmäßig in
Frage stellen (Veelken 1984, Höger 1987, Ehrhardt 1989), so ist die Diskussion um
eine "gemeinwesenorientierte" Neubesinnung der EBStn weiterhin akut (vgl. zur
Diskussion Peise-Seithe 1982, Gerlicher 1987, Kluge & Cremer 1987).

Versuche, einen solchen Ansatz der präventiven Arbeit (Elternarbeit,
Multiplikatorenarbeit, Institutionsberatung), Stadtteilorientierung (Aufbau neuer
und Zusammenarbeit mit bestehenden Gruppen) und verstärkter Zusammenarbeit
mit anderen Institutionen umfassend zu verwirklichen, werden jedoch bislang nur

---

[1]Dies zeigten z.B. auch Interviews mit EBSt-Klienten, die im Vorfeld der
empirischen Untersuchung durchgeführt wurden. Gleichartige Ergebnisse
berichten auch vom Kolke & Altenkamp (1977)

von einigen wenigen EBStn berichtet (Sengling & Eisenberg 1982, Cardenas & Gewicke a.a.O.). Allerdings zeigt eine Analyse von EB-Tätigkeitsberichten durch die BKfE (1989), daß Elemente gemeindenaher Arbeit mittlerweile von vielen EBStn berichtet werden.

Ohne die Diskussion über dieses Konzept hier vertiefen zu können, läßt sich vermuten, daß sich eine stärker gemeindenahe Arbeitsweise von EBStn auf die Erwartungen ihrer Klientel auswirken wird. Nicht nur die verstärkte Präsenz der Berater in der Öffentlichkeit, sondern auch die Vermittlung neuer, stärker sozial engagierter und weniger therapeutisch orientierter Angebote wird zu einem veränderten Bild des (potentiellen und tatsächlichen) Klienten von den möglichen Leistungen der EB führen. Ob dies eine Gefahr im Sinne des Weckens "neuer Bedürfnisse" (Weber & Friebel 1987, S.24) und der Unterstützung von "Bequemlichkeitsneigungen" (Gerlicher 1987, S.200) bei den Klienten heraufbeschwört, oder ob daraus vor allem ein Abbau der Schwellenangst und anderer Zugangshemmnisse resultiert (Sengling & Eisenberg a.a.O.), ist eine Frage, die nur praktische Erfahrungen beantworten können.

Insbesondere unter der Prämisse, daß von Befürwortern beider Ansätze eine Orientierung an den Bedürfnissen der Klienten gefordert wird, wäre es wichtig zu erfahren, ob trotz der bislang nur in Teilbereichen der EB-Arbeit verwirklichten gemeindenahen Aktivitäten heutige Klienten zusätzlich zu den Erwartungen an eine Beratung im traditionellen Sinn auch Wünsche an ein stärkeres soziales Engagement der Berater haben.

Zumindest ansatzweise soll dieser Frage im empirischen Teil der Arbeit nachgegangen werden.

1.2.4 Öffentlichkeitsarbeit der EB oder: Woher bekommt der potentielle Klient seine Informationen?

Der für die Erwartungen der Klienten an die EBSt entscheidende Aspekt ist sicher die Art, wie die bislang geschilderten Arbeitsumstände der EB von den einzelnen EBStn in ihrem Einzugsbereich öffentlich dargestellt werden. Dabei sollen einerseits durch die Aufklärung über die eigene Arbeit Vorurteile und Schwellenängste abgebaut werden und es soll andererseits über Einsichts- und Wissensvermittlung präventiv gearbeitet werden.

Angesichts der oben geschilderten Vielfalt der Arbeitsweisen und der Anwendung neuerer Beratungsformen erscheint eine ausreichende Darstellung der eigenen

16

Arbeit gerade für die EBSt mit ihrem hohen Selbstmelderanteil und dem ausschließlich freiwilligen Zugang von großer Bedeutung. Dabei lassen sich verschiedene Schwerpunkte einer effektiven Öffentlichkeitsarbeit denken:

■ sie muß besonders dort präsent sein, wo potentielle Klienten Informationen erwarten und sich zu informieren suchen

■ sie muß bei den "zuweisenden Instanzen" (z.B. Kindergärten, Schulen) aktiv sein, da hier konkrete Erwartungen an Klienten vermittelt werden

■ sie muß zusätzlich mit möglichst großer Breitenwirkung arbeiten (z.B. Multiplikatorenarbeit, Medien), um auch solche Menschen zu erreichen, die sich nicht aktiv um Informationen bemühen

Die Notwendigkeit des Ausbaus der Öffentlichkeitsarbeit wird in den letzten Jahren immer wieder betont (z.B. Deß 1980, Tauschmann 1982, Hemling 1985). Dabei scheint die Verbreitung von Öffentlichkeitsarbeit sehr weit fortgeschritten zu sein: Hemling (1987, S.216) berichtet, daß laut seiner bundesweiten Umfrage 90,9% aller EBStn (n=320) solche Aktivitäten durchführen. Inhaltlich wird dabei über viele verschiedene Maßnahmen berichtet (Übersichten bei Hemling a.a.O., BKfE 1989, 1990), wobei laut o.g. Umfrage (S.217) vor allem stadtteilbezogene Kontakte, Pressearbeit, Informationskontakte und Vorträge durchgeführt werden. Wie groß der Anteil solcher Initiativen am Arbeitsaufkommen der EBStn jedoch tatsächlich ist, läßt sich aus diesen Daten ebensowenig ableiten wie eine Beurteilung ihrer Effektivität.

Angesichts der weiterhin häufig beklagten Zugangsprobleme (z.B. Schwellenängste, Mittelschichtorientiertheit) erscheint ein weiterer Ausbau und eine Effektivierung der Öffentlichkeitsarbeit als ein wichtiger Ansatzpunkt zur Verbesserung dieser Situation. Um jedoch die richtigen Informationen an den richtigen Stellen verbreiten zu können, müssen Kenntnisse darüber vorliegen, wo überhaupt potentielle Klienten solche Informationen suchen und in welchen Bereichen besondere Informationsdefizite und -bedürfnisse bei ihnen vorliegen. Solche Kenntnisse liegen bislang jedoch nur in sehr unbefriedigendem Umfang vor.

Bezüglich der Informationsquellen fanden Schmidtchen et al. (1985), daß Nicht-Klienten (n=111) die *Anschriften* von EBStn am ehesten von Lehrerin oder Kindergärtnerin (63%), von Haus- oder Kinderarzt (59%) oder aus dem Telefonbuch (50%) zu erhalten hoffen. Weniger häufig wurden Familienfürsorge (39%), Pastor (17%) und Nachbarn (4%) genannt. Nach Bohle (1982, S.94) erhalten sowohl EBSt-Klienten als auch nicht-Klienten die Informationen über die Existenz der EB v.a. von Bekannten/Verwandten oder Informationsbeiträgen (Zeitung/Rundfunk/ Vorträge).

An welchen Stellen potentielle Klienten weitergehende Informationen erwarten und wo sie sich tatsächlich informieren, lassen jedoch auch diese Daten offen. Zwar gibt es ausreichend Informationen über die Zugangswege der Klienten zur EBSt (vgl. Kap. 1.1), diese klären jedoch nicht, ob die Klienten tatsächlich hier den Großteil ihrer Vorinformationen erhalten. Denkbar ist z.B., daß zusätzlich zu den Informationen der "zuweisenden Instanz" häufig Erfahrungen aus dem Bekanntenkreis als für den Erwartungsaufbau wichtige Informationsquelle dienen.

Einen Hinweis darauf liefert ein Ergebnis der Befragung von Bohle (a.a.O., S.94), wonach Mütter mit EB-Erfahrung signifikant häufiger jemanden mit Beratungserfahrung kennen als Mütter, die nie in einer EBSt waren (34 % vs. 14 %).

Bezüglich möglicher Informationsdefizite liegt vor allem das Wissen um ihre Existenz vor; in welchen Bereichen dies der Fall ist, kann bislang nur ansatzweise beantwortet werden (vgl. Kap. 2.3.1).

Aufgrund dieses unbefriedigenden Kenntnisstandes sollen die aufgeworfenen Fragen nach Informationsquellen und Informationsstand der Klienten einen inhaltlichen Schwerpunkt des empirischen Teils bilden, um weitere Anhaltspunkte auf die notwendigen Inhalte und die zu erreichenden Adressaten von Öffentlichkeitsarbeit zu erhalten.

1.3 Zwischenresümee zur Praxis der EB

Die genannten Aspekte der Praxis der EB zeigen insgesamt ein Bild der Vielfalt von institutionellen und beraterischen Bedingungen in der EB. Diese Vielfalt, zusammen mit den neuen Beratungsansätzen im organisatorischen und therapeutischen Bereich könnte die Vermutung nahelegen, daß zwischen dem Bild des Klienten von der Beratung und der Beratungspraxis in vielen Fällen eine Diskrepanz besteht. Dies könnte, vor allem angesichts des Charakters der EBSt als freiwillige Anlaufstelle, nicht nur für den Zugang, sondern auch für den Beratungsverlauf von Bedeutung sein. Ob solche Diskrepanzen und Informationsdefizite vorliegen, welchen Quellen sie entstammen und ob sie Spuren im Beratungsablauf hinterlassen, soll Gegenstand der vorliegenden Untersuchung sein.

Methodisch läßt sich bereits an dieser Stelle aus der beschriebenen Vielfalt folgern, daß eine Untersuchung, die Klientenerwartungen in bezug zur Realität der EB setzen will, sich innerhalb der konkreten Berater-Klient-Beziehung bewegen muß.
Zudem zeigt sich, daß neben den individuellen Beratungsstrategien des Beraters auch die beschriebenen institutionellen Rahmenbedingungen der jeweiligen EBSt für Art und Ablauf der Beratung von großer Bedeutung zu sein scheinen. Dieser Bereich soll deshalb neben den Aspekten des Beraters und seines Vorgehens im

weiteren berücksichtigt werden.

Im folgenden sollen nun die bisherigen Befunde zu Erwartungen gegenüber der Beratungsarbeit (v.a. gegenüber den EBStn) beschrieben werden, um klarzustellen, an welchen Stellen weitere Erkenntnisse notwendig sind. Zuvor muß jedoch näher geklärt werden, was dabei unter dem Begriff "Erwartung" genau verstanden werden soll.

2. Inhalte und Auswirkungen von Beratungserwartungen von Beratern und Klienten

Das Bild der Öffentlichkeit und der Klienten von verschiedenen Einrichtungen der psychosozialen Versorgung ist bereits vielfach untersucht worden. Das praktische Interesse an dieser Fragestellung begründet sich in der verbreiteten Überzeugung, daß diese Vorstellungen eine Bedeutung für die Inanspruchnahme solcher Einrichtungen haben und darüber hinaus eine bedeutsame Rolle im Prozeß der Beratung oder Therapie spielen.

Grundlegend dafür ist die Annahme, daß geäußerte Überzeugungen, Annahmen, Wünsche, Befürchtungen, Vorurteile u.ä. bedeutsam sind für das im Vorfeld und im Verlauf der Beratung gezeigte Verhalten potentieller und tatsächlicher Klienten.

Bei der Konzeptualisierung solcher Vorstellungen wird häufig auf das sozial-psychologische Konstrukt der Einstellungen zurückgegriffen.

So sind etwa Einstellungen gegenüber verschiedenen Psychotherapeuten u. Beratern erfragt worden (z.B. Gelso & Karl 1974, Corrigan 1978). Hier wurden vor allem erwünschte Ausprägungen verschiedener Attribute (wie etwa "Vertrauenswürdigkeit, Kompetenz und Attraktivität" als zentrale Dimensionen der Beurteilung eines Beraters nach Strong 1968) für unterschiedliche Beratungsinstanzen erfragt und Korrelate solcher Wünsche bei den Befragten gesucht. Die hier verwendeten recht globalen Einstellungsobjekte ("der Berater") und Einstellungsskalen haben jedoch zu ebenso globalen Ergebnissen geführt.

Daneben sind Einstellungen gegenüber psychotherapeutischer Hilfe im allgemeinen ermittelt worden (Fischer & Turner 1970, Fischer & Cohen 1972, Cash et al. 1978, Schwab et al. 1978, Baum & Mackenberg 1981, Schmitz 1981). Hierbei wurden häufig auf faktorenanalytischem Wege Einstellungsskalen konstruiert, um dann Korrelationen von solchen Skalenwerten mit angenommenen vorausgehenden und nachfolgenden Bedingungen zu berechnen (z.B. Persönlichkeits- und demographische Merkmale, Therapeuteneinschätzungen). Dabei wurden hier zum Teil signifikante, meist jedoch numerisch schwache Zusammenhänge gefunden.
Letztlich sind auch Einstellungen gegenüber einzelnen Institutionen wie der EBSt (vom Kolke & Altenkamp a.a.O., Joisten 1982) erhoben worden, um sie mit problembezogenen oder demographischen Merkmalen in Beziehung zu setzen oder Einstellungsdiskrepanzen zwischen Klienten und nicht-Klienten aufzuzeigen.

Das größte Problem hinsichtlich der Verwertbarkeit solcher Ergebnisse liegt dabei in der zweifelhaften Verhaltensrelevanz der von den Befragten geäußerten Einstellungen. So fanden etwa vom Kolke & Altenkamp (a.a.O.) in einer Befragung von Eltern (nicht-Klienten), daß diese die Institution EBSt zwar überwiegend als wichtig und gut beurteilten, dies aber vor allem für "andere Leute" und weniger für sich selbst (vgl. auch Bohle a.a.O.).

Die hier zum Ausdruck kommende grundsätzlich sehr eingeschränkte Vorhersage-kraft von Einstellungen für späteres Verhalten ist wohl eine der am meisten gesicherten Erkenntnisse der Einstellungsforschung (zum Überblick vgl. Mummendey 1979 u. 1988). Diese Tatsache hat in neuerer Zeit dazu geführt, von dem verbreiteten Drei-Komponenten-Modell der Einstellung abzurücken, das neben einer kognitiven (Meinungs-) und einer affektiven (Bewertungs-) auch eine konative (verhaltens-intentions-) Komponente als Bestandteil von Einstellungen umfaßt. Da die empirischen Ergebnisse bislang eine Konsistenz der drei Komponenten nicht nahelegen, wird im Zwei-Komponenten-Modell auf den Verhaltensaspekt verzichtet (vgl. Stroebe 1980, S.142; Bierhoff 1984, S.196). Eine Einstellung wird aus dieser Sicht definiert "als Bereitschaft zur positiven oder negativen Bewertung eines Einstellungsobjektes, die auf Gefühlen und Meinungen über diesen Einstellungsgegenstand beruht." (Stroebe a.a.O.) Unter der Einbeziehung einer multiplikativen Verknüpfung dieser Komponenten wird dieses Modell auch als Erwartungs-x-Wert-Ansatz bezeichnet. Eine Einstellung setzt sich demnach zusammen aus den erwarteten Attributen eines Einstellungs-objektes gewichtet mit deren perönlicher Beurteilung.
In neuerer Zeit (Ajzen & Madden 1986) werden weitere Erwartungsaspekte (wahrgenommene Erwartungen von Interaktionspartnern und Erwartungen an das eigene Verhalten) als "Drittvariablen" (Mummendey 1988) in das Modell integriert, um durch ihre zusätzliche Berücksichtigung genauere Verhaltensvorhersagen zu ermöglichen.

Angesichts dieser Versuche, mit Hilfe der Berücksichtigung weiterer Rand-bedingungen die prädiktive Qualität des Einstellungsbegriffs zu verbessern, läßt sich mit Mummendey (a.a.O.) fragen, ob nicht "statt von Einstellung und Verhalten zu reden, nur noch von Verhaltensprädiktoren unterschiedlicher Art" gesprochen werden sollte. (S.14)
Wenn, wie im hier vorliegenden Kontext der Beratungsforschung, weniger die bekundete Meinung an sich, sondern der vermutete Zusammenhang der Vorstellungen der Klienten mit ihrem Verhalten für die praktische Brauchbarkeit der Ergebnisse von Interesse ist, scheint der oben skizzierte traditionelle Einstellungsbegriff wenig fruchtbar.

Um ein verhaltensnäherers Konstrukt zu erhalten, muß der Einstellungsbegriff entweder dem Verhaltensbegriff in der Spezifität sehr stark angenähert werden (wie in dem o.g. Drittvariablenansatz) oder auf die Aspekte reduziert werden, die eine höhere Korrelation mit dem Verhalten aufweisen.

Da es hier darum gehen soll, den im weitesten Sinne kognitiven Begriff der "Vorstellungen" der Klienten von der Beratung zu operationalisieren und mit dem Beratungsprozeß in Verbindung zu bringen, soll letztere Strategie verfolgt werden. Dabei soll das Konstrukt der "Erwartungen", das ohnehin in den Einstellungsmodellen eine immer größere Rolle spielt, als verhaltensnäherer Prädiktor verwendet werden.

2.1 Klärung des Erwartungsbegriffs

Erwartungen werden seit langem als hypothetisches Konstrukt zur Erklärung verschiedenster Phänomene in vielen Bereichen der psychologischen Forschung und Theoriebildung herangezogen. Die verhaltenslenkende Funktion von Erwartungen, die durch ihre Interaktion mit der Wahrnehmung (vgl. Frey & Irle (1984) zur "Hypothesentheorie der Wahrnehmung") und dem Lernen (vgl. kognitive Lernmodelle nach Tolman) grundgelegt ist, wird mittlerweile in vielen Theorien berücksichtigt.

Bei der Untersuchung der interpersonellen Wahrnehmung etwa ist der Prozeß der sich-selbst-erfüllenden-Prophezeiung beschrieben worden (vgl. Bierhoff 1986, S.472ff.), der eine an eigenen Erwartungen gesteuerte und indirekt zur Bestätigung dieser Erwartungen führende Interaktion beschreibt.
Konzepte generalisierter Erwartungen, die für das Verständnis von Verhaltens-störungen herangezogen werden sind z.b. die des "locus of control" (Rotter 1966), der "erlernten Hilflosigkeit" (Seligman 1979) oder der "Selbsteffizienz" (Bandura 1977). Letzteres Konzept, das Erwartungen an die eigene Fähigkeit zur Ausführung eines Verhaltens und dessen Effektivität beinhaltet, tritt sogar mit dem Anspruch an, eine Metatheorie für die verschiedensten Therapieformen darzustellen.

Gegenüber der Einstellung liegt der Begriff der Erwartung[1] auf einer unter-geordneten Abstraktionsebene. Er teilt mit der Einstellung die Aspekte der Bewertung und subjektiven Wahrscheinlichkeit, bezieht sich jedoch auf die konkreten Bedingungen einer zukünftigen Situation (vgl. Westhoff 1985). Insofern lassen sich Erwartungen v.a. auch als Manifestationen von Einstellungen betrachten (neben anderen Variablen wie Normen, Werten, Zielen), wobei aktuelle Personenvariablen (z.B. Motivation) und Situationsvariablen (z.B. Zeitdruck) intervenierend beteiligt sind.

---

[1]Erwartung meint in diesem Zusammenhang natürlich nur den Bereich von Erwartungen im Rahmen sozialer Interaktion

Der erhebliche nicht gemeinsame Varianzanteil von Erwartungen und Einstellungen kommt auch im Ergebnis einer Untersuchung von Lorion (1974) zum Ausdruck, der bei ambulanten Klinik-Patienten keinen bedeutsamen Zusammenhang zwischen Einstellungen zur Inanspruchnahme psychotherapeutischer Hilfe und Therapieerwartungen fand.

Generell lassen sich die Erwartungen eines Individuums definieren als "eine Vorstellung, die es von einem möglichen zukünftigen Ereignis hat" (Berka & Westhoff 1981, S.2). Zur näheren Beschreibung unterscheidet Westhoff (1985, 1989) die folgenden zwölf Facetten des Erwartungsbegriffs:

A.	bezogen auf das vorgestellte Ereginis	B.	bezogen auf die Vorstellung des Ereignisses
1.	Bewertung	6.	Intensität der Emotion
2.	subjektive Wahrscheinlichkeit	7.	Auftretenshäufigkeit
3.	zeitliche Nähe	8.	Gültigkeit (Zutreffen der Erwartung)
4.	zeitliche Dauer	9.	Generalisierbarkeit
5.	Wichtigkeit	10.	Differenziertheit
		11.	Stabilität (ohne systematische Änderungsversuche)
		12.	Änderbarkeit (bei systematischen Änderungsversuchen)

Die zumindest theoretische Unterscheidbarkeit dieser Facetten macht die Verhaltensnähe des Erwartungsbegriffes noch einmal deutlich.

Für den Kontext der Klientenerwartungen an die Beratung interessieren hier vor allem die Facetten der Bewertung, Wichtigkeit und subjektiven Wahrscheinlichkeit des Vorliegens bestimmter Bedingungen in der Beratung sowie deren Gültigkeit. Kenntnisse über die Stabilität solcher Erwartungen würden Rückschlüsse über ihre Bedeutsamkeit erlauben, da sich schnell und spontan verändernde Erwartungen kaum einen konsistenten Einfluß auf den Beratungsprozeß ausüben könnten. Kann von einer solchen Bedeutsamkeit ausgegangen werden, wäre zusätzlich der Aspekt der Änderbarkeit von praktischem Interesse.

Da die Facetten der Bedeutsamkeit und Änderbarkeit nur empirisch aus der Wichtigkeit, Bewertung und subjektiven Wahrscheinlichkeit erschlossen werden können, sollen letztere drei Aspekte in den hier verwendeten (und später zu operationalisierenden) Begriff der Erwartung eingehen.

Im folgenden soll demnach bei dem Begriff der Erwartung unterschieden werden zwischen der *Antizipation*, d.h. der Vermutung über das Vorliegen oder nicht -Vorliegen einer bestimmten Bedingung im Beratungskontext und der *Präferenz*, d.h. dem Wunsch, daß eine bestimmte Bedingung im Beratungskontext zutreffen möge oder nicht (ähnliche Differenzierungen treffen Rosen & Cohen 1980, Richert 1983).

Antizipationen enthalten also eher eine *kognitive* Komponente (Wissen, Information, Erfahrung), während Präferenzen eher *affektiv* geprägt sind (Hoffnungen, Vorbehalte, Befürchtungen, Ängste). Der so bestimmte Präferenzbegriff umfaßt sowohl Aspekte der Bewertung als auch der Wichtigkeit.

Konkrete Antizipationen und die ihnen entsprechenden Präferenzen werden als sich wechselseitig beeinflussend angesehen (vgl. Grantham & Gordon 1986) und sind somit nicht unabhängig voneinander. Es ist jedoch anzunehmen, daß sie z.T. mehr oder weniger stark voneinander abweichen können.

So läßt sich vorstellen, daß ein Klient einen eher "geschäftsmäßigen" Umgangston des Beraters vermutet, obwohl er sich eher das Gegenteil wünscht. Andererseits mag der Wunsch des Klienten dazu führen, daß er trotz gegenteiliger Informationen annimmt, daß der Berater innerhalb kurzer Zeit eine Lösung für sein Problem parat hat.

Unterstützt wird diese Annahme auch durch die wenigen hierzu vorliegenden Untersuchungen.

So fanden Dreman & Dolev (1976) für nicht-Klienten und Dreman (1977) für Klienten, daß Antizipationen und Präferenzen bezüglich des Berater-Verhaltens zwar fast durchweg signifikant korreliert waren, sich in ihrer Ausprägung aber überwiegend signifikant unterschieden. Vor allem wurde mehr Aktivität vom Berater gewünscht als erwartet, wobei diese Diskrepanzen für nicht-Klienten insgesamt höher waren als für Klienten. Tinsley & Benton (1978) fanden bei nicht-Klienten in fünf von sieben Erwartungsskalen ebenfalls signifikante Diskrepanzen, die durchweg in die Richtung höherer Wünsche gingen. Prospero (1987 zit. nach Hardin et al. 1988) fand solche Diskrepanzen häufig bzgl. Erwartungen an die Direktivität des Beraters. Suckert-Wegert (1976) erhielt für Annahmen und Wünsche einerseits ähnliche Faktorenstrukturen, fand jedoch z.T. beträchtliche Diskrepanzen auf der Itemebene. Ähnliche Diskrepanzen fanden Benbenishty & Schul (1986) auch für Therapeuten-Erwartungen bzgl. der in der Beratung anzusprechenden Inhalte des Therapeuten- und Klienten-Verhaltens.

Obwohl die Differenzierung zwischen diesen beiden Aspekten von Klienten-erwartungen schon in den sechziger Jahren eingeführt wurde (vgl. Lennard & Bernstein 1960, Goldstein 1962a), kommen Duckro et al. (1979) in einem Sammelreferat über Untersuchungen zu Klientenerwartungen zu dem Schluß, daß v.a. die weitgehende Vernachlässigung des Unterschiedes zwischen Antizipationen und Präferenzen zu den in diesem Bereich sehr uneinheitlichen Ergebnissen geführt hat. Da dieser Appell bislang nur sehr unzureichend beachtet worden ist, soll er in der vorliegenden Untersuchung besondere Berücksichtigung finden.

Neben der Differenzierung des Erwartungsbegriffs in die beiden Aspekte des Wunsches und der Vermutung ist für die Konzeptualisierung und Operationalisierung von Therapieerwartungen die Frage entscheidend, auf welche Inhalte sich solche

Erwartungen beziehen.

Seit Beginn der sechziger Jahre (Lennard & Bernstein a.a.O., Goldstein a.a.O.) werden in der Erwartungsforschung die Konzepte der *Prognose- und Rollenerwartungen* unterschieden. Erstere bezeichnen dabei Erwartungen von Therapeut oder Klient bezüglich des Ausmaßes der durch die Therapie entstehenden positiven Konsequenzen für den Klienten, d.h. eine Einschätzung des zu erwartenden Therapieerfolges. Demgegenüber umfassen letztere die Erwartungen von Klient und Therapeut bezüglich der konkreten Ausgestaltung der Klienten- und Therapeutenrolle in der therapeutischen Beziehung. Lennard & Bernstein (a.a.O) umreißen diesen Bereich mit der Formel: "who shall speak, how much, about what, and when" (S.154). Damit sind sowohl Persönlichkeits- und Verhaltensaspekte von Klient und Therapeut, als auch Aspekte des Therapieprozesses angesprochen. Dazu gehören im Bereich des Prozesses neben Erwartungen an Themen und Inhalte auch Aspekte des methodischen Vorgehens, des zeitlichen Verlaufs der Therapie, der anzustrebenden Ziele und der Art und des Umfanges der Aktivitäten der beteiligten Personen (vgl. Goldstein 1962b, Bordin 1974). Hinsichtlich des Beraters sind entsprechend Erwartungen an Kompetenz, Persönlichkeits- und Verhaltensmerkmale angesprochen.

Berücksichtigt man zusätzlich zu diesen beiden Aspekten von Therapieerwartungen noch die zeitliche Perspektive (d.h. die Frage, ob es sich um zu Beginn der Therapie, in einer bestimmten Phase oder nach Ende der Therapie geäußerte Erwartungen handelt) und die o.g. Zweiteilung in Antizipationen und Präferenzen, dann wird einsichtig, warum in der bisherigen Erwartungsforschung, die sich häufig auf die Erhebung nicht näher definierter Erwartungen beschränkte, nur sehr wenige konsistente Ergebnisse aufgetaucht sind.

Hinzu kommt die Tatsache, daß mit der fast auschließlichen Berücksichtigung von Prognose- und Rollenerwartungen der vermutlich für Klienten wichtige Aspekt der Erwartungen an institutionelle Rahmenbedingungen der Beratung außer acht gelassen wurde (vgl. Breuer a.a.O.). Es ist sicher davon auszugehen, daß Vermutungen oder Befürchtungen bezüglich solcher Bedingungen wie der Zuständigkeit, Bezahlung oder Schweigepflicht zumindest im Vorfeld und zu Beginn der Beratung eine ebenso große Rolle spielen wie Erwartungen an den Beratungsprozeß. Ein Grund für die Vernachlässigung dieses Aspektes in der Forschung ist sicher die Tatsache, daß sich solche Erwartungen mit den gängigen Analog-Designs und studentischen Populationen schwerlich erfassen lassen.

Unter Berücksichtigung des letztgenannten Aspekts läßt sich der hier verwendete Erwartungsbegriff in einer 2 x 3 Matrix darstellen:

	Prognose- Erwartungen	Rollen- Erwartungen	Kontext- Erwartungen
Antizipationen			
Präferenzen			

Die Berücksichtigung des institutionellen Kontextes hat zur Konsequenz, daß die Ausprägung konkreter Erwartungen nur "im Feld" und nur bezogen auf ein bestimmtes Beratungs- oder Therapieangebot betrachtet werden sollten. Darüber hinaus ist eine Übertragung von Ergebnissen aus anderen zeitlichen oder räumlichen Kontexten aufgrund der Kulturabhängigkeit von Therapieerwartungen fragwürdig, wie Yuen & Tinsley (1981) gezeigt haben.

Trotzdem sollen im folgenden vor der Betrachtung von EB-spezifischen Erwartungen zuerst die Befunde aus anderen Beratungskontexten aufgegriffen werden, um einen Vergleichsmaßstab für die Erwartungen der EBSt-Klientel zu bekommen. Zudem soll dabei versucht werden, einen kontextunabhängigen Kern von Beratungserwartungen zu ermitteln. Bei dieser Betrachtung muß allerdings berücksichtigt werden, daß den Ergebnissen oft recht undifferenzierte oder nicht näher beschriebene Konzepte des Erwartungsbegriffs zugrunde liegen.

2.2 Rollenerwartungen an Beratung und Therapie im allgemeinen

Eine überaus weitverbreitete Überzeugung unter Theoretikern wie Praktikern ist die Annahme, daß Klienten ihre Erfahrungen aus dem Umgang mit medizinischer Behandlung als Rollenerwartungen in die Beratung oder Therapie im psychosozialen Sektor mitbringen. Breuer (a.a.O., S.74) etwa faßt die "Durchschnittserwartung" von Klienten wie folgt zusammen:

- die Beratung ist nicht-verbal-kommunikativ und eher ich-fern

- der Behandlungsprozeß ist klar strukturiert in seiner Rollenverteilung, seinen Inhalten und Kompetenzen

- der Berater verhält sich eher aktiv, direktiv und autoritär

- der Klient verhält sich eher passiv duldend

- der Behandlungsverlauf ist gekennzeichnet durch eine psychologische Untersuchung mit einer anschließenden Behandlung im Sinne einer rezeptartigen verhaltensbezogenen Instruktion

Tatsächlich ist ein solches Übertragungsphänomen zu vermuten, wenn die Klienten mangels näherer Kenntnisse zu ihrer Orientierung ihre Erwartungen aus einem anderen Kontext heranziehen müssen. Aufgrund der vermeintlich großen Ähnlichkeit medizinischer und psychotherapeutischer Behandlung (vgl. Halder 1977, S.18ff.) werden die o.g., aus der traditionellen "Patientenrolle" stammenden Erwartungen, am ehesten diese Lücke schließen.

Es bleibt allerdings zu fragen, ob nicht die stärkere Verbreitung psychosozialer Dienste einerseits und die verstärkte Rezeption psychologischer Erkenntnisse und therapeutischer Vorgehensweisen in den Medien andererseits durch die damit verbundenen Erfahrungsbildung zu einer zumindest teilweisen Verschiebung solcher Erwartungen beigetragen hat. Anzeichen dafür fanden Straus et al. (a.a.O., S.317), die nach ihren Interviews mit Beratungsklienten resümieren:

"Offensichtlich hat die Krise um das technokratische Beratungsmodell[1] (gekoppelt mit einer wissenschaftlich sich ändernden Haltung gegenüber Expertentum und Wissenschaft) auch auf der Klientenebene zu veränderten, ganzheitlicheren und subjektorientierten Erwartungshaltungen geführt."
Zu einem ähnlichen Resümee nach einer Literaturübersicht kommt Garfield (1986).

Ein Grund für mögliche Veränderungen der Klientenerwartungen im Bereich der EB mag im Wandel von Einstellungen zu Erziehung und Erziehungsproblemen liegen, die zwar einerseits als interne Angelegenheit der Familie angesehen werden, die man nicht nach außen (z.B. in eine EBSt) trägt, die aber andererseits zunehmend als Angelegenheit der *ganzen* Familie erachtet werden.

So glauben 70% der Befragten bei Bohle (a.a.O.), daß die Ursache für Probleme mit Kindern in Familienproblemen liegen, nur 12% sehen sie im Kind selbst begründet. Dementsprechend sagen 96%, daß ein Berater die Eltern auch auf eigene Probleme ansprechen solle und 69% der Befragten meinen, daß die Probleme nur durch Veränderungen bei Eltern *und* Kindern zu lösen seien.

Neben dieser möglichen Variation von Erwartungen über die Zeit hat sich auch eine gewisse Kontextabhängigkeit von Rollenerwartungen gezeigt. So zeigen Klienten gegenüber Beratern aus unterschiedlichen Beratungskontexten sowohl verschiedene Antizipationen (Tinsley et al. 1984) als auch Präferenzen (Tinsley et al. 1982).

Ein stabiles Set von Klienten-Rollenerwartungen läßt sich damit kaum benennen. Der gemeinsame Kern der Klientenerwartungen scheint sich auf die Annahmen zu beschränken, daß der Therapeut kompetent, gut vorbereitet und am Problem des Klienten ernsthaft interessiert ist, somit also eine vertrauenswürdige Person darstellt. Wie der therapeutische Prozeß jedoch aussieht oder aussehen soll, darin

---

[1]Damit ist hier eine Beratung im Sinne der o.g. "Durchschnittserwartungen" von Klienten gemeint

bestehen große Unterschiede in den Klientenvorstellungen.

Angesichts dieser Erwartungsvielfalt sind Versuche unternommen worden, Variablen auf Klientenseite zu finden, die eine möglichst genaue Vorhersage bezüglich der Rollenerwartungen erlauben. So wurde hinsichtlich einer ganzen Reihe von demographischen Variablen ein Zusammenhang mit Rollenerwartungen angenommen und untersucht.

Seit der vielzitierten Arbeit von Hollingshead & Redlich (1958) wird häufig die Vermutung geäußert, daß sich die Rollenerwartungen von Klienten mit unterschiedlichem sozioökonomischen Status unterscheiden. Dabei wird meist davon ausgegangen, daß Klienten mit niedrigem sozioökonomischen Status insgesamt weniger realitätsangemessene Rollenerwartungen haben und in ihren Präferenzen an den o.g. "Durchschnittserwartungen" orientiert sind. Schofield (1964) prägte für Klienten mit solchen Erwartungen den Begriff des NICHT-YAVIS[1]-Patienten, der typischerweise der Unterschicht angehört und häufig erst auf Drängen anderer zur Beratung findet. Probleme ergeben sich hier, so wird vermutet, besonders deshalb, weil die Therapeuten aufgrund ihrer eigenen Mittelschichtssozialisation und dem daran orientierten therapeutischen Vorgehen selbst eher entgegengesetzte Erwartungen an die Rollen innerhalb der Therapie besitzen. Sie sehen sich in der Mehrzahl eher persönlichkeits- als problemorientiert, eher reflektiv als aktiv, eher abstrakt als konkret und eher katalytisch oder interpretativ als direktiv (Goldstein 1978, S.7f.).

Allerdings sind die empirischen Ergebnisse zu schichtspezifischen Rollenerwartungen bei Klienten weniger eindeutig, als sich aufgrund dieser schon als Allgemeingut zu betrachtenden Annahmen erwarten ließe.

So fanden im deutschsprachigen Raum Streeck & Krug (1983) bei Unterschicht-Patienten vor einer stationären Psychotherapie häufiger als bei Mittel- oder Oberschichtpatienten Präferenzen in Richtung Fremdaktivität und eigener Passivität. Es zeigte sich zwar der Wunsch nach Gesprächen, die jedoch kaum als effektive Methode angesehen wurden. Waniek & Finke (1981) berichten für ein ähnliches Setting stärkere Präferenzen von Klienten mit höherem Sozialstatus für "gezielt aktivierende Therapien" (S.538) und geringere Präferenzen für Medikamente. Halder-Sinn et al. (1980) fanden bei stationär behandelten Alkoholikern ebenfalls einen Zusammenhang von Passivitätspräferenzen mit niedrigem sozialen Status (gewünscht wurde von dieser Gruppe eher "Anteilnahme, Schonung, Zuwendung" s. S.176).

Andererseits zeigt sich bei den von Schwab et al. (a.a.O.) untersuchten nicht-Klienten kein Zusammenhang zwischen Rollenerwartungen und Schulbildung. Ebenso fand Hagenmüller (zit. nach Peham 1981) in den Behandlungserwartungen von Eltern mit Erziehungsproblemen keine signifikanten schichtspezifischen Unterschiede. Medikamentöse Therapie wurde überhaupt nicht erwartet. Gespräche mit dem Berater (begleitend zur Therapie des Kindes) erwarteten Unterschichtklienten sogar häufiger als andere Klienten. Nur eine intensive eigene Therapie wurde von Unterschichtk-

---

[1]YAVIS = young, attractive, verbal, intelligent, successful

lienten tendenziell seltener erwartet.
Auch in neueren amerikanischen Untersuchungen werden ebenso wie in den älteren
Arbeiten schichtspezifische Rollenerwartungen im o.g. Sinne z.T. bestätigt (Weiss &
Dlugokinski 1974, Heitler 1976) und z.T. nicht gefunden (Frank et al. 1978, zit. nach
Garfield 1986, Day & Reznikoff 1980).

Auch unter Berücksichtigung der z.T. unterschiedlichen Operationalisierungen von
Erwartungen und sozialer Schicht scheint es also nicht gerechtfertigt, allgemeine
schichtspezifische Rollenerwartungen vorauszusetzen. Möglicherweise variiert das
Vorliegen solcher Erwartungen mit dem betrachteten Beratungsangebot. Zusätzlich
läßt sich vermuten, daß andere, in die Schichteinteilung eingehende Variablen[1]
bessere Prädiktoren von Rollenerwartungen darstellen könnten als diese grobe
Kategorisierung.

Allerdings ist bislang nur für einige recht unsystematisch ausgewählte
demographische, Kontext- und Persönlichkeitsvariablen untersucht worden, inwieweit
sie zur Vorhersage von Rollenerwartungen herangezogen werden können.

So fand sich kein Zusammenhang zwischen Rollenerwartungen und der Kostenlosigkeit
der Beratung (Subich & Hardin 1985). Ungeklärt ist die Frage, ob Klienten andere
Rollenerwartungen haben als nicht-Klienten (bestätigt bei Dreman a.a.O., Subich &
Coursol 1985, nicht bestätigt bei Venzor et al. 1976, Hardin & Subich 1985).
Zusammenhänge mit Rollenerwartungen konnten gefunden werden für die Art des vom
Klienten vorgestellten Problems (Boulware & Holmes 1970, Yanico & Hardin 1985),
seinen persönlichen Entscheidungsstil (Leong et al. 1987), seinen psychosozialen
Entwicklungsstand (Tinsley et al. 1990) und für verschiedene Persönlichkeitseigenschaften des Klienten (Sipps & Janeczek 1986, Craig & Hennessy 1989).
Letztere Variable (in Form von FPI-Werten) korrelierte Suckert-Wegert (a.a.O.)
getrennt mit Präferenzen und Antizipationen von Klienten und fand, daß
"unausgeglichene, nervöse und eher als unsicher zu bezeichnende Personen in
ihren Annahmen und Wünschen mit dem GT-Konzept eher konträre Erwartungen
ausdrücken. (...) Es scheint, daß schüchterne, gehemmte Personen besonders stark
dazu tendieren, sich den Therapeuten als eine dominante Hilfsperson zu wünschen.
Dagegen stimmen aktivere, selbstbewußtere Personen (...) in ihren Wünschen an die
Person des Therapeuten eher mit dem Konzept der GT überein." (S.167)

Einzig das Geschlecht des Klienten ist bislang systematisch zu den Rollenerwartungen
in Beziehung gesetzt worden. Dabei wurden relativ übereinstimmend Antizipationen
bei Frauen und Männern gefunden, die den Geschlechtsrollenstereotypen über Interaktionsverhalten entsprechen.

So wurde auch in neueren Arbeiten häufig gezeigt, daß Frauen mehr als Männer
von seiten der Berater Akzeptanz, Echtheit, Toleranz und Konfrontation vermuten
und für sich selbst mehr Motivation und Eigenverantwortung antizipieren (Tinsley
& Harris 1976, Tinsley et al. 1980, Subich 1983, Hardin & Yanico 1983). Dagegen
vermuten Männer eher einen direktiven, kritischen, analytischen und kompetenten
Berater. Sie wünschen sich zudem, im Gegensatz zu Frauen nicht für alle

---

[1]So z.B. der Status des Alleinerziehens, der häufig zwangsläufig mit geringerem
Einkommen verbunden ist und so die Schichtzuordnung mitbestimmt

Problembereiche einen gleichgeschlechtlichen Berater (Yanico & Hardin a.a.O.). Sehr geringe oder keine geschlechtsspezifische Rollenerwartungen fanden dagegen Subich & Coursol (a.a.O.), Hardin & Subich (a.a.O.) sowie Sipps & Janeczek (a.a.o).

Interessant ist hier, daß die einzige Arbeit, die explizit geschlechtstypische Präferenzen untersucht, genau das gegenteilige Muster findet; hier wünschten sich Frauen eher direktive und Männer eher "echte" Berater (Tinsley & Benton a.a.O.). Dieses Ergebnis läßt die oben dargestellten Befunde in einem anderen Licht erscheinen: Möglicherweise vermuten Frauen auch in der Beratung ein dem Stereotyp entsprechendes Interaktionsverhalten, wünschen sich aber eher das Gegenteil. Eine Klärung dieser Frage würde die gleichzeitige Erhebung von Antizipationen und Präferenzen notwendig machen.

Insgesamt zeigen die Arbeiten des hier referierten korrelativen Ansatzes, daß keine einfach zu erhebenden und zuverlässigen Prädiktoren für Rollenerwartungen gefunden worden sind. Ein Grund könnte die übliche Erfragung nicht näher definierter Erwartungen sein. Zudem sind bislang kaum auf den speziellen Beratungskontext zugeschnittene Personenvariablen untersucht worden, die aufgrund größerer Nähe zum Beratungskontext und einer höheren Spezifität eher einen Zusammenhang mit den Rollenerwartungen vermuten lassen und z.T. zugleich Ansatzpunkte für mögliche Veränderungsmaßnahmen von seiten der Berater ermöglichen würden. Zu dieser Gruppe könnten Variablen gehören wie der Zugangsweg zur Beratung, die Informationsquellen, vorherige Beratungserfahrungen oder das Ausmaß der Problembelastung.

Ein möglicher Nutzen von einfach zu erhebenden Erwartungsprädiktoren könnte z.B. die Verwendung von Antizipationen oder Präferenzen als "differentielles Indikationskriterium" (Halder-Sinn et al. 1980) für verschiedene therapeutische Vorgehensweisen sein.

Richert (a.a.O.) hat jedenfalls dieses Ziel im Auge, wenn er versucht, grundlegende "Kliententypen" aufgrund bestimmter Erwartungsmuster zu beschreiben und damit die Komplexität der vorgefundenen Rollenerwartungen auf ein handliches Maß zu reduzieren. Seine Kategorien beziehen sich auf Rollenpräferenzen und beanspruchen nur für den Beginn der Beratung Gültigkeit.
Danach lassen sich Rollenpräferenzen auf zwei grundlegenden Erwartungsdimensionen einordnen: Einerseits auf einem Autoritätskontinuum, das die Wünsche an den Therapeuten zwischen den Polen des machtvollen Experten und des guten Freundes beschreibt, sowie auf der Dimension der Problemorientierung, die Antizipationen an reine Problemlösung vs. Betonung von Emotionen umfaßt. Durch Kreuzung dieser

beiden Dimensionen erhält man vier Idealtypen von Rollenerwartungen, die durch die
vier Quadranten des entstandenen Koordinatensystems dargestellt werden:

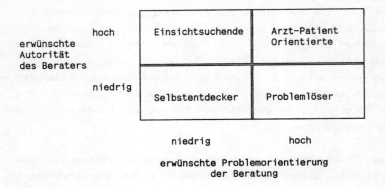

Die Erwartungstypen dieser Typologie lassen sich wie folgt charakterisieren:
Arzt-Patient-Orientierte Klienten sind in ihren Präferenzen an ihren Erfahrungen
aus dem medizinischen Modell orientiert, sie wünschen sich einen aktiven und
direktiven Therapeuten, der den Therapieprozeß kompetent lenkt und dem Klienten
Ratschläge gibt. *Einsichtssuchende* Klienten wollen Analyse und Deutung ihrer
Gefühle durch einen aktiven und kompetenten Therapeuten. Sie sind an Einsicht und
Ursachensuche interessiert. *Problemlöser* suchen im Therapeuten einen kompetenten
aber gleichberechtigten Partner, der mit ihnen zusammen Informationen für neue
Problemlösungen sucht. Die *Selbstentdecker* wollen zwar ebenso einen gleichberechtigten unterstützenden Partner wie die Problemlöser, dabei kommt es ihnen jedoch
darauf an, möglichst viel über ihre eigenen Gefühle und Erfahrungen zu erfahren.

Wenn auch fraglich ist, ob man, wie Richert vorschlägt, diese Idealtypen zur
Ableitung der jeweils indizierten therapeutischen Maßnahmen verwenden kann, so
umfaßt diese Typologie doch einen Großteil der bislang vorliegenden empirischen
Klassifikationsversuche zu Rollenerwartungen und stellt damit einen brauchbaren
Vergleichsmaßstab für neuere Erhebungen dar.

Im Bereich der Rollenerwartungen ist vielfach versucht worden, auf empirischem
Wege zu grundlegenden und übergreifenden Dimensionen solcher Erwartungen zu
kommen. Die vorherrschende Vorgehensweise dabei ist die Reduktion eines Itempools
mit Hilfe cluster- oder faktorenanalytischer Verfahren, die zu grundlegenden
Dimensionen der Beratungserwartungen führen soll.
Dieser Ansatz geht von der Arbeit Apfelbaums' (1958) aus, der mit Hilfe eines cluster-
analytischen Vorgehens die folgenden drei Dimensionen von Rollenerwartungen bei
Klienten fand:

1. Nurturant   (schützendes und führendes Therapeutenverhalten)
2. Model Expectations (tolerantes und akzeptierendes Therapeutenverhalten)
3. Critic   (distanziertes und anweisendes Therapeutenverhalten)

In der Nachfolge ergänzten Rickers-Ovsiankina et al. (1971) diese drei Dimensionen um eine vierte mit dem Namen "Cooperative".

Spätere Arbeiten fanden entweder zumindest eine der beiden von Richert als grundlegend beschriebenen Erwartungsdimensionen (Heine & Trosman 1960, Begley & Lieberman 1970), teilweise auch eine analoge Vierer-Typologie (Berzins 1971, zit. nach Tracey & Dundon 1988, Tinsley et al. 1980, Landolf 1985) oder drei den Kategorien von Apfelbaum ähnliche Typen (Geller 1965, Lorr 1965, Friedlander 1982). Selbst bei getrennter Faktorisierung von Antizipationen und Präferenzen zeigten sich für jeden Bereich drei den o.g. Typen ähnliche Erwartungsfaktoren (Bommert et al. 1975).

Unter Berücksichtigung der verschiedenen Erhebungsinstrumente, Populationen und statistischen Vorgehensweisen lassen sich diese Ergebnisse wohl am ehesten als Bestätigung der von Richert beschriebenen Dimensionen und Typen von Rollenerwartungen ansehen. Es zeichnet sich damit eine Kategorisierung von Erwartungen ab, die für die weitere Forschung aber auch für den praktischen Umgang mit Rollenerwartungen hilfreich sein kann.

Für die Übertragung der Kategorien auf einen bestimmten Beratungskontext gibt es jedoch ernsthafte Bedenken. So sind die Fragebögen, auf denen die Faktoren beruhen, zum Großteil recht kurz, institutionsunspezifisch und auf die Person des Beraters zentriert, so daß möglicherweise wichtige Aspekte erst gar nicht in die Analyse eingehen konnten. Aus diesem Grund ist zwar der Ansatz der Datenreduktion recht vielversprechend, jedoch erscheint es notwendig, die Typologie unter Berücksichtigung stärker institutions- und therapieprozeßorientierter Aspekte zu überprüfen.

Auch wenn sich einige Trends in den Rollenerwartungen verschiedener Klienten zeigen, so zeigt die Übersicht doch, daß es vor allem die Heterogenität von Erwartungen ist, die als eindeutiges Ergebnis aus den referierten deskriptiven Untersuchungen hervorsticht. Daraus ergibt sich die Notwendigkeit, deskriptive Aussagen über Rollenerwartungen möglichst eng auf eine bestimmte Population und einen bestimmten Beratungs- oder Therapiekontext zu begrenzen.
Inwieweit für den Kontext der EBSt solche Erkenntnisse vorliegen, soll im nächsten Abschnitt dargestellt werden.

2.3 Klientenerwartungen im Kontext der Erziehungsberatung

Als eine der direkten Erhebung vorgeordnete Informationsquelle über Klientenerwartungen gegenüber einer EBSt können die Beratungsanlässe herangezogen
werden.

Wie übereinstimmend berichtet wird, werden insgesamt mehr Jungen als Mädchen
vorgestellt (etwa im Verhältnis von 60:40), die zu etwa 80% im Alter von 6-15 Jahren
sind und in der Mehrzahl wegen Lern- und Leistungsproblemen, auffälligem Sozial-
verhalten (v.a. Aggressivität) oder emotionalen Problemen (Ängste, Depressionen) zur
EBSt kommen (s. Übersicht über empirische Ergebnisse bei Presting 1987a, S.66ff.).
Daraus lassen sich erste Annahmen über die Erwartungen der Eltern an Zuständigkeit
und Kompetenzbereich der EBSt bilden:

■ Eltern scheinen EBStn nur für schwerwiegende Probleme zuständig zu halten,
   da ein reines Informationsbedürfnis eher selten ist
■ Eltern scheinen in EBStn zumindest als "Präsentiersymptomatik" (Röttger &
   Oberborbeck 1976) fast auschließlich Probleme der Kinder anzugeben, d.h. sie
   vermuten Zuständigkeit und Kompetenz v.a. in diesem Bereich
■ die starke Bindung der Altersstufen und Anlässe an den schulischen Bereich
   läßt vermuten, daß Eltern von EBStn v.a. Unterstützung bei der leistungs-
   bezogenen Sozialisation ihrer Kinder erwarten

Während erste empirische Ergebnisse zu Klientenerwartungen erst in den achtziger
Jahren vorlagen, wurden schon vorher häufig subjektive Erfahrungen in spekula-
tiver Weise generalisiert. Dabei war die Überzeugung weit verbreitet, daß EBSt-
Klienten v.a. Passivitätserwartungen im Sinne des Richertschen
"Arzt-Patient-orientierten" Klienten aufweisen. Typisch dafür ist folgende Äußerung
von Redl (1978, S.92):

"Die meisten Eltern kommen in die EBStn mit der Erwartung, sich mühelose
Anweisungen für ihr jetziges und für alles künftige Verhalten in Erziehungsfragen
holen zu können.(..) Sie sind dann meist auch sehr entäuscht, wenn man ihnen, statt
sie mit Phrasen abzuspeisen und ihnen bequeme Rezepte zu verschreiben, den
ungeheuren Müheaufwand einer individuellen Behandlung ihrer Kinder aufzubürden
hat. Sie pflegen sich für diese Enttäuschung zu rächen, indem sie unsere
Erklärungsversuche zuerst mit Geringschätzung entgegennehmen."

Daß subjektive Erfahrungen im gleichen Beratungsbereich zu gänzlich anderen
Vermutungen führen kann, zeigt die folgende Äußerung von Richter (1984, S.14):

"Sie (d.h. die Beratungsklienten, Anmerk. d. Verf.) wünschen sich Berater, die ihnen
den Kontakt zu ihnen in der Gemeinde leicht machen und mit denen sie unbefangen
und auf gleicher Augenhöhe reden können. Beratungsstellen mit einem elitär

akademischen oder behördenartigen Gehabe wirken abschreckend gerade auf die besonders sensibilisierten Gruppen der Bevölkerung, die wenigstens in der Szene, wo psychosoziale Hilfe stattfindet, ein alternatives Klima anzutreffen hoffen."

Vor allem in der ersten Äußerung wird deutlich, wie sehr mit diesem Konzept von Erwartungen Interpretationsprozesse beim Berater verbunden sind ("für diese *Enttäuschung* zu *rächen*"), die sich auf sein Verhalten im Beratungsprozeß auswirken werden.

Allerdings weniger aus der Vermutung ihrer Bedeutung für den Beratungsprozeß, sondern verbunden mit dem wachsenden Interesse an der Öffentlichkeitsarbeit, wurde das Wissen und die Vorstellungen potentieller Klienten über die EB neuerdings auch empirisch untersucht.

2.3.1 Das Wissen der Öffentlichkeit über die Erziehungsberatung

Besonders wichtig für die Bildung von Erwartungen ist sicher der Informationsstand der Klienten über die EB.

Bei den verschiedenen Befragungen wurde immer wieder deutlich, daß dieser Informationsstand in der Öffentlichkeit sehr gering ist. Das Wissen um die Existenz von EBStn scheint zwar recht weit verbreitet, jedoch sind Kenntnisse über konkrete Adressen schon eher selten und weitergehende Informationen die Ausnahme.

So geben in der Untersuchung von vom Kolke & Altenkamp (a.a.O.) zwar 92% der befragten Eltern an, von der Existenz der EB zu wissen, jedoch nur 77% können eine Adresse nennen. Konkrete Kenntnisse über die Arbeit einer EBSt (oder vergleichbaren Beratungsstellen) besitzen meist weniger als 50% der befragten potentiellen Klienten (20% der Jugendlichen bei Bittner et al. 1989, 50% der Eltern bei vom Kolke & Altenkamp a.a.O. u. Schmidtchen et al. a.a.O.). Alleinerziehende Mütter und Klienten mit höherem sozialen Status zeigen sich insgesamt noch am besten informiert (Joisten a.a.O.)

Die Tatsache, daß Eltern über Zuständigkeit und Arbeitsweise von EBStn nur sehr wenig wissen, hat vermutlich verschiedene Folgen.

Einerseits wird die aus dem Wissensdefizit resultierende Unsicherheit darüber, was in der EBSt geschieht, zu einer Erhöhung der Zugangsschwelle führen. Dies wird etwa gestützt durch ein Ergebnis von vom Kolke & Altenkamp (a.a.O.), in deren Befragung Eltern, die sich von EBStn keine Hilfe bei Problemen erwarteten, dies v.a. mit ihrer Unkenntnis über Zuständigkeit und Arbeitsweise von EBStn begründeten. Diese Eltern werden also letztlich aufgrund ihrer Unsicherheit über das Vorgehen von EBStn diese auch bei ernsteren Problemen sicher nicht aufsuchen.

Hinzu kommt, daß das Fehlen von Informationen die Aufrechterhaltung und Bildung von Vorurteilen gegenüber der Beratungstätigkeit und den beteiligten Klienten und

Beratern begünstigt. Dies wiederum ermöglicht die häufig berichteten Stigmatisie-
rungsprozesse, bei der Teile des sozialen Umfeldes sich von Eltern distanzieren, die
"eine solche Beratung nötig haben".

Eine dritte, mit diesem Punkt verknüpfte Konsequenz mangelnder Informationen
sind die vermutlich häufig bei EB-Klienten vorliegenden Erwartungen des
"Arzt-Patient-orientierten" Typs. Wenn Informationen fehlen, ist die Übernahme
von Erwartungen aus vergleichbaren Kontexten wahrscheinlich. Bedenkt man jedoch
die tatsächliche Verschiedenheit dieser Kontexte (vgl. Kap. 1), muß man davon
ausgehen, daß relativ viele Klienten mit gänzlich realitätsinadäquaten Erwartungen
an die EBSt herantreten.

Andererseits wäre es auch denkbar, daß sich Klienten im Vorfeld der Beratung näher
informieren und so zumindest einige inadäquate Annahmen revidieren. Ob es bereits
vor der Beratung eine Erwartungsveränderung gibt, oder ob diese sich erst im Laufe
der Beratung ergibt, ist bislang nicht untersucht worden. Daß jedoch Einstellungsunterschiede zwischen EB-Klienten und vergleichbaren Eltern bestehen, ist mehrfach
gezeigt worden.

So zeigen sich Klienten besser über psychologische Sachverhalte informiert als
nicht-Klienten (Baum & Mackenberg a.a.O.) und erkennen die Notwendigkeit der EB
und die Kompetenz der Berater eher an. Sie äußern zudem weniger Ängste und
Vorbehalte hinsichtlich eines behördenähnlichen Vorgehens der EBStn (Joisten a.a.O.),
wenn auch nicht alle bestehenden Vorbehalte im Verlauf der Beratung abgebaut
werden (Straus et al. a.a.O.). Insgesamt zeigen jedoch Klienten und nicht-Klienten
überwiegend Übereinstimmung (61%) in ihren Einstellungen gegenüber EBStn
(Schmidtchen et al. a.a.o). Einstellungsunterschiede zwischen diesen Gruppen ergeben
sich eher bzgl. der Bereiche Erziehung und Erziehungsprobleme, wo nicht-Klienten
dies stärker als innerfamiliäre Aufgabe betrachten und keine fremde Hilfe in
Anspruch nehmen wollen oder in Anspruch nehmen zu müssen glauben (Bohle a.a.O.).

Zur näheren Klärung der Frage, welche Informationen EBSt-Klienten tatsächlich
besitzen und inwiefern diese inadäquat sind, kann nur eine Erhebung von
Erwartungen nach der Anmeldung aber vor dem ersten Kontakt zum Berater
beitragen. Dieser Erhebungszeitpunkt soll daher im empirischen Teil der Arbeit
berücksichtigt werden.

2.3.2 Einstellungen und Erwartungen gegenüber der Erziehungsberatung

Neben den berichteten, eher auf Schlußfolgerungen beruhenden Ergebnissen zu
den Klientenerwartungen an die EB gibt es zumindest vereinzelt auch direkt erhobene
Befunde zu solchen Einstellungen und Erwartungen.

Trotz (oder gerade aufgrund) des beschriebenen Informationsdefizits scheinen auf
den ersten Blick fast durchweg sehr positive Einstellungen gegenüber der Institution

EB zu bestehen.

So beurteilen über 90% der befragten Mütter bei Bohle (a.a.O) Erziehungsberatung als notwendig, finden es positiv, daß es EBStn gibt und meinen, daß man sich bei Problemen möglichst frühzeitig an eine solche Stelle richten sollte. Nur 10 % sind der Auffassung, daß Erziehungsberatung ein "theoretisches Gerede" sei. Demgegenüber würden jedoch 25% dieser Mütter eine EBSt selbst nicht aufsuchen und 75% meinen, daß man dies generell wohl erst dann mache, wenn man sich selbst überhaupt nicht mehr zu helfen wisse.

Die Ambivalenz dieser Ergebnisse deutet abermals auf die weiter oben (vgl. Kap. 2) erwähnte Einstellung hin, daß die Erziehungsberatung vor allem für "die anderen" als etwas sehr Sinnvolles angesehen wird.

Berücksichtigt man zusätzlich, daß die Autorin immer wieder darauf hinweist, daß bei vielen ihrer Interviews die Zwischenaussagen der Befragten im Widerspruch zu ihren "offiziellen" Antworten standen, wird deutlich, daß die EB keineswegs als so positiv angesehen wird, wie dies eine derartige Einstellungsuntersuchung vermuten läßt. Hier spielt sicher die klar definierbare soziale Erwünschtheit der Einstellungen eine Rolle. Für die Erklärung der Entscheidung zur Inanspruchnahme einer EBSt helfen diese globalen Einstellungen kaum weiter, zumal sich hier kaum Unterschiede zwischen Klienten und nicht-Klienten zeigen.

Für diesen Bereich, aber auch für das Verhalten des Klienten in der Beratung entscheidender sind vermutlich die Einstellungen

und Erwartungen zu konkreten Aspekten der Beratung.

Als konkrete Beschreibungsdimensionen und damit als zumindest ansatzweise unterscheidbare "Einstellungsobjekte" der institutionellen EB lassen sich die Bereiche:

1. Beratungsgeschehen
2. Berater
3. Institution EBSt

unterscheiden. An dieser Dreiteilung soll sich die folgende Darstellung der bislang vorliegenden Erkenntnisse zu den Klienteneinstellungen und -erwartungen gegenüber der EBSt orientieren.

ad 1. Beratungsgeschehen:

In diesem Bereich bestätigt sich fast durchgehend die Vermutung, daß sowohl die Öffentlichkeit als auch Klienten aus dem Bereich Erziehungs- und Familienberatung überwiegend Rollenerwartungen im Sinne des Richertschen "Arzt-Patient-orientierten" Typs nennen (vgl. vom Kolke & Altenkamp a.a.O., Schmidtchen et al. a.a.O., Reiter-Theil et al. 1985, Straus et al. a.a.O.). Allerdings tritt diese Gruppe von Erwartungen nicht in ihrer Idealform auf, sondern es zeigen sich in verschiedenen Bereichen Einstellungen und Erwartungen, die dem Klienten eine eher aktive Rolle zuweisen.

So werden gemeinsame Termine mit allen Familienmitgliedern und Verhaltensänderungen bei den Eltern mehr favorisiert als das reine "Abgeben" des
"Problemkindes" bei der EBSt (Schmidtchen a.a.O.). Ein "gemeinsames" Überdenken
der Probleme und Suchen nach Veränderungsmöglichkeiten in der EB wird von 90%
der Klienten und nicht-Klienten erwartet (Bohle, a.a.O, S.99). Zudem werden weder
besondere Zurückhaltung noch zu starkes Eingreifen vom Berater erwünscht (Straus
et al. a.a.O.).

Neben diesen Einstellungen findet sich ebenso eine Reihe von häufigen Ängsten
und Vorbehalten, die sich direkt aus dem beschriebenen Informationsdefizit ergeben
und z.T. einer Mystifizierung psychologischer Tätigkeiten entspringen.

Diese beziehen sich zumeist einerseits auf die Beratung selbst ("man wird nur
getestet und eingeordnet") oder auf unerwünschte Effekte der Beratung (ungewollte
Veränderungen bei sich selbst, "aufbrechen" von Verdrängtem, der Alltag wird
"zerpflückt und entnormalisiert", Straus et al. a.a.O.). Bis zu 50% der Befragten
äußern zudem generelle Vorbehalte bezüglich der Effektivität der Beratung, dabei
sind Männer weitaus skeptischer als Frauen (Joisten a.a.O., Bohle a.a.O., Straus et
al. a.a.O.).
Insgesamt zeigen Familien mit psychosozialen Problemen ebenso wie Klienten, die
über Behörden oder Schulen "überwiesen" wurden am ehesten eine ablehnende und
skeptische Haltung gegenüber der EBSt (Joisten a.a.O.).

Insgesamt scheinen die Vorstellungen von Klienten noch von Erfahrungen aus dem
medizinischen Bereich geprägt, wenn sich auch vielfach eine Veränderung in Richtung
auf eine Betonung von mehr Eigenverantwortung der Klienten im Sinne des Erlangens
von "Hilfe zur Selbsthilfe" (vgl. Schmidtchen a.a.O.) zeigt.
Ob sich hier für den Bereich des Therapiegeschehens bereits ein Wandel der
Erwartungen in Richtung auf solche des "Problemlöser"-Typs (vgl. Kap. 2.2)
ankündigt, kann allerdings aus diesen Daten nicht ersehen werden, da bei den hier
untersuchten Vorstellungen der Klienten nicht eindeutig zwischen Einstellungen,
Präferenzen oder Antizipationen differenziert wurde. Somit sind für die Beantwortung
der Frage, welche der genannten Therapieelemente einerseits vermutet und
andererseits gewünscht werden, weitere Daten notwendig.

ad 2. Berater:

An die Person des Beraters an EBStn, die von den Befragten weitgehend mit dem
Beruf des Psychologen gleichgesetzt werden (vom Kolke & Altemkamp a.a.O.), bestehen
von seiten der Öffentlichkeit insgesamt sehr hohe Ansprüche. Dabei werden eine hohe
beraterische Kompetenz, persönliche Sympathie und starkes Engagement
gleichermaßen als notwendige Eigenschaften eines Beraters gesehen.

Als Kriterien für die Kompetenz des Beraters werden dabei insbesondere Lebens-
und Berufserfahrung ("der Berater soll gut mit Kindern umgehen können"), das
"Ernstnehmen" des Klienten sowie das Schaffen einer günstigen Sitzungsatmosphäre

angesehen. Kompetenz soll sich v.a. im sicheren Auftreten und in realitätsnahen Hinweisen zeigen, nicht aber in dem direkten Vermitteln von Expertenwissen. Persönliche Sympathie wird an unterschiedlichen persönlichen ("der Berater soll immer ausgeglichen sein") und äußerlichen Attributen (Kleidung) festgemacht. Dabei betonen Frauen eher emotionale und Männer eher sachlich-rationale Aspekte der Beraterpersönlichkeit (Straus et al. a.a.O., Schmidtchen et al. a.a.O.). Das Engagement zeigt sich in Vorstellungen vom Berater, der auch außerhalb der Arbeitszeit für die Klienten erreichbar ist.

Neben diesen Ansprüchen ergeben sich auch hinsichtlich des Beraters einige häufige Ängste und Vorbehalte.

Teilweise wird der Berater v.a. als Akademiker gesehen, der bevormundet, der sich nicht auf "einfache Leute" einstellen kann (12,5 % bei Straus et al. a.a.O.) oder der seine Klienten v.a. be- und verurteilt (33,6 % bei Joisten a.a.O.). Das gängige Vorurteil, daß Berater selbst viele Schwierigkeiten und "Macken" haben, findet sich nur bei wenigen Klienten (vgl. Straus et al. a.a.O.).

Insgesamt zeigen diese Einstellungen, daß Klienten ein sehr anspruchsvolles Idealbild des Beraters haben. Weder Sympathie noch Kompetenz allein scheinen sie zufriedenzustellen, sondern sie wollen einen Berater, der ihnen beides gleichermaßen vermittelt. Straus et al. (a.a.O.) bezeichnen dieses Bild treffend mit dem "personalisierten Experten". Dabei stehen z.T. durchaus gegensätzliche Attribute nebeneinander, so daß sich der Berater bei dem Versuch der Erfüllung dieser Ansprüche auf einem schmalen Grat befindet.

Eine Schlußfolgerung über die Erwartungen an Berater läßt sich aus diesen Daten jedoch kaum ziehen. Daß die Öffentlichkeit den Erziehungsberater keineswegs durchgängig "idealisiert" (Schmidtchen et al. a.a.O., S.170) sieht, zeigen die genannten Vorbehalte. Daß auf die Frage hin, wie der Berater möglichst sein sollte (wie von Schmidtchen et al. gestellt) recht hohe Ansprüche zutage treten, ist wenig verwunderlich. Ob diese Attribute jedoch auch antizipiert und für die eigene Beratung präferiert werden, kann aus diesen Antworten nicht ersehen werden. Zudem wird eine Erörterung der Frage, was am Verhalten des Beraters (retrospektiv) positiv war (wie bei Straus et al.), andere Vorstellungen produzieren als die Untersuchung von Erwartungen im Vorfeld einer Beratung.

Auch im Bereich der Einstellungen gegenüber der Person des Beraters zeigt sich also die Notwendigkeit, *Erwartungen* in einer neuerlichen Erhebung zu klären.

ad 3. Institution EBSt:

Bezüglich der institutionellen Rahmenbedingungen finden sich vergleichsweise wenige Erkenntnisse zu Klienteneinstellungen. Dies mag daran liegen, daß die Frage der Institution bislang vornehmlich unter dem Aspekt ihres Images im sozialen Umfeld des Klienten und der sich daraus ergebenden Stigmatisierungstendenzen untersucht wurde. Die weite Verbreitung der Befürchtung unter Klienten, hinsichtlich des EBSt-

Besuchs bei Verwandten oder Bekannten auf Unverständnis und Ablehnung zu treffen, ist gut dokumentiert (vgl. vom Kolke & Altenkamp a.a.O., Joisten a.a.O., Straus et al. a.a.O.). Zwar geben ein Großteil der Befragten bei Bohle (a.a.O.) an, daß man einen EBSt-Besuch nicht zu verheimlichen brauche, weil er keine "Schande" sei, jedoch bestehen auch hier die o.g. Bedenken bzgl. der sozialen Erwünschtheit der Antworten (s. Bohle a.a.O., S.125).

Erwartungen bezüglich konkreter institutioneller Bedingungen sind v.a. als Vorbehalte bezüglich des "Behördencharakters" der EBSt thematisiert worden.

Danach bestätigen etwa die Hälfte der Klienten die "abschreckende" Wirkung verbreiteter Erwartungen an Formalitäten sowie den insgesamt amtlichen Charakter der EBSt. 71% geben an, daß Erwartungen an eine mehrmonatige Wartezeit eine Hürde darstellen. Zudem äußern ein Drittel der Klienten Befürchtungen an die Weitergabe von Informationen (Joisten a.a.O.). Während sich ansonsten hinsichtlich der Einstellungen gegenüber EBStn in städtischer oder kirchlicher Trägerschaft nur geringe Einstellungsunterschiede zeigen (Joisten a.a.O.), äußern doch 10% der Klienten Vorbehalte gegen kirchliche (Ehe-) Beratungsstellen wegen möglicher Schuldvorhaltungen oder einseitiger Stellungnahmen gegen eine Ehescheidung (Straus et al. a.a.O.).

Die Ergebnisse lassen vermuten, daß EB-Klienten z.T. mit der Annahme in die Beratung kommen, daß sie zumindest teilweise von ihnen unerwünschte Elemente behördlichen Arbeitens oder trägerspezifischer Beeinflussung vorfinden werden. Wie in den ersten beiden Bereichen ist jedoch auch hier nicht zu ersehen, ob es sich hierbei nur um eine geäußerte Bewertung handelt, oder ob das Eintreten der Befürchtungen zusätzlich auch für wahrscheinlich gehalten wird.

2.4 Beratererwartungen im Kontext der Erziehungsberatung

Angesichts dieser Erwartungen der Klienten ist zu fragen, auf welche Antizipationen und Präferenzen sie bei dem Berater treffen.
Daß Berater insgesamt wenig über die Einstellungen und Erwartungen ihrer Klienten wissen, konnten Schmidtchen et al. (a.a.O) zeigen.

Sie befragten Berater zu ihren eigenen Einstellungen zur EB und zu den von ihnen vermuteten Einstellungen der Öffentlichkeit. Die Ergebnisse zeigten, daß Berater und Öffentlichkeit zwar zu 50% (d.h. 50% der Items) gleiche Einstellungen äußern, die Berater aber nur 20% der Einstellungen der Öffentlichkeit richtig vorhersagen. Zudem unterscheiden sich die eigenen Einstellungen des Beraters von den Einstellungen, die er bei potentiellen Klienten vermutet zu 88%.
Kritisch muß jedoch angemerkt werden, daß einige der hier gefundenen Einstellungen der Öffentlichkeit (wie z.T. geringe Vorbehalte und Ängste) den Befunden anderer Untersuchungen in Richtung auf mehr soziale Erwünschtheit widersprechen. Gerade auf diese Einstellungen scheinen sich jedoch die "falschen" Einschätzungen der Berater zu beziehen. Legte man die Ergebnisse anderer Untersuchungen zugrunde, träfen die Vermutungen der Berater über die Einstellungen der Öffentlichkeit weit stärker zu.

Zumindest möglicherweise treten die Berater ihren Klienten also mit weitgehend falschen Vermutungen bezüglich deren Wünschen und Annahmen hinsichtlich des Beratungsgeschehens gegenüber.

Untersucht man die von Beratern geäußerten Einstellungen auf darin enthaltene Präferenzen (vgl. Gerstenmeier & Nestmann 1984, Schmidtchen et al. a.a.O., Straus et al. a.a.O.), fällt auf, daß sie weitgehend dem Rollenverständnis (bzw. deren kleinsten gemeinsamen Nenner) der einschlägigen Beratungs- bzw. Therapietheorien entsprechen. (Erziehungs-) Berater wollen demnach einen Klienten mit Problembewußtsein, mit der Bereitschaft, sich auch auf die unangenehmen und unbequemen Aspekte der Beratung einzulassen, aktiv mitzuarbeiten und sich selbst und seine Lebensumstände zu reflektieren. Sie wollen Hilfe zur Selbsthilfe geben und in ihrer Beratung den gesamten Familienkontext berücksichtigen. Berücksichtigte man nur diese Wünsche, könnte man sicher von einer "Überforderung" des Klienten (Straus et al. a.a.O., S.360) durch diese hohen Ansprüche ausgehen.
Allerdings lassen die in den o.g. Untersuchungen geäußerten Einstellungen auch einige Vermutungen der Berater über verbreitete Klientenängste erkennen. So gehen die Berater davon aus, daß Klienten Ängste und Vorbehalte gegenüber der EBSt als Behörde, gegenüber dem Berater (praxisfern, manipulative Kompetenzen) und gegenüber dem Beratungsprozeß (Aufdecken und Erörtern unangenehmer Probleme und Tatsachen) haben, und daß sie eher eine passive Rolle in einer stärker kindzentrierten Beratung einnehmen wollen. Solche Annahmen sollten eigentlich einer Überforderung des Klienten entgegenstehen.

Insgesamt wünschen sich Berater also ein starkes Engagement des Klienten, erwarten aber ein durchweg vorsichtiges und passives Verhalten[1]; beides Bilder, die in dieser Form, gemessen an den bislang bekannten Erwartungen der Klienten, ziemlich überzeichnet sind (vgl. dazu Kap. 2.3.2).

Die Berater scheinen also weder in ihren eigenen Präferenzen noch in der Einschätzung der Wünsche und Einstellungen der Klienten auf einer Linie mit den Klientenerwartungen zu liegen.

Ob das Phänomen der Fehleinschätzung, soweit es denn tatsächlich vorliegt, hauptsächlich auf einer Unkenntnis der empirischen Ergebnisse, einer fehlenden Thematisierung von Erwartungen im Beratungsprozeß oder, wie Schmidtchen et al. (a.a.O., S.170) vermuten, auf "berufsneurotischen Wahrnehmungs- und Verarbeitungsproblemen" beruhen, kann dabei nur spekuliert werden.

Besonders wichtig an diesen Ergebnissen ist jedoch die Tatsache, daß sie die schon mehrfach geäußerte These untermauern, daß Diskrepanzen zwischen den Wünschen und Vermutungen des EBSt-Klienten und denen seines Beraters nicht selten sind.

2.5 Unterschiede zwischen Berater- und Klientenerwartungen als Eingangsbedingung der EB: Eine rollentheoretische Betrachtung

Bis hierher wurden die Rollenerwartungen des EB-Klienten und seines Beraters v.a. auf der individuellen Ebene, sozusagen unter Ausklammerung der Interaktionsebene im Beratungskontext betrachtet. Besonders die Schlußfolgerung des letzten Abschnitts zeigt jedoch, daß diese Erwartungen auch ein wichtiges Element der Berater-Klient-Beziehung darstellen.

Berücksichtigt man die o.g. Befunde zur institutionellen Organisation der EB und zu den Erwartungen von Beratern und Klienten, ergeben sich einige Schlußfolgerungen bezüglich der Situation des Klienten zu Beginn der Beratung, die sich anschaulich im Rahmen der Rollentheorie beschreiben lassen.

Rollenerwartungen werden in diesem Zusammenhang betrachtet als "Komplexe von Verhaltenserwartungen, die an den Inhaber einer Position gerichtet werden" (Stroebe a.a.O., S.73). Dabei geht es vornehmlich um die Rechte und Pflichten eines Rolleninhabers gegenüber Inhabern anderer (oft komplementärer) Rollen, d.h. es wird hier v.a. der normative Aspekt von Erwartungen angesprochen. Allerdings sind in

---

[1]Es sei noch einmal auf die eingeschränkte Gültigkeit dieser Erkenntnisse hingewiesen, da es sich hierbei nicht um direkt gemessene, sondern um per Rückschluß aus Einstellungen gewonnene Präferenzen und Antizipationen handelt.

einem weiteren Begriff von Rollenerwartungen auch Antizipationen enthalten, die sich im Interaktionskontext ohnehin logisch ohne Normen als Datenbasis nicht bilden lassen (Wiswede 1977).

Die Situation des Klienten, wie sie sich aus den referierten empirischen Befunden ergibt, läßt sich nun mit dieser Begrifflichkeit auf der individuellen und auf der Interaktionsebene kennzeichnen (dabei wird die Rollen-Terminologie analog zu den Definitionen von Wiswede a.a.O. verwendet).

Auf seiten des EB-Klienten stellt sich die Klientenrolle als mehrdeutig dar ("Rollenambiguität"), da der Klient meist ohne genaue Vorinformationen (vgl. Kap. 2.3.1) oder konkrete Erfahrungen einer hochgradig komplexen Beratungssituation gegenübersteht. Zusätzlich kommen auf der Personenseite häufig problembedingend (oder -bedingt) Verzerrungen der sozialen Wahrnehmung hinzu, die gemeinsam mit Übertragungsphänomenen den Aufbau adäquater Erwartungen behindern können (Lennard & Bernstein a.a.O., S.24). Dennoch liegt diese Ambiguität derzeit noch vornehmlich in der Natur der (neuen und unbekannten) Beratungssituation selbst, da Erfahrungen mit Beratung bei den meisten Klienten nicht vorliegen und eindeutige Informationen aufgrund der noch unzureichenden Öffentlichkeitsarbeit und der Vielfalt und Unterschiedlichkeit der konkreten Vorgehensweisen in der EB nicht einfach zu bekommen sind.

Der resultierenden Unsicherheit scheint der Klient in der Regel nicht mit einer Eigendefinition der Rollen zu begegnen ("role-making"), die ein eher hohes Selbstbewußtsein erfordern würde (vgl. Wiswede, a.a.O.), sondern mit der Übernahme von Rollenerwartungen aus dem als ähnlich wahrgenommenen medizinisch-ärztlichen Bereich (vgl. Kap. 2.3.2).

Mit diesem Rollentransfer, der anscheinend häufig bereits bei Eintritt in die Beratung in Antizipation der Beratungssituation vollzogen ist, definiert der Klient jedoch für sich und den Berater Rollen, die den Rollenerwartungen (im Sinne von Präferenzen) der meisten Berater in EBStn entgegenstehen (vgl. Kap. 2.4). Es entsteht demnach vermutlich häufig ein Intra-Rollenkonflikt im Sinne eines "Intersender-Konfliktes" (s. Wiswede S.117) zwischen den Erwartungen des Beraters und des Klienten über die Ausgestaltung ihrer Rollen.

Die Übernahme der Klientenrolle wird vermutlich in dem Moment für den Klienten problematisch, in dem er diese Diskrepanzen wahrnimmt. Wie sich diese diskrepanten Erwartungen konkret auf das Verhalten von Berater und Klient auswirken und wie sie zusätzlich zur sprachlichen Ebene auch non- oder paraverbal kommuniziert werden, ist bereits Gegenstand einiger Untersuchungen gewesen (vgl. Kap. 5.1). Wenn darüber bislang auch wenig ausgesagt werden kann, so läßt sich doch annehmen, daß die Wahrnehmung der Diskrepanzen je früher stattfinden wird, desto bedeutsamer[1] diese Diskrepanzen sind.

Eine solche Situation, die einerseits durch Ambiguität und einen Dissenz bezüglich der Rollenerwartungen ("Erwartungsdiskrepanzen") und auf seiten der Person durch geringe Erfahrung und durch ein (im Beratungskontext sicher nicht selten) instabiles Selbstbild gekennzeichnet ist, begünstigt nun die Entstehung von "Rollendruck" bei dem Klienten, d.h. die Rollenübernahme wird für ihn belastend (zum Konzept d. Rollendrucks vgl. Wiswede a.a.O, S.142ff.).

Da die Ambiguität für die meisten EB-Klienten aufgrund der geschilderten Randbedingungen zutreffen wird, werden von den externen Bedingungen v.a. die Erwartungsdiskrepanzen für die Varianz des Rollendrucks ausschlaggebend sein. Das folgende Schaubild (s. nächste Seite) stellt die beschriebenen Bedingungen noch einmal in der Übersicht dar.

Bis zu diesem Punkt lassen sich die empirischen Ergebnisse zur Situation der EBStn und zu den relevanten Erwartungen und Einstellungen mit den Konzepten der Rollentheorie nachvollziehbar darstellen. Die möglichen Auswirkungen dieser Prozesse auf den Beratungsverlauf sind jedoch weit weniger klar. Der Rollendruck wird jedoch, als stressreich wahrgenommener Zustand, vermutlich zu Anpassungsbemühungen auf seiten beider Beteiligter führen. Was über diese angenommenen Prozesse im Bereich der EB bislang bekannt ist, soll nach dem folgenden Resümee im nächsten Kapitel dargestellt werden.

---

[1] Der Begriff der Bedeutsamkeit von Erwartungsdiskrepanzen soll hier unterstreichen, daß nicht jeglicher Unterschied in den Erwartungen von Therapeut und Klient den gleichen Stellenwert besitzen wird, sondern daß v.a. die subjektive Bewertung dieser Diskrepanzen für ihre Auswirkungen mitentscheidend ist. Zur genaueren Bestimmung dieses Begriffes vgl. Kap. 5.3.1

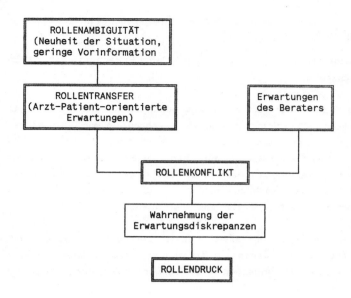

2.6 Zwischenresümee zum Kenntnisstand im Bereich Erwartungen an EBStn

Insgesamt zeichnen die Ergebnisse ein Bild ambivalenter Einstellungen gegenüber EBStn, das auf Klientenseite einerseits durch Passivitätswünsche (Ratschläge bekommen, lenkender Berater) und andererseits durch die Betonung der eigenen Selbständigkeit des Klienten (sein Kind nicht nur "abgeben", Angst vor Beeinflussung durch den Berater) geprägt ist. Den hohen Ansprüchen stehen zudem teilweise massive Vorbehalte und Ängste gegenüber. Einerseits erklärt sich diese Ambivalenz möglicherweise durch den geringen Informationsstand: wer wenig konkretes weiß, wird eher extreme Hoffnungen und Befürchtungen entwickeln.

Andererseits mögen diese Ergebnisse jedoch auch mit der bereits angesprochenen methodisch fehlenden Differenzierung von Wünschen und Annahmen zusammenhängen. Nur wenn klar deutlich ist, ob eine geäußerte Vorstellung einen Wunsch darstellt und ob das Eintreten dieses Wunsches tatsächlich erwartet wird, lassen sich die verschiedenen Einzelaussagen vergleichen und zu einem Gesamtbild zusammenfügen. Daß es sich hierbei nicht um eine nur theoretisch relevante Unterscheidung handelt, zeigt das einzige verfügbare Beispiel einer solchen Differenzierung:

Vom Kolke & Altenkamp (a.a.O.) stellten ihren Probanden die Frage, ob sie die von ihnen erwünschte Hilfe (v.a. Informationen und Ratschläge) auch tatsächlich von einer EBSt erwarten (d.h. antizipieren) würden. Hier gaben nur 52,6% an, diese Hilfe auch zu erwarten. 10,7% vermuteten die erwünschte Hilfe gar nicht und 36,8% nehmen an, sie nur zum Teil zu erhalten.

Dieses Ergebnis macht deutlich, wie wenig eindeutig eine Erwartungs-Information ohne diese Differenzierung ist.

Obwohl in den Vorstellungen der Berater die Ambivalenz der Klienteneinstellungen gut zum Ausdruck kommt, läßt sich doch eine weite Verbreitung von Diskrepanzen zwischen den Erwartungen von Beratern und Klienten annehmen. Auch hier könnte nur eine eindeutige Trennung zwischen Wünschen und Erwartungen, sowie die Berücksichtigung von Erwartungen innerhalb der konkreten Berater-Klient-Paare näheren Aufschluß über das tatsächliche Vorliegen inadäquater Erwartungen und Erwartungsdiskrepanzen zwischen Berater und Klient bieten.

Unter methodischen Gesichtspunkten läßt sich somit resümierend feststellen, daß die vorliegenden Erhebungen dem weiter oben dargelegten Konzeptualisierungsstand des Konstruktes "Therapieerwartungen" in verschiedener Hinsicht nur ungenügend Rechnung tragen:

- Die Konstrukte "Einstellung" und "Erwartung" werden z.T. weder bei der Operationalisierung noch bei der Interpretation voneinander unterschieden.

- Wenn überhaupt Erwartungen statt Einstellungen operationalisiert werden, erfragen die Items z.T. Antizipationen und z.T. Präferenzen, ohne daß diese Differenzierung später berücksichtigt wird

- Es werden meist nur die Eingangserwartungen oder retrospektiv die Erwartungen nach Abschluß der Beratung erfragt. Eine Berücksichtigung dieser Tatsache in der Interpretation der Ergebnisse findet kaum statt.

- Es werden z.T. nur einige recht globale Erwartungen und Einstellungen erfragt, insbesondere der institutionelle Rahmen (Kontexterwartungen) wird dabei stark vernachlässigt.

- Erwartungen von Beratern und Klienten werden nicht innerhalb der konkreten Berater-Klient-Dyade erhoben.

Diese Punkte sollen in der geplanten empirischen Untersuchung Berücksichtigung finden.

Darüber hinaus soll die allen referierten Untersuchungen zu Therapieerwartungen letztlich zugrundeliegende Annahme überprüft werden, daß solche Erwartungen für den Therapieverlauf eine bedeutsame Rolle spielen. Ohne diese Annahme wäre eine Beschreibung der Erwartungen nur von untergeordnetem Interesse.
Insofern soll der empirische Teil im obigen Schaubild am Punkt der Erwartungs-diskrepanzen ansetzen und überprüfen, inwieweit solche Unterschiede wie vermutet

vorliegen. Zudem sollen die Konsequenzen des angenommenen Rollendrucks untersucht werden.

Da zur Frage der Bedeutung von Erwartungen für den Beratungsverlauf und Beratungserfolg im Bereich der institutionellen Erziehungsberatung kaum empirische Informationen vorliegen, wird sich die Darstellung der bislang theoretisch und empirisch erarbeiteten Befunde vornehmlich auf andere Beratungskontexte beschränken müssen.

Zunächst sollen jedoch die wenigen EB-spezifischen Hinweise auf mögliche Auswirkungen von Erwartungen auf den Beratungsverlauf und den Umgang mit solchen Erwartungen dargestellt werden.

3. Annahmen über die Auswirkungen von Erwartungen in der EB und deren beraterische Konsequenzen

Rollenerwartungen als handlungsleitende Kognitionen werden im Bereich der EB bislang vor allem im Zusammenhang mit der Zugangsproblematik thematisiert.

Gmür et al. (1984) sehen etwa die geringe Inanspruchnahme der EBStn durch Unterschichtklienten neben Kompetenz- und Wissensdefiziten auch in deren speziellen Erwartungen an den Berater ("reproduziert nur praxisfernes Bücherwissen, kann den sozialen Kontext der Unterschichtklienten nicht nachvollziehen, nimmt den Klienten die Autonomie") und den Beratungsprozeß ("verlangt eigene Veränderungen, die Angst auslösen") begründet.

Der zugrundeliegende Gedankengang entspricht dabei verbreiteten Vorstellungen und klingt fast trivial: Wenn Klienten vermuten, daß eine Beratung zum großen Teil unerwünschte oder ineffektive Vorgehensweisen enthält, werden sie dieses Angebot meiden. Plausibilität erhält diese Annahme durch Ergebnisse wie eine positivere Einstellung von Klienten im Vergleich zu nicht-Klienten hinsichtlich der Beratung.[1] (z.B. Joisten a.a.O.). Empirisch ist diese Vermutung jedoch bislang nur im amerikanischen Beratungssektor untermauert worden.

So fanden Tinsley et al. (1984) in ihrer Befragung Hinweise für die Tatsache, daß die Tendenz zur Inanspruchnahme von Beratungsangeboten größer ist, wenn potentielle Klienten eine Beratung in Richtung auf ihre Wünsche antizipieren.

Allerdings bedeutet dies nicht, daß aufgrund des freiwilligen Zuganges nur hoch motivierte und zuversichtliche Klienten zur EBSt kommen (vgl. Kap. 2.3.2). Viele

---

[1]Dabei kann dieser Unterschied jedoch auch durch eine Einstellungsänderung bei den Klienten während der Beratung zustande gekommen sein

Klienten, und besonders diejenigen, die sich "auf Anraten" von Jugendämtern und Schulen anmelden, scheinen seltener hohe Prognose-Erwartungen und adäquate Rollenerwartungen zu haben (vgl. Ell 1974, Joisten a.a.O.). Einerseits wird also eine Übereinstimmung eigener Antizipationen und Präferenzen bzgl. der Beratung den Zugang erleichtern, faktisch ist es aber wohl so, daß viele Klienten *trotz* massiver Vorbehalte zur EBSt kommen (bzw. "geschickt werden").

Unverständlicherweise hat man sich mit der Frage danach, wie sich diese Erwartungsdiskrepanzen innerhalb des Klienten (Präferenzen vs. Antizipationen) bzw. zwischen Klient und Berater (vgl. vorangegangenes Kap.) auf Prozeß und Ergebnis der Erziehungsberatung auswirken, bislang fast nicht beschäftigt. Dies scheint allerdings weniger daran zu liegen, daß die Rollenerwartungen von Klient und Berater als therapeutisch irrelevant betrachtet würden, sondern daß es als gesichert angesehen wird, daß die Erwartungen und Vorbehalte des Klienten "den gesamten Beratungsablauf beeinflussen" (Gmür et al. a.a.O., S.157), oder daß Klienten eine Beratung abbrechen, "weil sie eine andere Form der Hilfe erwartet haben" (Wegner 1975, S.827).

Empirisch gibt es dafür jedoch im deutschsprachigen Gebiet kaum Belege, für den Bereich EB fehlen sie völlig.

Hinsichtlich eines Zusammenhangs von Erwartungen und Therapieergebnis zeigen Straus et al. (a.a.O, S.52) zwar, daß die abschließende Zufriedenheit des Klienten mit der Beratung vom Zugangsweg abhängig ist, sie konnten dieses Ergebnis jedoch nicht eindeutig auf unterschiedliche Eingangserwartungen zurückführen.

Ein Grundproblem der Diskussion um Klientenerwartungen ist die fehlende Beachtung der Zeitdimension. Meist wird der Begriff der Erwartungen mit den Eingangserwartungen zu Beginn der Beratung gleichgesetzt. Sehr wahrscheinlich sind solche Erwartungen jedoch einem Veränderungsprozeß ausgesetzt, unabhängig davon, ob diese Veränderung spontan durch die Beratungserfahrung erfolgt oder vom Berater bewußt initiiert wird.

Im EB-Kontext fanden Straus et al. (a.a.O.), daß viele Eingangsbefürchtungen schon kurz nach Beratungsbeginn aufgegeben, teilweise aber im Verlauf der Beratung wieder wichtig wurden. Insgesamt behielten 51% der Klienten, die mit Vorbehalten in eine Beratung kamen, diese zumindest zum Teil auch nach der Beratung bei. Veränderungen fanden sich auch bei den Präferenzen bzgl. der Beratereigenschaften. Allerdings handelt es sich hierbei um retrospektive Daten, nicht um eine Längsschnittuntersuchung.
Joisten (a.a.O.) konnte bei EB-Klienten in den ersten vier Sitzungen ein höheres Ausmaß von Skepsis und Unsicherheit nachweisen als bei Klienten in späteren Beratungsphasen. Allerdings liegen hierbei ebenfalls nur Querschnitt- und keine Längsschnittdaten vor.

Auch wenn die Daten keine methodisch schlüssige Begründung dafür liefern, scheint sich die Veränderbarkeit der Erwartungen in diesen Ergebnissen doch abzuzeichnen.

Allerdings ist damit ein Zusammenhang von Eingangserwartungen mit dem Therapieprozeß und -ergebnis, wie in den obigen Zitaten angenommen, nur eine Denkmöglichkeit für die Rolle von Erwartungen. Ebenso schlüssig ließe sich vermuten, daß gerade diese Erwartungen, die zu einem großen Anteil auf falschen Vorinformationen beruhen können, eher instabil und damit weniger relevant sind als zu einem späteren Zeitpunkt geäußerte Erwartungen. In eine ähnliche Richtung geht eine Annahme von Straus et al. (a.a.O), die in extremen (situativen) Anfangsvorbehalten sogar eine vertrauensbildende Tatsache vermuten, weil gerade diese Vorbehalte leicht auszuräumen sind und sie somit einen schnellen Vertrauensaufbau ermöglichen.

Diese Vermutungen machen für eine Untersuchung der Rolle der Erwartungen deutlich, daß es einerseits nicht ausreichen kann, Erwartungen nur zu Beginn der Beratung zu betrachten. Andererseits muß die Perspektive des Beraters mit einbezogen werden, da die sich verändernden Erwartungen der Klienten nicht an sich, sondern immer nur in bezug auf einen konkreten Berater mit seiner persönlichen Ausgestaltung der vielfältigen Möglichkeiten der EB-Arbeit als inadäquat, zutreffend, diskrepant oder kongruent bezeichnet werden können. Ohne die Praxis zu kennen, auf die bestimmte Klientenerwartungen treffen, ist eine Vorhersage der Wirkung solcher Erwartungen vermutlich kaum möglich.

Allerdings müssen diese Überlegungen doch spekulativ bleiben, da systematische Erkenntnisse darüber fehlen, ob sich die Klientenerwartungen auf den Prozeß der Beratung, das konkrete Beratungsgeschehen, die Dauer oder den Erfolg der Beratung auswirken, bzw. zumindest eine Vorhersage auf solche Prozesse erlauben. Wie sich gar ein solcher hypothetischer "Erwartungseffekt" konkret im Beratungsgeschehen der EB zeigen könnte, das bleibt bislang völlig offen.

In der Praxis haben die Berater jedoch mit diesen Phänomenen umzugehen und sie sind sich, wie die Interviews von Breuer (a.a.O., S.75ff.) zeigen, der Problematik bewußt. Größere Ratlosigkeit scheint jedoch bei der Frage zu herrschen, wie mit diesen Erwartungen (bzw. Erwartungsdiskrepanzen) umzugehen ist. Dies ist jedoch nicht verwunderlich, da noch nicht einmal klar ist, ob diese Erwartungen tatsächlich die ihnen zugeschriebene Relevanz haben und sich zudem aus den in der EB herangezogenen Therapietheorien keine eindeutigen Hinweise zum Umgang mit Klientenerwartungen ableiten lassen.

Im Rahmen der Erziehungsberatung wird am deutlichsten in dem problemorientierten Ansatz (Bommert & Plessen a.a.O.) gefordert, daß die individuellen Eingangsvoraussetzungen des Klienten (und damit auch seine Erwartungen) stärker in der Planung und Durchführung aller Schritte des Beratungsprozesses berücksichtigt werden sollen. Dieser Ansatz, der gewissermaßen oberhalb einzelner "Therapieschulen" liegt und keinem einzelnen Verfahren verbunden ist, läßt jedoch naturgemäß den konkreten Umgang mit diesen Erwartungen offen. Zum Teil wird jedoch auch in stärker "schulgebundenen" Beratungsansätzen, wie dem verhaltenstherapeutisch orientierten Problemanalysekonzept, die Berücksichtigung der Klientenerwartungen angestrebt. So betonen etwa Bartling et al. (1980, S.14) zur Frage der Bedeutung solcher Erwartungen:

"Seine Kompetenz (die des Therapeuten, Anmerk. d. Verf.) besteht u.E. gerade darin, dieses Fachwissen in der Kommunikation mit dem Klienten mit dessen Sichtweise – seinen Erwartungen, Motivationen, Wünschen, Zielen und eigenen Problemlösefertigkeiten – in Verbindung zu bringen"

Wenn hier auch im Gegensatz zu anderen Ansätzen Erwartungen explizit als Anknüpfungspunkt für therapeutische Strategien thematisiert werden, so bleibt jedoch auch hier die Frage der *Gewichtung* der "Sichtweise des Klienten" gegenüber den dazu möglicherweise diskrepanten Vorstellungen des Beraters offen. Zudem bleibt die damit verbundene Frage ungeklärt, auf welcher Ebene (explizit-implizit, differenziert-global) diese Erwartungen thematisiert werden sollen.

Einen konkreten, wenn auch ursprünglich auf das psychiatrische Setting ausgerichteten Ansatz zur Berücksichtigung von Erwartungen (im Sinne von Wünschen) in der Anfangsphase der Beratung bieten Lazare et al. (1975), die das explizite Ansprechen der Klientenwünsche und ihre weitestmögliche Erfüllung in der Anfangsphase der Therapie favorisieren. Hierdurch sollen einerseits diagnostische Informationen gewonnen werden (z. B. wie angemessen, hinreichend oder durchführbar sind diese Wünsche, welche Ursachenkonzepte liegen ihnen zugrunde?) und andererseits der Therapieprozeß möglichst schnell in Gang gebracht werden. Letzteres soll die Wunscherfüllung insofern ermöglichen, als daß durch sie eine offenere Kommunikation möglich ist (der Therapeut muß z.B. sein Vorgehen begründen) und erfüllte "einfache" Wünsche "reiferen" Wünschen Platz machen können.

Aus der insgesamt jedoch eher ungeklärten Frage des Umgangs mit Klientenerwartungen wird anscheinend häufig die Konsequenz gezogen, Rollenerwartungen in der Beratung nur "im Notfall" zu thematisieren.

Straus et al. (a.a.O.) berichten dazu, daß nur bei jedem vierten Klienten, der mit Vorbehalten zur EBSt gekommen war, diese zum Thema gemacht wurden. Bei Frauen ist der der Anteil mit 17% noch geringer als bei Männern. Die Autoren schließen, daß die Klienten kaum von selbst Erwartungen ansprechen, weil sie sich als Hilfesuchende fühlen, die dankbar für die Beratung sein sollten statt implizit Kritik zu üben, und die solche Metakommunikation eher dem "Experten" überlassen sollten (s. S. 356ff.). Berater scheinen demgegenüber Vorbehalte nur dann zu thematisieren, wenn diese bereits zu Konflikten geführt haben.

Da die Bedeutsamkeit der Klientenerwartungen kaum je angezweifelt wird, müssen bei den Therapeuten andere als methodisch-therapeutische Erwägungen für diesen Mangel verantwortlich sein. Auf der Einstellungsebene vermuten Lazare et al. (1975, S. 557f.) folgende Gründe für die abwehrende Haltung gegen die Thematisierung und Erfüllung von Klientenwünschen:

■ man glaubt anhand der berichteten Probleme und Ziele den entsprechenden Wunsch eindeutig zu erkennen

■ man hält die Klienten für unfähig oder unwillig, ihre (zudem z.T. unbewußten) Wünsche adäquat und offen zu verbalisieren

■ man fürchtet inkompetent zu erscheinen, wenn man offen nach solchen Dingen fragen muß

■ man fürchtet die Autorität in der Beratung abzugeben, indem man den Klienten danach fragt, was nach seinem Wunsch in der Therapie gemacht werden soll

■ man befürchtet, mit der Frage nach Wünschen des Klienten eine Lawine unerfüllter Hoffnungen und Bedürfnisse loszutreten, denen man als Berater hilflos gegenübersteht

Natürlich läßt sich gegen die o.g. Ergebnisse und Vermutungen einwenden, daß dem Berater neben dem offenen Ansprechen von Wünschen, Befürchtungen und Vermutungen noch andere, weniger explizite aber dennoch wirkungsvolle Möglichkeiten des Umgangs mit Erwartungen zur Verfügung stehen. Beispielhaft lassen sich folgende mögliche Strategien benennen: (vgl. Breuer a.a.O., S.79):

■ Der Berater initiiert zu Beginn der Beratung eine explizite Abklärung von Wünschen und Erwartungen und:

- paßt die Beratungsplanung den Wünschen des Klienten an

- versucht den Klienten von dem von ihm in diesem Fall favorisierten Vorgehen zu überzeugen

- versucht im Rahmen der grundlegenden Erwartungen des Klienten einen vertretbaren Behandlungsplan zu entwerfen (dabei entscheidet der Berater, ob er selbst innerhalb des Rahmens, den die Klientenerwartungen abstecken, arbeiten kann oder will)

- stellt dem Klienten die verschiedenen Möglichkeiten des Vorgehens vor und läßt ihn entscheiden

- thematisiert die Bedeutung der geäußerten Klientenerwartungen für das vorgestellte Problem, d.h. verwendet die Erwartungen primär nicht als Planungshilfe, sondern als 'therapeutisch relevantes Material'

- geht in der Anfangsphase auf die Wünsche und Erwartungen ein und versucht mittel- oder langfristig die Klientenerwartungen (und sein Vorgehen) zu modifizieren

■ Der Berater thematisiert die Erwartungen des Klienten nicht und:

- folgt der seiner eigenen Meinung nach indizierten Beratungsmethode weitgehend unabhängig von den Erwartungen oder Wünschen des Klienten (z.B. Einzeltermine werden abgelehnt)

- bezieht die implizit zum Ausdruck kommenden Erwartungen der Klienten in seine Planung mit ein (und versucht dann ihnen zu folgen oder langfristig diese Erwartungen zu modifizieren)

Neben diesen (und weiteren denkbaren) Strategien des Beraters besteht noch eine Reihe anderer Möglichkeiten, die sich auf eine Berücksichtigung der Klientenerwartungen noch *vor* dem Kontakt zum Berater beziehen. Dazu gehören Versuche wie die Modifikation von Erwartungen vor dem Erstgespräch per mündlicher Einführung, Informationsmaterial, Filmen u.ä. (vgl. zum Überblick Tinsley et al. 1988) oder die Zuweisung von Klienten zu solchen Therapeuten, die ihren Erwartungen entsprechen, bzw. ihre Erwartungen erfüllen können oder wollen ("Therapeuten-Klienten-Matching", vgl. zum Überblick Berzins 1977). Die Effektivität solcher Verfahren ist jedoch bislang noch weitgehend ungeklärt (s. Tinsley et al. a.a.O.).

An Ansätzen zum Umgang mit Klientenerwartungen gibt es also offensichtlich keinen Mangel. Um so unverständlicher ist der karge empirische Wissensstand zur Bedeutsamkeit von Rollenerwartungen im (Erziehungs-)Beratungsprozeß, der nur wenig Anhaltspunkte für die Auswahl zwischen diesen Alternativen geben kann. Als erster Schritt erscheint hier eine nähere Klärung der Beziehung von Klientenerwartungen (auch in Interaktion mit Berater-Erwartungen) zu Erfolgsmaßen der Erziehungsberatung notwendig. Eine genauere Kenntnis dieser Zusammenhänge würde Hinweise für den Umgang mit solchen Erwartungen erbringen und weiterer prozeßorientierter Forschung eine praxisbezogene Berechtigung geben.

Um mit dieser Fragestellung, die einen Schwerpunkt der geplanten empirischen Untersuchung darstellen soll, an den aktuellen Forschungsstand anschließen zu können, sollen im folgenden die Erkenntnisse zu den Zusammenhängen von Erwartungen mit dem Ablauf und dem Erfolg der Beratung aus anderen Beratungskontexten herangezogen werden. Dabei muß zum Großteil auf US-amerikanische Literatur zurückgegriffen werden.

4. Die Bedeutung von Berater- und Klientenerwartungen für Therapieverlauf, Therapieerfolg und Therapieabbruch

Die Bedeutung von Klienten- und Therapeutenerwartungen für verschiedene Aspekte von Beratung und Therapie ist v.a. im Bereich der amerikanischen "Counseling-Psychology" vielfach untersucht worden. Die Fülle der Fragestellungen, Vorgehensweisen und Ergebnisse läßt den Bereich mittlerweile sehr unübersichtlich erscheinen. Zudem ist die Einordnung der verschiedenen Befunde durch die bereits erwähnte sehr breite und unpräzise Verwendung des Erwartungsbegriffs häufig recht schwierig, was einen systematischen Zugewinn an Erkenntnissen bislang erschwert hat. Versucht man das Gebiet im Überblick zu betrachten, lassen sich Ergebnisse zu den folgenden Inhaltsbereichen voneinander abgrenzen:

1. Der Zusammenhang von Eingangserwartungen (von Klienten oder Therapeuten) mit dem Therapieabbruch oder Therapieerfolg.

2. Der Zusammenhang von Erwartungsdiskrepanzen (zwischen Klient und Therapeut) mit dem dem Therapieabbruch, dem Therapieerfolg und dem Therapieprozeß.

In beiden Bereichen liegen verschiedene theoretische Annahmen und empirische Befunde vor, und es wurden Überlegungen zur praktischen Nutzung der Erkenntnisse im Beratungsprozeß selbst angestellt. Während im ersten Bereich, der in diesem Kapitel im Mittelpunkt stehen soll, vornehmlich Prognose-Erwartungen untersucht worden sind, wurden im zweiten Bereich, der im nächsten Kapitel (Kap. 5) behandelt werden soll, v.a. Rollenerwartungen thematisiert.

Die Forschungen zu den Auswirkungen von Erwartungen zu Beratungsbeginn sind direkt aus der Beschäftigung mit unspezifischen Therapiefaktoren hervorgegangen. Da die Beschäftigung mit dem Thema "Erwartungen in der Therapie" zwar einerseits in diesen Rahmen eingebettet ist, aus diesem Grund jedoch auch häufig fälschlicherweise mit dem eng verknüpften Bereich der Placeboforschung gleichgesetzt wird, sollen die hier interessierenden Fragen kurz in die genannten Themengebiete eingeordnet werden.

Exkurs: Prognose-Erwartungen als Placebo und nicht-spezifischer Wirkfaktor in der Psychotherapie

Nach der Kritik Eysenck's, der zu Beginn der fünfziger Jahre die Wirksamkeit von Psychotherapie generell in Zweifel zog, hat die darauf folgende Erfolgsforschung die grundsätzliche Wirksamkeit von Psychotherapie aufzeigen können (s. Grawe 1982, 1987, Halder-Sinn 1980). Dennoch steht bis heute ein überzeugender Nachweis der differentiellen Wirksamkeit verschiedener psychotherapeutischer Verfahren aus (Bastine et al. 1989).

Dieser Widerspruch von gleicher Wirksamkeit z.T. höchst unterschiedlicher Vorgehensweisen hat neben einer neueren Belebung der Prozeßforschung (s. Grawe 1989) schon seit drei Jahrzehnten zur Untersuchung solcher Therapieelemente geführt, die von keiner Therapietheorie explizit als therapeutische Agenzien betrachtet werden, die jedoch allen Therapien gemeinsam sind.

Diese meist als "nicht- oder unspezifische" Wirkfaktoren bezeichneten Therapieelemente sind naturgemäß eine sehr heterogene Gruppe von Variablen und so ist die mit ihrer Verwendung verbundene konzeptuelle und definitorische Ungenauigkeit nicht verwunderlich.

Sie resultiert vor allem aus der Tatsache, daß der Begriff "nicht-spezifisch" bislang nur negativ definiert worden ist als etwas, das nicht zu den spezifizierten Elementen einer Therapie gehört. Damit kann eine solche Variable durchaus ein Element aller, einiger oder keiner therapeutischen Vorgehensweise sein (Wilkins 1979c). Dies hat dazu geführt, daß der Begriff als forschungsstrategisch unbrauchbar verworfen wurde (Wilkins 1979a, 1979c), in seinem Geltungsbereich auf jeweils bestimmte Therapieverfahren beschränkt (Kazdin 1979a, b, Bommert 1987) oder auf alle Therapieverfahren ausgedehnt wurde (Blaser 1982, Frank 1989).

Wenn man nicht auf eine "schulübergreifende" Betrachtung dieses Phänomens verzichten will, erscheint es sinnvoll, den Begriff nur für solche Randbedingungen anzuwenden, die allen therapeutischen Kontakten (in verschiedenen Ausprägungen) eigen sind, jedoch übereinstimmend von keiner der betrachteten Verfahren als therapeutisches Agens definiert wird. Dies ließe sich mit dem von Kazdin (1979b) vorgeschlagenen Begriff der allgemeinen Behandlungscharakteristika ("common treatment factors") treffend bezeichnen.

Allerdings bleibt letztlich auch hier der Versuch der exakten Trennung "allgemeiner" und "spezieller" Charakteristika schwierig.

So wird ein systemisch orientierter Familientherapeut in der EB das beständige Aufstellen und Abtesten von systemischen Hypothesen, das zirkuläre Fragen, den Einbezug von Kotherapeuten hinter einer Einwegscheibe oder das Einbringen einer das Symptom positiv konnotierenden Schlußintervention aufgrund der zugrundeliegenden Theorie als veränderungswirksame Therapieelemente einsetzen.
Analog dazu wird ein verhaltenstherapeutisch orientierter Berater eine genaue

Exploration als Datenbasis für eine exakte Problemanalyse durchführen, je nach Problemlage dann möglicherweise Selbstbeobachtungsaufgaben geben, gemeinsam mit dem Klienten Verstärkungsbedingungen festlegen, therapeutische Rollenspiele durchführen oder Hierarchien angstauslösender Stimuli aufstellen. Beide Therapeuten werden möglicherweise in Einzelaspekten ähnliches Verhalten zeigen (z.B. die positiven Seiten eines Symptoms thematisieren), wobei jedoch der eine vereinfacht gesprochen eher dem Inhalt der Frage (den angesprochenen positiven Konsequenzen), der andere eher der Wirkung der Frage (der positiven Konnotation) einen veränderungswirksamen Effekt zusprechen wird. Diese Attribution von Wirksamkeit bezüglich bestimmter Therapieelemente ist der Kernpunkt der Zuordnung dieser Elemente zu spezifischen Therapiefaktoren.
Beiden Therapien können jedoch auch eine Reihe von Merkmalen gemeinsam sein, so etwa Merkmale des Klienten und Therapeuten (z.B. soziodemographische Merkmale, Ähnlichkeit, Erwartungen), der Therapie (z.B. genaue Anzahl der Stunden) oder des institutionellen Settings (z.B. Freiwilligkeit, Kostenlosigkeit, Träger). Diese Merkmale werden von beiden Therapeuten als nicht-spezifische Therapiefaktoren betrachtet werden.

Die Frage, welche Bedeutung nicht-spezifische Faktoren für den Therapieausgang haben, ist sehr unterschiedlich beantwortet worden und reicht von der Annahme, daß nicht-spezifische stärker als spezifische Faktoren kausal für den Therapieausgang verantwortlich sind (Frank 1981) bis hin zu der Feststellung, daß das gesamte Konstrukt überflüssig ist (Wilkins 1979b, 1984a). In neuerer Zeit wird vermehrt dafür plädiert, nicht-spezifische Faktoren in ihrer Interaktion mit spezifischen Faktoren zu untersuchen (vgl. Omer 1989).

Angesichts der vielfältigen Hinweise auf den Zusammenhang nicht-spezifischer Variablen mit positiven Therapieergebnissen erscheint es in jedem Fall sinnvoll, sie operational zu definieren und zu untersuchen, um sie in der therapeutischen Arbeit nutzbar zu machen (d.h. den Bereich unspezifischer Elemente zu verkleinern), als sie im Sinne methodischer Artefakte aus der Theoriebildung auszuschließen.

Frank (1971, 1989) und auch Torrey (1972) haben versucht, jene unspezifischen Merkmale herauszuarbeiten, die unabhängig von den Grundlagen einer bestimmten therapeutischen Behandlung oder Laientherapie eine erfolgreiche Behandlung kennzeichnen. Dabei werden neben Merkmalen wie einer intensiven emotionalen Beziehung, einem gemeinsamen Erklärungsansatz über die Problemgenese, einem als "therapeutisch" deklarierten Setting oder der Verwendung als ebenso "therapeutisch" bezeichneter Aktivitäten immer auch das Vorhandensein, der Aufbau oder die Stärkung der Hilfserwartungen des Klienten genannt.

Das so relevant gewordene Konstrukt 'Therapieerwartungen' ist v.a. vor diesem Hintergrund seit den fünfziger Jahren auch immer wieder unter dem Begriff des Placebos untersucht worden.
Beginnend mit der Arbeit von Rosenthal & Frank (1956) ist versucht worden, die

als *Placeboeffekt* aus der pharmakologischen Forschung bekannte therapeutische Wirkung als nicht-wirksam erwiesener Therapieelemente auf die Psychotherapie zu übertragen. Bereits in dieser Arbeit, aber auch bis in die achtziger Jahre hinein, sind dabei (Prognose-) Erwartungen als einer der entscheidenden Wirkfaktoren des Placeboeffekts benannt (z.B. Shapiro & Morris 1978) oder direkt als Placebo bezeichnet worden (Birbaumer 1982).

Während es für das Bestehen eines Placeboeffekts auch im Rahmen der Psycho-therapie überzeugende Hinweise gibt und eine Reihe von Moderatorvariablen dieses Effekts gefunden worden sind (vgl. Überblicke bei Frank 1968 u. 1981, Halder a.a.O., Shapiro & Morris a.a.O.), sind doch dessen Wirkmechanismen kaum geklärt.

Vor allem die weitverbreitete Annahme, daß die prognostischen Erwartungen des Therapeuten oder des Klienten als eigentlicher Wirkfaktor des Placeboeffekts *kausal* für den Therapieerfolg verantwortlich sind, läßt sich mit den vorliegenden korrelativen Studien logisch nicht rechtfertigen (vgl. Wilkins 1973 u. 1977). Zudem ist gerade bei den Placebostudien zumeist eine hohe prognostische Erwartung aufgrund der experimentellen Manipulation nur angenommen und nicht überprüft worden, was die Gefahr von Zirkelschlüssen heraufbeschwört.

Dieser Mangel zeigt, daß eindeutige Erkenntnisse über die Rolle von Erwartungen im therapeutischen Prozeß kaum mit Hilfe dieses Placebo-Paradigmas gewonnen werden können.

Zudem werden unter Placebos im allgemeinen solche vom Therapeuten eingesetzten Therapieelemente verstanden, die mit oder ohne sein Wissen theoretisch keinerlei spezifische Wirkung auf das behandelte Problem oder Symptom haben sollen (vgl. Shapiro & Morris a.a.O., Grünbaum 1981). Von daher fällt die Betrachtung von Erwartungen, die zum Therapiebeginn bereits bestehen, nicht unter den Begriff des Placebos und sollte besser als eigenständiges Gebiet im Rahmen der Untersuchung allgemeiner Behandlungscharakteristika betrachtet werden.[1]

Vor diesem Hintergrund soll sich die Betrachtung der empirischen Ergebnisse zum Zusammenhang von Erwartungen mit dem Therapieverlauf und -erfolg im folgenden auf das eigenständige Gebiet der Erwartungsforschung beschränken.

---

[1] Wilkins (1977) unterscheidet in diesem Zusammenhang "expectancy traits" als vor der Therapie bestehende Erwartungen und "expectancy states" als im Vorfeld oder Verlauf der Therapie induzierte Erwartungen des Klienten. Nur letztere sind zumindest theoretisch als Placebo betrachtbar.

4.1 Zusammenhänge von Prognose-Erwartungen mit dem Therapieerfolg

Die Hypothese des Zusammenhangs von positiven prognostischen Erwartungen mit dem Therapieerfolg aus der Placeboforschung ist auch auf direktem Wege, d.h. mit Hilfe der Operationalisierung von prognostischen Eingangserwartungen und ihrer Korrelation mit dem Therapieergebnis untersucht worden.

Dabei wurden unterschiedliche Vorstellungen darüber vertreten, wie ein solcher Zusammenhang zu erklären sei und welche Form er vermutlich habe.

Zur Erklärung dieser Beziehung wurde in einem frühen Stadium dieser Arbeiten v.a. die Hypothese eines Kausalzusammenhangs von Klientenerwartungen und dem Therapieerfolg aus der Placeboforschung übernommen. So schreibt etwa Frank (1981, S. 196):

"Wenn aber der Patient nicht hoffte, daß der Therapeut ihm helfen könne, käme er gar nicht erst zur Therapie oder, wenn doch, bliebe er nicht lange; und sein Glaube an den Therapeuten kann an und für sich schon heilsam sein."

In diesem Modell besitzen die Erwartungen einen motivationalen Charakter und können demgemäß Verhaltensänderungen im Klienten "auslösen".

Demgegenüber gehen andere Erklärungsversuche davon aus, daß prognostische Erwartungen keine positiven Therapieerfolge verursachen, sondern ein möglicher Zusammenhang dadurch zustande kommt, daß Klienten und Therapeuten aufgrund der ihnen zur Verfügung stehenden Informationen eine häufig zutreffende Vorhersage auf den Therapieausgang machen können (Wilkins 1973, Martin et al. 1975, 1977a). Diese Vorhersage spiegelt sich in den prognostischen Erwartungen wider und führt so zu einem Zusammenhang zwischen Erwartungen und Erfolg.

Unterstützt wird diese Annahme durch ein Ergebnis von Martin et al. (1977a), die bei Psychiatriepatienten einen bedeutsamen Zusammenhang zwischen praetherapeutischer Anpassung (laut MMPI und Interviewergebnissen) und prognostischen Erwartungen fanden.

Alternative Erklärungen sehen Prognose-Erwartungen und Therapieerfolg gemeinsam durch eine dritte, noch aufzuzeigende Variable bestimmt (Friedman 1963, Bloch et al. 1976) oder halten den Zusammenhang für ein methodisches Artefakt, das dadurch zustande kommt, daß Klienten und Therapeuten in ihrem Rating des zu erwartenden und des tatsächlichen Therapieerfolgs konsistent erscheinen wollen (Bloch et al. a.a.O.).

Die Übernahme einer dieser Hypothesen hat Konsequenzen für die Form des angenommenen Zusammenhangs.

Goldstein (1962a) etwa bezieht sich auf Ergebnisse der Anspruchsniveauforschung, die mittlere Prognose-Erwartungen mit einem realistischen Anspruchsniveau in Verbindung bringen, welches sich wiederum als Prädiktor einer hohen Therapiebereitschaft und guter psychischer Anpassung gezeigt hat. Er folgert daraus, daß mittlere Prognose-Erwartungen am ehesten positive Therapieerfolge hervorbringen sollten. Damit wird also der für Motivation und Leistung typische kurvilineare Zusammenhang auch für Prognose-Erwartungen und Therapieerfolg postuliert.

Demgegenüber wird von den anderen Modellen eher von einem positiv linearen Zusammenhang ausgegangen (hohe Erwartungen entsprechen einem hohen Therapieerfolg), was zumindest ansatzweise die Möglichkeit eröffnet, aufgrund empirischer Ergebnisse zu der Art der Korrelationen Anhaltspunkte für die Nützlichkeit dieser Modelle zu finden (vgl. Martin et al. 1977b).

Von empirischer Seite hat man zwar bislang überwiegend einen positiven Zusammenhang zwischen den Prognose-Erwartungen von Klienten und dem Therapieergebnis aufzeigen können (Goldstein 1962a, Wilkins 1973), jedoch sind die empirischen Ergebnisse wegen ihrer methodischen Unterschiedlichkeit und einiger Einseitigkeiten nur begrenzt aussagekräftig. So wurde v.a. kritisiert, daß die Erfolgsmaße fast durchweg nur auf Klienten-Selbsteinschätzungen beruhen (Wilkins a.a.O.).

Wilkins (a.a.O.) fand, daß die einzige Arbeit in seiner Übersicht, bei der kein Zusammenhang von Klienten-Prognose und Therapieerfolg gefunden wurde, gleichzeitig auch die einzige Untersuchung war, deren Operationalisierung des Therapieerfolgs sich nicht auf Klienten-Selbsteinschätzungen beschränkte.

Betrachtet man die in Wilkins' Referat nicht berücksichtigten neueren Arbeiten, dann läßt sich diese Kritik zwar nicht aufrechterhalten, doch die Befundlage erscheint weiterhin ambivalent.

So wurden einerseits weiterhin Korrelationen (lineare Zusammenhänge) zwischen Prognose-Erwartungen von Klienten und dem von ihnen eingeschätzten Therapieerfolg gefunden (Uhlenhuth & Duncan 1968, Tollinton 1973, Richert 1976). Andere Arbeiten berücksichtigten zwar zusätzlich Therapeuteneinschätzungen der Besserung (Karzmark 1983), Verhaltensmaße der Klienten (Wilson & Thomas 1973) oder die Erfolgseinschätzungen unabhängiger Beobachter (Bloch et al. a.a.O.), konnten aber nur Zusammenhänge der Prognose-Erwartungen zu den Selbsteinschätzungen der Klienten bzgl. Besserung aufzeigen. Einzig Martin et al. (1977b) fanden eine signifikante, allerdings recht schwache Korrelation (.26) von Klienten-Prognose und Differenzwerten der Pathologie-Einschätzung unabhängiger Interviewer.
Nur eine Untersuchung (Brucato 1980) fand einen kurvilinearen Zusammenhang zwischen Prognosen und Therapieerfolg, allerdings wurde nur für einige der verschiedenen Erfolgsmaße Signifikanz erreicht.

Demgegenüber erhielten Piper & Wogan (1970) keinen Zusammenhang zwischen Klienten-Prognose und von Klienten selbst eingeschätzter Besserung ihrer emotionalen Befindlichkeit. Ebenso fanden Martin et al. (1975) keine Korrelation zwischen Prognose-Erwartungen der Klienten und der von ihnen selbst oder unabhängigen Interviewern beurteilten Besserung.

Betrachtet man die Ergebnisse im Überblick, dann läßt sich ein deutliches Übergewicht an solchen Arbeiten erkennen, die einen Zusammenhang zwischen (Eingangs-)Prognose-Erwartungen von Klienten und ihrer subjektiv empfundenen Besserung aufzeigen.[1] Dabei sprechen die Ergebnisse deutlich gegen einen kurvilinearen Zusammenhang, da vor der oben genannten Arbeit bislang nur eine weitere ältere Untersuchung (Goldstein & Shipman 1961) einen solche Beziehung zeigen konnte.[2]

Insgesamt erscheint der Kenntnisstand in diesem Bereich angesichts der Vielzahl der sich widersprechenden Untersuchungsergebnisse eher spärlich. Dies liegt sicher auch an den großen methodischen Unterschieden zwischen den Untersuchungen (vgl. Peham a.a.O.).

So wurden sehr verschiedene Klienten-Gruppen untersucht, studentische oder professionelle Therapeuten einbezogen und unterschiedliche "Therapiemethoden" verwendet. Größeres Gewicht haben jedoch die sehr unterschiedlichen Operationali-sierungen der prognostischen Erwartungen, die von einem Kurzfragebogen (5 Items) zum Therapieerfolg (Karzmark a.a.O.) bis zur Vorlage einer Problemliste von 130 Items (Piper & Wogan a.a.O.), die bezüglich ihrer erwarteten Besserung eingeschätzt werden sollen, reichen. Gleiches trifft auf die Variable "Therapieerfolg" zu, die z.T. als Besserung und z.T. als Zufriedenheit von verschiedenen Beurteilern erfaßt wurde, wobei auch die Meßzeitpunkte sehr differieren (z.B. Besserungseinschätzung nach dem Erstgespräch bei Friedman (a.a.O.) und Einschätzung der Zielerreichung bei Bloch et al. (a.a.O.) nach acht und zwölf Monaten).

Für die Prognose-Erwartungen von Therapeuten zeigt sich ein ähnlich uneinheit-licher Ergebnisstand. Entgegen früheren Annahmen zeigen neuere Überblicksreferate (Wilkins 1977, Beutler 1986), daß günstige Prognose-Erwartungen auch des Therapeuten meist mit einem höheren Therapieerfolg verbunden sind, dieser Zusammenhang aber auch von den jeweiligen Operationalisierungen abhängt. Auch hier fehlen bislang Ergebnisse über Erwartungseffekte, die auf klientenunabhängigen

---

[1]Die hier überblickten Arbeiten sprechen im Verhältnis von acht zu zwei für eine solche Schlußfolgerung. Berücksichtigt man noch die von Wilkins (1973) erwähnten Arbeiten, ergibt sich ein Verhältnis von dreizehn zu drei.

[2]Von der Übersicht ausgenommen bleiben dabei an dieser Stelle die Arbeiten zu Erwartungseffekten bei der systematischen Desensibilisierung, da sie sich zum einen auf den eng begrenzten Kontext der Angstbehandlung beziehen, und die SD zudem in der gegenwärtigen Erziehungsberatung eine untergeordnete Rolle spielt. Weiterhin werden hier vornehmlich die Effekte experimentell manipulierter oder induzierter Klientenerwartungen ("expectancy states") untersucht. Eine neuere Übersichtsarbeit zu diesem Bereich schätzt die Effekte von Eingangser-wartungen als eher gering ein (Perotti & Hopewell 1980).

Erfolgskriterien beruhen (Wilkins 1977). Berman (zit. nach Beutler a.a.O.) kommt nach einer Metaanalyse der bisherigen Untersuchungen zu dem Schluß, daß weniger als 10 Prozent der Varianz des Therapieerfolges auf die Prognose-Erwartungen des Therapeuten zurückgeführt werden können.

Diese Ergebnisse lassen – auch aus methodischen Gründen[1] – nur den Schluß zu, daß von der Bestätigung einer Ursache-Wirkungs-Beziehung zwischen Therapeuten-Prognose und Therapieerfolg keine Rede sein kann. Insofern stehen auch die Hypothesen zur Wirkungsweise der Therapeutenerwartungen, die unter anderem Prozesse der sich-selbst-erfüllenden-Prophezeiung oder der verbalen Konditionierung postulieren (vgl. Wilkins a.a.O., Suckert-Wegert a.a.O.), auf einer kargen empirischen Basis.

Insgesamt scheinen die Ergebnisse zu Prognose-Erwartungen am ehesten die Hypothese von Martin & Sterne (a.a.O.) zu bestätigen. Statt die Besserung des Klienten zu verursachen, scheinen die Erwartungen lediglich Annahmen zu sein, die die Beteiligten aufgrund ihrer Informationen und ihrem Wissen machen. Dies wird auch dadurch deutlich, daß die spezifischen Erfolgserwartungen von Therapeuten (ihre Besserungseinschätzung in bezug auf einen bereits gesehenen Klienten) eine bessere Vorhersage auf den kurz- und langfristigen Therapieerfolg zulassen als ihre generellen Prognose-Erwartungen ohne Bezug auf einen konkreten Klienten (Martin et al. 1977c). Die spezifischen Erwartungen erwiesen sich dabei besonders bei der langfristigen Erfolgsprognose (neun Monate) als bessere Prädiktoren.

Die mittlerweile bestehenden Hinweise auf eine bessere Vorhersagekraft der Prognosen von Klienten als derjenigen von Therapeuten auf das Therapieergebnis würde somit nahelegen, daß Klienten aufgrund ihrer Informationen häufiger realistische Einschätzung der Therapieerfolgswahrscheinlichkeit abgeben. Da die Ergebnisse jedoch weitgehend nur über Klienten-Besserungseinschätzungen abgesichert sind, können sie ebenso durch eine simple Vermeidung von Dissonanzen bei den Klienten zustande kommen.

Angesichts der vielfältigen methodischen Einschränkungen sind die uneinheitlichen Ergebnisse in diesem Bereich verständlich. Allerdings ist letztlich die Vermutung weiterhin begründet, daß die isolierte Betrachtung der Prognose-Erwartungen eines der an einer Therapie Beteiligten eine Ebene darstellt, auf der sich das komplexe Phänomen "Therapieeffekte" nur sehr unzureichend erklären läßt.

Ein erster Schritt zu einer umfassenderen Betrachtung wäre sicher die gleichzeitige

---

[1]Zur Erinnerung: Es handelt sich bei den Ergebnissen um Korrelationen, die keine Aussage über Kausalitäten erlauben.

Berücksichtigung der Prognose-Erwartungen von Therapeut und Klient. Eine der wenigen Untersuchungen, die dies bereits durchführte, konnte z.B. zeigen, daß die Kombination niedriger Klienten-Prognosen mit hohen Therapeuten-Prognosen mit den höchsten Therapieerfolgen verbunden war (Brucato a.a.O.). Solche Überlegungen führen bereits zu einer Betrachtung möglicher Auswirkungen von Erwartungsdiskrepanzen bei Therapeuten und Klienten. Bevor diese Frage gestellt werden wird, sollen im folgenden zunächst die Ergebnisse zu den Zusammenhängen von Eingangs-*Rollen*erwartungen mir dem Therapieerfolg und dem Therapieverlauf geschildert werden.

4.2 Zusammenhänge von Rollenerwartungen mit dem Therapieverlauf und Therapieerfolg

Die intensive Auseinandersetzung mit Prognose-Erwartungen führte relativ schnell zu einer Ausdehnung der Erwartungshypothese auch auf den Bereich der Rollenerwartungen von Klienten. So wurde schon auf der Grundlage einiger weniger empirischer Ergebnisse angenommen, daß die Rollenpräferenzen des Klienten bedeutsam seien für (Rosen 1967, S.787):

■ die Zugangsentscheidung
■ die Dauer der Beratung
■ die Berater-Klient-Beziehung
■ die Effektivität der Beratung

Bedenkt man die wichtige Rolle, die die Variable Erwartung seitdem auch in anderen Bereichen der klinischen Psychologie gespielt hat und die Theorien, die ihr eine entscheidende verhaltenslenkende Position zuschreiben (vgl. Kap. 2.1), so ist es nicht verwunderlich, daß sich diese Überzeugung bis heute weitgehend gehalten hat.[1] Zudem werden die meisten Berater genügend eigene Fälle kennen, in denen Klienten mit bestimmten Erwartungen die Beratung nach kurzer Zeit abbrachen.

Die empirischen Versuche, die zu Beratungsbeginn bestehenden Rollenerwartungen mit verschiedenen Parametern des Therapieverlaufs und -erfolgs in Verbindung zu bringen, legen jedoch nicht die Schlußfolgerung nahe, daß die *isoliert betrachteten* Eingangserwartungen des Klienten eine Vorhersage auf diese Variablen erlauben.

So fand man in mehreren Untersuchungen keine bedeutsamen Unterschiede in den

---

[1]In neuerer Zeit resümieren etwa Tinsley et al. (1988, S.99): "It is widely believed, therefore, that clients' expectancies exert an important influence on their decisions to enter into and remain in therapy, and that their expectancies moderate the effectiveness of therapy."

Eingangs-Rollenerwartungen zwischen Klienten, die eine Therapie frühzeitig abbrachen, und solchen Klienten, die sie über den jeweiligen Cut-off hinaus fortführten (Apfelbaum a.a.O., Fiester 1977, Heppner & Heesacker 1983, Hardin et al. 1988).

Selbst die konkret auf die Dauer der Therapie bezogenen Eingangserwartungen des Klienten scheinen höchstens einen sehr geringen Zusammenhang mit der tatsächlichen Therapiedauer zu haben.

Während Sandler (1975) hier nur eine (nicht signifikante) Tendenz zu einem solchen Zusammenhang feststellte, berichten Pekarik & Wierzbicki (1986), daß die Dauer-Erwartung des Klienten höher mit der tatsächlichen Therapiedauer korrelierte, als z.B. die Wünsche des Therapeuten bzgl. der Dauer oder die angewendete Therapieart. Allerdings ist die Stärke des Zusammenhangs doch recht schwach: Die Klientenerwartung trägt mit knapp 8% nur wenig zur Erklärung der Varianz der Therapiedauer bei.

Deutlichere Hinweise auf eine Bedeutung der Eingangs-Rollenerwartungen kommen von Untersuchungen, die die Erwartungen nicht anhand ihrer inhaltlichen Ausprägungen untersuchen, sondern das Verhältnis von Wünschen zu Annahmen bei Klienten betrachten.

Hier konnten Rosen & Cohen (a.a.O.) zeigen, daß Klienten, die wenig gewünschtes Therapeutenverhalten vermuteten, kürzer in der Therapie verblieben als solche Klienten, die gewünschtes Therapeutenverhalten nicht erwarteten.

Dieses Ergebnis läßt vermuten, daß weniger die inhaltlichen Ausprägungen bestimmter Rollenerwartungen mit dem Therapieverlauf zusammenhängen, sondern die intraindividuellen Diskrepanzen zwischen der erwünschten und der vermuteten Beratungspraxis.

Ähnlich deutlich wie für den Bereich des Therapieabbruchs deuten auch die Befunde bzgl. des Therapieerfolgs darauf hin, daß hier kein eindeutiger Zusammenhang mit den Inhalten der Eingangserwartungen des Klienten besteht.

Heppner & Heesacker (a.a.O.) stellten fest, daß die Eingangs-Rollenerwartungen des Klienten keine zuverlässige Vorhersage auf die Zufriedenheit des Klienten mit der Beratung erlauben. Ebenso ließ sich kein Zusammenhang der Eingangserwartungen des Klienten mit seiner späteren Einschätzung des Therapieerfolgs feststellen (Friedlander a.a.O.). Während Geller (a.a.O.) zumindest für einige wenige der untersuchten Erwartungen einen Zusammenhang mit der Erfolgseinschätzung durch Berater oder Klient zeigen konnte, war ein solcher Zusammenhang bei Tracey & Dundon (a.a.O.) selbst bei getrennter Betrachtung von Antizipationen und Präferenzen des Klienten nicht nachweisbar.

Angesichts dieser Ergebnisse, die über verschiedene (und z.T. sehr differenzierte) Operationalisierungen der Eingangserwartungen, des Therapieabbruchs und -erfolges fast durchweg keinerlei Hinweis auf den o.g. (Rollen-) Erwartungseffekt bieten, läßt sich die (Rollen-) Erwartungshypothese kaum aufrechterhalten.

Eine mögliche Erklärung für diese Ergebnisse könnte darin liegen, daß die Grundprämisse der Erwartungshypothese, d.h. die relative Stabilität von Rollenerwartungen, nicht gegeben ist. Falls sich solche Erwartungen sehr schnell neuen Erfahrungen oder Informationen anpassen würden, wäre ein Zusammenhang mit dem Therapieverlauf gar nicht erst zu vermuten, da Eingangserwartungen in diesem Fall nur eine Momentaufnahme von Rollenerwartungen wären, die schon in der nächsten Sitzung keine Gültigkeit mehr besäße. Diese Möglichkeit wird allerdings von den relevanten empirischen Daten nicht gestützt.

Die Antizipationen von Klienten einer Eltern-Kind-Beratung zeigten sich nicht nur in einem Ein-Wochen-Intervall (ohne Therapie) recht stabil (Autokorrelationen von .91 bei den Eltern und .67 bei den Kindern), sondern auch nach der Beratung, die mehrere Sitzungen in Anspruch nahm (Eltern .81, Kinder .94) (Day & Reznikoff a.a.O.). Belege für mehr Stabilität als Wandel von Klientenerwartungen im Verlauf einer Beratung fanden auch Gladstein (1969) und Sandler (a.a.O.). Benbenishty (1987) zeigte bei studentischen Klienten, nicht aber bei ihren Therapeuten, daß Rollenantizipationen mit zunehmender Therapiedauer der wahrgenommenen therapeutischen Praxis ähnlicher werden. Allerdings ist aus den erhobenen Querschnittdaten nicht zwingend eine prozeßhafte Angleichung der Antizipationen an die Realität zu folgern. Einen anderen Zugang zur Frage der Veränderungen von Antizipationen wählte Friedlander (a.a.O.). Sie stellte fest, daß die inhaltlichen Dimensionen ihres Antizipationsfragebogens, die zu Beginn der Beratung noch weitgehend unabhängig voneinander waren, zum Ende der Beratung hoch miteinander korrelierten. Es entwickelten sich mit der Zeit also generell hohe oder generell niedrige Erwartungen für die inhaltlich unterschiedlichsten Fragen (z.B. Antizipationen bzgl. emotionaler Beteiligung oder Erwerb von Fähigkeiten). Tracey & Dundon (a.a.O.) fanden in ihrer Längsschnittuntersuchung, daß sich die Antizipationen und Präferenzen von Klienten signifikant im Laufe der Therapie verändern, wobei der Hauptanteil dieser Veränderung schon in der ersten Hälfte der Therapie stattfindet. Konkret verzeichneten sie einen solchen Verlauf (erst Anstieg, dann Stabilität) für Erwartungen an eine gleichberechtigt-offene Beziehung sowie an den Berater als "sounding board", während Erwartungen an Führung und emotionale Unterstützung durch den Berater eher stabil blieben.

Diese Ergebnisse zeigen, daß sich die Eingangs-Rollenerwartungen von Klienten v.a. zu Beginn der Beratung sehr wohl angesichts der vorgefundenen therapeutischen Praxis verändern, dabei möglicherweise realistischer und einheitlicher werden, daß jedoch ein mehr oder weniger großer "Kern" von Erwartungen stabil zu bleiben scheint. Auf jeden Fall scheinen die Rollenerwartungen nicht so instabil zu sein, daß ihr fehlender konsistenter Zusammenhang mit dem Therapieerfolg damit erklärt werden könnte.[1]

---

[1] Ein ähnliches Resümee legen auch die Ergebnisse zur Veränderung von Klientenerwartungen in bezug auf die Erwartungen ihrer Therapeuten nahe (Kap. 5.2)

Anscheinend wird mit der Erwartungshypothese, die die konkreten Randbedingungen der Beratung (wie den Berater, die Methoden und Inhalte der Beratung oder das institutionelle Setting) außer acht läßt, die Komplexität der Beratungssituation zu sehr reduziert. Allerdings muß dies nicht heißen, daß die Rollenerwartungen des Klienten keine Bedeutung für den Verlauf oder den Erfolg der Beratung haben.

Vielmehr läßt sich vermuten, daß die möglichen Auswirkungen solcher Eingangserwartungen eher unter Berücksichtigung zweier Diskrepanzen greifbar werden:

■ intraindividuellen Erwartungsdiskrepanzen des Klienten (welche Beratungselemente vermutet der Klient und wie sehr entspricht diese Vermutung seinen Wünschen?)

■ interindividuellen Erwartungsdiskrepanzen bei Klient und Berater (Unterschiede in den Vermutungen und Wünschen bei Berater und Klient)

Der zweite Punkt meint dabei, daß nicht die Eingangserwartungen des Klienten an sich, sondern das Ausmaß ihrer Übereinstimmung mit den diesbezüglichen Vorstellungen des Beraters (und damit seiner Beratungspraxis) mit dem Beratungsverlauf und -erfolg korrelieren sollten. Dabei bleibt zunächst noch offen, ob hier eine größtmögliche Übereinstimmung der Präferenzen oder Antizipationen in positivem Zusammenhang mit den o.g. Variablen steht, oder ob diese Beziehung differenzierter ist.

Besonders für die Erziehungsberatung mit ihrer beschriebenen Vielfalt an Vorgehensweisen (vgl. Kap. 1.2.1) bedeutet dies, daß sich vermutlich keine von vornherein inadäquaten Rollenerwartungen von Klienten bestimmen lassen und somit kaum eindeutige Zusammenhänge zwischen bestimmten Rollenerwartungen und Beratungsverläufen und -ergebnissen zu erwarten sind. Die verschiedenen bislang festgestellten Einstellungen, Vorbehalte oder Ängste von EBSt-Klienten an sich können also vermutlich keinen wesentlichen Beitrag zu Erklärung negativer Beratungsverläufe leisten.

Erst unter Berücksichtigung der Praxis des konkreten Beraters, auf den ein Klient trifft, könnte eine solche Vorhersage möglich sein (vgl. Kap. 3). Auch die verbreiteten Klientenerwartungen des "Arzt-Patient-Orientierten" Typs sind von daher nicht an sich inadäquat, sondern möglicherweise dadurch, daß die überwiegende Zahl der Berater diese Erwartungen nicht teilen und ihnen vermutlich nicht folgen wollen (vgl. Kap. 2.4).

4.3 Resümee zur Bedeutung von Berater- und Klientenerwartungen für Therapieverlauf und -erfolg

Die Abwesenheit eines "Erwartungseffektes" für Rollenerwartungen von Klienten und die relativ geringe Vorhersagekraft der prognostischen Erwartungen könnte die Schlußfolgerung nahelegen, daß die Variable "Eingangserwartungen" als potentieller Wirkfaktor in der Therapie zu den Akten gelegt werden sollte. Wenn dabei der Begriff 'Wirkung' mit der Vorstellung von Kausalität verknüpft ist, kann man dem aufgrund der o.g. Befunde sicher zustimmen. Will man Eingangserwartungen therapeutisch nutzbar machen, reicht es im Licht dieser Ergebnisse nicht aus, positive Erwartungen zu induzieren oder global bestimmte "inadäquate" Rollenerwartungen etwa im Rahmen eines Vorinterviews oder Films zu verändern. Die Bedeutung der Eingangserwartungen scheint vermutlich eher in ihrer Interaktion mit anderen Variablen auf. Als solche Variablen ließen sich z.b. denken: die Erwartungen der anderen an der Therapie Beteiligten, die tatsächlich eintretende Beratungspraxis oder Randbedingungen wie Problembelastung, vorherige Therapieversuche u.ä.. Anstatt der alleinigen Betrachtung von Eingangserwartungen von Therapeut oder Klient sind beide Beteiligte zu berücksichtigen und ihre Erwartungen in der Interaktion mit anderen Variablen zu betrachten.

Neben diesem inhaltlichen Aspekt sind auch auf methodischer Seite Konsequenzen aus den bisherigen Arbeiten zu ziehen:
- es sollte eine möglichst breite Palette von institutionsspezifischen (und damit stärker auf die konkrete Lage der Klienten bezogenen) Erwartungen berücksichtigt werden
- es sollten verschiedene Informationsquellen zur Abschätzung des "Therapieerfolges" herangezogen werden
- es sollte bei subjektiven Einschätzungen zwischen "Zufriedenheit" und "Besserung" differenziert werden

Inwiefern sich die hier angedeutete Annahme der Bedeutsamkeit von Erwartungsdiskrepanzen zwischen Berater und Klient empirisch untermauern läßt, soll im nächsten Abschnitt untersucht werden.

5. Die Bedeutung von Erwartungsdiskrepanzen zwischen Klient und Therapeut für Therapieverlauf und -erfolg

Die Frage der Auswirkungen von Ähnlichkeiten zwischen Therapeut und Klient auf den Therapieprozeß und -erfolg ist hinsichtlich der verschiedensten Variablen seit einigen Jahrzehnten untersucht worden. Insgesamt gesehen hat jedoch die Fülle der Untersuchungen nur gezeigt, daß ein klar benennbarer Zusammenhang zwischen Ähnlichkeit und Therapieverlauf nicht existiert (vgl. Meltzoff & Kornreich 1970, Ross 1977).

Von besonderem Interesse ist in diesem Zusammenhang seit Ende der fünfziger Jahre auch die Übereinstimmung der Rollenerwartungen bei Klient und Therapeut. Die intuitiv plausible Überzeugung, daß eine Entsprechung (im Sinne von Wechselseitigkeit) von Therapieerwartungen den Aufbau der therapeutischen Beziehung vereinfacht, den Therapieprozeß damit unterstützt und somit ein positives Therapieergebnis nahelegt, ist seit den frühen Untersuchungen fest im "therapeutischen Allgemeinwissen" verankert. So zeigen die frühen empirischen Arbeiten recht überzeugend einen Zusammenhang zwischen der Wechselseitigkeit ("mutuality") der Rollenerwartungen und einem positiven Therapieergebnis (vgl. Übersicht bei Goldstein 1962a).

Diese frühen Ergebnisse wurden schnell in das therapeutische Grundwissen aufgenommen und es wurden Versuche unternommen, theoretische Erklärungen für den gefundenen Effekt zu entwickeln. Dabei wurden bestimmte Konsequenzen aus den Diskrepanzen für den Therapieprozeß postuliert, die wiederum als Erklärung für die beobachteten Effekte herangezogen werden konnten.
Die wichtigsten dieser Ansätze sollen im folgenden kurz erläutert werden.

5.1 Theoretische Erklärungsansätze zur Wirkung von Erwartungsdiskrepanzen zwischen Klient und Therapeut

Eine der frühen Hypothesen sieht die Effekte von Erwartungsdiskrepanzen v.a. vermittelt über die Wahrnehmung und das Verhalten des Therapeuten. Wallach & Strupp (1960) nehmen an, daß die therapeutische Beziehung bei Vorliegen kongruenter Rollenerwartungen für den Therapeuten einen höheren Bekräftigungswert besitzt, da er solche Klienten als "therapiemotiviert" einschätzen wird. Demgemäß entwickelt der Therapeut eine "wärmere Einstellung" (S. 316) gegenüber dem Klienten, die im Sinne eines "Halo-Effekts" seine Wahrnehmung des Klienten insbesondere auf die positiven Aspekte der therapeutischen Beziehung lenkt und seine Therapieplanung und -durchführung beeinflußt. Zusätzlich wird dieser Effekt als selbstverstärkend angesehen, da die Selbstwahrnehmung dieser positiven Einstellungen durch den Therapeuten seine Bemühungen um eine "enge therapeutische Beziehung" (S. 317) noch verstärkt. Dieses Verhalten des Therapeuten führt dann, so wird vermutet, zu den empirisch gefundenen positiven Effekten der Erwartungskongruenz.

Zumindest der zweite Teil dieser Hypothese konnte empirisch untermauert werden. Wallach & Strupp (a.a.O.) zeigten in einer Studie, bei der Therapeuten verschiedene Fallgeschichten von Klienten vorgelegt wurden, daß eine hohe Motivaton des Klienten mit einer positiveren Einstellungen des Therapeuten ihm gegenüber zusammenhängt und mit der Therapieplanung des Therapeuten (im Sinne von mehr Bereitschaft zu Empathie und geringerer Bereitschaft zu Änderung des üblichen therapeutischen Verhaltens) korreliert. Ob jedoch die in dem Ansatz postulierte kausale Beziehung zwischen wahrgenommener Motivation und Einstellung des Therapeuten zutrifft, kann anhand dieser Ergebnisse nicht entschieden werden.

Die zentralen Postulate dieser Erklärung des Erwartungseffektes, nämlich der Zusammenhang zwischen Erwartungskongruenz und positiverer Einstellung, sowie zwischen positiverer Einstellung und Therapieerfolg bleiben jedoch weiterhin offen. Daß diese Hypothese später kaum mehr untersucht wurde, liegt sicher auch an der Globalität der verwendeten Konstrukte ("warme Einstellung", "Beeinflussung des Therapieplanes"), die eine exakte Ableitung von Vorhersagen kaum ermöglichen. Eine stärker auf die Ebene der Therapieprozesses bezogene Erklärung des Erwartungseffektes legen Lennard & Bernstein (a.a.O.) vor.

In ihrer Vorstellung von Therapie besteht die Hauptaufgabe für den Klienten darin, adäquate Rollenerwartungen zu entwickeln, da sie auch außerhalb der Therapie das Festhalten an inadäquaten Rollenerwartungen als Kernpunkt problematischer Beziehungen ansehen. In der Therapie lernt der Klient "exemplarisch" funktionale Rollenerwartungen aufzubauen, d.h. er "lernt" nicht nur adäquate Rollenerwartungen für die Therape, sondern auch, solche Erwartungen generell zu entwickeln.

Diskrepante Rollenerwartungen spiegeln sich nach diesem Ansatz auf der Kommunikationsebene wider: "Asymmetrie der Rollenerwartungen" führt zu einer "Asymmetrie in der Kommunikation" (S. 167), d.h. es kommt zu Spannungen und Belastungen ("strain") der Kommunikation zwischen Therapeut und Klient. Sind die Diskrepanzen und damit die Spannungen zu hoch, dann kann auch die verstärkte Kommunikation des Therapeuten über adäquates Rollenverhalten die therapeutische Beziehung nicht mehr aufrechterhalten, und es resultiert das Auseinanderbrechen dieser Beziehung.

Die empirischen Ergebnisse zu diesem Modell sind jedoch recht widersprüchlich.

So zeigten Lennard & Bernstein (a.a.O.) in einer eigenen Untersuchung, daß Therapeuten bei Vorliegen größerer Erwartungsdiskrepanzen aktiver waren und mehr "Rolleninformationen" weitergaben. Pope et al. (1972) verzeichneten bei Klienten mit einer erwartungskongruenten Beratung von der ersten zur zweiten Sitzung einen

Anstieg der "verbalen Produktivität", der sich bei der "erwartungsdiskrepanten" Kontrollgruppe nicht fand. Sie interpretieren dies als Hinweis auf das Vorliegen einer Belastung des Kommunikationssystems durch diskrepante Rollenerwartungen. Klepac & Page (1974) konnten dieses Ergebnis für Rollenerwartungen an die Direktivität des Beraters jedoch nicht replizieren. Ebenso zeigt eine Studie von Duckro & George (1979), daß sich Klienten in erwartungsdiskrepant vs. erwartungskonform direktiven Interviews nicht überzufällig in ihrer verbalen Aktivität unterscheiden. Weitere ältere Untersuchungen (vgl. Überblick bei Duckro et al. a.a.O.) kommen bzgl. anderer Therapieprozeßmaße ebenfalls zu uneinheitlichen Ergebnissen.

Auch dieser Erklärungsansatz ist v.a. wegen seiner unscharfen Terminologie zu kritisieren (vgl. Klepac & Page a.a.O.). So wird der Begriff der Diskrepanz völlig inhaltsleer verwendet und es wird kein Versuch gemacht, Dimensionen zu benennen, auf denen Diskrepanzen mehr oder weniger bedeutsam sein könnten. Ebenso ist der Begriff der "Belastung" des Kommunikationssystems nur sehr schwer zu operationalisieren, was sicher zu den o.g. ambivalenten Ergebnissen beigetragen hat.

Während sich die vorherigen Erklärungsansätze isoliert mit den Effekten von Erwartungsdiskrepanzen befassen, ist in neuerer Zeit versucht worden, diese Variable innerhalb einer der wenigen bestehenden Beratungstheorien zu erklären. Die "Interpersonal Influence Theory" (Strong 1968, Strong & Matross 1973, vgl. neueren Überblick bei Dorn 1986), eine sozialpsychologisch fundierte Metatheorie der Beratung, beschreibt vereinfacht ausgedrückt die Beratung als zweistufigen Prozeß mit dem Ziel der Veränderung von inadäquaten Einstellungen bei dem Klienten.

Die erste Phase der Beratung ist dabei gekennzeichnet durch den Beziehungsaufbau, bei dem die "Überzeugbarkeit" (persuability) des Klienten dadurch erhöht wird, indem der Therapeut für sich ein hohes Maß an "sozialer Macht" aufbaut. Dies geschieht u.a. über die Vermittlung der Attribute Kompetenz, Vertrauenswürdigkeit und Attraktivität. Damit soll dem Klienten eine spätere Reduktion von entstandenen Dissonanzen über die Abwertung des Therapeuten erschwert werden.
In der zweiten Phase stehen dann die jeweiligen therapeutischen "Techniken" im Vordergrund, mit denen die eigentlich angestrebten Einstellungs- (und damit Verhaltens-)änderungen auf der Grundlage der geschaffenen Beziehung erreicht werden sollen.

Neben den ursprünglich genannten Klientenvariablen sind später auch Klienten- erwartungen als Determinanten der Überzeugbarkeit angenommen worden. So wird vermutet, daß Erwartungen insofern den Therapieprozeß beeinflussen, als daß eine weitgehende Bestätigung der Eingangserwartungen des Klienten seine Über- zeugbarkeit erhöht und damit einen Erfolg der Beratung wahrscheinlicher macht (Kerr et al. 1986). Dementsprechend würde eine fehlende Bestätigung der Erwartungen die Überzeugbarkeit gering halten und so die Verwirklichung der notwendigen Vorbedingung für die "therapeutische" Phase verhindern.
Nach Abschluß der Eingangsphase und erfolgtem Aufbau der sozialen Machtposition des Therapeuten sind es dann allerdings die erwartungsdiskrepanten Äußerungen

und Verhaltensweisen des Therapeuten, die die therapeutisch angezielten Einstellungsänderungen begründen (Claiborn 1986). Aufgrund der bestehenden sozialen Macht des Therapeuten ist ein negativer Effekt (z.B. ein vorzeitiger Abbruch) nun eher unwahrscheinlich.

In diesem Rahmen wird ein postulierter Erwartungseffekt gänzlich auf der kognitiven Ebene angesiedelt und erklärt. Die Theorie leistet eine Erklärung und zumindest eine grobe Vorhersage der Effekte bestimmter Ausmaße von Erwartungsdiskrepanzen zu verschiedenen Zeitpunkten der Beratung.

In Anlehnung an diese Theorie konkretisiert Tracey (1986) einen optimalen Verlauf von Diskrepanzen im Therapiekontext. Er benennt drei Therapiestadien mit einem quantitativ unterschiedlichen Ausmaß von Erwartungsdiskrepanzen.

Im ersten Stadium geht es um den Aufbau von "Rapport": Je stärker der Therapeut den Erwartungen (genauer: den Präferenzen) des Klienten hier folgt, desto eher fühlt sich der Klient verstanden und wertgeschätzt.[1] In der zweiten Phase geht es dann, nach Aufbau der sozialen Macht, darum, die den therapeutischen Input behindernde Beziehungsdefinition des Klienten mit erwartungsdiskrepantem Verhalten zu durchbrechen. Die konstante nicht-Verstärkung der "Beeinflussungsversuche" des Klienten führt letztlich zur Aushandlung neuer Rollen, die dann in der dritten Phase von beiden Beteiligten definiert werden.

Das Modell postuliert damit einen erfolgreichen Behandlungsverlauf, der durch die Abfolge von Komplementarität-Symmetrie-Komplementarität der Rollendefinitionen (d.h. v.a. der Erwartungen) gekennzeichnet ist.

Unterstützung erfahren diese Annahmen durch empirische Ergebnisse, die zeigen, daß Therapeut-Klient-Paare mit höheren Erwartungsdiskrepanzen eher symmetrische Beziehungen haben (Tracey et al. 1981) und daß erfolgreiche Therapien der o.g. Abfolge zumindest näher sind als weniger erfolgreiche (Tracey & Ray 1984).

Keiner der angeführten Erklärungsversuche kann bislang als empirisch hinreichend bewährt gelten. Insbesondere die beiden frühen Ansätze enthalten sehr breite und somit kaum zu operationalisierende Konstrukte. Hier hat der letztgenannte Ansatz klare Vorteile durch seine Einbindung in eine komplexere Theorie. Problematisch ist jedoch auch hier die grobe Verwendung des Erwartungsbegriffs, d.h. es wird nicht deutlich, ob es sich dabei um Antizipationen oder Präferenzen handelt und ob die Diskrepanzen nur quantitativ oder auch qualitativ[2] differenziert betrachtet werden

---

[1]Ähnlich argumentieren Bordin (1979) und Gelso & Carter (1985) aus unterschiedlichen theoretischen Blickwinkeln. Für sie ist ebenfalls die anfängliche Kongruenz von Erwartungen Voraussetzung einer guten "working alliance".

[2]D.h. bezogen auf verschiedene inhaltliche Dimensionen von Rollenerwartungen

müssen. Nützlich ist demgegenüber sicher die Differenzierung zwischen verschiedenen Therapiephasen.

Anstatt über immer neue Prozeßvariablen zu spekulieren, in denen sich Erwartungsdiskrepanzen niederschlagen könnten, erscheint es als vorgeordneter Schritt momentan sinnvoller, die Bedingungen exakter zu spezifizieren, die eine Erwartungsdiskrepanz tatsächlich im subjektiven Erleben der Beteiligten ausmachen. Solange jedoch in den Untersuchungen ein globales Konzept von "Erwartungs- diskrepanzen" Verwendung findet, das nicht genauer zwischen *mehr oder weniger bedeutsamen* Diskrepanzen differenziert, ist kaum zu erwarten, daß sich überzeugen- dere Hinweise auf die Nützlichkeit einer der Erklärungsansätze finden lassen. Auch im theoretischen Bereich scheinen die widersprüchlichen Annahmen also mit der bereits mehrfach beklagten terminologischen Ungenauigkeit zusammenzuhängen.

Interessant ist hier eine Arbeit von Rosen & Cohen (a.a.O.), in der unter dem Label der "Erwartungsdiskrepanzen" Zusammenhänge zwischen Diskrepanzen und dem Ausmaß eigener Initiative in der Therapie gefunden wurden. Hier werden allerdings intraindividuelle Erwartungsdiskrepanzen zwischen Antizipationen und Präferenzen bei dem Klienten untersucht.

Bevor versucht werden soll, zur Verdeutlichung des Diskrepanzbegriffes ein Konzept der "Bedeutsamkeit von Erwartungsdiskrepanzen" vorzustellen, soll im folgenden überprüft werden, ob sich anhand der neueren empirischen Literatur überhaupt die Prämisse dieser Ansätze, d.h. ein konsistenter Zusammenhang zwischen Diskrepanzen und Therapieerfolg, bestätigen läßt.

5.2 Zusamenhänge von Erwartungsdiskrepanzen mit Therapieerfolg und -abbruch

Während die frühen Untersuchungen bis Anfang der sechziger Jahre das Bestehen des Diskrepanzeffektes nahelegten, zeigen die Anschlußarbeiten, daß der zu erklärende Effekt keineswegs konsistent auftritt, sondern daß die Ergebnisse sehr uneinheitlich sind. Duckro et al. (a.a.O.) referieren einen Großteil der einschlägigen Arbeiten bis Mitte der 70er Jahre und kommen zu dem Schluß, daß genau die Hälfte der Arbeiten, die Erwartungsdiskrepanzen zu Zufriedenheit (von Klient und/oder Therapeut) oder Therapieerfolg in Beziehung setzen, keinen bedeutsamen Zusammen- hang finden. Auch bei diesen Arbeiten lassen sich einige methodische Merkmale finden, die für dieses Ergebnis verantwortlich sein könnten (vgl. Duckro et al. a.a.O., S.269 ff.):

1. Konzeptuelle und methodische Ungenauigkeiten:

Gefahr von Antwortsets durch einseitige Itemformulierungen, Verwendung weniger Items, Erfragen von sehr globalen Erwartungen, Messung des "Therapieerfolgs" häufig nach nur einer Sitzung (z.B. bei Duckro & George a.a.O., Mendelsohn 1964, Severinson 1966, Klepac 1970), Operationalisierung des Therapieerfolges als Zufriedenheit des Klienten und Erfragung dieser Zufriedenheit mit nur einem Item (z.B. Severinson a.a.O., Klepac a.a.O.)

2. Fehlende Differenzierung von Antizipationen und Präferenzen

3. Fehlende Differenzierung zwischen Erwartungsdiskrepanzen im Sinne von:

   a. einer *nicht-Übereinstimmung* zwischen Therapeut und Klient hinsichtlich der Eingangs-Rollenerwartungen

   b. einer *nicht-Bestätigung* der Klientenerwartungen durch eine tatsächlich andere Therapiepraxis

4. Fehlende Beachtung einer möglichen hierarchischen Beziehung von Antizipationen und Präferenzen (vgl. Kap. 5.3.1)

Die neueren empirischen Befunde haben an diesem Bild bislang wenig geändert. Zwar werden häufiger Antizipationen und Präferenzen getrennt, aber immer noch überwiegen Arbeiten ohne diese Trennung. In den hier untersuchten "Erwartungen" werden die beiden o.g. Konstrukte häufig miteinander konfundiert oder es wird ohne es zu erwähnen nur eines dieser Konstrukte verwendet. Weiterhin werden sehr unterschiedliche Erfolgsmaße herangezogen, sowie verschiedene Populationen und Settings untersucht. Im folgenden werden einige Arbeiten zitiert, die z.T. nur von "Erwartungen" sprechen, die aber aufgrund der angegebenen Meßinstrumente hier als Präferenz- oder Antizipations-Untersuchung eingeordnet werden.

So zeigten Gesprächspsychotherapie-Klienten eher konstruktive psychische Veränderungen, wenn ihre Antizipationen und Präferenzen dem Konzept der GT entsprachen (Bommert et al. 1975). Desweiteren erreichten Probanden nach einer erwünschten Art von Therapie der Schlangenangst geringere Angstwerte als Probanden, die eine weniger gewünschte Therapie erhalten hatten (Devine & Fernald 1973). Überzufällig positive Therapieergebnisse erbrachten auch die Bestätigung von Wünschen an die Aufgabenorientiertheit des Therapeuten (Johnson 1970), von Antizipationen bzgl. der Therapiedauer (Webb & Lamb 1975) und von Rollenerwartungen an eine Krisenintervention (Wynne 1981). Keine positiveren Therapieergebnisse bei Bestätigung von Klienten-Erwartungen fanden demgegenüber Pohlmann (1964) für Präferenzen und Tracey & Dundon (a.a.o.) für Präferenzen und Antizipationen bzgl. des Therapeutenverhaltens, sowie Duckro & George (a.a.O.) für Präferenzen bzgl. der Direktivität des Therapeuten.
Zwei weitere Untersuchungen zur Bestätigung von Erwartungen erbrachten ambivalente Ergebnisse. Gaston et al. (1989) konnten zeigen, daß mehr therapiekonforme Rollenpräferenzen nur zum Teil mit besseren Therapieresultaten zusammenhängen. So zeigten etwa Klienten einer kognitiven Therapie bessere Resultate, wenn sie vor allem verhaltensmäßige und kognitive Veränderungen wünschten. Demgegenüber zeigten Klienten einer tiefenpsychologischen Kurztherapie, die sich vor allem Einsicht und Unterstützung wünschten, keine besseren

Therapieergebnisse als Klienten mit anderen Präferenzen. VandeCreek & Angstadt (1985) fanden, daß die gleichzeitige Bestätigung von Antizipationen und Präferenzen bzgl. eines hohen Ausmaßes an Selbstöffnung des Therapeuten mit einer positiven Einschätzung des Therapeuten zusammenhängt. Allerdings zeigte sich hier auch ein umgekehrter Erwartungseffekt: Klienten, deren Präferenzen und Antizipationen an einen mehr verschlossenen Therapeuten bestätigt wurden, beurteilten diesen Therapeuten eher negativ.

Für die Untersuchung der Effekte der Kongruenz von Therapeuten- und Klienten-Erwartungen ergibt sich ein ähnlich uneinheitliches Bild. Während zwei Arbeiten den Erwartungseffekt bestätigen (Martin et al. 1976, Wynne a.a.O.) kann eine Arbeit keinen Zusammenhang zwischen zwischen Kongruenz und Therapieerfolg aufzeigen (Kreisberg 1977).

Auch das leichte Übergewicht an Befunden für einen Diskrepanzeffekt[1] kann nicht darüber hinwegtäuschen, daß die Frage der Existenz eines solchen Effekts weiterhin offen ist. Zwar zeigt sich hier deutlich, daß therapiekonforme Erwartungen von Klienten keine hinreichende Bedingung für einen erfolgreichen Verlauf der Therapie sind, es scheint sich jedoch anzudeuten, daß sie darüber hinaus möglicherweise nicht einmal notwendig sind.

Analog zu der Diskussion bei den Eingangserwartungen steht auch hier die mögliche Erklärung im Raum, daß anfänglich bestehende Erwartungsdiskrepanzen nicht stabil genug sind, um langfristig mit dem Therapieerfolg zusammenzuhängen. Die empirischen Ergebnisse zur Diskrepanzstabilität zeigen zwar in der Mehrzahl eine Abnahme von Diskrepanzen im Verlauf der Therapie (z.B. Cundick 1963, Gladstein a.a.O., Gulas 1974, Sandler a.a.O. vs. Kaiser (1971), der keine Angleichung fand), erlauben jedoch keine Aussage über das Ausmaß, den Zeitpunkt oder die Anteile von Therapeut und Klient am Zustandekommen der Veränderungen.

Einzig Appel (zit. nach Goldstein 1962a) konnte die Veränderungen genauer beschreiben. Er fand, daß sich die Erwartungen solcher Klienten am meisten veränderten, deren Eingangserwartungen die größten Diskrepanzen zu den Präferenzen des Therapeuten aufwiesen.

Wenn jedoch Diskrepanzen in der Regel im Therapieverlauf zumindest reduziert werden, so kann nicht ausgeschlossen werden, daß sie eben *aufgrund* ihrer leichten und möglicherweise spontan vorhandenen Veränderbarkeit keinen Zusammenhang mit dem Therapieerfolg besitzen.

Wenn also, wie sich hier andeutet, andere Aspekte im Verlauf einer therapeutischen Beziehung stärker für den langfristigen Erfolg der Therapie verantwortlich sein

---

[1]Numerisch ergibt sich bei den neueren Befunden ein Verhältnis von 10:4 Arbeiten, die zumindest z.T. einen Zusammenhang zwischen Erwartungsdiskrepanzen und Therapieerfolg finden. Berücksichtigt man auch die älteren Arbeiten aus der Übersicht von Duckro et al. (a.a.O.), dann ergibt sich ein Verhältnis von 16:11 für einen Diskrepanzeffekt.

mögen, so ließe sich doch weiterhin vermuten, daß diskrepante Erwartungen in der Anfangsphase der Beratung oder Therapie eine bedeutsame Rolle spielen, da der Prozeß der Angleichung einige Zeit beanspruchen müßte. Ein Mindestmaß an Übereinstimmung in den Erwartungen könnte notwendig sein, um die therapeutische Beziehung überhaupt entstehen zu lassen und ein vorzeitiges Ende der Beratung zu verhindern. Klienten, so auch die Annahme der o.g. Modelle, die auf eine unerwartete Praxis stoßen, könnten sich sehr schnell aus Enttäuschung abwenden und eine in ihren Augen adäquatere Unterstützung suchen.

Das damit angesprochene Problem der Therapieabbrüche ist ebenfalls seit längerer Zeit im Zusammenhang mit Erwartungsdiskrepanzen untersucht worden.

Während eine frühe Literaturübersicht noch recht eindeutig einen Zusammenhang zwischen diskrepanten Erwartungen und Therapieabbrüchen konstatiert (Baekeland & Lundwall 1975) und zum Beleg dafür sechs empirische Arbeiten anführt, zitieren Duckro et al. (a.a.O.) in ihrem Sammelreferat je vier Untersuchungen, deren Ergebnisse für oder gegen den angenommenen Effekt sprechen.

Betrachtet man diese Untersuchungen genauer, dann zeigt sich kein eindeutiger Trend bzgl. der methodisch-konzeptuellen Bedingungen, unter denen sich der o.g. Zusammenhang zeigen läßt.

Manche Arbeiten finden einen Zusammenhang zwischen Therapieabbruch und inkongruenten Erwartungen (z.B. Borghi 1968), eine andere kann eine solche Beziehung nicht nachweisen (Vail 1974). Unter der Bedingung der nicht-Bestätigung von Rollenerwartungen finden sich allerdings nur Arbeiten, die keinen Zusammenhang mit einem Abbruch finden (z.B. Fiester 1974). Ebenso werden widersprüchliche Ergebnisse sowohl bei der Erhebung von Präferenzen als auch von Antizipationen berichtet. Ähnliches gilt für die verwendete Operationalisierung des Therapieabbruchs. Gegensätzliche Ergebnisse zeigen sich unabhängig davon, ob nur Abbrüche nach der ersten oder zweiten Sitzung betrachtet werden (Overall & Aronson 1963 vs. Fiester a.a.O.) oder ob die diskrepanten vs. kongruenten Paare bzgl. ihrer Therapiedauer verglichen werden (Goin et al. 1965 vs. Sandler a.a.O.).

Die neuere empirische Literatur scheint dieses uneinheitliche Bild insgesamt zu bestätigen.

Schwab und Brasch (1986) fanden in einer Befragung von Psychotherapieabbrechern (sie hatten die Therapie beendet, ohne daß der Therapeut sie für abgeschlossen hielt), daß der Hauptgrund für den Abbruch neben enttäuschten Erfolgserwartungen v.a. in der Enttäuschung von Wünschen nach Ratschlägen und Lösungsmöglichkeiten, sowie nach Erklärungen und Deutungen gesehen wurde. Demgegenüber fanden Horenstein & Houston (1976) bei Abbrechern innerhalb der ersten drei Sitzungen keinen linearen Zusammenhang mit der nicht-Bestätigung ihrer Antizipationen. Peham (a.a.O.) stellte bei Abbrechern nach der ersten Sitzung ebenfalls keinen Zusammenhang mit enttäuschten Erwartungen fest (sie gibt allerdings aufgrund geringer Probandenzahlen keine statistischen Werte an).
Ähnlich ausgeglichen stellt sich die Befundlage bei der nicht-Übereinstimmung von Erwartungen dar. Hier fanden Mosby (1972) für Psychotherapieklienten und Day & Reznikoff (a.a.O.) für die Eltern von therapeutisch behandelten Kindern einen

Zusammenhang zwischen Diskrepanzen und Therapieabbruch. Demgegenüber konnte Kreisberg (a.a.O.) keinen solchen Zusammenhang feststellen.

Suckert-Wegert (a.a.O.) fand sogar den entgegengesetzten Effekt, daß sich gerade aus der Gruppe ihrer Gesprächspsychotherapieklienten, in der am ehesten therapiekonforme Antizipationen und Präferenzen geäußert wurden, die meisten Abbrecher rekrutierten. Zusätzlich hatte diese Gruppe vor der Therapie sogar noch eine Einführung in die GT erhalten.

Wenn sich die empirische Befundlage so ambivalent zeigt und sich anscheinend keine eindeutigen methodischen oder konzeptuellen Unterschiede zwischen den beiden Gruppen von Arbeiten mit widersprüchlichen Ergebnissen aufzeigen lassen, liegt es nahe, auf die generell unklare Aussagekraft eines Therapieabbruchs bzgl. des Therapieerfolges hinzuweisen (vgl. die Diskussionen bei Baekeland & Lundwall a.a.O., Meltzoff & Kornreich a.a.O.).

Ein Problem, das dabei nur schwer lösbar erscheint, ist die Frage der tatsächlichen Motivation eines Therapieabbruchs, der sicherlich keineswegs immer Ausdruck der Unzufriedenheit des Klienten sein muß. Diese Gruppe von z.T. 'zufriedenen Abbrechern', die meist als "Pseudorejektors" bezeichnet werden, findet sich immer wieder bei Befragungen nach dem Ende einer Therapie.

Neben weiteren "therapieexternen" Faktoren, wie sozialen oder materiellen Gegebenheiten, spielt so z.B. auch die frühere Therapieerfahrung eine Rolle. So ist die Wahrscheinlichkeit eines Abbruches bei Klienten, die bereits früher eine Therapie vorzeitig beendet haben größer als bei anderen Klienten (Baekeland & Lundwall a.a.O.).

Während viele dieser Variablen nur schwer zu kontrollieren sind, und von daher in den o.g. Arbeiten kaum je berücksichtig werden, muß das Kriterium des Therapieabbruchs doch zumindest möglichst viele dieser Varianzquellen klein halten. Hier scheinen allerdings die meisten der oben zitierten Arbeiten einen recht willkürlichen zeitlichen cut-off zu setzen. So wird häufig nur eine extrem kurze "Therapiedauer" als Indikator für einen Abbruch zugelassen (z.B. das Kriterium "nicht zur zweiten Sitzung erscheinen" bei Peham a.a.O. und Overall & Aronson a.a.O.) und dadurch spätere Abbrecher ausgeschlossen. Demgegenüber wird z.T. lediglich die Dauer der Therapie mit dem Ausmaß der Diskrepanzen korreliert, ohne die Perspektive der Beteiligten über das Zustandekommen des Therapieendes zu berücksichtigen.

Sichtet man unter diesen Gesichtspunkten die genannten Untersuchungen erneut, dann verbleiben ganze drei Arbeiten, die keine extrem kurze Therapiedauer (maximal zwei Sitzungen) als cut-off verwenden, oder aber die Perspektive zumindest des Therapeuten bzgl. des Vorliegens eines Abbruchs mit berücksichtigen (Day & Reznikoff, a.a.O., Borghi a.a.O., Sandler a.a.O.). Alle drei Untersuchungen finden jedoch übereinstimmend einen positiv linearen Zusammenhang zwischen Diskrepanzen und Therapieabbruch.

Natürlich enthält auch diese Auswahl einen subjektiven Aspekt, sie zeigt aber doch, daß sich bei Berücksichtigung einiger zentraler methodischer Forderungen eine inhaltliche Tendenz abzeichnen könnte.

Daß gerade im Bereich der Erziehungsberatung mit ihrer häufigen Einbeziehung von mehr Personen als dem Indexklienten die externen Faktoren eine recht große Rolle bei dem Abbruch spielen können und somit besondere Sorgfalt bei der Wahl des Abbruchkriteriums geboten ist, zeigen die Ergebnisse einer Befragung von Therapieabbrechern aus der EB.

Straus et al. (a.a.O.) befragten solche Klienten, die die Beratung *einseitig* beendet hatten. Zwei Drittel der Beratungen dieser Abbrecher (12% der Gesamtstichprobe von 50 Klienten) wurden dabei vom Berater als "nicht erfolgreich" beurteilt. Alle Abbrecher selbst schätzten jedoch "zentrale Aspekte des Beratungsangebots als hilfreich und befriedigend ein, in der Hälfte der Fälle berichteten die Klienten darüber hinaus von einer Reihe positiver Veränderungen, die durch die Beratung erreicht wurden." (S.78) Einen Hauptgrund für die Abbrüche sehen die Autoren darin, daß die Klienten, die fast durchweg nicht nur aufgrund isolierter Einzelprobleme in die Beratung gekommen waren, über die Möglichkeiten der Veränderung durch die Beratung enttäuscht waren. Weitere Abbruchgründe waren ein gestörtes Vertrauensverhältnis zum Berater, unterlassene praktische Hilfeleistungen und der Wunsch der Männer, die (laut den Autoren stark familien- orientierte) Beratung zu verlassen.

In den genannten Abbruchgründen, so läßt sich vermuten, spiegelt sich eine Enttäuschung von (überhöhten) Erfolgserwartungen, aber auch von ganz bestimm- ten Rollenerwartungen wider. Allerdings ist der Abbruch hier sicher nicht mit einem völligen Mißerfolg der Beratung gleichzusetzen.

5.2.1 Zwischenresümee zum empirischen Forschungsstand des Diskrepanzeffekts

Insgesamt gesehen muß der Erkenntnisstand zur Hypothese eines Diskrepanzeffektes angesichts der Fülle der vorliegenden Untersuchungen als sehr unbefriedigend angesehen werden. Es lassen sich trotz (oder gerade wegen) der vielfältigen methodischen Herangehensweisen keine eindeutigen Aussagen darüber machen, unter welchen Bedingungen dieser Effekt in welcher Form bei welchen Personen auftritt. Auch die angesprochenen methodischen Mängel vieler Untersuchungen machen diesen Zustand zwar verständlicher, können jedoch allein diese Befundlage nicht erklären. Bedenkt man den weiter oben (vgl. Kap. 4) bereits konstatierten geringen Zusamenhang der Eingangserwartungen mit dem Therapieverlauf, läge die Aussage nahe, daß ein konsistenter Zusammenhang zwischen Klienten- oder Thera- peutenerwartungen und dem Therapieerfolg oder -verlauf nicht aufgezeigt werden konnte und damit diese Variable offensichtlich für diese Variablen nur eine geringe Bedeutung besitzt. Die z.T. gezeigte Instabilität bzw. Veränderbarkeit der Rollenerwartungen könnte hier als eine Erklärung für diese Annahme fungieren. Ein solcher Schluß hätte weitreichende Konsequenzen nicht nur für die Notwendigkeit, sich zu Beginn und im weiteren Verlauf der Beratung mit solchen Erwartungen von Klienten zu beschäftigen, sondern auch für die verschiedenen Methoden der vortherapeutischen Modifikation von Erwartungen.

Eine erste Einschränkung dieser Überlegung muß gemacht werden, wenn man berücksichtigt, daß den genannten Arbeiten immer der Grundgedanke zugrundeliegt, daß ein *Höchstmaß an Übereinstimmung* der Klienten- und Therapeutenerwartungen zu den positivsten Ergebnissen führen müßte. Es ist jedoch auch denkbar, daß ein mittleres Ausmaß von Diskrepanzen, oder Erwartungsunterschiede in bestimmten inhaltlichen Bereichen eher zu positiven Therapieverläufen führen, da ein gewisses Maß an "Auseinandersetzung" im Sinne von Aushandlungsprozessen zwischen Klient und Therapeut dem therapeutischen Prozeß zuträglich ist.

Eines der oben berichteten Ergebnisse weist auf einen zusätzlichen, bislang bereits mehrfach angedeuteten Aspekt hin.
Die Tatsache, daß das Ergebniss der retrospektiven und v.a. halb-standardisierten Befragung von Straus et al. (a.a.O.) deutlicher als die Ergebnisse der o.g. standardisierten Untersuchungen auf einen Zusammenhang von Diskrepanzen und negativerem Therapieverlauf und -erfolg hindeutet, könnte als Hinweis auf ein weiteres entscheidendes Problem der gängigen Untersuchungsdesigns angesehen werden. Im Gespräch (wie bei Straus et al.) werden vermutlich v.a. eher die *subjektiv wichtigen* Erwartungsdiskrepanzen thematisiert worden sein, während die Erhebungsbögen der o.g. Arbeiten vermutlich häufiger auch subjektiv eher unwichtige Diskrepanzen erfragt haben, ohne sie für die Berechnung eines Gesamtscores der Erwartungsdiskrepanz entsprechend zu gewichten.
Diese Gewichtung ist aber, so wird hier vermutet, eine Grundvoraussetzung für eine adäquate Abbildung des subjektiven Phänomens der Erwartungsdiskrepanzen. Nur wenn es gelingt, die Gewichtung der erlebten Diskrepanzen in empirische Daten aufzunehmen, läßt sich überhaupt das Vorliegen eines Diskrepanzeffektes überprüfen. Wenn dies aber bislang kaum geschehen ist (wie die o.g. Methoden zeigen), kann von einer Widerlegung oder Unterstützung der Diskrepanzhypothese keine Rede sein.

Die letzten beiden Aspekte zeigen, daß das in den o.g. Untersuchungen verwendete Konzept von Diskrepanzen und damit die empririschen Ergebnisse in zweierlei Hinsicht näher hinterfragt werden müssen:

1. Die Frage nach der Art der Beziehung zwischen der Gesamtheit der Klienten-Erwartungen und den Erwartungen des Therapeuten, die eine Diskrepanz charakterisiert. Ist hier tatsächlich, wie in fast allen Untersuchungen implizit angenommen wird, eine *umgekehrt-proportionale (lineare)* Beziehung zwischen Diskrepanzen und Therapieerfolg anzunehmen?[1]

2. Die Frage nach der individuellen Gewichtung von Diskrepanzen, d.h. wann wird eine Differenz zwischen einer Antizipationen von Klient und Therapeut vom Klienten tatsächlich als diskrepant *wahrgenommen*? Dieser Punkt enthält wiederum den Aspekt möglicherweise unterschiedlicher Bedeutsamkeiten von Diskrepanzen.

Diesen beiden Fragen, die später auch einen wichtigen Teil der empirischen Untersuchung ausmachen werden, soll im folgenden nachgegangen werden.

5.3 Diskrepanzmodelle und das Konzept der Bedeutsamkeit von Erartungsdiskrepanzen

Der Großteil der bislang angeführten Untersuchungen sieht das Vorliegen einer großen interindividuellen Diskrepanz in den Rollenerwartungen ausschließlich als Funktion der Summe einzelner Erwartungsunterschiede. Auf je mehr unerwartete Elemente einer Beratung ein Klient trifft, so die Annahme, desto größer wird die empfundene Diskrepanz sein und um so schlechter wird sich die Beratung entwickeln. Diese Vorstellung ist eine direkte Ableitung aus den o.g. Theorien der Auswirkungen von Erwartungsunterschieden (vgl. Kap. 5.1), die unabhängig von ihrer inhaltlichen Ausrichtung Diskrepanzen als generell negativ für die Therapie ansehen.[2]

Diese Annahme eines *positiv-linearen* Zusammenhangs zwischen Erwartungs-Kongruenz (und/oder –Bestätigung) und Therapieerfolg schlägt sich in den gängigen Operationalisierungen von Diskrepanzen und den Untersuchungsdesigns nieder.

Hier wird meist versucht, Kongruenzen und Diskrepanzen durch eine Zuweisung von Klienten zu solchen Therapeuten herzustellen, die nach eigener Angabe oder laut der Einschätzung von Beurteilern den vom Klienten antizipierten Aspekt der Beratung (z.B. Direktivität oder Aufgabenorientiertheit) erfüllen oder nicht erfüllen bzw. generell die gleiche oder eine andere als die vom Klienten erwartete therapeutische Orientierung haben.

---

[1]Hier und in dem folgenden Punkt wird nur auf den Fall der nicht-Übereinstimmung zwischen Klient und Therapeut Bezug genommen. Beide Fragen stellen sich jedoch auch für die Bedingung der nicht-Bestätigung der Klientenerwartungen, d.h. einer Diskrepanz der Klientenerwartungen zur vorgefundenen Therapiepraxis.

[2]Nur im Rahmen der Social Influence Theory werden leichte Diskrepanzen <u>nach</u> der Anfangsphase der Beratung als förderlich für den Beratungsprozeß eingeschätzt.

Eine ebenfalls oft verwendete Methode besteht in der Befragung von Klient und Therapeut (oder des Klienten zu Beginn und Ende der Beratung) bzgl. ihrer Antizipationen (oder Präferenzen) und in der Bestimmung des Ausmaßes an Diskrepanzen über die Summe der unterschiedlich beantworteten Items. Bei diesem Vorgehen folgt dann oft eine Gruppenbildung bzgl. der Diskrepanzen über ein Splitting am Median.
Entscheidend ist der bei beiden Methoden meist vollzogene Vergleich der Gruppen (kongruent vs. diskrepant) hinsichtlich ihres Therapieerfolges.
Eine anderes Vorgehen vergleicht über das Therapieergebnis gebildete Klientengruppen (erfolgreiche vs. wenige erfolgreiche Therapie oder Abbrecher vs. nicht-Abbrecher) bzgl. ihrer Klient-Therapeut-Diskrepanzen.

Diese Vorgehensweisen sind nun allerdings lediglich zur Überprüfung des postulierten linearen Zusammenhangs geeignet, da sie nur Gruppenunterschiede betrachten und keine Hinweise auf andere Zusammenhänge liefern können. Wenn, wie oben berichtet, kaum konsistente Ergebnisse zur Diskrepanzhypothese vorliegen, so läßt sich daraus also nur folgern, daß kein klarer linearer Zusammenhang zwischen der Kongruenz der Erwartungen und dem Therapieerfolg vorliegt. Über andere Arten von Beziehungen ist damit noch nichts ausgesagt.

Die verwendete Methodik hat zudem zur Konsequenz, daß der Großteil der empirischen Untersuchungen sich bislang nicht mit einer schon seit den 60er Jahren bestehenden alternativen Annahme zur Diskrepanzhypothese beschäftigt hat. Diese Annahme geht davon aus, daß nicht eine völlige, sondern eine mittlere Kongruenz der Erwartungen zu den positivsten Therapieergebnissen führen sollte. Da dies im Idealfall zu einer parabolischen Beziehung zwischen Diskrepanzen und Therapieerfolg führen müßte, wird diese Vorstellung meist etwas vereinfachend als 'kurvilineares' Diskrepanzmodell bezeichnet. Abb. 1 stellt die beiden bislang erörterten Hypothesen zum Zusammenhang zwischen Erwartungsdiskrepanzen und dem Therapieerfolg graphisch dar.

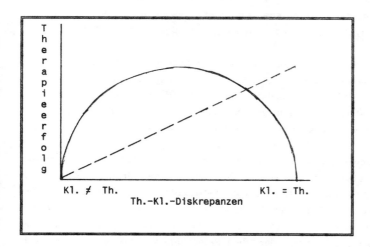

Abb. 1: 'Lineares' (⤙⤚) und 'kurvilineares' (⤚) Diskrepanzmodell

In der Grundannahme der kurvilinearen Modells wird davon ausgegangen, daß eine zu geringe Diskrepanz keinen Veränderungsdruck auf den Klienten ausübt und der Beratungsprozeß somit stagniert. Zu große Diskrepanzen führen demgegenüber zu einem frühzeitigen Therapieabbruch (vgl. Clemens & D'Andrea 1965). Da, wie gezeigt, zumindest z.T. lineare Beziehungen gefunden wurden, kann auch das kurvilineare Modell keine allgemeine Gültigkeit beanspruchen. Zudem sind auch die empirischen Befunde zu diesem Modell noch recht spärlich.

Horenstein (1974) fand bei Psychotherapieklienten zwar keine lineare Beziehung zwischen Therapieabbruch oder -erfolg und Erwartungsdiskrepanzen, aber einen (allerdings "keineswegs eindeutigen") Trend zu einer kurvilinearen (parabolischen) Beziehung. Bei einer ähnlichen Klientel konnten Horenstein & Houston (a.a.O.) zeigen, daß Klienten, die nach dem ersten Interview die Therapie abbrachen, die geringste Erwartungsbestätigung erfuhren, während die Klienten, die nach dem zweiten Interview abbrachen, die größte Erwartungsbestätigung aufwiesen. Klienten, die die Therapie fortführten, berichteten eine mittlere Bestätigung ihrer Erwartungen. Die Autoren werten dieses Ergebnis als Hinweis auf das Vorliegen einer kurvilinearen Beziehung zwischen Diskrepanz und Therapieabbruch.

Da die Ergebnisse keine der beiden Modelle eindeutig favorisieren, ist versucht worden, Bedingungen zu spezifizieren, unter denen die eine oder andere Beziehung wahrscheinlicher ist.
So vermuten Horenstein & Houston (a.a.O.), daß die Intelligenz mit dieser Beziehung interagiert. Sie nehmen an, daß intelligentere Klienten eher mit der Unsicherheit, die durch Diskrepanzen verursacht wird, umgehen können, die Therapie deshalb weniger schnell abbrechen und von der Diskrepanz profitieren. Für sie ergäbe sich demnach

eine kurvilineare Beziehung zwischen Diskrepanzen und Therapieerfolg, während sich bei weniger intelligenten Klienten eher eine lineare Beziehung zeigen würde. Diese recht spekulative Hypothese ist jedoch bislang nicht überprüft worden.

Bei der Suche nach alternativen Möglichkeiten, die Beziehung zwischen Diskrepanz und Therapieerfolg näher zu charakterisieren, versucht ein neuerer Ansatz (Tracey & Dundon a.a.O.) nicht nur das Vorliegen oder Nicht-vorliegen einer Erwartungs- diskrepanz zu betrachten, sondern berücksichtigt auch die *Richtung* der Diskrepanzen. Hier wird zusätzlich dahingehend differenziert, ob es sich bei einer beobachteten Erwartungsdiskrepanz um eine Über- oder Unterschreitung der Klienten-Antizipationen durch diejenigen des Therapeuten handelt. Eine der in diesem Zusammenhang geäußerten Hypothesen geht davon aus, daß ein um so positiveres Therapieergebnis zu erwarten ist, je mehr die Antizipationen (bzw. Präferenzen) des Klienten von denen des Therapeuten übertroffen werden. Ein Klient mit der Vermutung viele Ratschläge zu bekommen, würde also nach diesem Modell seine Therapie mit einem Therapeuten, der viele Ratschläge verteilt, eher erfolgreich beenden als bei einem Therapeuten, der nur vereinzelt Ratschläge gibt.
Abb. 2 stellt diese Beziehung, die im weiteren als "gerichtet lineares" Diskrepanz- modell bezeichnet werden soll, noch einmal graphisch dar.

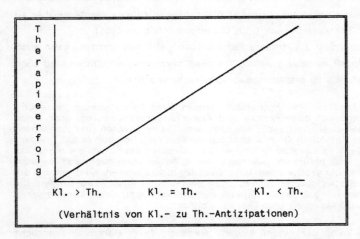

Abb. 2: 'Gerichtet lineares' Diskrepanz-Modell (nach Tracey & Dundon 1988)

Empirische Bestätigung aus früheren Untersuchungen kann diese Hypothese kaum erhalten, da die Großzahl der bislang referierten Arbeiten keine Ausprägungen, sondern nur das Vorliegen einer Diskrepanz erheben.

Lediglich Severinson (a.a.O.) bezog die Ausprägungen und Richtungen von Erwartungsdiskrepanzen mit ein. Er fand, daß das Ausmaß der Diskrepanz (bzgl. Erwartungen an Direktivität und Empathie) unabhängig von ihrer Richtung mit dem Therapieerfolg korrelierte. Klienten zeigten sich also bei einer nicht-Bestätigung ihrer Erwartungen unzufrieden, egal ob ihre Vermutungen über- oder unterschritten wurden. Hiermit wird also eher das lineare Modell gestützt.
Tracey & Dundon (a.a.O.), die ihre Hypothese selbst in einer Befragung von Klienten und Beratern überprüften, konnten ebenfalls weder für Antizipationen noch für Präferenzen eine Bestätigung für das Vorliegen eines gerichtet-linearen Zusammenhangs finden.

Alle drei berichteten Modelle bieten eine gewisse Plausibilität, sind jedoch empirisch offensichtlich längst nicht hinreichend belegt. Zwar läßt sich das Linearitäts-Modell mit den referierten theoretischen Vorstellungen am besten vereinbaren, die Fülle der entgegenstehenden Ergebnisse ist jedoch hier besonders groß. Die letzten beiden Modelle lassen sich aufgrund der schmalen Datenbasis empirisch nur schwer beurteilen. Für alle drei Modelle lassen sich jedoch Beispiele finden, bei denen der angenommene Zusammenhang eher unwahrscheinlich erscheint.

So ist etwa kaum anzunehmen, daß das "Übertreffen" der Vermutung eines Klienten, daß der Berater "zu viel über sehr persönliche Bereiche" sprechen möchte, auf seiten des Klienten zu einer positiven Bewertung der Beratung führen wird (gerichtet-lineares Modell). Zudem ist nur schwer vorzustellen, daß die exakte Erfüllung der Vermutung eines Klienten bzgl. eines abgehobenen und kopflastigen Beraters zu einem positiven Therapieergebnis beitragen soll (lineares Modell). Letztlich ist sehr fraglich, ob eine leichte Diskrepanz bzgl. der Vermutung, daß der Berater auch privat am Klienten interessiert ist, auf jeden Fall eher positive Auswirkungen hat, als eine starke Bestätigung oder Widerlegung dieser Annahme (kurvilineares Modell).

Die Beispiele zeigen, daß bei allen Modellen ein wesentlicher Aspekt außer acht gelassen worden ist. Sie beschäftigen sich nur mit einer Dimension des Konstrukts Erwartung und betrachten nicht *die Beziehung zwischen Antizipationen und Präferenzen*. Es erscheint jedoch kaum möglich, eine durchgängig gültige Beziehung zwischen Diskrepanzen und Therapieerfolg nur aufgrund der Kenntnis einer der beiden Dimensionen zu bestimmen. So sind im obigen Beispiel jeweils bestimmte Präferenzen impliziert, deren Berücksichtigung die einzelnen Antizipationsdiskrepanzen in einem anderen Licht erscheinen lassen und die angesprochenen Beziehungen zwischen Diskrepanzen und Erfolg eher unwahrscheinlich machen.

Ein Versuch, beide Dimensionen miteinander zu verbinden, und ein Modell, das den genannten Einschränkung nicht unterliegt, soll im folgenden vorgestellt werden.

5.3.1 Die subjektive "Bedeutsamkeit" von Erwartungsdiskrepanzen

Eine dem hier vertretenen Erwartungskonzept entsprechende Antwort auf die im letzten Abschnitt gestellte Frage nach dem "fehlenden Glied" bei der Bestimmung der Beziehung zwischen Diskrepanzen und dem Therapieerfolg ist schon recht früh theoretisch gefunden und empirisch untersucht worden. Allerdings bleibt die Beschäftigung mit diesem Ansatz bis heute sporadisch und so lohnt sich ein kurzer Rückblick (vgl. Duckro et al. a.a.O.).

Zwei Modelle aus dem Bereich der Leistungsmotivation wurden in den 60er Jahren für die Erwartungsforschung nutzbar gemacht. Während McClelland et al. (zit. nach Duckro et al., a.a.O.) eine eindimensionale Theorie der Erwartungsdiskrepanz formulierten, die in etwa dem o.g. kurvilinearen Modell entspricht, entwickelte Helson (1959, 1964) die sogenannte bipolare Theorie, die über die Betrachtung von Antizipationen hinausgeht und manchen Erwartungen eine affektive Komponente zuschreibt. Die Theorie enthält die Grundannahme, daß die nicht-Bestätigung einer Erwartung dann positve emotionale und motivationale Konsequenzen nach sich zieht, wenn sie in eine von der Person *erwünschte* Richtung geht und dann negative Folgen hat, wenn sie in eine *unerwünschte* Richtung geht.

Diese Theorie enthält einige Komponenten, die in den bislang referierten Arbeiten nicht berücksichtigt wurden:

■ sie bezieht Antizipationen und Präferenzen ein

■ sie sieht die Qualität von Antizipationsdiskrepanzen abhängig von Präferenzen, die somit die grundlegendere Dimension bilden

■ sie sieht die Folgen einer Diskrepanz als abhängig von der Richtung der zugehörigen Präferenz

Dieses Modell, das konsequent die erst später weiter verbreitete Vorstellung eines zweidimensionalen Erwartungskonzeptes umsetzt, bietet mit der postulierten hierarchischen Beziehung von Antizipationen und Präferenzen eine Erklärungsmöglichkeit für die weiter oben immer wieder beklagte Inkonsistenz der Ergebnisse der Erwartungsforschung. Möglicherweise ist es eben nicht allein die Anzahl der diskrepanten oder nicht-bestätigten Vermutungen (die in den meisten Untersuchungen als Diskrepanzmaß zugrundegelegt werden) oder die Korrelation von Klienten- und Therapeutenantizipationen, die eine *subjektiv empfundene* Diskrepanz ausmacht. Vermutlich liegt der entscheidende Schritt in dem Einbezug der *individuell-subjektiven Gewichtung* von einzelnen Diskrepanzen. Daß diese Gewichtung über die Wunschkomponente der Erwartung erfolgen könnte, scheint eine naheliegende und plausible Erklärung. Nur wenn neben der Vermutung auch eine bestimmte Präferenz für einen konkreten Inhalt oder ein bestimmtes Vorgehen in der Beratung bei dem Klienten besteht, wird sich die nicht-Bestätigung dieser Vermutung auf den affektiven und motivationalen Zustand des Klienten auswirken und die

Beratung möglicherweise beeinflussen.

Bedeutsam wären damit nur Diskrepanzen bei solchen Antizipationen, denen eine Präferenz zugeordnet ist. Eine Diskrepanz in den Antizipationen von Klient und Therapeut wäre dann *negativ-bedeutsam*, wenn sie entgegen der vom Klienten präferierten Richtung verlaufen würde. Sie wäre *positiv-bedeutsam*, wenn sie in die vom Klienten präferierte Richtung gehen würde. Die Stärke der empfundenen Diskrepanz könnte dabei durch die Stärke der Präferenz und/oder durch das Ausmaß der Abweichungen der Antizipationen von Klient und Therapeut bestimmt sein.

Somit würde ein Klient, der sich einen direktiven Berater wünscht, aber keinen solchen vermutet, keine negativ-bedeutsame Diskrepanz empfinden, wenn seine Vermutung nicht bestätigt würde. Hätte er keinerlei Präferenz bzgl. der Direktivität des Beraters, wäre eine Diskrepanz nicht-bedeutsam, d.h. sie wäre für die Motivation des Klienten irrelevant.

In diesem Modell wären nur dann negative Auswirkungen von Diskrepanzen auf den Therapieverlauf zu erwarten, wenn negativ-bedeutsame Diskrepanzen vorliegen. Positiv-bedeutsame Diskrepanzen könnten demgegenüber möglicherweise sogar mit einem günstigen Therapieverlauf in Zusammenhang stehen.

In Anlehnung an Tracey & Dundon (a.a.O) soll diese Vorstellung hier als "bidirektionales Diskrepanzmodell" bezeichnet werden.

Mit Hilfe dieses Konzepts der Bedeutsamkeit lassen sich auch scheinbar widersprüchliche Ergebnisse zu Klienten-Erwartungen erklären.

So berichten Straus et al. (a.a.O.), daß bestimmte, auf die äußere Beratungssituation bezogene inadäquate (und zum Berater diskrepante) Erwartungen von EBSt-Klienten eher einen schnellen Vertrauensaufbau *erleichtern*. Sie erklären dies damit, daß solche Vorbehalte schnell ausgeräumt werden können.
Diese Beobachtung ließe sich mit dem Vorliegen positiv-bedeutsamer Diskrepanzen erklären, d.h. die Klienten vermuten Beratungsumstände, die sie sich nicht wünschen und die nicht eintreten. Nach dem obigen Modell sollte diese Diskrepanz zu einem positiven Beratungsverlauf beitragen. Interessant ist dabei, daß dieser Umstand offensichtlich mit einem noch positiveren Therapieverlauf verbunden ist, als das Fehlen solch inadäquater Erwartungen.

Durch eine einfache Dichotomisierung der Variablen "Antizipationsbestätigung" und Präferenz lassen sich vier Situationen konstruieren, die idealtypisch die in diesem Modell angenommenen affektiven Konsequenzen für den Klienten bei den verschiedenen bedeutsamen Diskrepanzen zeigen (vgl. Grantham & Gordon a.a.O., S. 399):

	GEWÜNSCHTE Antizipationen	NICHT-GEWÜNSCHTE Antizipationen
BESTÄTIGTE Antizip.	FREUDE: Die Vermutung, eine erwünschte Beratung zu erhalten, tritt ein	RESIGNATION: Die Vermutung, eine unerwünschte Beratung zu erhalten, tritt ein
NICHT- BESTÄTIGTE Antizip.	ENTTÄUSCHUNG: Die Vermutung, eine erwünschte Beratung zu erhalten, tritt nicht ein	ERLEICHTERUNG: Die Vermutung, eine unerwünschte Beratung zu erhalten, tritt nicht ein

Ähnlich den Aussagen des bidirektionalen Modells wird auch hier davon ausgegangen, daß die Situationen, die in den Quadranten 2 und 3 beschrieben sind, am ehesten mit negativen Therapieergebnissen und einem vorzeitigen Therapieabbruch verbunden sind (Grantham & Gordon a.a.O.).

Während hier nur allgemein von der "Bestätigung" der Antizipationen die Rede ist, stellt sich über dieses Modell hinausgehend auch hier die Frage, ob bei positiv-bedeutsamen Diskrepanzen eine *Überschreitung* der Antizipationen die besten Prognosen erlaubt (gerichtet bidirektional), oder ob eine *genaue Übereinstimmung* der Antizipationen (bidirektional) von Klient und Therapeut anzustreben ist.
Die folgenden Abbildungen 3 und 4 stellen die beiden Varianten graphisch dar.

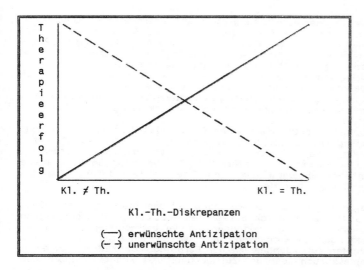

Abb. 3: 'Bidirektionales Diskrepanzmodell'

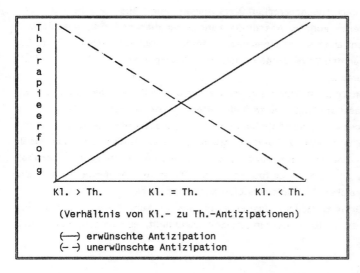

Abb. 4: 'Gerichtet-bidirektionales' Diskrepanz-Modell (vgl. Tracey & Dundon 1988)

Von empirischer Seite sind diese bidirektionalen Modelle bislang erst wenig untersucht worden. Die vorliegenden Ergebnisse sind keineswegs eindeutig, lassen jedoch eine weitere Prüfung fruchtbar erscheinen.

So zeigte Block (1964) in einer Beobachtung von Therapiegesprächen, daß nicht das Ausmaß, sondern die Richtung von Antizipationsdiskrepanzen in bezug auf die Präferenzen des Klienten mit dem Klientenverhalten korreliert. Klienten mit positiv-bedeutsamen Diskrepanzen zeigten mehr Motivation (z.B. verbale Initiative, Verspätungen, Androhung von Abbruch) und positive Affekte (z.B. Stimmungs-verbesserung, positive Äußerungen bzgl. Therapie oder Therapeut). Friedlander (a.a.O.) berichtet, daß die nicht-Bestätigung niedriger Erwartungen in den von ihr betrachteten Beratungsgesprächen langfristig zu positiven Ergebnissen führte. Dies könnte im Sinne von Grantham & Gordon (s.o.) positive Effekte einer "Erleichterung" der Klienten andeuten.
Demgegenüber berichten VandeCreek & Angstadt (a.a.O.), daß Klienten "selbstoffene" Therapeuten durchgängig positiv beurteilten unabhängig davon, ob ihre Präferenzen und Antiziptionen bzgl. Selbstoffenheit bestätigt oder enttäuscht wurde. Sie vermuten, daß diese Variable ein Beispiel für solche Randbedingungen der Therapie ist, deren Anwesenheit unabhängig vom Wunsch des Klienten durchgängig eine "angenehme Überraschung" produzieren.

Den einzigen expliziten Versuch zur Überprüfung des gerichtet-bipolaren Modells führten Tracey & Dundon (a.a.O.) durch. Sie konnten seine Gültigkeit zeigen, fanden allerdings diese Beziehung nur zwischen einer der vier betrachteten Erwartungs-dimensionen (Erwartungen an Kooperation mit dem Therapeuten) und der vom Therapeuten berichteten Zufriedenheit mit der Beratung. Korrelationen zu einem frühzeitigen Therapieabbruch oder der Zufriedenheit des Klienten zeigten sich nicht.

Mit dem bidirektionalen Modell scheint eine Vorstellung von der Beziehung zwischen Erwartungen und dem Therapieverlauf vorzuliegen, die bisher widersprüchliche Ergebnisse integrieren könnte. Allerdings kann auch dieses Modell, wie die o.g. Befunde zeigen, nicht alle Varianz eines beobachteten Therapieerfolges erklären. Bei der Unzahl der neben den Erwartungen relevanten Therapievariablen ist dies jedoch auch nicht zu erwarten.

Bei dem momentanen Erkenntnisstand scheint es am sinnvollsten, das bidirektionale Modell als das umfassenste Diskrepanzmodell weiter zu untersuchen und dabei solche Variablen mit einzubeziehen, die möglicherweise die angenommene Beziehung zwischen Erwartungen und Therapieverlauf und -erfolg modifizieren. Zudem sollte das Modell um die Zeitperspektive erweitert werden, d.h. es müßten Vorstellungen darüber entwickelt werden, zu welchem Zeitpunkt in der Beratung bestimmte bedeutsame Diskrepanzen mit welchen Therapievariablen zusammenhängen.

Eine solches vorläufiges Modell, das sich an das in Kap. 2.5 im Rahmen des Rollenkonzeptes entwickelte Erwartungsmodell anschließt, soll im folgenden kurz vorgestellt werden.

5.3.2 Ein vorläufiges Modell zur Bedeutung der Erwartungsdiskrepanzen

Weiter oben (s. Kap. 2.5) wurde die Situation des Klienten in der EB dadurch gekennzeichnet, daß in der Regel zu Beginn der Beratung ein Rollenkonflikt vorliegt, der über die Wahrnehmung von bedeutsamen Diskrepanzen zu verstärktem Rollendruck führt. Die Konsequenzen dieses Rollendrucks können nun, vor dem Hintergrund der berichteten Erkenntnisse in folgender Weise hypothetisch beschrieben werden.

Gegenüber dem als stressreich empfundenen Rollendruck (Wiswede a.a.O., S.143) lassen sich für den Klienten grundsätzlich drei Coping-Möglichkeiten denken:

1. Der Klient schließt sich den Rollendefinitionen des Beraters an und gleicht seine eigenen Rollenerwartungen denen des Beraters möglichst schnell an
2. Es kommt zu (expliziten oder impliziten) Aushandlungsprozessen, bei denen sich die Rollenerwartungen des Klienten langsam (am ehesten in Richtung auf die Beratererwartungen) verändern
3. Der Klient bricht die Therapie ab[1]

Dabei läßt sich annehmen, daß ein Abbruch aufgrund wahrgenommenen Streßerlebens durch den Rollendruck vornehmlich in der Anfangsphase vorzufinden sein wird, da ein späterer Abbruch größere kognitive Dissonanzen aufgrund der vorherigen Bemühungen mit sich bringen würde. Eine solcher frühzeitiger Abbruch wäre v.a. bei negativ-bedeutsamen Erwartungsdiskrepanzen zu erwarten.
Daneben lassen sich externe Bedingungen, die den Erfolgsdruck für den Klienten erhöhen, als intervenierende Variablen vermuten. So sollte z.B. eine höhere Problembelastung, mehrere vorherige erfolglose Therapieversuche und eine hohe Prognose-Erwartung auch bei negativ-bedeutsamen Erwartungsdiskrepanzen einen Abbruch eher unwahrscheinlich machen.[2] Ab einer gewissen Bedeutsamkeit der

---

[1]Die Veränderungen der Beratererwartungen als Folge der Erwartungsdiskrepanz mag grundsätzlich eine weitere Möglichkeit sein. Da es im diesem Zusammenhang jedoch um generelle und grundlegende Vorstellungen über die Eigenschaften und das Verhalten von Berater und Klient geht, wird hier angenommen, daß sich eine Veränderung der Beratererwartungen nicht im Rahmen einer einzelnen Beratung abspielen, sondern sich nur über einen längeren Zeitraum und über die Erfahrungen mit mehreren Klienten darstellen läßt.

[2]Diese Annahme steht in Übereinstimmung mit derjenigen im Rahmen der Social Learning Theory nach Rotter, die davon ausgeht, daß die Prognose-Erwartungen des Klienten nur zusammen mit dem erwarteten "Verstärkerwert" der Therapie mit dem Therapieerfolg bzw. -abbruch zusammenhängen. Hier ließe sich dann die Höhe des genannten "Erfolgsdrucks" als proportional zum Verstärkerwert der Therapie denken.

Diskrepanzen werden allerdings auch diese Variablen den negativen Effekt nicht mehr kompensieren können, da die resultierende "Enttäuschung" bzw. "Resignation" (s.o.) zu groß ist, um den therapeutischen Kontakt für den Klienten sinnvoll erscheinen zu lassen.

Zudem ist sicher auch das Verhalten des Beraters für die vom Klienten gewählte Strategie maßgebend. Es wird v.a. für die Entscheidung zwischen den ersten beiden Strategien maßgeblich sein, wobei sich etwa vermuten läßt, daß insbesondere die explizite Thematisierung von Rollenerwartungen durch den Klienten oder Berater und ein eher offenes Beraterverhalten eher die zweite Strategie nahelegt.[1] Auch hier werden jedoch längerfristig bestehende und zugleich negativ-bedeutsame Erwartungsdiskrepanzen und der damit entstehende Rollendruck dergestalt negative Auswirkungen haben, daß trotz eines längeren Beratungsprozesses eher kein zufriedenstellendes Ergebnis durch die Beratung erzielt wird. Dies ist zu vermuten, weil eine solche Situation einer längerfristigen "Enttäuschung" der bei dem Klienten weiterbestehenden Erwartungen bzw. Hoffnungen an die Beratung gleich kommt.

Die erste Strategie läßt sich eher bei einem "orthodoxen" Beraterverhalten vermuten, das stringent an einem Therapieansatz (und damit an einem Rollenkonzept) orientiert ist und bei Erwartungsdiskrepanzen, die als weniger bedeutsam erlebt werden. Die hier vom Berater bereits implizit definierten Rollen können vom Klienten aufgrund der subjektiv geringerwertigen Erwartungsunterschiede leichter übernommen werden.

Die Wahrscheinlichkeit für diese Strategie erhöht sich bei Vorliegen größerer Problembelastung und einer höheren Prognose-Erwartung, da Klienten sie als die Strategie ansehen werden, die die therapeutische Hilfe möglichst reibungslos und schnell in Gang bringt.

Das folgende Schaubild stellt die geschilderten Zusammenhänge noch einmal im Überblick dar.

---

[1] "Offenes Beraterverhalten" meint hierbei ein solches, das nicht stringent einer Rollenfestlegung folgt. Dabei kann eine Festlegung sowohl in einem durchgängig direktiven (wie z.B. in einem orthodoxen RET-Ansatz) als auch in einem durchgängig nicht-direktiven Beraterverhalten (wie z.B. in einem orthodox personenzentrierten Ansatz) bestehen.

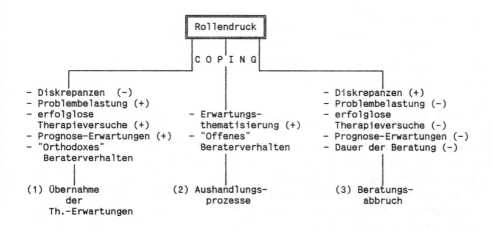

```
                    ┌─────────────────┐
                    │  Rollendruck    │
                    └─────────────────┘
                      C O P I N G

┌─────────────────────────┬─────────────────────┬─────────────────────────┐

- Diskrepanzen  (-)                                - Diskrepanzen (+)
- Problembelastung (+)                             - Problembelastung (-)
- erfolglose                - Erwartungs-          - erfolglose
  Therapieversuche (+)        thematisierung (+)     Therapieversuche (-)
- Prognose-Erwartungen (+)  - "Offenes"            - Prognose-Erwartungen (-)
- "Orthodoxes"               Beraterverhalten      - Dauer der Beratung (-)
  Beraterverhalten

(1) Übernahme              (2) Aushandlungs-       (3) Beratungs-
    der                        prozesse                abbruch
    Th.-Erwartungen
```

Diese Strategien beziehen sich in erster Linie auf die ersten Sitzungen der Beratung. Sie werden nicht zwangsläufig für eine gesamte Beratung bestimmend bleiben, sondern es ist durchaus ein Wechsel zwischen verschiedenen Strategien denkbar.

So kann der Aushandlungsprozeß langfristig in die Übernahme der Rollenerwartungen des Beraters durch den Klienten münden und eine anfängliche Übernahme im weiteren Verlauf durch erneute Aushandlung rückgängig gemacht werden. Dabei wird entscheidend sein, ob ein Abbau des Rollendrucks gelingt, um in der Beratung in klaren Rollen mit ausgehandelten Erwartungen interagieren zu können.
Dazu müssen jedoch zuerst größere Erwartungsdiskrepanzen auf ein geringeres Maß reduziert werden. Zudem ist die Verringerung dieser Diskrepanzen in sich ein wichtiges Ziel, da ohne eine zumindest partielle Erfüllung der Klientenpräferenzen kein zufriedenstellendes Beratungsergebnis wahrscheinlich ist.

Auf der Grundlage dieser Überlegungen ließe sich die Bedeutsamkeit von Erwartungsdiskrepanzen zu verschiedenen Zeitpunkten der Beratung als Prädiktor für das Therapieergebnis heranziehen. Es wäre dann anzunehmen, daß ein hohes Maß an zu Beginn bestehenden negativ-bedeutsamen Diskrepanzen kurzfristig eher zu einem Therapieabbruch und langfristig eher zu einem negativen Beratungsergebnis führen würde, da die Aushandlungsversuche hier auf ungleich größere Schwierigkeiten stoßen werden und der eher länger bestehende Rollendruck die therapeutisch-/beraterische Arbeit erschwert. Je später im Beratungsverlauf noch solche Diskrepanzen bestehen, desto wahrscheinlicher scheint ein negatives Beratungsergebnis.

Allerdings ist denkbar, daß nicht die völlige Auflösung solcher Diskrepanzen (linearer Zusammenhang), sondern nur die Minimierung in wichtigen Bereichen (wie Beratungsziele oder -inhalte, Aktivität-Passivität) für den Beratungserfolg notwendig (aber keinesfalls hinreichend) ist (gerichtet-linearer Zusammenhang). Ein differentieller Zusammenhang zwischen den o.g. ersten beiden Strategien und dem Therapieergebnis wird demgemäß hier nicht vermutet.

Diese Veränderungen in den Klientenerwartungen, die hier anhand der Diskrepanzen zu den Erwartungen des Therapeuten erörtert worden sind, lassen sich möglicherweise auch inhaltlich beschreiben, da eine Reduktion von Diskrepanzen zum Berater für viele Klienten eine ähnliche Veränderung ihrer Erwartungen erfordern würde. Legt man die Präferenzen vieler Therapeuten zugrunde, dann ließe sich z.B. vermuten, daß ein Wandel von den bei Klienten verbreiteten passiven Rollenerwartungen zu einer Rolle des "aktiven Klienten", die den Zielvorstellungen der meisten gängigen Beratungs- bzw. Therapietheorien entspricht, gleichbedeutend mit einer Diskrepanzreduktion sein müßte.[1]

An dieser Stelle wäre es interessant zu fragen, ob bestimmte Verläufe von Klientenerwartungen mit einem positiven Therapieergebnis verbunden sind, und ob dies möglicherweise auch unabhängig davon zu beobachten ist, ob diese Verläufe gleichzeitig eine Diskrepanzreduktion darstellen. Das würde letztlich bedeuten, daß auch die weiter oben beschriebene Aushandlungsstrategie des Klienten erfolgreich sein könnte, ohne daß eine Erwartungsangleichung stattgefunden hätte.[2] In solchen übergreifend mit dem Therapieerfolg verbundenen Erwartungsverläufen könnten weiterhin Diskrepanzen bestehen bleiben, diese werden dann vermutlich jedoch keine "negativ-bedeutsamen" Diskrepanzen darstellen.

Die hier entwickelten Überlegungen enthalten neben ihrer Fundierung in den bisher referierten Ergebnissen auch eine Reihe spekulativer Elemente und heben neben den Erwartungen einige einzelne Variablen aus der Großzahl der für den Beratungsprozeß relevanten Variablen heraus.

---

[1]Dabei kann man den "aktiven Klienten" je nach theoretischer Grundlage z.B. mit dem "sozial kompetenteren", selbständig "problemlösenden" oder mit dem stärker "selbstexplorativen" Klienten identifizieren.

[2]Tracey & Dundon (a.a.O.) konnten in ihrer schon mehrfach zitierten Untersuchung zeigen, daß sich die Erwartungsverläufe von Klienten erfolgreicher vs. wenig erfolgreicher Beratungen unterschieden. Sie interpretieren den Unterschied als stärker zunehmende Reife und Unabhängigkeit in den Erwartungen der erfolgreichen Klienten. Es bleibt jedoch unklar, ob sich in diesem Verlauf auch eine Angleichung an die Erwartungen des Therapeuten niederschlägt.

Sicherlich sind die hier beschriebenen Prozesse von weiteren Faktoren auf seiten der Personen (z.B. generalisierte Erwartungen wie die Kontrollüberzeugung und weitere Persönlichkeitsfaktoren) und der Situation (Kontextmerkmale der Beratung) abhängig. Es erscheint jedoch notwendig, auch ohne Berücksichtigung der gesamten Komplexität des Beratungsgeschehens den erneuten Versuch zu unternehmen, den Anteil der Erwartungsdiskrepanzen an der Varianz des Beratungserfolges unter Berücksichtigung des hier vertretenen umfassenderen Erwartungskonzeptes zu untersuchen.

Inwiefern die hier vorgeschlagene Verbindung der bidirektionalen Vorstellung mit einigen zusätzlichen Variablen unter Berücksichtigung der Zeitperspektive geeignet ist, konkrete Erwartungen, ihre Verläufe und ihren Zusammenhang mit dem Therapieverlauf- und erfolg abzubilden, soll im folgenden empirischen Teil überprüft werden.

6. Resümee und Ausblick

Die Erziehungsberatung muß aufgrund ihrer spezifischen institutionellen Voraussetzungen ein besonderes Interesse an den Erwartungen haben, die in bezug auf ihre Arbeit in der Öffentlichkeit bestehen.

Ihre Lage an der Schnittstelle verschiedener Einrichtungen der Familien- und Jugendhilfe, der ausschließlich freiwillige Zugang und der hohe Anteil an Selbstmeldern führen dazu, daß viele der Klienten hier ihren ersten beraterischen Kontakt haben. Sie kommen demgemäß, wie vorliegende Untersuchungen zeigen, mit ungenauen Informationen und häufig noch mit Erwartungen aus dem Bereich, den sie als einen vermeintlich ähnlichen zur Erwartungsbildung heranziehen, dem medizinisch-ärztlichen Behandlungskontext.

In der EB treffen sie jedoch auf eine Beratungspraxis, die recht wenig mit populärpsychologischen Vorstellungen von Beratung zu tun hat, die einem schnellen zeitlichen Wandel unterliegt und gerade in dem dort immer weiter verbreiteten Familientherapie-Setting einen in der Bevölkerung wohl noch wenig bekannten und vermutlich eher fremden Schwerpunkt gefunden zu haben scheint.

Auch wenn vielfach sehr positive Einstellungen gegenüber EBStn berichtet werden und die Akzeptanz gegenüber Beratungsformen, die nicht nur den identifizierten Klienten einbeziehen, zunimmt, werden Diskrepanzen zwischen den Erwartungen von Klienten und ihren Beratern doch an der Tagesordnung sein. Dies wird sicher auch dadurch unterstützt, daß Informationen über die Beratung in einer konkreten EBSt für eine andere Stelle keine Gültigkeit haben müssen und so die Verbreitung von realitätsangemessenen Erwartungen eher schwierig sein wird.[1] Neuere Entwicklungen in der EB (vermehrte Öffentlichkeitsarbeit, Geh-Struktur) sind wohl noch nicht so weit vorangeschritten, daß sich an diesem Bild etwas Grundsätzliches geändert haben könnte.

Diese Situation verkompliziert sich zusätzlich dadurch, daß die Berater offenbar nur sehr wenig darüber wissen, was Klienten über sie denken und was sie von ihnen erwarten. Ob sich darin eine Wahrnehmungsverzerrung oder die mangelnde Beachtung dieser Thematik widerspiegelt, darüber gibt es bislang nur Vermutungen.

Die Folgen inadäquater Erwartungen für den Zugang zur Beratung sind recht deutlich nachgewiesen worden: Potentielle Klienten werden einer Beratungsstelle solange fernbleiben, wie sie sich wenig von der Inanspruchnahme versprechen. Dies kann natürlich nicht bedeuten, daß alle Klienten, die zur EBSt kommen (bzw. geschickt werden!), von der Effektivität ihrer Arbeit überzeugt sein müssen. Erwartungen sind jedoch, so die weit verbreitete Vermutung, auch für den Verlauf und den Erfolg von Beratungskontakten von entscheidender Bedeutung.

Von empirischer Seite ist diese Vermutung zwar mit großem Aufwand, jedoch mit fast verwirrend widersprüchlichen Ergebnissen untersucht worden.
Während die Prognose-Erwartungen von Klienten und, weniger eindeutig, von Therapeuten mit dem Therapieergebnis zusammenzuhängen scheinen, gibt es für eine konsistente Beziehung zwischen Rollenerwartungen zu Beginn der Beratung und dem Therapieverlauf und -erfolg keinen deutlichen Hinweis. Die Stabilität dieser Erwartungen ist zwar z.T. relativ gering, jedoch nicht in einem solchen Ausmaß, als daß dies eine hinreichende Erklärung für diesen Befund sein könnte. Ein ähnliches Bild ergibt sich bei Einbeziehung der Therapeutenerwartungen: Auch hier gibt es höchstens eine Tendenz der Ergebnisse in Richtung auf einen Zusammenhang von Erwartungsdiskrepanzen und dem Therapieergebnis.
Alle diese Befunde entstammen allerdings nicht dem EB-Setting, in dem trotz der besonderen Relevanz der Klientenerwartungen bislang nur deskriptiv zu dieser Frage gearbeitet wurde. In verschiedenen wurde Untersuchungen gezeigt, eine einfache Übertragung von Ergebnissen der Erwartungsforschung aus anderen Beratungsbereichen nicht statthaft ist. Die hier angesprochenen Befunde entstammen zudem zum großen Teil dem US-amerikanischen Beratungssektor, der sich in seinem

---

[1] Um Mißverständnissen vorzubeugen: Dieser Zustand wird hier nicht beklagt, sondern er wird lediglich konstatiert, um letztlich auf notwendige Maßnahmen zum Umgang mit den bestehenden Erwartungen, nicht aber der bestehenden EB-Praxis hinzuarbeiten

Aufbau und dem kulturellen Hintergrund der Klientel grundsätzlich von hiesigen Verhältnissen unterscheidet. Somit erscheint es zur Erlangung praktisch verwertbarer Informationen notwendig, eine Untersuchung "im Feld" der EB vorzulegen.

Die zuerst einmal naheliegende Schlußfolgerung, daß aufgrund der ambivalenten Ergebnisse die Variable "Erwartungen" nicht weiter untersucht werden müsse, da die bisherigen empirischen Anstrengungen gegen einen Zusammenhang der Erwartungen mit dem Therapieverlauf sprächen, ist aufgrund der massiven konzeptuellen und methodischen Einschränkungen vieler dieser Untersuchungen schnell zu entkräften. Neben solch gängigen Einschränkungen wie einer geringen externen Validität (studentische Populationen, Analog-Designs) oder internen Validität (undifferenzierte Operationalisierung der Variablen "Therapieerfolg oder -abbruch") ist es v.a. das Konzept der Therapieerwartung, das meist nicht dem Stand der theoretischen Diskussion angemessen verwendet wird. So fehlt z.B. häufig die Betrachtung des zeitlichen Wandels der Erwartungen, der Einbezug der Erwartungen der beteiligten Berater, die Beachtung von Kontexterwartungen oder die Differenzierung in Antizipationen und Präferenzen. Entscheidend ist jedoch wohl die fehlende Berücksichtigung der (vermutlich hierarchischen) Beziehung *zwischen* Wünschen und Vermutungen, ohne die ein Verständnis des Zusamenhangs von Therapieerwartungen mit dem Beratungsprozeß kaum möglich erscheint.

Mit dem Ziel, Hinweise für den Umgang mit Klientenerwartungen im Vorfeld und im Verlauf der Erziehungsberatung zu bekommen, soll vor diesem Hintergrund und unter Berücksichtigung der angesprochenen methodischen und konzeptuellen Schlußfolgerungen in der folgenden empirischen Arbeit der Frage nachgegangen werden, welche Erwartungen Klienten und Berater des EB-Settings im Verlauf einer Beratung äußern und wie diese Erwartungen mit dem Verlauf und dem Erfolg der Beratung zusammenhängen.

<u>Fragestellungen und Annahmen der Untersuchung</u>

Zum Ende des letzten Kapitels wurde vor dem Hintergrund der bisherigen empirischen Erkenntnisse die Fragestellung der Untersuchung formuliert. Im einzelnen soll diese Fragestellung in die folgenden vier Themenbereiche aufgefächert werden, wobei dem zweiten und dritten Themenbereich die größte Bedeutung zukommt:

1. Informationsquellen und Zugangswege von Klienten sowie deren Beurteilung aus Beratersicht

2. Inhalt, Struktur und Gemeinsamkeiten/Unterschiede der Eingangserwartungen von Beratern und Klienten

3. Zusammenhänge von Klienten- und Beratererwartungen mit Randbedingungen der Beratung (Erwartungen als abhängige Variable) und dem Beratungsverlauf, -erfolg und -abbruch (Erwartungen als unabhängige Variable)

4. Veränderungen der Klientenerwartungen im Verlauf der Beratung und Zusammenhang dieser Veränderungen mit dem Beratungserfolg

Diese vier Fragenbereiche sollen nun im einzelnen expliziert werden. Dabei wird auch in den nicht-deskriptiven Aspekten der Fragenbereiche weitgehend auf die Formulierung von Hypothesen im streng wissenschaftstheoretischen Sinn verzichtet werden, da angesichts des geschilderten Erkenntnisstandes zum Themenbereich Beratungserwartungen (v.a. im Kontext der Erziehungsberatung) solche Hypothesen nicht hinreichend begründet formuliert werden können. Wo immer möglich, sollen trotzdem zumindest Annahmen formuliert werden, um die in den empirischen Daten aufscheinenden Tendenzen zu dokumentieren.

1. Fragen zum Themenbereich 1

Dieser Themenbereich ist der Beschreibung und weiteren Untersuchung von Beratungserwartungen zum einen vorgeordnet, da davon ausgegangen wird, daß die Entstehung von Beratungserwartungen eng mit den zuweisenden und informierenden Instanzen verknüpft ist (vgl. auch Frage 3.1). Dabei soll zwischen diesen beiden Instanzen getrennt werden, da hier angenommen wird, daß sich die Klienten nicht nur bei der zuweisenden Instanz über die Arbeit der EBSt informieren. Zum anderen erlaubt nur eine genauere Kenntnis darüber, welche Klienten welche Zugangswege und Informationsquellen nutzen, eine gezielte Einflußnahme der EBStn auf die Beratungserwartungen potentieller Klienten. Da zu diesem Bereich (insbesondere zu den Informationsquellen) kaum verwertbare Erkenntnisse vorliegen (vgl. Kap. 1.2.4) soll den drei folgenden Fragen nachgegangen werden:

Frage 1.1: Welche Instanzen geben Klienten den entscheidenen Anstoß zur Inanspruchnahme der EBSt?

Frage 1.2: Von welchen Informationsquellen bekommen und von welchen Quellen erwarten Klienten Informationen über EBStn?

Frage 1.3: Bestehen Zusammenhänge von Zugangswegen und Informationsquellen mit soziodemographischen Merkmalen der Klienten?

Inwiefern der oben angenommene Zusammenhang zwischen zuweisender Instanz und Information/Erwartung auch von den Beratern wahrgenommen wird, soll anhand der nächsten Frage geklärt werden:

Frage 1.4: Gibt es Unterschiede in den Erwartungen von Beratern gegenüber Klienten verschiedener Zugangswege?

2. Fragen zum Themenbereich 2

Wie weiter oben eingehend geschildert (vgl. Kap. 2.3.2), liegen trotz der übereinstimmenden Vermutung, daß Beratungserwartungen den Ablauf der Beratung beeinflussen, bislang für den EBSt-Kontext keine systematischen Erkenntisse darüber vor, welche Antizipationen und Präferenzen von Beratern und Klienten in welchem Ausmaß geäußert werden. Zudem fehlen Informationen darüber, bei welchen Randbedingungen der Beratung Unterschiede und Gemeinsamkeiten zwischen den Wünschen und Vermutungen der Beteiligten bestehen (intraindividuelle Erwartungsdiskrepanzen). Beiden Fragen soll in der Untersuchung nachgegangen werden. Die Beschreibung von Klientenerwartungen soll sich jedoch nicht nur auf einzelne Erwartungen beziehen, sondern es soll versucht werden, in Analogie zu den aus anderen Beratungskontexten bekannten "Erwartungs- und Kliententypen" (vgl. Kap. 2.2) auch für die EBSt zu bestimmen, ob sich hinter den einzelnen Erwartungen grundlegende Erwartungshaltungen verbergen und ob sich bestimmte Gruppen von Klienten identifizieren lassen, die sich durch eine bestimmte Erwartungsstruktur auszeichnen. Die folgenden Fragen sollen die Informationsgewinnung in diesem Themenbereich leiten:

Frage 2.1: Welche Präferenzen und Antizipationen bzgl. der Bedingungen der EBSt werden von Beratern und Klienten geäußert?

Frage 2.2: Zu welchen Randbedingungen der Beratung werden von Klienten und Beratern jeweils unterschiedliche Wünsche und Vermutungen geäußert (intraindividuelle Erwartungsdiskrepanzen)?

Frage 2.3: In welcher Form lassen sich die Klientenerwartungen zu homogenen Erwartungsgruppen zusammenfassen?

Frage 2.4: In welcher Form lassen sich die Klienten hinsichtlich ihrer Eingangserwartungen zu homogenen Erwartungsgruppen zusammenfassen?

Der letzte Schritt im Rahmen der Erwartungsbeschreibung knüpft an das Ergebnis
der Analyse der Praxis der EBSt und der bislang vermuteten Klientenerwartungen
an. Hier wurde vermutet (vgl. Kap. 6), daß Unterschiede zwischen den Erwartungen
von Klienten und Beratern (interindividuelle Erwartungsdiskrepanzen) eine gängige
Eingangsbedingung der EBSt darstellen. Hieraus resultiert die folgende
Fragestellung:

Frage 2.5: Zu welchen Randbedingungen der EBSt liegen Unterschiede/ Gemeinsamkeiten zwischen den Eingangserwartungen von Klienten und den
Beratererwartungen vor?

3. Fragen und Annahmen zum Themenbereich 3

Der erste Teil dieses Themenbereichs beschäftigt sich mit dem Zusammenhang von
Eingangserwartungen und Randbedingungen der Beratung. Wie in Kap. 2.2 gezeigt,
hat der Versuch, bestimmte Klientenmerkmale als Prädiktoren von Eingangserwartungen zu bestimmen, bislang zu wenig eindeutigen Ergebnissen geführt. Eine
Bedeutung solcher Prädiktoren läge zum einen in der Verbesserung der Möglichkeiten
einer gezielten Veränderung von Erwartungen über die Öffentlichkeitsarbeit sowie
in der Chance, Erwartungen über solche Prädiktoren als "differentielles Indikationskriterium" (vgl. Kap. 2.2) zu verwenden.
Zur näheren Beleuchtung dieses Komplexes für den EBSt-Rahmen wird folgende
Fragestellung formuliert:

Frage 3.1: Welcher Art sind die Zusammenhänge der Klientenerwartungen mit den
Eingangsbedingungen der Beratung (personenbezogene, problembezogene
sowie zugangs- und informationsbezogene Variablen)?

Der zweite Teil des Themenbereichs befaßt sich mit der Grundprämisse der
Erwartungsforschung, daß Erwartungen von Klienten und Beratern für den Ablauf
und Erfolg der Beratung eine bedeutsame Rolle spielen. Ohne eine empirische
Bestätigung dieser Prämisse wäre eine Beschäftigung mit Beratungserwartungen nur
von untergeordnetem Interesse. Im Gegensatz zum ersten Teil des Themenbereichs
werden die Erwartungen hier also als unabhängige Variablen betrachtet. Wie
ausführlich in Kap. 4 dargelegt wurde, bestehen zwar eindeutige Annahmen aber
widersprüchliche empirische Ergebnisse zu der Frage des Zusammenhangs von
Erwartungen und verschiedenen Beschreibungsmerkmalen des Beratungsverlaufs und
des Ausgangs der Beratung. Im Zusammenhang dieser Untersuchung soll dabei v.a.

den Fragen nachgegangen werden, die theoretisch und praktisch besonders interessieren, zu denen bislang jedoch nur wenig eindeutige Befunde vorliegen (s. Kap. 4).

Im Hinblick auf die Klientenerwartungen sollen im einzelnen folgende Fragen gestellt werden:

Frage 3.2: Welcher Art sind die Zusammenhänge zwischen den Ausprägungen der Eingangserwartungen von Klienten und dem Beratungsverlauf, -erfolg und -abbruch?

Wie in Kap. 5.1 berichtet wurde, konnten einige Hinweise darauf gefunden werden, daß möglicherweise nicht nur die Ausprägungen der Erwartungen, sondern auch das Ausmaß der Unterschiede/Gemeinsamkeiten von Wünschen und Vermutungen bei den Klienten mit dem Beratungserfolg und -abbruch in Beziehung steht. Auch dieser Hinweis soll näher untersucht werden:

Frage 3.3: Welcher Art sind die Zusammenhänge zwischen den Wunsch-Vermutungs-Abständen (intraindividuellen Diskrepanzen) von Klienten und dem Beratungserfolg und -abbruch?

(Annahme: "Je größer die intraindividuellen Erwartungsdiskrepanzen, desto höher ist die Wahrscheinlichkeit für einen frühzeitigen Beratungsabbruch oder einen geringeren Beratungserfolg")

Im Hinblick auf die Beratererwartungen soll die Frage untersucht werden, der im diesem Zusamenhang bisher der meiste Forschungsaufwand gwidmet wurde, ohne daß dabei eine deutliche Befundlage entstanden wäre:

Frage 3.4: Welcher Art sind die Zusammenhänge zwischen den Ausprägungen der Beratererwartungen und dem Beratungserfolg?

Einen weiteren wichtigen Aspekt der möglichen Bedeutung von Beratungserwartungen enthält die Frage danach, ob die Erwartungsunterschiede und -gemeinsamkeiten bei Beratern und Klienten eine Vorhersage auf den Beratungserfolg oder einen möglichen Abbruch der Beratung erlauben. Die Beantwortung gerade dieser Frage hätte weit-gehende praktische Implikationen für die Öffentlichkeitsarbeit von EBStn und die Kriterien, nach denen bestimmte Klienten bestimmten Beratern zu Beratungsbeginn zugeordnet werden. Die weite Verbreitung v.a. der Annahme, daß es für die Fortführung der Beratung auch über das Anfangsstadium hinaus wichtig ist, ob die Klienten- und Beratererwartungen zueinander passen, aber auch die bislang äußerst unbefriedigende empirische Befundlage zu dieser Thematik wurde weiter oben ausführlich dargestellt (vgl. Kap. 5.2 und 5.3). Zudem wurde dort angenommen, daß die Berücksichtigung der vermutlich hierarchischen Beziehung zwischen

Antizipationen und Präferenzen am ehesten diesen Zusammenhang aufdecken könnte. Zur weiteren Aufklärung dieser Thematik soll die folgende Frage verfolgt werden:

Frage 3.5: Welcher Art ist der Zusammenhang zwischen dem Beratungserfolg (dem Beratungsabbruch) und der Beziehung zwischen Berater- und Klientenerwartungen.

(Annahme 1: "Dieser Zusammenhang läßt sich am ehesten unter Berücksichtigung der hierarchischen Beziehung von Antizipationen und Präferenzen beschreiben")

(Annahme 2: "Klienten mit mehr (bedeutsamen) Erwartungsdiskrepanzen brechen die Beratung eher ab oder erzielen einen geringeren Beratungserfolg")

4. Fragen und Annahmen zum Themenbereich 4

Eine besondere Bedeutung v.a. für die Frage des Zusammenhangs zwischen Erwartungen und dem Beratungserfolg kommt dem Ausmaß der Stabilität solcher Erwartungen über den Beratungszeitraum zu. Nur bei einem gewissen Maß von Stabilität ist ein solcher Zusammenhang überhaupt zu erwarten (vgl. Kap. 4.2). Zudem ließe sich aus den relativen (im Vergleich zum Berater) Erwartungsveränderungen von Klienten Rückschlüsse auf die Art der Berücksichtigung dieser Erwartungen im Rahmen der Beratung schließen. Zu diesen Themenbereichen liegen jedoch, wie in Kap. 5.1 gezeigt wurde, nur sehr wenige Ergebnisse vor, die zwar in der Summe eher auf eine weitgehende Stabilität von Eingangserwartungen und eine Tendenz zur Angleichung der sich verändernden Erwartungen an die Beratererwartungen schließen lassen (vgl. Kap. 5.2), ohne jedoch ein eindeutiges Bild zu ergeben. Im EB-Kontext liegen zudem keine systematischen Befunde zu dieser Frage vor. Zur weiteren Klärung dieser Thematik werden folgende Fragen formuliert:

Frage 4.1: Bei welchen Klientenerwartungen zeigen sich welche Veränderungen über den Beratungszeitraum

(Annahme: Eine Mehrzahl von Erwartungen bleiben über den Beratungszeitraum nahezu unverändert)

Frage 4.1.1: In welche Richtung, bezogen auf die Beratererwartungen, bewegen sich die feststellbaren Erwartungsveränderungen von Klienten?

(Annahme: Wenn sich Klientenerwartungen im Verlauf der Beratung ändern, dann verlaufen diese Veränderungen eher in Richtung auf die Beratererwartungen.)

Frage 4.2: Bei welchen Klientenerwartungen zeigen sich über den Beratungszeitraum Veränderungen in den Wunsch-Vermutungs-Abständen (intraindividuellen Erwartungsdiskrepanzen)?

Frage 4.2.1: Verlaufen die feststellbaren Veränderungen der Wunsch-Vermutungs-Abstände eher in Richtung auf eine Angleichung oder auf eine Entfernung von Wunsch und Erwartung?

Eine weitere Bedeutung erlangt die Betrachtung von Erwartungsveränderungen im Beratungsverlauf dadurch, daß sich in ihnen möglicherweise der Erfolg einer Beratung widerspiegelt oder gerade durch bestimmte Erwartungsveränderungen nahegelegt wird. Es liegt jedoch bislang nur ein einziger empirischer Hinweis darauf vor, daß sich die Erwartungsverläufe in erfolgreichen und weniger erfolgreichen Beratungen unterscheiden (vgl. Kap. 5.3.2). Um diesem Hinweis nachzugehen, dessen Bestätigung ebenfalls weitreichende praktische Implikationen für den Umgang mit Klientenerwartungen hätte, wird die folgenden Frage in die Untersuchung einbezogen:

Frage 4.3: Gibt es Unterschiede in den Erwartungsverläufen der Klienten in mehr und weniger erfolgreichen Beratungen?

(Annahme: "Klienten in mehr und weniger erfolgreichen Beratungen unterscheiden sich im absoluten Wandel ihrer Erwartungen (Ausprägung von Erwartungen) und in dem Grad der Angleichung ihrer Erwartungen an die entsprechenden Erwartungen ihres Beraters")

III. Untersuchungsdesign und Erhebungsinstrumente

7. Grundzüge des methodischen Ansatzes

Die Zielvorgabe der Untersuchung, aktuelle Erwartungen von Beratern und Klienten der EB zu betrachten, macht eine Erhebung bei tatsächlichen EB-Klienten während ihrer Beratung "im Feld" der EB notwendig. Als Konsequenz aus der zweifelhaften Verhaltensrelevanz des Einstellungsbegriffs wurde bereits weiter oben (vgl. Kap. 2 u. 2.1) das verhaltensnähere Konstrukt "Erwartungen" als Erhebungsgegenstand für Untersuchungen im Beratungssektor definiert und expliziert. Aus den referierten empirischen und theoretischen Arbeiten zu Beratungs- und Therapieerwartungen wurden weiter oben bereits einige konzeptuelle Konsequenzen für die Operationalisierung dieses Konstruktes abgeleitet:

■ Erwartungen sollten möglichst eng in bezug auf die zu untersuchende Institution erhoben werden

■ eine vollständige Abbildung von Erwartungen muß Rollen-, Prognose- und Kontexterwartungen berücksichtigen

■ es sollte bei der Erhebung (und Auswertung) zwischen Antizipationen und Präferenzen getrennt werden

■ die Erhebung sollte die Erwartungen aktuell (vs. retrospektiv) abbilden

■ der Erhebungszeitpunkt im Verlauf der Beratung muß berücksichtigt werden, eine Mehrfachmessung von Erwartungen ist dabei die beste Lösung

■ die Erwartungen von Beratern und Klienten sollten innerhalb der tatsächlichen Berater-Klient-Beziehung gemessen werden

Wie in Teil I. dargestellt wurde, existiert bereits eine Fülle von Erhebungsmethoden (meist in Form vollstandardisierter Fragebögen) zu Berater- und Klienten- erwartungen, und so würde es naheliegen, ein bestehendes Instrument zu verwenden. Allerdings scheiden dabei schon viele Instrumente aus, die sehr abstrakte Erwartungen an die Beratung oder Therapie im allgemeinen erfragen und somit die Besonderheiten des EB-Settings nicht abbilden können. Dazu gehören die meisten Verfahren der Erwartungsforschung, wie auch der in neueren Arbeiten häufig verwendete EAC ("Expectations about Counseling Questionnaire", Tinsley et al. 1980). Daneben gibt es andere standardisierte Fragebögen, die sich speziell mit den Einstellungen von Klienten und Beratern gegenüber der EB befassen (z.B. Joisten a.a.O., Schmidtchen et al. a.a.O.). Diese Verfahren enthalten jedoch Items, die sich auf Vermutungen, Wünsche oder Einstellungen beziehen, ohne daß systematisch zwischen diesen Konstrukten getrennt wird. Damit erfüllen auch diese Verfahren die o.g. Vorgaben nicht und sollen von daher hier keine Verwendung finden.

Aus beiden Gruppen von Verfahren lassen sich jedoch für die somit notwendige Neukonstruktion eines Erhebungsverfahrens wertvolle Hinweise auf die inhaltlichen Dimensionen entnehmen, die bei Erwartungen an die EB eine Rolle spielen könnten.

Bei der Erhebung von Erwartungen ist die Befragung die Methode der Wahl. Allerdings ergibt sich die Frage, ob eine mündliche oder schriftliche Befragung und ein mehr oder weniger standardisiertes Vorgehen in diesem Fall die zuverlässigeren und gültigeren Informationen liefert. Berücksichtigt man dabei die bereits vorliegenden Erkenntnisse zu Therapieerwartungen im allgemeinen und zu Erwartungen an die EB im speziellen, dann erscheint eine vollstandardisierte Befragung mittels Fragebogen durchaus möglich. Gerade im Bereich der EB ist in mehreren Untersuchungen gezeigt worden (vgl. Joisten a.a.O., Schmidtchen et al. a.a.O, Straus et al. 1988), zu welchen Merkmalen der Beratungsarbeit Erwartungen gebildet werden und welche Inhalte bei Klientenerwartungen besonders relevant sind. Von daher ist einerseits ein erneutes Explorieren von Klientenerwartungen kaum notwendig und die Gefahr, in einem standardisierten Fragebogen eher irrelevante Erwartungen anzusprechen, gering. In einer erneuten Untersuchung der Klientenerwartungen muß es also weniger darum gehen zu ermitteln, welche Erwartungsbereiche für Klienten wichtig sind, sondern darzustellen, in welchem Ausmaß bestimmte, als relevant erachtete Erwartungen von den Klienten geäußert werden.

Unter Berücksichtigung dieser Fakten und der Tatsache, daß ein möglichst großer Kreis von Beratern und Klienten in die Untersuchung einbezogen werden soll, erscheint ein vollstandardisierter Fragebogen, der über die EBStn an ihre Klienten verteilt wird, als die beste Befragungsvariante.
Auch die weiteren zu erfassenden Konstrukte, wie die Bewertung von bestimmten Zugangswegen der Klienten oder die Einschätzung des Beratungserfolges, sind mit dieser Methode gut zu erheben.

Neben den bekannten Fehlerquellen dieser Befragungsmethode (z.B. unkontrollierte Erhebungssituation, Rücklauf) besteht in diesem Zusammenhang v.a. die Schwierigkeit, daß die EBSt-Klientel keineswegs eine homogene Gruppe bildet, sondern daß sehr unterschiedliche Personen mit sehr unterschiedlichen Problemlagen zur Beratung kommen. Hier wird bei der Konstruktion des Fragebogens sehr darauf zu achten sein, daß die Abstraktionsebene, auf der die Erwartungen und die Einschätzung des Beratungserfolges erfragt werden, zum einen niedrig genug ist, um exakte Informationen zu bekommen und zum anderen hoch genug ist, um nicht nur für eine Teilgruppe der Klienten relevante Erwartungen zu erfassen.

8. Konstruktion der Erhebungsinstrumente

Im folgenden sollen Vorüberlegungen und Vorgehensweise bei der Konstruktion der verschiedenen vollstandardisierten Fragebögen geschildert werden. Dabei sollen folgende, zur Beantwortung der aufgeworfenen Untersuchungsfragen notwendigen Variablen erhoben bzw. Konstrukte operationalisiert werden:

1. Beratungserwartungen von Klienten und Beratern
2. Beratungserfolg, frühzeitiger Beratungsabbruch
3. Zugangs-, problem- und informationsbezogene Daten der Klienten
4. Beratererwartungen an Klienten verschiedener Zugangswege
5. Merkmale der durchgeführten Beratung

Da in der EB oftmals mehrere Familienmitglieder an der Beratung beteiligt sind, stellt sich vor der Konstruktion die Frage, von wem die Informationen erhoben werden sollen. Da die Beratungserwartungen von Kindern zum einen sicher eine völlig andere Struktur und andere Inhalte als die von Erwachsenen zeigen und die Erhebung solcher Erwartungen eine sehr aufwendige und gänzlich andere Methodik notwendig machen würden, sollen sie nicht in die Befragung einbezogen werden. Da nicht in allen Fällen mehrere Personen an der Beratung teilnehmen und zudem davon ausgegangen werden kann, daß die anmeldende Person auch im weiteren Verlauf der Beratung eine Rolle spielen wird, soll sie als "der Klient" Gegenstand der Untersuchung sein.

8.1 Operationalisierung des Konstrukts "Beratungserwartungen"

Wie weiter oben erwähnt, sollen die bereits vorliegenden Erwartungsfragebögen in dieser Untersuchung zwar nicht verwendet werden, sie sollen jedoch bei der Konstruktion des neuen Fragebogens aus inhaltlicher und methodischer Hinsicht berücksichtigt werden.

Bei der Konstruktion solcher Fragebögen lassen sich in den vorliegenden Arbeiten im wesentlichen drei verschiedene Strategien beobachten:

1. Zusammenstellung von Erwartungsitems zu inhaltlich sinnvollen Kategorien, ohne diese Itemgruppen als eindimensionale Skalen zu betrachten und auszuwerten. (z.B. Joisten a.a.O., Schmidtchen et al. a.a.O., Benbenishty & Schul a.a.O., Bosmajian & Mattson 1980, Overall & Aronson 1963)

2. Zusammenstellung von Items in inhaltlich orientierten Skalen und Absicherung der Skalen mit Hilfe itemanalytischer Verfahren. Auswertung auf der Ebene der Skalen (z.B. Tinsley & Harris 1976)

3. Zusammenstellung von Items nach inhaltlichen Kriterien und nachfolgende Faktorenanalyse zur Dimensionen- bzw. Skalenbildung. Auswertung auf der Ebene der Faktoren (z.B. Bommert et al. a.a.O., Tinsley et al. 1980)

Neben diesen Vorgehensweisen finden sich noch eine große Anzahl weiterer Strategien, die jedoch letztlich alle zu eher ad hoc zusammengestellten und meist sehr kurzen Instrumenten führen. Dabei ist die Fragebogenform mit Statements vorherrschend, es finden sich jedoch auch andere Verfahren (z.B. semantisches Differential).

Die beiden letzten der o.g. Verfahren führen eher zu globalen Erwartungskategorien, die die Betrachtung übergreifender Erwartungshaltungen möglich machen. Da es in der vorliegenden Untersuchung jedoch mehr um eine differenzierte Betrachtung auf der Ebene einzelner, institutionsspezifischer Erwartungen geht als um das Erkennen bestimmter grundlegender Erwartungshaltungen, soll hier die erstgenannte Strategie verfolgt werden. Eine spätere Gruppierung der Items mit Hilfe der Faktorenanalyse wird zwar durch Untersuchungsfrage 2.3 nahegelegt, jedoch soll diese Gruppierung nicht die Grundlage der Gesamtbetrachtung der Erwartungen bilden, sondern lediglich als deskritptive Information zur Struktur der Erwartungen genutzt werden.

8.1.1 Beschreibungskategorien der EBSt

Das Ziel der Konstruktion des Erwartungsteils des Fragebogens muß es also sein, möglichst umfassend diejenigen einzelnen Erwartungen zu erfassen, die für Klienten gegenüber der Institution EBSt und ihren Arbeitsweisen relevant sind. Dabei besteht die Frage, gegenüber welchen Elementen der EBSt solche Erwartungen bestehen.

Einen Versuch, die für Klienten relevanten Merkmale der EBSt zu strukturieren, stellt die Einteilung von Schmidtchen et al. (a.a.O.) dar, die im Rahmen ihres Fragebogens vier relevante Erwartungsbereiche abstecken:

1. Vorstellungen über die Arbeitsweise einer EBSt
2. Ziele einer EBSt
3. Gesellschaftliche Bedeutung der EBSt
4. Persönliche Merkmale des Beraters

Von diesen Bereichen erscheinen v.a. die Punkte 1. und 4. hier relevant. Die Ziele einer EBSt lassen sich demgegenüber als konkrete Beratungsziele unter Punkt 1. einordnen, oder als generelle Zielsetzung dem Punkt 3. zufügen. Die von Klienten eingeschätzte gesellschaftliche Bedeutung der EBSt als solche wird zwar sicher als Grundlage für den Aufbau von konkreten Erwartungen dienen, sie stellt jedoch keinen Merkmalsbereich der EBSt dar, auf den sich die konkreten Erwartungen der Klienten im Vorfeld und im Verlauf der Beratung richten werden. Da hier also eher Einstellungen als Erwartungen relevant sind, soll dieser Bereich in der Untersuchung ausgespart bleiben.

Daß jedoch die beiden anderen Punkte (Arbeitsweise der EBSt und Merkmale der Erziehungsberater) in den Erwartungen der Klienten eine bedeutsame Rolle spielen, ist auch in anderen Untersuchungen im Feld der EBSt deutlich geworden (vgl. Joisten, a.a.O., Straus et al. a.a.O.).

Einen zusätzlichen Merkmalsbereich stellen zudem die institutionellen Rahmenbedingungen der Beratung dar. Bereits weiter oben wurde dargestellt (vgl. Kap. 2.1), daß sich empirische Hinweise für die Annahme zeigen, daß auch Erwartungen z.B. an die Rolle des Trägers, der Schweigepflicht oder der Bezahlung der Beratung im Vorfeld und im Verlauf der Beratung entwickelt werden und für die Klienten wichtig sind. Es ergeben sich aus der Analyse der empirischen Arbeiten also die folgenden drei Merkmalsbereiche, mit denen sich eine EBSt aus der Sicht von Klienten beschreiben läßt:

1. Aspekte des Beratungsprozesses
2. Aspekte der institutionellen Rahmenbedingungen
3. Aspekte der Person des Beraters

Diese Beschreibungskategorien der EBSt sind neben der Person des Klienten als viertem Element auch aus theoretischer Sicht als die zentralen Merkmale der Beratungsarbeit bezeichnet worden.

So betont Dietrich (1983, S. 17), daß sich das gesamte "Beratungsfeld (...) unter strukturellen Gesichtspunkten gesehen durch folgende Komponenten konstituiert:

- die Person des Ratsuchenden mit ihrer spezifischen psychischen Struktur, mit ihrer besonderen Problematik und mit ihrer aktivierbaren Beratbarkeit;

- die Person des Beraters mit ihrer spezifischen psychischen Struktur und mit ihrer besonderen Beratungskompetenz;

- die interaktionale und kommunikative helfende Beziehung zwischen dem Berater und dem Klienten;

- den institutionellen und organisatorischen Rahmen, innerhalb dessen das Beratungsgespräch abläuft."

Diese grundsätzlichen Kategorien sollten nun in einem nächsten Schritt in weitere inhaltliche Aspekte aufgefächert werden, um möglichst viele für Klienten relevante Erwartungen aus diesen Bereichen zu erfassen. Dazu wurden die o.g. Arbeiten nochmals daraufhin untersucht, welche Aspekte dieser drei Kategorien in den Klientenerwartungen eine Rolle spielen. Mit der gleichen Zielsetzung wurden mehrere Tiefeninterviews mit EBSt-Klienten unmittelbar vor ihrer ersten Beratungssitzung geführt.

Letztlich wurde zu jedem der o.g. drei Bereiche mehrere Aspekte der EBSt als diejenigen Beschreibungsmerkmale erarbeitet, die für Klienten als relevant erachtet werden und für die angenommen wird, daß sich hier konkrete Klientenerwartungen vorfinden lassen. Unter Berücksichtigung der Tatsache, daß sowohl Antizipationen als auch Präferenzen der Klienten erhoben werden sollen, bilden die folgenden Aspekte der EBSt das Grundgerüst für die Ableitung von konkreten Erwartungsitems (s. Abb. 5):

	Erwartungskategorien	
	Kogn. Komponente	Emot. Komponente
EBSt-Kategorien	Antizipationen	Präferenzen
	(Annahmen, Informationen, Vorwissen)	(Hoffnungen, Ängste, Ansprüche)
Beratungsprozeß		
Methodik	z.B. Therapiephasen, Diagnostik, Tips, Techniken	
Inhalte	z.B. Personen, Themen, Verhalten, Gefühle	
Verlauf	z.B. Therapiedauer	
Beziehung	z.B. Aktivität, Forderungen, Offenheit	
Ziele	z.B. Ursachen, Verhaltensabbau	
Effizienz	z.B. Problemlösung, Beziehungsverbesserung	
Institution		
Umstände	z.B. räuml. Bedingungen, zeitl. Bedingungen	
Rahmen	z.B. Zuständigkeit, Bezahlung, Trägereinfluß	
Berater		
Fachl. Kompetenz	z.B. Wissen, Ausbildung, Erfahrung	
Persönlichkeit	z.B. Alter, Wärme, Toleranz, Direktheit	
Engagement	z.B. Erreichbarkeit außerhalb d. Dienstzeiten	

Abb. 5: Merkmalsbereiche und deren Einzelaspekte zur Beschreibung der EBSt aus Klientensicht

Diese Beschreibungsaspekte sollen möglichst umfassend die für Klienten relevanten Merkmale einer EBSt erfassen. Weitere denkbare Merkmale, wie die Stellung der Beratungsstelle gegenüber dem Träger, Finanzierungsfragen, Supervisionsarbeit oder die Zusammenarbeit im Team der Beratungsstelle sind für die Klienten mit großer Wahrscheinlichkeit von keiner oder geringer Bedeutung und sind von daher bei der obigen Aufstellung nicht berücksichtigt. Urteile von anderen Personengruppen (insbesondere von Fachleuten) würden sich wahrscheinlich schwerpunktmäßig an anderen Kriterien orientieren, so daß inbesondere die einzelnen Aspekte nicht als

103

Abbild aller möglichen Beschreibungsdimensionen gelten können.

Die Bereiche sind naturgemäß nicht vollständig frei von Überschneidungen, da sich verschiedene Aspekte gegenseitig bedingen. So sind etwa Erwartungen bzgl. der Beraterkompetenz sicher mit Erwartungen an die Effizienz der Beratung geknüpft, und Erwartungen an bestimmte Therapiemethoden gleichermaßen mit Erwartungen an Ziele, Verlauf oder Inhalte verbunden. Damit sind diese Bereiche nicht als unabhängige Skalen zu verstehen, sondern als aus Klientensicht unter inhaltlichen Gesichtspunkten zusammengestellte Beschreibungskategorien.

Um die Ableitung der konkreten Erwartungsitems aus dieser Aufstellung nachvollziehbar zu machen, sollen die Kategorien im folgenden kurz inhaltlich umrissen werden.

A. Beratungsprozeß

■ Beratungsmethodik:
Dieser Bereich bezieht sich im engeren Sinn auf das methodische Vorgehen in der Beratung. Darin ist einmal das grundsätzliche Beratungsverständnis mit angesprochen (Begleitung vs. Anleitung) sowie die Kennzeichen der Beratungsmethode (Diagnostik, Therapiephasen, Therapieverfahren) und des personellen Beratungssettings (Gruppen-, Familien- und Einzelberatung).

■ Beratungsinhalte:
In diesem Bereich sind die Fragen danach enthalten, welchen thematischen Rahmen die Beratung auf personeller (z.B. Thematisierung des Elternverhältnisses) und inhaltlicher Ebene umfaßt (z.B. Beschränkung auf das Eingangsproblem, Verhalten oder Gefühle im Mittelpunkt, gegenwärtige oder vergangene Ereignisse werden thematisiert).

■ Beratungsverlauf:
Dieser Bereich umfaßt den zeitlichen Ablauf der Beratung.

■ Beratungsbeziehung:
Dieser Punkt befaßt sich mit der konkreten Ausgestaltung der Beziehungsebene von Berater und Klient. Darin enthalten sind z.B. die Fragen nach der Verteilung von Aktivität und Passivität, nach gegenseitiger Kritikmöglichkeit, oder nach der "Freundschaftsähnlichkeit" der Beziehung.

■ Beratungsziele:
Hier geht es um mögliche Zielvorstellungen der Beratung, wie z.B. Ursachenfindung, Problemlösung, Selbsterkenntnis u.ä.

■ Beratungseffizienz:
Hiermit ist der Aspekt der Prognose-Erwartungen angesprochen, d.h. der Optimismus bzgl. der Erreichung verschiedener denkbarer Ziele.

B. Institutionelle Rahmenbedingungen

■ Beratungsumstände:
Dieser Bereich thematisiert das räumliche und zeitliche Setting, in dem die

Beratungstermine stattfinden. Daneben ist die Verfügbarkeit von Beratungsmöglichkeiten außerhalb des EB-Rahmens (z.B. finanzielle Beratung) und von aktiver Unterstützung über eine Beratung hinaus (z.B. gemeinsame Behördengänge) angesprochen.

■ Beratungsrahmen:
Dieser Bereich beschäftigt sich mit den durch die Institution EBSt vorgegebenen Rahmenbedingungen wie z.B. Zuständigkeit, Bezahlung, Schweigepflicht, Zusammenarbeit mit anderen öffentlichen Institutionen und Behörden. Zudem ist hier die Frage enthalten, inwieweit vom Träger der Einrichtung auf eine bestimmte inhaltliche Arbeitsweise geschlossen werden kann.

C. Merkmale des Beraters

■ Fachliche Kompetenz:
In diesem Bereich sind solche Merkmale des Erziehungsberaters zusammengefaßt, die sich auf dessen beruflich erworbene Beratungskompetenz beziehen. Hierunter fallen die formale berufliche Ausbildung und Berufserfahrung, das Fachwissen bezüglich Störungsentstehung und –beseitigung, spezielle Gesprächs-, Wahrnehmungs-, und sonstige Interaktionsfähigkeiten (z.B. Flexibilität im Sprachniveau, Fähigkeit zur Perspektivenübernahme und zur Schaffung bestimmter "Sitzungsatmosphären"), sowie die Fähigkeit zum Einsatz wirksamer Beratungsmethoden.

■ Persönlichkeitsmerkmale:
Dieser Bereich umfaßt solche allgemeinen personenbezogenen Merkmale des Beraters in einer EBSt, die nicht unmittelbar an seine Berufsausbildung geknüpft sind, aber im Einzelfall als förderlich oder hinderlich für eine effektive Beratung angesehen werden könnten. Es sind dies insbesondere soziodemographische Merkmale (z.B. Geschlecht, Alter, Familienstand, eigene Kinder), Merkmale des äußeren Erscheinungsbildes (Kleidung, Seriosität), Fähigkeiten zur eigenen Problemwahrnehmung und –lösung sowie allgemeine Persönlichkeitseigenschaften und Merkmale des persönlichen Auftretens (z.B. humorvoll, unvoreingenommen, gelassen, ruhig, verständnisvoll).

■ Persönliches Engagement:
Dieser Bereich thematisiert solche Merkmale des Beraters in einer EBSt, die sich auf das Ausmaß seines persönlichen Engagements für seine Klienten beziehen. Dabei werden hier Aspekte angesprochen, die sich auf das zeitliche und inhaltliche Ausmaß der Unterstützung beziehen (Erreichbarkeit, konkrete Unterstützung gegenüber Dritten) sowie auf die vom Berater gezogene Grenze zwischen Berufs- und Privatbereich und das Ausmaß an emotionalem Engagement des Beraters für seine Arbeit und die Klienten. Neben der Frage des zeitlichen und inhaltlichen Einsatzes des Beraters weisen diese Merkmale dem Berater auch einen Platz auf der Dimension zwischen dem "Berater als Freund" und dem "Berater als Dienstleistungsinstanz" zu.

8.1.2 Itemformulierung

Bei der Konstruktion der Items geht es v.a. darum, die o.g. Bereiche in einzelne Erwartungen "zu übersetzen". Dabei sollen die Bereiche analog zu ihrer Komplexität mit unterschiedlicher Gewichtung in den Fragebogen eingehen. Wie auch in der Anzahl der oben benannten Einzelaspekte zum Ausdruck kommt, soll der Bereich des

Beratungsprozesses am stärksten, der der institutionellen Rahmenbedingungen am schwächsten vertreten sein.

Als Form der Itemdarbietung soll die Checklistenmethode verwendet werden. Dabei werden Erwartungen als Statement dargeboten, dem die Klienten im Sinne einer Ratingsskala gestuft zustimmen können oder es gestuft ablehnen können. Damit kann, wie es weiter oben als Erhebungsziel formuliert wurde, bestimmt werden, in welchem Ausmaß die als relevant erachteten Erwartungen von den Klienten geäußert werden. Diese Methode wurde bei den meisten der genannten Erwartungsuntersuchungen verwendet und hat sich für den Kontext der Erwartungen bewährt.

Im ersten Schritt der Itemformulierung wurde ein Itempool von einzelnen Statements erstellt, der einzelne Erwartungen aus den o.g. Bereichen enthielt (z.B. "ich nehme an, daß mir der Berater vor allem konkrete Tips gibt"). Dabei wurde darauf geachtet, daß die Items jeweils eine Erwartung zu einem der o.g. Bereiche enthielten, möglichst spezifisch für den EB-Kontext waren, sich nicht nur auf eine spezifische Problemlage beschränkten und möglichst frei von sozialer Erwünschtheit waren. Zur Erstellung des Itempools wurden neben neuen Items auch die o.g. bestehenden Fragebögen und die Protokolle der durchgeführten Tiefeninterviews herangezogen. Aus diesem Pool wurden dann die 100 Items herausgezogen, die am deutlichsten die o.g. Aspekte der Beschreibungsmerkmale abbildeten und die formulierten Anforderungen an die EB-Spezifität erfüllten.

Diese Items wurden dann auf den "Erwartungsstamm" reduziert, d.h. es wurde nur noch die Formulierung der Erwartung beibehalten und das Subjekt und Prädikat des Satzes entfernt (Beispiel: "daß mir der Berater vor allem konkrete Tips gibt"). Um für die Berater äquivalente Erwartungsitems zu schaffen, wurde dieser Stamm dann jeweils für die Beraterperspektive umformuliert. (Beispiel: "daß ich den Klienten vor allem konkrete Tips gebe").

Die daraus resultierende Verwendung der gleichen Beschreibungskategorien bei Klienten und Beratern dient der Vergleichbarkeit der erhobenen Daten. Dabei wird nicht verkannt, daß damit den Beratern z.T. ein grobes Beschreibungsschema vorgegeben wird, das Verallgemeinerungen und Vereinfachungen der eigenen Beratungspraxis notwendig macht. Die damit verbundene Reduktion der Komplexität der Beratungstätigkeit erscheint aber notwendig, wenn man Klienten und Beratern die Beantwortung der gleichen Fragen möglich machen will. Zumindest z.T. soll diese Einschränkung durch die später geschilderte gestufte Antwortmöglichkeit zu den Items aufgefangen werden.

Um die gleichen Erwartungen sowohl im Sinne einer Antizipation als auch im Sinne einer Präferenz erfragen zu können, wurde jedes Item in zwei Formen gebracht, die sich durch das Satzprädikat unterscheiden (z.B. "ich wünsche mir" vs. "ich vermute"). Dabei konnten für die Beraterstatements natürlich keine Vermutungen formuliert werden, sondern Angaben zu ihrer gängigen Arbeitspraxis. Jedes Erwartungsstatement liegt nach dieser Prozedur also in den folgenden vier Formen vor:

1. Klienten-Vermutung: "Ich nehme an, daß der Berater besonders fordernd und direkt ist"

2. Klienten-Wunsch: "Ich wünsche mir, daß der Berater besonders fordernd und direkt ist"

3. Berater-Praxis: "Ich bin als Berater besonders fordernd und direkt"

4. Berater-Wunsch: "Ich hoffe, daß ich als Berater besonders fordernd und direkt bin"

Die Klienten und Berater sollen also jedes Erwartungsitem zweimal vorgelegt bekommen und sich dabei einmal zu der Stärke ihrer diesbezüglichen Vermutung und einmal zu der Stärke ihres Wunsches äußern.

Um die beiden Aspekte bei der Beantwortung deutlich zu machen, wurde in der Anweisung zur Bearbeitung der Items besonders betont, daß es sich einmal um mögliche Wünsche und einmal um mögliche Vermutungen (bzw. Angaben zur eigenen Praxis bei den Beratern) handelt. (vgl. Anhang H).

Jedes Erwartungsitem wird hinsichtlich des Kriteriums des "Zutreffens der Erwartungen für die eigene Person" einer fünfstufigen Skala von "stimmt nicht" bis zu "stimmt" eingeschätzt. Es wurde eine ungerade Zahl von Abstufungen gewählt, um den Probanden die Möglichkeit zu geben, die mögliche Irrelevanz einer bestimmten Erwartung für sich selbst zu kennzeichnen. Die Benennungen der Mittelkategorie lauten demgemäß bei den Antizipationen "unentschieden" und bei den Präferenzen "gleichgültig".

Da eine gemischte Darbietung von Antizipationen und Präferenzen sicher zu einer Überforderung mancher Probanden geführt hätte, wurden in der ersten Form des Erwartungsfragebogens zuerst alle Antizipationen und dann alle Präferenzen dargeboten. Zur Vermeidung von Konsistenzeffekten wurden die Items dabei innerhalb der beiden Bedingungen zufällig verteilt angeordnet.

8.1.3 Voruntersuchung und Revision des Erwartungsteils des Fragebogens

Eine itemanalytische Revision des Fragebogens konnte aus ökonomischen Gründen nicht durchgeführt werden, da die für einen Pretest notwendige Anzahl von Klienten und Beratern nicht zur Verfügung stand. Trotzdem sollte der Fragebogen in einem kleineren Rahmen auf seine praktische Tauglichkeit hin untersucht werden.

Dazu wurde der Erwartungsteil des Fragebogens (100 Antizipationen und 100 Präferenzen) 16 EB-Klienten und fünf nicht-Klienten (Eltern im Alter von 25-34) vorgelegt. Jede dieser Personen erhielt zusätzlich einen Meta-Fragebogen, der Fragen zur Bearbeitungsdauer, zur Verständlichkeit der Items und Bearbeitungsanweisungen und zu den Inhalten des Fragebogens enthielt (vgl. Anhang H).

Mit einigen dieser Personen wurden nach der Bearbeitung Interviews zu ihrer Einschätzung des Instruments geführt.

Insgesamt wurde der Fragebogen als eher verständlich eingeschätzt und es wurden verschiedene Anregungen zu den Schwerpunktsetzungen der Items gegeben. Der Fragebogen wurde jedoch als insgesamt eher zu umfangreich bezeichnet (die Bearbeitungsdauer lag im Mittel bei 37 Minuten).

Um Motivationsproblemen bei der Bearbeitung in der Hauptuntersuchung vorzubeugen, wurde damit eine Verkürzung des Fragebogens um etwa ein Viertel des Umfangs angestrebt. Dabei sollten jedoch die inhaltlichen Schwerpunkte weitgehend erhalten bleiben.

Vor dem Hintergrund der Rückmeldungen zu den einzelnen Items und nach Gesprächen mit mehreren Erziehungsberatern wurden Items nach folgenden Kriterien aus dem Fragebogen herausgenommen:

- Inhaltliche Überschneidungen von Items innerhalb einer Beschreibungskategorie (19 Items eliminiert)
- Inhaltliche Überschneidungen von Items zwischen Kategorien (4 Items eliminiert)
- Eher periphere Aspekte der Beschreibungskategorie (6 Items eliminiert)
- Items mit extremem Mittelwert und sehr geringer Varianz im Vortest (1 Item eliminiert)

Zusätzlich wurden fünf Items aufgrund von berichteten Verständnisproblemen umformuliert.

Nach diesen Veränderungen enthält die Endform des Erwartungsteils des Fragebogens insgesamt 70 Erwartungen, die bei Beratern und Klienten mit jeweils unterschiedlichen Bearbeitungshinweisen in der Antizipations- und Präferenzform vorgelegt werden (d.h. für Berater und Klienten jeweils 140 Items) (vgl. Anhang G und H).

8.2 Operationalisierung der Konstrukte "Beratungserfolg" und Beratungsabbruch"

Der Ausgang der Beratung soll hier in zwei getrennten Facetten betrachtet werden. Der erste, und sicher wichtigste Aspekt wird durch den Beratungserfolg beschrieben. Diesem Konstrukt soll auch in der Auswertung die größte Beachtung zukommen. Als zweite Facette des Ausgangs der Beratung soll der "frühzeitige Beratungsabbruch" einbezogen werden. Er hat insofern einen anderen Informationsgehalt als der Beratungserfolg, da mit ihm zwar eine Aussage darüber möglich ist, wie (bzw. ob) die Beratung abgeschlossen wurde, er jedoch keine sichere Auskunft darüber ermöglicht, wie erfolgreich die Beratung letztlich war (vgl. dazu die Diskussion um die "pseudorejectors" in Kap. 4). Trotz dieser letztlich ungeklärten Bedeutung des Beratungsabbruchs soll dieses Merkmal hier einbezogen werden, da es ein praxisrelevantes (weil meist unerwünschtes) Kriterium des Ausgangs der Beratung darstellt.

Zunächst soll jedoch der Begriff "Beratungserfolg" operationalisiert werden.

Bei der Auswahl einer geeigneten Erhebungmethode für das Konstrukt des Beratungserfolges muß zunächst zwischen den Möglichkeiten eines jeweils individuell zu erstellenden und eines für alle Klienten anwendbaren Verfahrens entschieden werden (vgl. Plessen 1985).

Bei den individuellen Verfahren (wie etwa dem "Goal Attainment Scaling") werden für jeden Klienten individuelle Beratungsziele definiert (von ihm selbst, dem Berater oder beiden) und es wird dann im Verlauf der Beratung überprüft, in welchem Ausmaß diese Ziele erreicht werden. Bei den allgemein anwendbaren Verfahren werden demgegenüber die Kriterien, nach denen eine Veränderung beurteilt wird, für eine mehr oder weniger große Gruppe von Klienten festgelegt.[1]

In der vorliegenden Untersuchung soll aus mehreren Gründen ein für alle Klienten anwendbares Instrument verwendet werden. Zum einen sind allgemeine Verfahren zwar effektiver für die Verlaufskontrolle, nicht aber für die Erhebung einer abschließenden Beurteilung des Beratungserfolges (Plessen 1982, S. 132). Zum anderen ist die Vergleichbarkeit von auf individuellen Zielen basierenden Veränderungswerten aus verschiedenen Gründen in Zweifel gezogen worden (vgl. Lambert et al. 1986, S. 193). Letztlich würde die Aufstellung individueller Ziele angesichts des ohnehin großen Frageaufwandes für die Klienten eine zusätzliche und wohl kaum zumutbare Mehrbelastung bedeuten.

---

[1]Andere allgemein anwendbare Verfahren, wie z.B. Persönlichkeitstests sollen hier von vornherein ausgeschlossen werden, da sie für die Abbildung therapiebedingter Veränderungen weniger geeignet sind (vgl. Plessen 1983, S.91)

Mit der Entscheidung für ein allgemein anwendbares Verfahren ist jedoch noch kaum etwas über Inhalt und Methode des Instruments ausgesagt. Wichtig ist in diesem Zusammenhang die empirisch recht gut gesicherte Erkenntnis, daß das Ergebnis einer Beratungserfolgsmessung immer auch sehr stark von der verwendeten Methode und der Quelle der Daten abhängt (vgl. Lambert 1983, Lambert et al. a.a.O.). Aus diesem Umstand folgern einige Autoren (z.B. Beutler & Crago 1983), daß eine Erfolgsmessung möglichst verschiedene Methoden, verschiedene Quellen und verschiedene Abstraktionsebenen des erhobenen Erfolgskriteriums umfassen sollte.

Um die Fülle der möglichen Vorgehensweisen bei der Erfolgsmessung zu ordnen und so eine Hilfe bei der Auswahl von angemessenen Erfolgsmaßen für konkrete Untersuchungssettings zu geben, schlagen Lambert et al. (1986) eine recht pragmatisch orientierte Kategorisierung der verschiedenen Methoden vor.

Sie benennen drei Dimensionen mit jeweils drei bis fünf Unterkategorien, auf denen sich verschiedene Outcome-Maße einordnen lassen:

1. Erhebungsinhalt
   - Intrapersonal (Affekt / Verhalten / Kognition)
   - Interpersonal (Beziehung zu signifikanten anderen)
   - Rollenbezogen (Rollenverhalten im weiteren sozialen Umfeld)

2. Erhebungsmethode
   - Bewertung (z.B. des Therapieerfolges)
   - Beschreibung (z.B. des Klientenverhaltens außerhalb der Therapie)
   - Beobachtung (z.B. des Klientenverhaltens in der Therapie)
   - Status-Quo-Erhebung (z.B. physiologische Kennwerte)

3. Datenquelle
   - Klienten-Selbstbericht
   - Trainierte Beobachter
   - Relevante Dritte
   - Therapeuteneinschätzung
   - Institutionelle Daten

Anhand dieser Kategorien kann die Erfüllung der Forderung nach einer Variation der Erhebungsmaße gut nachvollzogen werden. Bei der folgenden Konstruktion des hier verwendeten Maßes sollen intra- und interpersonelle Erhebungsinhalte einbezogen werden, die Erhebungsmethode soll sich auf eine Bewertung (der Beratung) und eine Beschreibung (der Klientenveränderungen) beziehen und soll als Datenquelle den Berater und den Klienten berücksichtigen.

Die anderen Möglichkeiten (v.a. die Beobachtung des Klienten und seiner Veränderungen und die Befragung Dritter) können v.a. aus ökonomischen Gründen nicht genutzt werden.

Nach dieser eher methodischen Entscheidung besteht jedoch weiterhin die Frage, wie der Beratungserfolg inhaltlich definiert werden soll.

Nicht nur von methodischer Seite, sondern auch aus konzeptueller Sicht ergibt sich die Notwendigkeit, den Beratungserfolg nicht nur eindimensional zu messen. In der Therapieerfolgsforschung hat sich die Ansicht immer mehr verbreitet, daß die alleinige Bestimmung des Beratungserfolges über die Veränderung des Eingangsproblems (bzw. Symptoms) zu kurz greift. Es sind sicher weitere Veränderungen bei dem Klienten (bzw. seinem sozialen Umfeld) als Vorbedingung für eine nicht nur kurzfristig erfolgreiche Beratung anzunehmen. Neben den bestimmbaren Veränderungen ist jedoch auch der subjektive Eindruck des Klienten von dem Ablauf der Beratung ein Element, das eine erfolgreiche Beratung konstituiert. Beide Elemente (Zufriedenheit und Veränderungen) repräsentieren isoliert betrachtet nur einen Teil des Konstrukts "Beratungserfolg".

Zu einem ähnlichen Schluß kommen Sakofski & Kämmerer (1986) in ihrer Evaluationsstudie zur EB, in der sie die Erfolgskriterien "Symptomveränderung, Verbesserung der familiären Beziehungen, Zufriedenheit und Zielerreichung" heranziehen.

Gemäß den oben formulierten methodischen Anforderungen sollen also im Rahmen dieser Untersuchung die Einschätzung der "Zufriedenheit" und die Beschreibung der "erreichten Veränderungen" Auskunft über den Beratungserfolg geben. Bei den Veränderungen sollen dabei inter- und intrapersonelle Aspekte berücksichtigt werden und es sollen dazu sowohl Berater als auch Klienten Stellung beziehen. Entscheidend für die Erhebung dieser beiden Aspekte ist dabei die enge Anlehnung an die Bedingungen der EBSt.

8.2.1 Erfragung der Zufriedenheit mit der Beratung

Die Frage nach den zu erhebenden Aspekten der Zufriedenheit ist gleichbedeutend mit der Frage nach den zentralen Beschreibungsmerkmalen der EBSt. Diese sind jedoch bereits in Kap. 8.1.1 differenziert dargelegt worden. Wenn diese Merkmale die für Klienten relevanten Aspekte der EB-Arbeit umfassen, dann können sie auch zur Grundlage der Erhebung der Zufriedenheit mit der Beratungserfahrung gemacht werden.

Um in der Erhebungsform nahe an den Erwartungsitems zu bleiben, wurden dazu zehn Aussagen entwickelt, die die o.g. elf Aspekte der EB enthalten (nur ein Item für den institutionellen Rahmen) und bei denen die Probanden auf einer fünfstufigen Skala zu der Frage Stellung beziehen sollen, wie zufrieden sie mit diesem Aspekt der Beratung sind. Um zusätzlich ein höheres Abstraktionsniveau der Zufriedenheit zu berücksichtigten, wurden zwei weitere, eher globale Statements zur Zufriedenheit angefügt (vgl. Anhang H).

Im einzelnen wurden die Beschreibungsaspekte der EB und die globale Zufriedenheit in folgende Items umgesetzt (jeweils unter der Frage "wie zufrieden sind sie" von "sehr unzufrieden" bis "sehr zufrieden" abgestuft zu beantworten):

- damit, was in den Beratungssitzungen konkret gemacht wurde (Aspekt Methoden)
- mit den Themen, die in der Beratung zur Sprache gekommen sind (Aspekt Inhalte)
- mit dem zeitlichen Ablauf der Beratung (Aspekt Verlauf)
- mit dem Verhältnis zwischen Ihnen und dem Berater (Aspekt Beziehung)
- mit den Zielen, die in der Beratung verfolgt wurden (Aspekt Ziele)
- mit den Veränderungen, die durch die Beratung erreicht worden sind (Aspekt Effizienz)
- mit den räumlichen und organisatorischen Gegebenheiten der Beratungsstelle (Aspekte Umstände und Rahmen)
- mit den beruflichen Fähigkeiten des Beraters (Aspekt fachliche Kompetenz)
- mit dem persönlichen Auftreten und Verhalten des Beraters (Aspekt Beraterpersönlichkeit)
- damit, wie sehr sich der Berater persönlich bemüht hat (Aspekt Engagement)

globale Zufriedenheit (fünfstufig von "nein" bis "ja" zu beantworten):

- Wenn ich noch einmal ähnliche Probleme bekäme, würde ich wieder zu dieser Beratungsstelle gehen
- Ich würde Freunden mit ähnlichen Problemen diese Beratungsstelle weiterempfehlen

Mit leichten sprachlichen Änderungen zur Anpassung der Perspektive wurden diese Items (mit Ausnahme der letzten beiden) auch in eine für den Berater zutreffende Form gebracht, so daß die Zufriedenheit mit der Beratung inhaltlich gleich bei Beratern und Klienten erfragt werden kann. In die Auswertung soll der Mittelwert dieser Einschätzungen (getrennt für Berater und Klienten) als "Zufriedenheit mit der Beratung" eingehen.

8.2.2 Erfragung der erreichten Veränderungen

Bei dem methodischen Vorgehen zur Messung von Veränderungen lassen sich zum einen Differenzwerte aus 2 Meßzeitpunkten (vor und nach der Beratung) heranziehen oder die Veränderungen am Ende der Beratung direkt erheben (therapieziel-orientierte Verfahren).

Beide Vorgehensweisen werfen besondere Probleme auf. Bei der Prae-Post-Messung ergeben sich v.a. Schwierigkeiten mit Regressionseffekten und der Reliabilität der Differenzwerte (vgl. Plessen 1982). Bei der direkten Veränderungsmessung besteht demgegenüber die Vermutung, daß weniger eine Veränderung als der Zustand zum Zeitpunkt der Befragung gemessen wird (vgl. Beutler & Crago a.a.O.).
An dieser Stelle soll dem Resümee von Plessen (a.a.O.) gefolgt werden, der für eine "globale Einschätzung der Wirkung einer Psychotherapie" unter Berücksichtigung

von Ökonomie und Präzision "ein allgemeingültiges therapiezielorientiertes Verfahren" als das "Meßinstrument der Wahl" bezeichnet (S. 130f.).

Nach dieser methodischen Entscheidung für die direkte Veränderungsmessung, muß nun die obige Forderung eingelöst werden, daß auf der inhaltlichen Ebene intra- wie interpersonelle Veränderungen und ihre aktionalen, emotionalen und kognitiven Aspekte berücksichtigt werden sollen.

Bei der Umsetzung dieser Forderungen ergibt sich die Schwierigkeit, mögliche Therapieziele für die von ihrer Problemlage her sehr heterogene EBSt-Klientel bestimmen zu müssen. Um zumindest für den Großteil der befragten Klienten relevant zu sein, müssen diese Ziele einen relativ hohen Abstraktionsgrad besitzen.

Als Ordnungsleitfaden zur Bestimmung solcher Ziele kann die Aufstellung "veränderungsrelevanter Bereiche" dienen, die Bommert & Plessen (1978, S. 83ff.) für den EB-Kontext erarbeiteten.

Sie beschreiben drei veränderungsrelevante Bereiche, die im Rahmen der Erziehungsberatung zu beachten sind. Die Berücksichtigung aller drei Bereiche bei der Zielsetzung und Interventionsplanung ist für sie ein Hauptbestandteil effektiver Beratungsarbeit. Auch wenn damit nicht die (zumindest zeitweise) Fokussierung auf einen der Bereiche ausgeschlossen wird, so soll doch in jedem Fall die wechselseitige Abhängigkeit von Lernprozessen in diesen drei Bereichen Berücksichtigung finden. Nach diesem Modell ließe sich ein in der Beratung erzielter Veränderungsprozeß als Lernen und damit Veränderung in den folgenden drei Bereichen beschreiben:

1. Veränderungsbereich Beziehung (v.a. kognitive Komponente)
   "fokussiert die Veränderungskomponenten, die ihren Schwerpunkt auf der Interaktionsebene haben: Wie Personen miteinander umgehen, wie Eltern auf Konflikte mit ihren Kindern reagieren und diese lösen, wie eigene Bedürfnisse artikuliert werden und wie mit ihnen verfahren wird u.ä.m." (S.83)

2. Veränderungsbereich Verhalten (v.a. aktionale Komponente)
   "zielt auf Möglichkeiten, spezifisches Problemverhalten eines einzelnen oder einer Gruppe von Klienten durch Aufbau- oder Abbautechniken des Verhaltens zu modifizieren." (S.83)

3. Veränderungsbereich Selbsterfahrung (v.a. emotionale Komponente)
   "meint die veränderungswirksamen Komponenten, die aus der Reflexion des oder der Klienten über das eigene Erleben und Verhalten und den damit einhergehenden Prozessen resultieren." (S.83)

Als Schwerpunkte der Veränderungsbereiche lassen sich damit benennen:
-   Gespräch und Konfliktregelung (Bereich Beziehung)
-   Verhaltensauf- und abbau (Bereich Verhalten)
-   Klärung der Wirkung auf andere und intrapersonelle Klärung von Einstellungen und Haltungen des Klienten (Bereich Selbsterfahrung)

Dieses Schema, das eigentlich als ein Ordnungsrahmen für Beratungselemente in der EB gedacht ist, erlaubt darüber hinaus auch eine übersichtliche und umfassende

Einordnung von Beratungszielen und der im Rahmen der Beratung erzielten Veränderungen.

Sicherlich werden bei "schulorthodoxem" beraterischem Vorgehen der eine oder andere Veränderungsbereich außer acht gelassen (dies will diese Kategorisierung ja gerade erschweren) und somit wird mancher Berater einige der daraus ableitbaren Ziele für seine Beratung nicht gelten lassen. Es ist jedoch davon auszugehen, daß sich eine überdauernde Veränderung auf allen drei Ebenen abspielen muß und somit langfristig auch in den Bereichen Umstrukturierungen stattfinden müssen, die nicht explizit Gegenstand der Beratung sind. Von daher erscheint die Berücksichtigung aller dieser Ziele für alle befragten Klienten sinnvoll.

Die drei Bereiche sollen im folgenden herangezogen werden, um für die EB-Klientel relevante Veränderungen auf einer abstrakten Ebene erfragen zu können.

Gemäß dem Konzept der direkten Veränderungsmessung wurden dazu Statements entwickelt, die eine Veränderung beschreiben. Die Probanden haben zu jedem dieser Statements die Möglichkeit zu beurteilen, ob eine solche Veränderung bei ihnen im Verlauf der Beratung aufgetreten ist und in welche Richtung diese Veränderung gegangen ist (wiederum auf einer fünfstufigen Antwortskala). Zu jedem der drei Veränderungsbereiche wurden zwei Items entwickelt, die sich an den o.g. Schwerpunkten dieser Bereiche orientieren. Dazu wurden, um auch hier eine weitere Abstraktionsebene in die Befragung einzuführen, zwei Items mit einer globalen Veränderungsbeschreibung hinzugefügt. Sprachlich wurde dabei darauf geachtet, daß in den beschriebenen Veränderungen solche üblicherweise als positiv und solche eher als negativ eingestufte Veränderungen enthalten sind.[1]

Die Items der Veränderungsbeschreibung haben folgenden Inhalt:

- Wir regeln Konflikte jetzt auf eine befriedigendere Art und Weise (Beziehung, Schwerpunkt Konfliktregelung)
- Wir können jetzt besser miteinander über unsere Gedanken und Gefühle sprechen (Beziehung, Schwerpunkt Gespräch)
- Ich habe jetzt weniger Möglichkeiten, mit schwierigen Situationen umzugehen (Verhalten, Schwerpunkt Verhaltensaufbau)
- Ich habe mir einige falsche oder unpassende Verhaltensweisen abgewöhnt (Verhalten, Schwerpunkt Verhaltensabbau)
- Ich bin mir jetzt mehr im Klaren darüber, was mir in unserer Familie wichtig ist (Selbsterfahrung, Schwerpunkt intrapersonelle Klärung)
- Ich kann jetzt schlechter einschätzen, wie mein Auftreten und Handeln auf die anderen Familienmitglieder wirkt (Selbsterfahrung, Schwerpunkt Klärung der Wirkung auf andere)
- Wir kommen mit dem zu Beginn der Beratung bestehenden Problem jetzt besser zurecht (globale Veränderungseinschätzung)
- Wir kommen in unserer Familie jetzt insgesamt schlechter miteinander aus (globale Veränderungseinschätzung)

---

[1] Die negativ formulierten Items werden bei der Berechnung des Gesamtscores der Veränderung mit (-1) multipliziert.

Auch diese Items wurden zusätzlich sprachlich so umformuliert, daß die Berater mit ihnen die Veränderungen ihrer Klienten einschätzen können.

Für Berater und Klienten wurden die Items mit einer erläuternden Arbeitsanweisung (mit Beispiel) versehen und in zufälliger Reihenfolge im Fragebogen dargeboten (vgl. Anhang H). Wie bei der Zufriedenheit soll auch hier der Mittelwert der einzelnen Itemwerte (getrennt für Berater und Klienten) als Maß der "erreichten Veränderungen" in die Auswertung eingehen.

Damit stehen für die Betrachtung des Beratungserfolges letztlich vier Kriterien zur Verfügung:

1. Zufriedenheit des Klienten mit der Beratung
2. Zufriedenheit des Beraters mit der Beratung
3. Klienteneinschätzung der von ihm erreichten Problemveränderungen
4. Beratereinschätzung der vom Klienten erreichten Problemveränderungen

Da, wie zu Beginn von Kap. 8.2 berichtet, die gemessene Höhe des Beratungserfolges oft sehr stark von der Operationalisierung des Beratungserfolges abhängt, sollen diese Kriterien getrennt betrachtet werden und nicht (etwa im Sinne eines Mittelwerts) untereinander verrechnet werden.

8.2.3 Erhebung des Beratungsabbruchs

Ein weiterer Aspekt des Ausgangs der Beratung, der in den Untersuchungsfragen angesprochen wird, ist der frühzeitige Beratungsabbruch. Es wird hier davon ausgegangen, daß die erste Orientierung über die Beratung bei dem Klienten etwa innerhalb der ersten drei Sitzungen stattfinden wird. Da weiter oben angenommen wurde, daß sich ein Beratungsabbruch aufgrund von Erwartungsdiskrepanzen v.a. in der anfänglichen Orientierungsphase der Beratung ereigenen wird, sollen Abbrüche, die in dieser Zeitspanne auftreten, als "frühzeitiger Beratungsabbruch" definiert werden. Für den Kontext der Untersuchung wird demnach ein frühzeitiger Beratungsabbruch definiert als das "Fortbleiben des Klienten innerhalb der ersten drei Sitzungen, ohne daß dieses mit dem Berater vereinbart worden wäre". Das Vorliegen eines solchen Abbruchs wird auf dem zum Untersuchungmaterial gehörenden "Kontrollbogen" vom Berater vermerkt.

8.2.4 Die Güte der Erhebungsverfahren des Beratungserfolges

Eine Überprüfung und Verbesserung der Güte der Erhebungsinstrumente zur Zufriedenheit und zur erreichten Veränderung etwa mit Hilfe eines itemanalytischen Vorgehens und einer externen (kriterienbezogenen) Validierung konnte im Vorfeld der Hauptuntersuchung aus ökonomischen Gründen nicht geleistet werden. Für dieses Verfahren wären zu viele Probanden notwendig gewesen, die für die Hauptuntersuchung nicht mehr zu Verfügung gestanden hätten.

Trotzdem lassen sich einige Aussagen zur Güte dieser Verfahren machen.

Für die Erhebung beider Konstrukte sollte durch die Art der Itemkonstruktion zumindest ein hohes Ausmaß von logischer Validität gesichert werden. Dazu wurde zum einen sowohl die Zufriedenheit mit der Beratung als auch die erreichte Veränderung inhaltlich möglichst eng mit der EB-Praxis bzw. mit den gängigen Problemlagen der EB-Klientel verbunden. Zum anderen werden im Sinne einer rationalen Fragebogenkonstruktion die Zufriedenheit und die Veränderungen direkt (d.h. unter wörtlicher Nennung der Konstrukte) erfragt.

Unter logischen Gesichtspunkten wurde durch diese Maßnahmen eine hohe Wahrscheinlichkeit erreicht, daß die Items die angestrebten Konstrukte auch tatsächlich messen können. Ob dies in der Praxis jedoch tatsächlich der Fall ist, muß (wie bei den meisten Befragungen) als Unsicherheitsfaktor letztendlich offen bleiben.

Zumindest eine der zentralen Voraussetzungen der Validität kann jedoch näher beziffert werden, da die Reliabilität der vier Einschätzungsskalen (Zufriedenheit und Veränderungseinschätzung von Beratern und Klienten) zwar nicht im Vorfeld, aber im Verlauf der Hauptuntersuchung überprüft wurde. Da sowohl die Veränderungen als auch die Zufriedenheit eher aktuelle als überdauernde Merkmale darstellen, ist die interne Konsistenz als Kennwert der Reliabilität heranzuziehen (vgl. Lienert 1969, S. 214). Mit diesem Koeffizienten wird eine Aussage über die Meßgenauigkeit der Skalen, nicht aber über die Testpraxis geleistet. Als Maß der internen Konsistenz wurden für die vier o.g. Skalen jeweils Cronbach's α-Koeffizienten berechnet (vgl. Tab. 3).

Skala	α
Klienten-Zufriedenheit	.91
Berater-Zufriedenheit	.84
Klienten-Veränderungseinschätzung	.69
Berater-Veränderungseinschätzung	.81

Tab. 3: Cronbach's α-Koeffizienten für die vier Einschätzungsskalen des Beratungserfolgs

Die Koeffizienten weisen insgesamt auf eine akzeptable interne Konsistenz der vier Skalen hin. Zwar fällt der Wert der Veränderungseinschätzung der Klienten gegenüber den Werten der anderen Skalen deutlich ab (und scheint von daher auf eine höhere Heterogenität der Items dieser Skala hinzuweisen), doch liegt auch dieser Wert noch am Grenzwert von .70, der als ausreichend für die Beurteilung individueller Differenzen angesehen wird (Lienert a.a.O. S. 309). Insgesamt scheint also unter Reliabilitätsgesichtspunkten die Verwendung aller vier Erfolgseinschätzungen im Rahmen der folgenden Auswertung gerechtfertigt.

8.3 Weitere Variablen der Erhebung

In den Untersuchungsfragen sind eine Reihe weiterer Variablen angeführt, die im Rahmen dieser Untersuchung erhoben werden sollen:

1. Soziodemographische, zugangs-, informations- und problembezogene Merkmale des Klienten

2. Soziodemographische und berufsbezogene Merkmale des Beraters

3. Merkmale der durchgeführten Beratung

4. Einschätzung der Klienten verschiedener Zugangswege durch den Berater

Diese Variablen, die alle ebenfalls schriftlich erhoben werden, werden im folgenden kurz geschildert.

ad 1.
Zu Beginn der Beratung sollen die Klienten neben verschiedenen soziodemographischen (Alter, Beruf, Geschlecht etc.) und problembezogenen Merkmalen (Beratungsanlaß, Problembelastung) auch zu ihren genutzten und erwarteten Informationsquellen und ihrem Zugangsweg zur EBSt befragt werden (vgl. Anhang H).

ad 2.
Alle teilnehmenden Berater werden vor der Erhebung ihrer Erwartungen mit einigen Items zu soziodemographischen (Alter, Geschlecht etc.) und berufsbezogenen (Ausbildung, Erfahrung) Merkmalen befragt (vgl. Anhang H).

ad 3.

Am Ende der Beratung werden die Berater gleichzeitig mit ihrer Einschätzung des Beratungserfolges zu einigen Merkmalen der Beratung befragt (Beratungsdauer, Beratungssetting etc.) (vgl. Anhang H).

ad 4.

In Untersuchungsfrage 1.4 wird nach unterschiedlichen Erwartungen von Beratern gegenüber Klienten verschiedener Zugangswege gefragt. Um zu dieser Frage Informationen zu bekommen, werden die Berater nach ihrer Einschätzung von Informationsgrad, Motivation und Veränderungswunsch der Klienten der gängigen Zugangswege (z.B. Arzt, Schule usw.) befragt. Dabei können sie die Klienten der verschiedenen Zugangswege jeweils auf einer fünfstufigen Skala (von "hoch" bis "gering") einstufen (vgl. Anhang H).

9. Zusammenstellung der Fragebögen und Ablauf der Untersuchung

Aufgrund der Tatsache, daß auch die *Veränderungen* der Klientenerwartungen erhoben werden sollen, ist eine Mehrfachmessung der Klientenerwartungen notwendig. Sie sollen vor dem Erstgespräch (nach der Anmeldung), nach der Anfangsphase der Beratung (nach der 3. Sitzung) und direkt nach dem Abschluß der Beratung erhoben werden. In den Ausnahmefällen, in denen die Beratung nach acht Monaten noch nicht abgeschlossen ist, soll die Schlußbefragung zu diesem Zeitpunkt stattfinden.

Die Erwartungen der Berater sollen nur einmal erhoben werden, da bei dem Abstraktionsgrad der angesprochenen Praxiselemente eine Veränderung der Arbeitsweise des Beraters oder seiner beraterischen Idealvorstellungen nicht im Rahmen einer Beratung zu erwarten sind, sondern einen länger andauernden Prozeß darstellen werden.

Die o.g. Variablen wurden für die Erhebung in den folgenden Fragebögen zusammengestellt (vgl. Anhang H):

1. "Erwartungsfragebogen für Besucher von EBStn":

Nr.1: Soziodemographische, informations-, zugangs- u. problembezogene Merkmale des Klienten, Klientenerwartungen

Nr.2: Klientenerwartungen

Nr.3: Klientenerwartungen, Klienteneinschätzung des Beratungserfolges

118

2. "Erwartungsfragebogen für Berater an EBStn":

Beratererwartungen, soziodemographische u. berufsbezogene Beratermerkmale,
Einschätzung der Klienten verschiedener Zugangswege

3. "Therapiebewertungsbogen für Berater":

Merkmale der durchgeführten Beratung, Beratereinschätzung des
Beratungserfolges

Für jedes Berater-Klient-Paar ergibt sich damit folgender Erhebungsablauf:

	Bearbeitungszeitpunkt		
	vor d. Erstgespräch	nach der 3. Sitzung	nach Ende
Kl.	Erwartungs- fragebogen Nr.1	Erwartungs- fragebogen Nr. 2	Erwartungs- fragebogen Nr.3
Th.	Erwartungs- fragebogen für Berater		Therapie- bewertungsbogen für Berater

Jeder teilnehmende Berater konnte dabei mehrere seiner Klienten in die Befragung
einbeziehen, mußte dabei jedoch, wie oben dargestellt, den Erwartungsfragebogen
nur einmal bearbeiten.

Die Werbung bei den Klienten um Mitarbeit sollte die Anonymität und Freiwilligkeit
der Teilnahme sicherstellen.

Neu angemeldete Klienten sollten entweder telefonisch (vom Sekretariat der EBSt)
oder schriftlich (dazu lag eine schriftliche Erläuterung der Untersuchung vor)
einige Tage vor dem Erstgespräch nach ihrer Bereitschaft zur Teilnahme an der
Beratung befragt werden. Dem Anschreiben lag ein Exemplar des Klientenbogens
Nr.1 bei, das die Klienten ausgefüllt mit zum Erstgespräch bringen konnten (in
beiliegendem verschlossenem Umschlag). Bei Teilnahmebereitschaft nach der
telefonischen Befragung konnte der erste Klientenbogen an die Klienten verschickt
werden, oder es konnte vereinbart werden, daß die Klienten ihn in der EBSt vor
ihrem Erstgespräch bearbeiten.

Um die Anonymität der Erhebung zu gewährleisten, wurde jeder Teilnehmer
aufgefordert, alle von ihm bearbeiteten Bögen mit einer persönlichen Kennziffer zu
kennzeichnen und ihn jeweils im Sekretariat der EBSt abzugeben. Den Sekretariaten
(die die Koordination der Erhebung innerhalb der EBSt übernehmen sollten) lag
jeweils ein "Kontrollbogen" zur Aufzeichnung dieser Kennziffern und den
abgegebenen Bögen vor. Damit sollte sichergestellt werden, daß Klienten und Berater
keine Einsicht in die Erhebungsbögen des jeweils anderen bekommen.

IV. Ergebnisse der Untersuchung

10. Untersuchungspopulation und Merkmale der durchgeführten Beratungen

10.1 Die Klientenstichprobe

An der Befragung, die zwischen September 1989 und August 1990 durchgeführt wurde, nahmen insgesamt n=111 Klienten aus 14 EBStn im Münsterland, Ruhrgebiet und Rheinland teil. Die Befragten sind zwischen 16 und 49 Jahre alt (AM 33,9) und zum Großteil Frauen (vgl. Tab. 4).

Geschlecht		Alter				Familienstand					
weibl.	männl.	< 20	21-30	31-40	> 40	verh.	getrennt	gesch.	ledig	verwitwet	o.Angabe
87,2	12,8	3,7	26,6	55,0	14,4	66,7	14,1	9,0	8,1	0,9	0,9

Tab. 4: Alters-, Geschlechter- und Familienstandverteilung der Untersuchungs-stichprobe (in %)

Die Angaben zum Familienstand zeigen zwar mit einem Anteil von 2/3 an der Gesamtstichprobe eine Mehrzahl von Verheirateten, allerdings einen doch recht hohen Anteil (32,1%) von allein oder getrennt lebenden Ratsuchenden.

Die überwiegende Mehrzahl der Ratsuchenden hat Kinder (93,7%), die Kinderzahl liegt dabei im Mittel bei zwei (AM 2,2). 28 Klienten (25,2%) bezeichnen sich als alleinerziehend, 75 Klienten (67,6%) erziehen ihre Kinder zusammen mit einem Partner. Die restlichen 8 Klienten (7,2%) der Stichprobe machen keine Angabe (7 von ihnen haben keine Kinder).

Die Angaben zum Schulabschluß der Ratsuchenden (vg. Tab. 5) zeigen einen deutlichen Schwerpunkt bei einer mittleren Schulausbildung. Nur wenige Klienten liegen unterhalb (4,5%) oder oberhalb (11,7%) einer zehnjährigen Schulausbildung als Grundlage der weiteren Berufsausbildung.

Schulabschluß	n	%
vor d. letzten Hauptschulkl.	5	4,5
Hauptschulabschluß	39	35,1
Mittlere Reife	23	20,7
Berufs- / Fachschulabschluß	27	24,3
Abitur / Fachabitur	6	5,4
Abitur mit Studium	7	6,3
ohne Angabe	4	3,6

Tab. 5: Verteilung des höchsten Schulabschlusses in der Stichprobe

Bei dem ausgeübten Beruf des Ratsuchenden (bzw. seines berufstätigen Partners) (vgl. Tab. 6) zeigt sich demgegenüber ein Schwerpunkt bei Arbeitern und einfachen Angestellten.

Beruf	n	%	Tätigkeit	n	%
Arbeiter	17	15,3	Hausfrau/-mann	57	51,4
Facharb., Geselle,			berufstätig	40	36,0
einfacher Angest./Beamter	31	27,9	arbeitslos	4	3,6
Meister, Selbständ. mit kl.			in Ausbildung	3	2,7
Betrieb, mittl. Angest./Beamter	24	21,6	sonst., o. Angabe	7	6,3
Freiberufl., Selbständ. mit gr.					
Betrieb, leit. Angest./Beamter	17	15,3			
sonstige, ohne Angabe	22	19,8			

Tab. 6: Gegenwärtige Tätigkeit und ausgeübter Beruf des Ratsuchenden (bzw. seines berufstätigen Partners)

Auffällig ist v.a. der erklärungsbedürftig hohe Anteil von Klienten, die sich unter der Kategorie "sonstige" einreihen. Bei der gegenwärtigen Tätigkeit zeigt sich ein hoher Prozentsatz von Hausfrauen (Hausmänner sind hier nicht vertreten), jedoch auch ein Berufstätigen-Anteil von über einem Drittel. Die restlichen Kategorien sind hier nur schwach belegt.

Entsprechend der geographischen Verhältnisse innerhalb des Befragungsgebietes zeigt sich ein Schwerpunkt der Herkunft der Klienten aus Städten mittlerer Größe (45%). Ein etwa gleichgroßer Teil der Ratsuchenden entstammt einem kleinstädtischen oder dörflichen Umfeld (vgl. Tab. 7).

Wohnort			n	%	Konfession	n	%
Großstadt	(über 100.000	Einw.)	7	6,3	katholisch	75	67,6
Mittlere Stadt	(10.000-100.000	Einw.)	50	45,0	evangelisch	28	25,2
Kleinstadt	(unter 10.000	Einw.)	22	19,8	andere Konf.	1	0,9
Dorf	(unter 5.000	Einw.)	29	26,1	ohne Konf.	6	5,4
o. Angabe			3	2,7	o. Angabe	1	0,9

Tab. 7: Wohnortgröße und Konfession des Ratsuchenden

Bei der Konfession der Klienten zeigt sich ein deutliches Übergewicht von Katholiken (2/3) gegenüber Protestanten (1/4). Allerdings finden offensichtlich auch einige konfessionslose Ratsuchende (5,4%) den Weg zu den EBStn in Trägerschaft der Caritas (vgl. Tab. 7).

Bei der Frage nach dem Vorstellungsgrund geben 93 Klienten (83,8%) an, daß Probleme mit einem Kind der Hauptgrund ihrer Anmeldung seien. Von diesen Kindern ist knapp ein Drittel (n=28, 30,1%) weiblich und 69,9% (n=65) männlich. Ihr Alter liegt zwischen 2 und 19 Jahren (AM 8,3; Median 8, vgl. Tab. 8).

Alter des vorgestellten Kindes	n	%
2 - 5;11 Jahre	20	21,5
6 - 10;11 Jahre	46	49,5
11 - 15;11 Jahre	25	26,9
16 - 19 Jahre	2	2,1

Tab. 8: Altersverteilung der vorgestellten Kinder (n=93)

Bei der Betrachtung der Altersverteilung wird ein Schwerpunkt bei Kindern im Grundschulalter deutlich. Vorschulkinder und ältere schulpflichtige Kindern sind mit etwa einem Viertel der Stichprobe vertreten; Jugendliche ab 16 Jahren werden kaum genannt. Die Altersverteilung zeigt zwei Gipfel: den ersten bei Fünf- bis Siebenjährigen mit 11,8 bzw. 12,9% an der Gesamtstichprobe, den zweiten bei Elfjährigen mit einem Anteil von 11,8%. Diese Gipfel korrespondieren in etwa mit dem Beginn der Grundschulzeit und dem Eintritt in eine weiterführende Schule.

Die Betrachtung der angegebenen Beratungsanlässe (s. Tab. 9) zeigt ein deutliches Übergewicht von Problemen mit Kindern (Summe der ersten 3 Kategorien aus Tab. 9: 59,5%).

Beratungsanlaß	%	Problembelastung	n	%
Schulleistungsprobl. des Kindes	15,5	sehr stark belastend	29	26,6
Verhaltensauffäll. des Kindes	32,5	ziemlich stark belastend	60	55,0
Körperliche Probleme des Kindes	11,5	weniger stark belastend	18	16,5
Eigene körperliche Probleme	7,0	kaum belastend	1	0,9
Eigene psych. Probleme	11,0	nicht belastend	1	0,9
Psych. Probleme des Partners	3,5	o. Angabe	2	1,8
Partnerschaftsprobleme	8,0			
Familienprobleme	2,5			
Info/Auskunft/Begutachtung	7,0			
Finanzielle/rechtliche Auskunft	1,5			

Tab. 9: Beratungsanlässe (Angaben in % bezogen auf n=200 Gesamtnennungen) und Belastung durch die angegebenen Probleme

Während eigene Schwierigkeiten des Befragten (18,5%) ebenfalls noch einen erheblichen Teil der Eingangsprobleme ausmachen, sind andere Anlässe jeweils nur zu einem relativ geringen Anteil vertreten. V.a. der Prozentsatz von Klienten, die lediglich Auskünfte und Informationen suchen, ist mit 8,5% recht gering.

Insgesamt nennen 50% der Klienten mehr als einen Anmeldungsgrund, 10% mehr als zwei und noch 8% mehr als drei Anmeldungsgründe.

Die angegebenen Anlässe wurden zusätzlich auf Zusammenhänge mit anderen demographischen Variablen untersucht. Dabei zeigt sich, daß Frauen sehr viel häufiger als Männer (CHI^2=5.57, df=1, p < .05) mit Kinderproblemen zur Beratung kommen. Zusätzlich sind bei den Klienten mit Kinderproblemen Verheiratete (CHI^2=10.69, df=1, p < .01) überrepräsentiert und Alleinerziehende unterrepräsentiert (CHI^2= 4.42, df=1, p < .05).

Die genannten Probleme werden von den meisten Klienten als stark belastend empfunden (81,6%, vgl. Tab. 9). Lediglich zwei Ratsuchende (1,8%) empfinden sie als "kaum" oder "nicht" belastend.

Bei der Frage nach vorherigen Beratungserfahrungen zeigt sich, daß für 55,9% der Klienten (n=62) die jetzige Beratung die erste Inanspruchnahme psycho-therapeutischer oder beraterischer Hilfe darstellt. 43,2% der Klienten (n=48) geben an, daß sie oder ein Mitglied ihrer Familie vor der jetzigen Beratung schon einmal Kontakt zu einer Beratungsstelle hatten. (1 Klient (0,9%) ohne Angabe)

Von den Klienten mit Beratungserfahrung hatten 64,6% (n=31) vorher schon eine andere Beratungsstelle in Anspruch genommen, 25,0% (n=12) waren zuvor bei zwei anderen Stellen gewesen und weitere 10,5% (n=5) der Klienten hatten vorher bereits zu drei bis sechs anderen Stellen Kontakt (AM der Kontakte bei 1,5 Stellen). Dabei meldet sich knapp die Hälfte dieser Klienten mit Beratungserfahrung erneut bei der jetzigen EBSt an (n=22, 45,8%), die andere Hälfte (n=26, 54,2%) hat noch keine Erfahrung mit der jetzigen Stelle.

10.2 Die Beraterstichprobe

Insgesamt 40 Berater aus den o.g. EBStn nahmen an der Untersuchung teil. Ihr Alter liegt zwischen 28 und 50 Jahren (AM 37,7; Median 37). Die Geschlechter sind in etwa gleichverteilt (19 Frauen und 21 Männer (d.h. 47,5 bzw. 52,5%).

28 Berater (70%) sind verheiratet, 9 (22,5%) sind ledig. Jeweils ein Berater (2,5%) lebt getrennt, ist geschieden oder macht keine Angabe.

Etwa zwei Drittel der Berater sind Diplom-Psychologen (n=28, 70%), einer von ihnen ist zusätzlich Diplom-Pädagoge. Die übrigen befragten Berater sind Diplom-Sozialpädagogen/Sozialarbeiter (30%).

Die Berufserfahrung der beteiligten Berater liegt zwischen 1 und 23 Jahren (AM 10,0; Median 9 Jahre).

10.3 Angaben zum Beratungsverlauf

Die Dauer der im Rahmen der Erhebung begleiteten Beratungen (n=92) variierte zwischen einer Sitzung und 12 Monaten (AM 3,5 Monate). In dieser Zeit hatten die Klienten von einem bis zu 41 Terminen (AM 7 Termine).

Die Angaben zum jeweils zugrundeliegenden (personalen) Beratungssetting zeigen (vgl. Tab. 10), daß bei knapp einem Drittel der Beratungen eine Einzelberatung mit einer Frau (bzw. Mutter) durchgeführt wurde.

Relativ häufig (jeweils in 19,5% der Beratungen) wurde ein Familiensetting oder die

Beratungssetting (n=92)	%
Mutter (Frau) allein	30,4
Familiensetting	19,6
Eltern allein u. Kind allein	19,6
verschiedene Zusammensetzungen	13,0
Kind allein	7,6
Vater (Mann) allein	4,3
Eltern (Paar) zusammen	3,3
Mann allein und Frau allein	1,1
Eltern-Kind u. ein Partner allein	1,1

Tab. 10: Verteilung des Beratungssettings

getrennte Arbeit mit Eltern und Kindern gewählt. Auffällig (v.a. angesichts der Verteilung der Beratungsanlässe) ist v.a. der geringe Anteil an alleiniger Arbeit mit Kindern (7,6%).

Bei 69,6% der Klienten (n gesamt=92) wurde die dritte Befragung nach Abschluß der Beratung durchgeführt, bei 30,4% dauerte die Beratung noch an. 18,3% (n=17) der Befragten brachen die Beratung vorzeitig ab (s. Def. Kap. 8.2.3). Das bedeutet, daß es sich bei 27% der nach dem Befragungszeitraum beendeten Beratungen um Beratungsabbrüche handelt.

10.4 Angaben zum Beratungserfolg

Wie in Kap. III. erläutert, sollten Berater und Klienten nach Abschluß der Beratung diese hinsichtlich der erreichten Veränderungen und ihrer Zufriedenheit einschätzen. Obwohl die Evaluation von Erziehungsberatung kein zentrales Anliegen der vorliegenden Untersuchung darstellt, sollen die Ergebnisse zu den Erfolgseinschätzungen hier ausführlich behandelt werden.

Zum einen interessieren die Einschätzungen an dieser Stelle zur Beurteilung der Frage, ob es sich bei den untersuchten Beratungen auch unter dem Erfolgsaspekt um eher "typische" Beispiele von Erziehungsberatung handelt. Zum anderen sollen die Erfolgseinschätzungen näher beleuchtet werden, um die für die weitere Auswertung wichtige, in Kap. 8.2 geäußerte Annahme zu überprüfen, daß sich die Einschätzungen von Klienten und Beratern erheblich unterscheiden und voneinander eher unabhängig sind. Damit soll die dort gefällte methodische Entscheidung, den Beratungserfolg getrennt nach verschiedenen Kriterien zu betrachten, noch einmal auf ihre Richtigkeit hin überprüft werden.

Die Ergebnisse der Erfolgseinschätzungen von Beratern und Klienten sind in Tab. 11 wiedergegeben.

	Klienten		Berater		Korr.	t-Wert
	M	S	M	S	Kl.-Th.	Kl.-Th.

ZUFRIEDENHEIT mit:

	M	S	M	S	Korr. Kl.-Th.	t-Wert Kl.-Th.
Beratungsthemen	1.44	0.74	0.89	0.90	.38 *	4.40 ***
Beraterverhalten	1.78	0.57	1.02	0.78	.22	6.59 ***
Zeitl. Beratungsablauf	1.42	0.83	0.75	1.14	.13	3.78 ***
Ablauf der Sitzungen	1.36	0.75	0.71	0.81	.06	4.51 ***
Erreichten Veränderungen	0.65	1.02	0.45	1.03	.13	1.10
Berufl. Fähigk. d. Beraters	1.53	0.72	0.67	0.84	-.14	5.38 ***
Zielen der Beratung	1.38	0.81	0.84	0.88	.33 *	4.14 ***
Klient-Berater-Verhältnis	1.69	0.51	1.05	0.87	.08	4.87 ***
Beratungserfahrung insgesamt	1.35	0.87	0.69	0.92	.18	4.25 ***
Persönl. Engag. d. Beraters	1.71	0.50	0.95	0.71	-.01	6.28 ***
Räuml.-organisat. Bedingungen	1.40	0.78	0.95	0.93	-.12	2.62 *
Würde wieder zur EBSt gehen	1.61	0.85				
Würde EBSt weiterempfehlen	1.86	0.40				

VERÄNDERUNGEN hinsichtlich:

	M	S	M	S	Korr. Kl.-Th.	t-Wert Kl.-Th.
Besserung des Eingangsprobl.	0.79	0.98	1.02	0.54	.23	-1.66
Verschlecht. der Selbsteinsch.	-0.56	0.95	-0.94	0.72	.20	2.61 *
Besserung der Konfliktregelung	0.62	1.01	0.56	0.64	-.14	0.33
Eigene Ziele deutlicher	0.82	0.98	0.92	0.70	.19	-0.65
Schlechterer Umgang in d. Fam.	-0.92	1.15	-0.94	0.79	.37 **	0.12
Besserung der Kommunikation	0.39	1.04	0.55	0.67	.17	-0.98
Weniger Verhaltensmögl.	-0.46	1.20	-0.83	0.79	.02	1.86
Abbau dysfunktionalen Verh.	0.56	1.02	0.62	0.66	.00	-0.34
Zufriedenheit (Mittel 1-13)	1.48	0.51	0.81	0.57	.14	7.18 ***
Veränderung (Mittel 1- 8)	0.63	0.59	0.80	0.44	.36 **	-2.05 *

Tab. 11: Mittelwerte (M) und Standardabweichungen (S) der Beratungserfolgseinschätzungen von Klienten und Beratern, sowie deren Korrelationen und
Mittelwertsunterschiede (* p < .05, ** p < .01, *** p < .001, zweiseitig)

In den Spalten "Klienten" und "Berater" werden hier jeweils Mittelwerte und
Standardabweichungen der jeweiligen Einschätzungen wiedergegeben. Da es hier
v.a. um einen Vergleich der beiden Einschätzungen innerhalb tatsächlicher Berater-
Klient-Paare geht, wurden die Werte solcher Probanden ausgeschlossen, bei denen
nur die Einschätzung einer Person vorliegt. Insgesamt gehen somit die Erfolgs-
einschätzungen von n=50-56 (je nach Item) Berater-Klient-Paaren in die Tabelle ein.
Aus diesem Grund ist die absolute Höhe der hier angegebenen Mittelwerte nicht auf
alle Klienten oder Berater der Stichprobe zu beziehen, da es sich bei den bis zum
Ende der Befragung verbliebenen Berater-Klient-Paaren nicht um eine für alle Paare
repräsentative Gruppe handelt (so gehen z.B. die Erfolgseinschätzungen von
Abbrechern nicht in die unten angegebenen Werte ein, da sie in der Regel keine
Einschätzung vornahmen). Vergleicht man die hier angegebenen Mittelwerte der
Zufriedenheit und der Veränderungseinschätzungen der Berater mit den Werten auf
der Basis aller ihrer Erfolgseinschätzungen dann zeigt sich, daß letztere Werte um

einiges niedriger liegen[1]. Von daher ist zu vermuten, daß die im folgenden aufgeführten Einschätzungen auf den eher erfolgreichen Beratungen basieren. Davon bleibt jedoch die hier v.a. interessierende *Relation* der Berater und Klienteneinschätzungen unberührt.

Die dritte Spalte gibt Korrelationskoeffizienten der beiden Einschätzungen wieder, die vierte das Ergebnis eines t-Tests (abhängige Stichproben) auf Mittelwertunterschiede in den beiden Einschätzungen (jeweils zweiseitige Signifikanzprüfung).

Die Werte zeigen, daß die Klienten durchweg sehr zufrieden mit der Beratung sind. Dabei werden die höchsten Werte bei den Fragen nach dem Beraterverhalten, seinem Engagement und der Berater-Klient-Beziehung erreicht. Auffällig ist allein der Wert für die Zufriedenheit mit den erreichten Veränderungen, der zwar im Mittel ebenfalls positiv ausfällt, jedoch niedriger als die anderen Werte liegt. Ebenfalls positiv, aber auf einem deutlich niedrigeren Niveau werden die erreichten Veränderungen eingeschätzt. Eindeutige Trends hinsichtlich unterschiedlicher Beurteilungen in den verschiedenen Veränderungsbereichen zeigen sich insgesamt nicht.

Die mittleren Zufriedenheitseinschätzungen der Berater liegen ebenfalls durchgehend im positiven Bereich, wobei wie bei den Klienten die auf den Berater bezogenen Merkmale am positivsten und die erreichten Veränderungen am schlechtesten beurteilt werden. Anders als bei den Klienten liegen die Veränderungseinschätzungen der Berater gleichauf mit ihrer Zufriedenheit (Mittelwerte von 0.80 vs. 0.81). Wie bei den Klienten äußern auch sie im Mittel weder Unzufriedenheit noch eine Verschlechterung in den Veränderungsbereichen.

Die Einschätzungen von Klienten und Beratern zeigen einen insgesamt nur geringen Zusammenhang (vgl. 3. Spalte in Tab. 11). Nur bei zwei Zufriedenheitskriterien und einem Veränderungsbereich zeigen sich überzufällige ($p < .05$) Korrelationen, die jedoch numerisch schwach bleiben. Ein Vergleich des Niveaus der Beurteilungen der Beteiligten (vgl. 4. Spalte in Tab. 11) zeigt ein unterschiedliches Bild für die beiden Erfolgskriterien. Während die Klienten fast durchweg (mit Ausnahme von Item 5) eine deutlich höhere Zufriedenheit als die Berater äußern, zeigen sich bei den Veränderungseinschätzungen fast keine (mit Ausnahme von Item 2) signifikanten Mittelwertunterschiede. Allerdings liegen die einzelnen Veränderungseinschätzungen der Berater meist über denen der Klienten, so daß sich bei dem Mittelwert aller Veränderungs-Items letztlich doch eine signifikant ($p < .05$) positivere Beurteilung der Berater zeigt.

Der auffällig geringe Zusammenhang zwischen den Angaben der Beteiligten wird

---

[1]Zufriedenheit: AM hier = 0.81 vs. AM für alle Einschätzungen = 0.70
Veränderung: AM hier = 0.80 vs. AM für alle Einschätzungen = 0.65

noch einmal bei der Betrachtung der Korrelationen der mittleren Zufriedenheits- und Veränderungseinschätzungen von Beratern und Klienten deutlich (vgl. Tab. 12).

Korr. d. Einschätzungen	Zuf (Kl.)	Ver (Kl.)	Zuf (Th.)
Ver (Kl.)	.34*		
Zuf (Th.)	.14	.05	
Ver (Th.)	.04	.36*	.65***

Tab. 12: Produkt-Moment-Korrelationen der mittleren Veränderungs- und Zufriedenheitseinschätzungen von Beratern und Klienten (* p < .05, ** p < .01, *** p < .001, zweiseitig)

Die Werte zeigen, daß die beiden Einschätzungen innerhalb der beiden Gruppen zwar jeweils positiv signifikant miteinander korrelieren, der Zusammenhang bei den Beratern (.65) jedoch weitaus stärker ausgeprägt ist als bei den Klienten (.34). Während zudem die Veränderungseinschätzungen von Klienten und Beratern signifikant positiv (wenn auch numerisch nicht sehr hoch) miteinander korrelieren, so sind die Zufriedenheitseinschätzungen der beiden Gruppen nicht linear abhängig voneinander.

Besonders auffällig an den Befunden ist die sehr hohe Zufriedenheit der Klienten. Auch wenn die Daten, wie weiter oben angedeutet, vermutlich eher auf den erfolgreicheren Beratungen beruhen, ist das durchgängig hohe Niveau möglicherweise ein Anzeichen dafür, *daß Klienten in der Erziehungsberatung in der Regel eine für sie sehr positive Erfahrung sehen, die ihre Hoffnungen erfüllt oder sogar übersteigt.* Demgegenüber ist trotz der den Klienten zugesicherten Anonymität nicht auszuschließen, daß die Befragten tendenziell sozial erwünscht geantwortet haben, um "ihrem Berater" im nachhinein gefällig zu sein. Der aus diesem positiven Trend etwas herausfallende Wert für die Zufriedenheit mit den erreichten Veränderungen deutet jedoch an, daß die Klienten einen klaren Unterschied zwischen der offensichtlich positiven Beratungserfahrung und der geringeren Besserung ihrer Probleme machen können. So liegen denn auch die Veränderungseinschätzungen der Klienten zwar klar im positiven Bereich, bewegen sich jedoch insgesamt auf einem niedrigeren Niveau als ihre Zufriedenheit. Diese Tatsache und der recht schwache Zusammenhang zwischen den beiden Klienten-Beurteilungskriterien sind ein häufig gefundenes Phänomen bei Klienteneinschätzungen des Beratungserfolges (vgl. Beutler & Crago 1983, S. 465, Straus et al. a.a.O., S. 368ff., Zürn et al. a.a.O., S. 188). *Hier wird deutlich, daß Klienten offensichtlich z.T. zufrieden die Beratung verlassen, ohne daß sie substantielle Veränderungen an ihren Problemen wahrnehmen.* Dieses Ergebnis ist insofern bemerkenswert, als es deutlich macht, daß die einseitige Konzentrierung auf "Symptomveränderungen" nicht nur therapeutisch zu kurz greift, sondern auch im Sinne der Klienten nicht allein den "Erfolg" einer Beratung ausmacht.

Eine Erklärung dieses Befundes ist in mehrere Richtungen möglich. Zum einen könnten die Klienten, wie Straus et al. (a.a.O.) formulieren, die

"Beratung eben doch wegen der erzielten Veränderungen so positiv einschätzen, die erzielten Veränderungen jedoch als selbstverständlich und deshalb nicht erwähnenswert erachten."

Diese Möglichkeit erscheint angesichts der Tatsache, daß die Veränderungs-einschätzungen der Berater auf einem ähnlichen Niveau wie die der Klienten liegen jedoch eher unwahrscheinlich. Zum zweiten könnten die Klienten aufgrund niedriger Erwartungen schon mit eher geringen Veränderungen sehr zufrieden sein (da die weitere Auswertung recht hohe Erfolgserwartungen der Klienten zeigen wird (vgl. Kap. 12.1), ist dies jedoch eher unwahrscheinlich).

Der dritte Erklärungsansatz nimmt demgegenüber an, daß Zufriedenheit und wahrgenommene Veränderung tatsächlich zu einem Großteil voneinander unabhängig sind und von daher die Varianz der Zufriedenheitseinschätzung im wesentlichen aus anderen Quellen rührt. Es muß danach andere Kriterien für die Klienten geben, an denen sie ihre Zufriedenheit mit der Beratung festmachen.

Straus et al. (a.a.O., S. 372ff.) folgern in diesem Zusammenhang aus ihren Interviews mit Beratungsklienten einige positive und von Symptomveränderungen unabhängi-ge Beratungseffekte, die zur Zufriedenheit der Klienten beitragen. Zumindest zum Teil sind darin Effekte enthalten, die in den hier verwendeten Veränderungsfragen nicht repräsentiert sind und im wesentlichen auf die positive zwischenmenschliche Situation der Beratung abheben. Es sind dies der "Veröffentlichungseffekt" (in geschützter Atmosphäre über eigene Probleme sprechen können), der "Entlastungs-effekt" (Hoffnung schöpfen und Zuspruch finden), der "Orientierungseffekt" (Sinnfindung und Zukunftsorientierung) sowie die Verbesserung der materiellen Basis des Klienten.

Damit wird die Annahme vertreten, daß die Beratung für den Klienten häufig eine (möglicherweise neue) Erfahrung einer akzeptierenden und ihm ganz zugewandten zwischenmenschlichen Begegnung darstellt und ihn von daher auch unabhängig von der Lösung seiner Probleme zufriedenstellen kann.

Der im Gegensatz zu den Klienten bei den Beratern vorzufindende sehr hohe Zusammenhang zwischen Zufriedenheit mit der Beratung und den wahrgenommenen Veränderungen läßt vermuten, daß für die Berater solche Veränderungen ein wesentliches Kriterium für ihre Erfolgseinschätzung darstellen. *Erfolgreiches Arbeiten scheint für die Berater eher, und das entspricht sicher sowohl ihrem*

beruflichen Selbstverständnis als auch ihrem Auftrag, stärker an Problemveränderungen und weniger an der Herstellung einer angenehmen Beratungs-
atmosphäre festgemacht zu sein. Trotzdem bleibt auch bei ihnen eine nicht
unerhebliche ungeklärte Restvarianz der Zufriedenheitseinschätzungen bestehen,
deren Zustandekommen sicher auch mit solchen von Veränderungen eher
unabhängigen Faktoren wie dem Klima der Beratung, persönlicher Sympathie und der
wahrgenommen Zufriedenheit des Klienten abhängen dürfte.

Diese unterschiedliche Erfolgsperspektive von Beratern und Klienten schlägt sich
auch in den im Vergleich zu den Beratern sehr viel höheren Zufriedenheitseinschätzungen der Klienten und dem geringen Zusammenhang von Berater- und Klientenzufriedenheit nieder. Demgegenüber scheinen die beiden Gruppen die erreichten
Veränderungen zumindest tendenziell ähnlich wahrzunehmen, da diese Einschätzungen zwar schwach, aber doch signifikant korreliert sind. Die Tendenz der Berater,
diese Veränderungen insgesamt etwas positiver zu betrachten als die Klienten, könnte
darauf hinweisen, daß die Berater angesichts ihrer Erwartungen an die Möglichkeiten der Beratung kleinere Veränderungen eher wahrnehmen und/oder sie eher
als bedeutsam einstufen, während die Klienten solche Veränderungen als weniger
beachtenswert ansehen.

Hervorstechend an diesen Ergebnissen ist neben der sehr positiven Erfolgs-
einschätzung der Klienten und dem insgesamt recht schwachen Zusammenhang der
Beurteilungen von Klienten und Beratern (der im übrigen in vielen Therapieerfolgs-
studien aufgetreten ist vgl. Lambert et al. 1986) vor allem *die unterschiedliche Art
der Beziehung von Zufriedenheit und wahrgenommener Veränderung bei den beiden
Gruppen*. Es kommen hier zwei unterschiedliche Bezugssysteme zur Beurteilung des
Beratungserfolges zum Ausdruck, die möglicherweise nicht nur am Ende der
Beratung, sondern auch in ihrem Verlauf von Bedeutung sein könnten. So könnte eine
mangelnde Motivation des Klienten zur aktiven Mitarbeit in "anstrengenden" Phasen
der Beratung auch damit zusammenhängen, daß er schon durch die Beratungs-
atmosphäre zufriedengestellt ist. Der Berater mit seinem davon abweichenden Konzept
von erfolgreicher Beratung wird dies jedoch vermutlich nicht akzeptieren können
und weiterhin seine Veränderungsziele anstreben; eine Konstellation, die unter
anderen Vorzeichen als "Widerstand" bezeichnet werden könnte.
Dieses Ergebnis böte für sich genommen schon genug Stoff für weitere Überlegungen,
soll im Kontext dieser Untersuchung jedoch v.a. in zweierlei Hinsicht weiter
berücksichtigt werden.
Zum einen soll weiter verfolgt werden, ob die angenommenen unterschiedlichen
Bezugssysteme zur Beurteilung der Beratung auch in den Rollen- und

Prognose-Erwartungen der Berater und Klienten aufscheinen. Zum anderen bestätigt dieser Befund für die Behandlung des Konstrukts "Therapie-erfolg" die methodische Entscheidung aus Kap. 8.2, im weiteren Verlauf der Auswertung zwischen den Einschätzungen von Beratern und Klienten und der Zufriedenheits- und Veränderungseinschätzung zu trennen, da eine Verrechnung (z.B. im Sinne eines Mittelwerts) ihrer weitgehenden wechselseitigen Unabhängig-keit nicht gerecht werden würde.

10.5 Resümee aus den Angaben zu Population und Beratung: Repräsentativität der Untersuchungsstichprobe

Der Erhebungsmodus der Befragung (vgl. Kap. 9) sollte sicherstellen, daß eine Auswahl bestimmter Klienten durch die Berater ausgeschlossen ist. Die Tatsache, daß nur eine freiwillige Teilnahme an der Befragung in Betracht kam, könnte jedoch zu einer systematischen Selbstselektion von Klienten geführt haben. Die Angaben der beteiligten EBStn hierzu sind unterschiedlich: Während einige EBStn offensichtlich nur sehr wenige Absagen erhielten, mußten bei anderen Stellen einige Klienten angesprochen werden, bis die gewünschte Teilnehmerzahl erreicht war.

Weitere Einschränkungen der Aussagekraft ergeben sich durch den engen geographischen Rahmen der Untersuchung (Münsterland und Ruhrgebiet) und die Tatsache, daß ausschließlich EBStn eines Trägers einbezogen wurden.[1] Inwieweit die Trägerschaft einer EBSt zu unterschiedlichen Erwartungen bei Klienten beiträgt, ist bislang kaum untersucht worden.

Joisten (a.a.O., S. 226f.) fand bei seiner Befragung einen Anteil von 48,7% der Klienten, die keine Unterschiede zwischen EBStn in städtischer und Caritas-Trägerschaft vermuteten. Unterschiede im Aufgabengebiet sahen 36,8%, solche im Fachpersonal 13,7%. Dabei sahen die Klienten die Caritas-EBStn stärker therapeutisch tätig als die städtischen Stellen (51,8% vs. 12,1%) und schrieben ihnen eine umfangreichere Arbeit zu (46,4% vs. 14,6%). Auch hier bleibt jedoch ein Anteil von jeweils etwa einem Drittel der Klienten, die offensichtlich keine Unterschiede vermuten. 80% der Klienten empfanden die Trägerschaft einer EBSt insgesamt als "unwichtig" (S.200).
Nach diesen Ergebnissen vermuten also etwa die Hälfte der direkt auf die Träger-

---

[1]An dieser Stelle sei nur kurz auf die praktischen Schwierigkeiten bei der Gewinnung von Teilnehmern für eine empirische Untersuchung im EBSt-Bereich hingewiesen. Zusätzlich zu dem zwangsläufig auftretenden Problem der Berater, Zeit für die Teilnahme an einer aufwendigen Erhebung finden zu müssen, ist es v.a. eine Fülle von Ängsten und Vorbehalten gegenüber empirischen Projekten, mit denen der Untersucher von seiten vieler Berater konfrontiert wird und die z.T. den Ausschlag gegen eine Teilnahme erbringen.
Das Einbeziehen von EBStn verschiedener Träger in eine Untersuchung hätte diese Probleme noch potenziert und ist von daher zu einem frühen Stadium der Untersuchung ausgeschlossen worden.

schaft angesprochenen Klienten eine "intensivere" Beratung durch die
Caritas-EBStn. Von daher kann nicht ausgeschlossen werden, daß in der hier
vorliegenden Stichprobe andere Erwartungen vorherrschen, als bei Klienten von
EBStn anderer Träger. Die Ergebnisse der vorliegenden Befragung (vgl. Kap. 12.1)
zeigen jedoch, daß nur von einem kleinen Teil (15%) der Klienten vermutet wird, daß
es Unterschiede zwischen der Arbeit von EBStn der Caritas und Stellen anderer
Träger gibt.

Eine weitere Einschränkung erfahren die Ergebnisse durch die Gesamtzahl von
n=111 befragten Klienten und n=40 Beratern. Mit dieser Anzahl sind repräsentative
Aussagen über die Grundgesamtheit der EBSt-Klienten und Berater im Rahmen dieser
Erhebung kaum möglich.
Anhand der geschilderten Merkmale der Beratungsteilnehmer lassen sich jedoch
Aussagen darüber machen, ob es sich bei der vorliegenden Stichprobe um einen
Ausschnitt des "typischen" EBSt-Klientels handelt.
Der hohe Anteil von Frauen in der Stichprobe ist ein immer wiederkehrendes
Ergebnis von Befragungen im EBSt-Bereich und auch in der vorliegenden Höhe
nicht untypisch (vgl. Schmidtchen et al. a.a.O. und Joisten a.a.O mit jeweils 81%
Frauenanteil in ihren Stichproben). Ebenso zeigt die Alterstruktur der Klienten
eine eher typisches Bild (vgl. Joisten, S.202). Der Anteil alleinerziehender Befragter
liegt mit 25,2% jedoch über den Werten anderer Untersuchungen (14,5% bei Smid &
Armbruster a.a.O., S.50; 12,6% bei Joisten a.a.O., S.206, 16,1% bei Höger et al. 1985 zit.
nach Presting et al. 1987a).
Zieht man anhand der verbreiteten Schichteinteilung von Moore & Kleining (1960)
den angegebenen Beruf des berufstätigen Partners als Indikator der sozialen Schicht
der Klienten heran, dann zeigt sich in der vorliegenden Stichprobe ein für EBStn
durchaus gängiger Anteil von Klienten der Unterschicht von 43,2% (vgl. Übersicht
bei Ehrhardt, a.a.O.). Während auch der Anteil von Klienten aus besserverdienenden
Berufen eher typisch ist, bleibt die Zahl von 21,6% Klienten aus der Mittelschicht eher
unter den Werten anderer Erhebungen (z.B. 38,9% bei Smid & Armbruster a.a.O., S.40).
Interessant ist auch die Zahl von fast 20% der Befragten, die sich keiner Kategorie
zuordnen konnten. Möglicherweise hängt diese Zahl mit dem hohen Alleinerziehenden-
anteil zusammen, da dieser Personenkreis häufig aus Zeitgründen keinem Beruf
nachgehen kann.
Der hohe Anteil von 2/3 Katholiken unter den Klienten hängt nicht zwangsläufig
mit dem Träger der Stellen zusammen, sondern kann auch durch den hohen
regionalen Katholikenanteil im Einzugsgebiet der Untersuchung zustandekommen.

Die Angaben zu den vorgestellten Kindern zeigen wiederum ein recht EBSt-typisches

Profil. Während die hier vorgefundene Geschlechterverteilung nahezu exakt den gängigen Verhältnissen entspricht (vgl. z.B. Joisten a.a.O. S.200, Smid & Armbruster a.a.O. S.98, Langenmayr 1980), sind bei der vorliegenden Stichprobe Vorschulkinder im Vergleich zu anderen Untersuchungen überrepräsentiert und Jugendliche unterrepräsentiert (vgl. zur Übersicht Presting et al. 1987a, S.66f.) Die mittleren Altersstufen entsprechen in ihrem Anteil gängigen Zahlen.

Die hier berichteten Beratungsanlässe sind nur schwer mit anderen Erhebungen zu vergleichen, da dort meist ausschließlich die Problematik von Kindern erfragt wird. 60% der Nennungen beziehen sich zwar auch in der vorliegenden Befragung auf Probleme mit Kindern, jedoch werden auch in knapp 1/3 der Angaben Probleme der Eltern/Erwachsenen als Beratungsanlaß genannt. Ob dieser Wert untypisch ist oder lediglich bei anderen Untersuchungen nicht berücksichtigt wurde, kann an dieser Stelle nicht entschieden werden. Daß eher die letztere Annahme wahrscheinlich ist, zeigt die Zahl von 62,4% der befragten EBStn bei Presting et al. (a.a.O., S.75), die eine Trennungs- und Scheidungsproblematik als "häufigen" oder "sehr häufigen" Anmeldegrund nennen.

Auch eine eindeutige Bewertung der Ergebnisse zur Beratungserfahrung der Klienten ist anhand anderer Untersuchungsergebnisse nicht möglich. Der hier vorliegende, relativ hohe Anteil von Klienten mit Beratungserfahrung (43,2%) liegt zwar noch unter dem von von Straus et al. (a.a.O.) berichteten Anteil von 50%, jedoch oberhalb der 20%, die Joisten (a.a.O., S.198) angibt.

Die Angaben zu den durchgeführten Beratungen sind ebenfalls nur schwer mit anderen Untersuchungen vergleichbar. Prozentuale Angaben liegen nur für die Dauer der Beratung, nicht aber für das jeweils gewählte Setting vor. Von daher sind die unerwarteten Werte von nur 7,6% Einzelarbeit mit Kindern und dem hohen Anteil von 30,4% alleiniger Beratung der Frau (bzw. Mutter) nur schwer einzuordnen. Auch die bereits berichteten Angaben von Schlag & Langenmayr (1982, vgl. Kap. 1.2.1) geben die Tätigkeiten von EBStn nicht in ihrem Häufigkeitsverhältnis zueinander wieder. Zieht man jedoch den o.g. Wert der Häufigkeit von Trennungs- und Scheidungsberatungen in Betracht, dann mag dieser Wert weniger auffällig sein als zunächst vermutet.

Auch die Angaben zum Beratungserfolg weichen nicht wesentlich von vergleichbaren Untersuchungen ab. Zum einen zeigen sie von der Struktur her (Unterschiede bei Klienten und Beratern) ein für Therapieerfolgsuntersuchungen typisches Bild. Zum anderen ist auch die sehr positive Einschätzung des Beratungserfolges durch die Klienten und v.a. das hohe Niveau ihrer Zufriedenheit ein Befund, den auch andere Evaluationsstudien aus dem Bereich der EB berichten (z.B. Sakofski & Kämmerer

1986).

Insgesamt betrachtet, lassen sich also trotz der genannten Schwierigkeiten bzgl. der Vergleichbarkeit der Daten mit vorliegenden Erkenntnissen mit wenigen Ausnahmen (relativ hoher Anteil von Alleinerziehenden und Vorschulkindern) keine bedeutsamen Abweichungen dieser Stichprobe von der empirisch ermittelten "typischen" EBSt-Klientel aufzeigen. Obwohl repräsentative Aussagen angesichts der Anzahl der Befragten nicht möglich sind, kann doch zumindest davon ausgegangen werden, daß die vorliegenden Ergebnisse nicht wesentlich durch Einseitigkeiten der Zusammensetzung der Stichproben beeinträchtigt sind.

11. Informationsquellen zur EBSt

In diesem Abschnitt sollen die Fragen des Themenbereichs I (vgl. Kap. II) näher beleuchtet werden. Dabei geht es darum, die informierenden und zuweisenden Instanzen von EB-Klienten, die bei der Entstehung von Beratungserwartungen sicher eine bedeutsame Rolle spielen, aufzudecken und damit Ansatzpunkte für eine gezielte Einflußnahme der EBSt auf die Erwartungen von Klienten im Vorfeld der Beratung zu bieten.

11.1 Zugangswege, genutzte und vermutete Informationsquellen von Klienten

Bei der Frage nach der Quelle der entscheidenen Anregung für den Besuch in der EBSt (Untersuchungsfrage 1.1) zeigt sich sowohl in den Angaben der Klienten als auch in denen der Berater[1] auf den ersten Blick ein nur teilweise "EBSt-typisches" Bild (vgl. Tab. 13).

---

[1] Sie wurden danach befragt, über welche Zugänge ihre Klienten v.a. zu ihnen kommen

Zugangswege zur EBSt

	Kl.-Angaben (n=119)	Th.-Angaben (n=194)
	%	%
Schule / Kindergarten	28,2	20,1
ohne Anregung von außen	23,5	8,2
Freunde / Bekannte	13,5	18,0
Kinderarzt	12,6	17,0
Fach- / Hausarzt / Klinik	7,6	10,3
andere Beratungseinrichtung	5,0	4,6
Jugend-/ Sozial-/ Gesundheitsamt	5,0	12,9
Verwandte	1,7	3,6
Pfarrer / Seelsorge	0,8	1,0
Zeitung / Radio / Fernsehen	0,8	2,1
Sonstige	0,8	1,0
Gericht	0,0	1,0

Tab. 13: Klienten- und Beraterangaben zur Quelle der "entscheidenen Anregung" zum Besuch der EBSt (Angaben in % bezogen auf o.g. Anzahl der Nennungen)

Auffällig ist v.a. der im Vergleich zu anderen Erhebungen geringere Teil von Selbstmeldern und der recht hohe Anteil der von Ärzten zum EBSt-Besuch angeregten Klienten (vgl. andere Zugangsdaten bei Buj et al. a.a.O., Höger et al. a.a.O, Hölzel a.a.O. und Smid & Armbruster a.a.O.). Die üblichen Selbstmelderzahlen von bis zu 50% umfassen jedoch oft alle Klienten, die nicht über offizielle Stellen zur EBSt kommen und lassen damit private Anregungsquellen außer acht. Die hier vorliegenden Daten legen nahe, *daß nur etwa 1/4 der Klienten (die Berater sprechen sogar nur von 8%) völlig ohne äußere Anregung zur EBSt kommen.* Immerhin 15% bekommen den entscheidenden Anstoß zur Inanspruchnahme aus dem Verwandten- oder Bekanntenkreis. Die beiden weiteren entscheidenden Zugangswege sind Ärzte (insbes. Kinderärzte) sowie Schulen und Kindergärten. Anstöße aus den Medien sind nach diesen Daten fast gar nicht vorhanden.

Die Angaben zu den Informationsquellen, die die Klienten vor dem EBSt-Besuch genutzt haben (Untersuchungsfrage 1.2), zeigen wiederum Kindergärten/Schulen und Ärzte als wichtige Informationsquellen (vgl. Tab. 14). Lediglich 11,7% der Klienten haben überhaupt nicht versucht, sich über die Arbeit der EBStn zu informieren.

Persönliche Informationsquellen (n=163)	%
Schule / Kindergarten	21,5
Freunde / Bekannte / Verwandte	17,2
Arzt	14,1
gar nicht	11,7
Leute aus Beratungsberufen	10,4
Leute mit Beratungserfahrung	6,1
bei der EBSt selbst	6,1
Zeitung	3,7
andere Beratungseinrichtung	3,1
Informationsbroschüren	2,5
Telefonbuch	1,8
Pfarrer / Seelsorge	0,6
Radio / Fernsehen	0,6
Bücher	0,6
Sonstige	0,0

Tab. 14: Vor Beratungsbeginn von Klienten genutzte Informationsquellen

Die insgesamt bedeutsamste Informationsquelle scheint das private Umfeld der Klienten darzustellen: 1/3 der Klienten informieren sich bei Bekannten (mit und ohne eigene Beratungserfahrung oder aus Beratungsberufen). Medien spielen mit insgesamt 7,4% der Nennungen bei der persönlichen Informationssuche nur eine untergeordnete Rolle. Wichtig ist auch die Erkenntnis, daß häufig mehr als eine Quelle benutzt wird: So geben 35,7% der Klienten zwei und 9,8% drei verschiedene Quellen an.

Vergleicht man diese Daten mit den von den Klienten angegeben Zugangswegen, dann zeigt sich, daß die "offiziellen" Zugangswege wie Ärzte oder Schulen/Kindergärten verhältnismäßig weniger als Informationsquelle genutzt werden, als es ihrem Anteil an den Zugangsanregungen entspricht. Viele Klienten scheinen sich stattdessen (oder zusätzlich) in ihrem Bekanntenkreis zu informieren. *Insgesamt besteht jedoch die Tendenz, sich bei der Person/Institution zu informieren, die den EBSt-Besuch anregte.*

Die Frage, ob bestimmte Klientengruppen bestimmte Zugangswege oder Informations-quellen gehäuft angeben (Untersuchungsfrage 1.3), kann im wesentlichen verneint werden. Sowohl der Zugangsweg zur EBSt als auch die genutzten Informationsquellen zeigen sich bis auf die folgenden Ausnahmen unabhängig von demographischen Variablen:

- Klienten mit EB-Erfahrung kommen häufig über Schule/Kindergarten und selten ohne äußere Anregung zur EBSt (CHI^2= 12.13, df=4, p < .05)
- Alleinerziehende kommen seltener ohne Informationen zur EBSt und informieren sich selten bei Seelsorgern und häufig bei Freunden oder ehemaligen Klienten

(keine Signifikanzangaben, da die Voraussetzungen für die Anwendung des
Chi^2-Tests nicht gegeben waren)
- Klienten mit Beratungserfahrung fragen seltener den Arzt nach Informationen
und informieren sich häufiger bei der EBSt selbst (s.o.)

Bei der Frage nach solchen Quellen, von denen generell brauchbare Informationen
erwartet werden (Untersuchungsfrage 1.2, vgl. Tab. 15), liegt der Anteil der
"offiziellen" Stellen naturgemäß sehr viel höher als derjenigen der "privaten"
Quellen". Insbesondere Ärzten (29% der Nennungen) wird vielfach zugetraut, gut
über die Arbeit von EBStn zu informieren. Während von den Schulen und Kindergärten in geringerem Maße, als es ihrer Bedeutung als Zugangsweg entspricht,
brauchbare Informationen erwartet werden, werden von den EBStn selbst, aber
auch von den Medien (mit insgesamt 14,2% der Nennungen) stärker wichtige Hinweise
erwartet.

Erwartete Informationsquellen (n=319)	%
Schule / Kindergarten	18,2
Kinderarzt	17,6
bei der EBSt selbst	15,7
Leute mit Beratungserfahrung	11,6
Fach- / Hausarzt	11,3
Informationsbroschüren	6,9
Pfarrer / Seelsorge	4,1
Zeitung	3,8
andere Beratungseinrichtung	3,5
Freunde / Bekannte / Verwandte	2,2
Bücher	1,9
Radio / Fernsehen	1,6
Telefonbuch	1,6
Sonstige	0,3

Tab. 15: Von Klienten als "brauchbar" erachtete Informationsquellen

Insgesamt betrachtet, erscheint das Informationsbedürfnis der Klienten sehr groß.
Sie suchen aktiv Informationen vor ihrem EBSt-Besuch und wenden sich dabei auch
an Quellen, die selbst nicht die Anregung zur Inanspruchnahme gegeben haben.
Wichtig ist dabei die Erkenntnis, *daß es kaum Klienten ohne Vorinformationen gibt
und nur sehr wenige, die ohne äußere Anregung zur EBSt kommen.* Die Klienten
kommen also nicht nur mit Allgemeinwissen zu beraterischer Tätigkeit zur EBSt,
sondern es werden ihnen im Vorfeld der Beratung bestimmte Erwartungen vermittelt.
Dies kann als Chance für die EBSt genutzt werden, dort selbst aktiv zu werden, um
zutreffende Informationen zu verteilen und inadäquate Erwartungen vermeiden zu

helfen.

Da die EBSt selbst kaum als Informationsquelle genutzt wird, bekommen jedoch fast alle Klienten vor ihrem EBSt-Besuch Erwartungen von dritten vermittelt. Der "Selbstmelder", der in vielen Erhebungen mit einem großen Prozentsatz auftaucht, scheint also weitgehend ein Mythos zu sein. Wenn Klienten also nur recht selten allein auf die Idee kommen, eine EBSt in Anspruch zu nehmen, dann kann angenommen werden, daß die EB als Angebot in der Öffentlichkeit wenig präsent ist. Berücksichtigt man die oben berichtete, sehr geringe Rolle der Medien als Anregungs- und Informationsquelle, dann wird diese Annahme weiter unterstützt.

Das bedeutsamste Ergebnis in diesem Zusammenhang ist die Tatsache, *daß die Klienten trotz ihrer Erwartung, von den "professionellen" Zugangswegen aussagekräftige Informationen zu bekommen, z.T. offensichtlich nicht von der zuweisenden Instanz informiert werden und sich sehr häufig (zumindest zusätzlich) in ihrem privaten Umfeld Erkenntnisse über die EB verschaffen.* Es könnten also Defizite in der Informationsarbeit der gängigen "zuweisenden Instanzen" zur EBSt zu geben, die die Klienten zu einer zusätzlichen Informationssuche in ihrem Bekanntenkreis veranlassen.

Hier wird die Notwendigkeit einer möglichst breiten Öffentlichkeitsarbeit deutlich, denn nur hierdurch kann verhindert werden, daß sich auf diesem Wege mögliche Vorurteile und falsche Informationen weiter verbreiten.

Bemerkenswert an den Ergebnissen ist auch, daß die EBStn selbst kaum je als Informationsquelle genutzt werden. Wenn die eigentlich naheliegenste Informationsmöglichkeit so selten genutzt wird, dann muß sich die EB fragen, ob hier ein Defizit in ihrer Öffentlichkeitsarbeit vorliegt. Es ließe sich spekulieren, daß EBStn die Möglichkeit zur Information nicht deutlich genug anbieten oder ihr Angebot nicht so darstellen, daß Schwellenängste vor der ersten Kontaktaufnahme abgebaut werden.

Resümierend legen die Ergebnisse also folgende dringliche Aufgaben für die Öffentlichkeitsarbeit der EBStn nahe:
- Ausbau der Präsenz in der Öffentlichkeit (v.a. Medien)
- Berücksichtigung v.a. auch einer breiten Öffentlichkeitsarbeit
- Ausweitung und deutlicheres Angebot zur Information an der EBSt selbst

Wie sich das Informations- und Erwartungsniveau der Klienten aus der Sicht der Berater darstellt, soll im nächsten Abschnitt untersucht werden.

11.2 Auswirkungen des Zugangsweges aus der Sicht der Berater

Zur Beantwortung der Frage, ob Berater abhängig vom berichteten Zugangsweg unterschiedliche Einstellungen und Informationsgrade bei ihren Klienten wahrnehmen (Untersuchungsfrage 1.4), wurden sie nach ihrer Einschätzung von Informationsstand, Motivation und Veränderungswunsch von Klienten der verschiedenen Zugangswege befragt (vgl. Kap. III). Tab. 16 gibt die mittleren Einschätzungen der Berater über alle Klienten wieder.

	Beratereinschätzung des Klienten		
Zugangsweg	Motivation	Informations-stand	Veränderungs-wunsch
Ärzte	3,30	2,50	3,10
Bekannte/Verwandte	4,10	3,32	3,84
Schule/Kindergarten	3,28	2,77	3,21
Ämter	2,11	2,53	2,24
Pfarrer/Seelsorge	3,03	2,48	2,83
Selbstmelder	4,45	2,92	4,32
Signifikanz der Zeilen-unterschiede	p = 0,00 (F = 39,29 df= 220)	p = 0,00 (F = 5,39 df=213)	p = 0,00 (F = 26,86) df= 214)

Tab. 16: Mittlere Beratereinschätzungen von Motivation, Informationsstand und Veränderungswunsch bei Klienten verschiedener Zugangswege (Skala: 5 (hoch) – 4 (eher hoch) – 3 (mittel) – 2 (eher gering) 1 (gering))

Zur Beurteilung der aufgezeigten Mittelwertunterschiede wurden für die Variablen Motivation, Veränderungswunsch und Informationsstand je eine univariate Varianzanalyse über alle Zugangswegeinschätzungen der Berater (n=240 Einschätzungen) gerechnet (Mittelwertunterschiede zwischen den Zeilen einer Spalte).

Wie die Ergebnisse der Varianzanalysen zeigen (s. letzte Zeile in Tab. 16), *beurteilen die Berater Motivation, Informationstand und Veränderungswunsch eines Klienten abhängig von seiner "überweisenden" Instanz.*

Eine a posteriori-Analyse mit dem Scheffe-Test ergab die in Tab. 17 dargestellten signifikanten Gruppenunterschiede (p=.05) für Motivation (M), Informationsstand (I) und Veränderung (V).

Die Tabelle zeigt, daß ein Großteil der Gruppen bzgl. der Motivation unterschiedlich eingeschätzt wird und auch für den Wunsch nach

Veränderung zwischen vielen Gruppen Unterschiede bestehen.

	1.	2.	3.	4.	5.	6.
1. Arzt						
2. Bek./Verw.	M I V					
3. Schule/Kinderg.		M				
4. Ämter	M V	M I V	M V			
5. Pfarrer/Seels.		M I V		M		
6. Selbstmelder	M V		M V	M V	M V	

Tab. 17: Signifikante (p < .05) Einzelunterschiede der Zugangsgruppen bzgl.
Motivation (M), Informationsstand (I) und Veränderungswunsch (V)

Bei der Einschätzung des *Informationsstandes* zeigt sich, daß das Ergebnis der
Varianzanalyse v.a. auf die hohe Einschätzung des Informationsstandes der Klienten,
die auf Empfehlung von Bekannten und Verwandten kommen, zurückgeht. Insbesondere gegenüber Klienten der Zugangswege Arzt, Pfarrer / Seelsorge und Ämter
werden diese Klienten als besser informiert angesehen. Allerdings sind die
Unterschiede hier numerisch schwächer als bei den beiden anderen Merkmalen (alle
Gruppen liegen zwischen 2,5 u. 3,3). Das Niveau der Einschätzungen ist insgesamt
eher gering; nur eine Gruppe wird besser als "mittel" informiert eingestuft und diese
kommt nach eigenem Bekunden nicht über eine der offiziellen Stellen zur EBSt.
Das Niveau der *Motivationseinschätzungen* ist insgesamt höher. Die deutlich höchsten
Einschätzungen erhalten die Selbstmelder und die Klienten des Zugangsweges
"Bekannte/Verwandte", beide unterscheiden sich signifikant von allen anderen
Gruppen. Die deutlich schlechteste Motivation weisen nach Angaben der Berater
Klienten, die über Ämter zur EBSt kommen auf, sie ist signifikant geringer als bei
allen übrigen Gruppen. Die Unterschiede zwischen den Gruppen sind in diesem
Bereich um einiges deutlicher (zwischen 2,11 und 4,45) als bei dem Informations-
stand.
Ein ähnliches Bild ergibt sich bei der Einschätzung des *Veränderungswunsches*.
Hier werden die Selbstmelder signifikant höher eingeschätzt als alle Gruppen außer
den Klienten des Zuganges "Bekannte/Verwandte", deren Einschätzung auch hier an
zweiter Stelle liegt. Deutlich am schlechtesten werden auch hier die Klienten des
Zugangs "Ämter" eingeschätzt, sie liegen unterhalb fast aller anderen Gruppen.
Einzig die Klienten des Zugangs "Pfarrer/Seelsorge", denen ebenfalls ein eher
geringer Veränderungswunsch zugeschrieben wird, liegen nicht signifikant oberhalb

der "Ämter-Klienten". Auch für den Veränderungswunsch bestehen deutliche numerische Unterschiede zwischen den Gruppen (Minimum = 2,24, Maximum = 4,32) und ein ähnlich hohes Einschätzungeniveau wie bei der Motivation. Insgesamt betrachtet, fällt zuerst einmal *das durchweg als recht gering eingestufte Informationsniveau der Klienten* auf. Dieses Ergebnis ist insofern sehr überraschend, als daß damit auch die in jüngster Zeit verstärkte Öffentlichkeitsarbeit der EBStn aus Beratersicht bislang nicht zu einer hinreichenden Informiertheit bei den neu aufgenommenen Klienten geführt hat. Vor allem angesichts der oben berichteten Tatsache (vgl. Kap. 11.1), daß fast alle Klienten bei einer oder mehreren Stellen Informationen einholen, kann diese Einschätzung nur bedeuten, daß die gegebenen Informationen in der Regel zu knapp oder unzutreffend sind. Wenn man, wie dies weithin der Fall ist (vgl. Kap. 3 und 4), von der Annahme ausgeht, daß die Erwartungen der Klienten für den Ablauf der Beratung von Bedeutung sind, dann muß angesichts dieses Ergebnisses über die Effizienz oder den Umfang der Öffentlichkeitsarbeit der EBStn nachgedacht werden.

Einen deutlichen Hinweis darauf, wo die Defizite am größten sind, bietet das Ergebnis, *daß gerade die Klienten, die nicht über eine offizielle Stelle zur EBSt kommen, als am besten informiert gelten. Ein ähnliches Bild zeigt sich bei Motivation und Veränderungswunsch, denn hier sind es auch die über private Wege kommenden Klienten, denen die mit Abstand höchsten Ausprägungen zugeschrieben werden.* Die deutlich geringsten Einschätzungen erhalten dabei die Klienten des Zugangsweges "Ämter"; hier scheint sich die dort faktisch nicht immer zur Gänze gegebene Freiwilligkeit der Inanspruchnahme niederzuschlagen. Aber auch die anderen "nicht-privaten" Zugangswege erhalten durchweg maximal "mittlere" Werte.

Offensichtlich dokumentiert sich in den geringen Beratereinschätzungen der Klienten aus nicht-privaten Zugangswegen die Tatsache, daß neben dem "Nahelegen" eines EBSt-Besuches von diesen Stellen (zu) wenig an Informations- und Motivationsarbeit geleistet wird. Da sich weiter oben (Kap. 11.1) der Zugangsweg als die in der Regel genutzte Informationsquelle zeigte, geben die negativen Einschätzungen der Berater zu dieser Annahme Anlaß. Dabei wird nicht verkannt, daß v.a. die "Ämter-Klienten" häufig den sozialen Schichten entstammen, denen ein geringeres Informationsinteresse und geringere Möglichkeiten zur Informationssuche zugeschrieben werden, und die so auch aus diesem Grund schlechter informiert zur EBSt kommen mögen. Auch wenn die Überweisungsinstanzen nicht allein für Information und Motivation der Klienten "verantwortlich" sind, so lassen diese Befunde doch vermuten, daß die Zusammenarbeit der EBStn mit den genannten offiziellen Stellen überdacht werden muß. Auch wenn die genannten Stellen von seiten der EB sicher nur teilweise in ihrer Art der "Überweisung" beeinflußt werden können, so sollte doch stärker versucht werden, deren Mitarbeiter zu befähigen, zumindest ausreichende und zutreffende

Informationen über die Arbeit der EBStn zu vermitteln.

Auch wenn, wie eine nachträgliche Analyse der Daten zeigt, Zugangswege und Informationsquellen der Klienten keine bedeutsame Rolle für den letztlichen Beratungserfolg spielen[1], so kann daraus wohl nicht geschlossen werden, daß sich durch inadäquate Informationen keine Schwierigkeiten im Beratungsprozeß ergeben können. Obwohl also die unterschiedlichen Informations- und Motivationsgrade im Verlauf der Beratung offensichtlich kompensiert werden, sollte es sich die EB nicht leisten, diese Defizite schon im Vorfeld der Beratung bestehen zu lassen.

12. Erwartungen von Klienten und Beratern zum Beratungsbeginn

In diesem Kapitel sollen die Eingangserwartungen von Klienten und Beratern dargestellt werden (Fragen des Themenbereichs 2 (vgl. Kap. II). Die von Klienten (vor Beratungsbeginn) und Beratern geäußerten Vermutungen und Wünsche sollen dabei im einzelnen beschrieben, auf ihre Struktur und ihre Abhängigkeit von persönlichen Randbedingungen hin untersucht und letztlich auch verglichen werden. Die Erörterung der Erwartungen erfolgt dabei bewußt detailliert, da nur bei einer vollständigen Darstellung die Nuancen der Erwartungen hinreichend hervortreten.

12.1 Eingangserwartungen der Klienten

12.1.1 Wünsche, Vermutungen und deren Unterschiede und Gemeinsamkeiten

Im einzelnen lassen sich die Eingangserwartungen der Klienten wie folgt beschreiben (Untersuchungsfrage 2.1):

a. Antizipationen
Bei den Vermutungen über das *methodische Vorgehen* in der Beratung (vgl. Tab. A in Anhang A) gibt ein Großteil der Klienten an (80%), daß sie vor allem konkrete Tips und Ratschläge sowie Denkanstöße, die sie selbst in die Praxis umsetzen müssen (95%), erwarten.
Eine traditionelle "Kinderbehandlung" mit einer vorgeschalteten diagnostischen

---

[1]Eine post hoc-Analyse per univariater Varianzanalyse zeigte, daß sich Klienten aus unterschiedlichen Zugangswegen und solche mit unterschiedlichen Informationsquellen in keiner der vier Erfolgseinschätzungen signifikant (p < .05) unterscheiden.

Phase und einer folgenden Einzeltherapie des Kindes wird von etwa gleichen Teilen vermutet bzw. nicht vermutet. Dabei wird allerdings von 2/3 der Klienten erwartet, daß Eltern und Kinder gemeinsam an den Sitzungen teilnehmen. Bezüglich eines möglichen Gruppensettings besteht eine relativ große Unsicherheit (30% sind unentschieden) und eine Gleichverteilung zwischen Vermutung und nicht-Vermutung. Methodische Einzelelemente, die eine aktivere Rolle des Klienten erfordern (Items 33, 36 und 57), werden von einer Mehrzahl der Klienten eher erwartet. Allerdings hat hier ein erheblicher Teil (25-30%) der Klienten keine konkrete Vermutung.

Bezüglich der *Beratungsthemen* zeigt sich zwar, daß der überwiegende Teil der Klienten (2/3) ausschließlich das zu Beginn vorgestellte Problem als Beratungsinhalt vermutet, jedoch auch die Möglichkeit des Ansprechens weiterer persönlicher Probleme voraussetzt (3/4). Etwa die Hälfte glaubt, daß dabei eher Gefühle als Verhalten thematisiert werden und auch intime Bereiche des Familienlebens zur Sprache kommen. Sehr deutlich wird vermutet, daß das Verhalten und die Beziehungen aller Familienmitglieder in der Beratung eine Rolle spielen. So glaubt der überwiegende Teil der Klienten, daß die Sichtweisen aller Familienmitglieder für die Beratung bedeutsam sind (95%), daß auch eigene Fehler angesprochen werden (87%) und auch das elterliche Verhältnis thematisiert wird (80%).

Hinsichtlich der *Beratungsdauer* ist insbesondere der hohe Anteil von fast der Hälfte der Klienten ohne konkrete Vermutung bemerkenswert. Bei den Klienten mit einer konkreten Vermutung überwiegt leicht die Zahl derer, die eine Beratungsdauer von unter einem halben Jahr annehmen.

Zur *Beziehung zum Berater* (vgl. Tab. B, Anhang A) vermuten 70% der Klienten, daß der Berater über Teilnehmer und Thematik der Sitzungen entscheidet. Dies bedeutet jedoch offensichtlich nicht die Erwartung an die Abgabe aller Eigenverantwortung, da 87% der Klienten gleichzeitig vermuten, vom Berater über dessen Absichten aufgeklärt zu werden und weitere 72% annehmen, daß gegenseitige Kritik und Forderungen möglich sind. Knapp 2/3 sehen die Beziehung zum Berater als analog zu einer Freundesbeziehung, wobei jedoch nur etwa ein Drittel zusätzlich vermutet, auch private Erfahrungen vom Berater berichtet zu bekommen. Nur 6% der Klienten glauben, daß der Berater den verschiedenen Klienten gegenüber nicht "neutral" ist und lediglich 51% von ihnen meinen, daß sich der Berater an ihre Wünsche halten wird.

Wie die Daten zeigen, schreibt die Mehrzahl der Klienten der Beratung eine ganze Reihe von *Zielen* zu. Fast alle Klienten vermuten, daß die Ursachenfindung ein Ziel der Beratung darstellt (96%). Weitere 83% der Klienten halten Selbsterkenntnis (Ängste, Schwächen, Stärken) für ein Beratungsziel. Bessere Kommunikation innerhalb der Familie oder Verhaltensänderungen beim Kind vermuten gut zwei Drittel der Klienten als Ziel. 72% nehmen zudem an, daß die vollständige Beseitigung der Probleme die Zielsetzung der Beratung darstellt.

Bezüglich der *Effizienz der Beratung* zeigen sich die Klienten verhalten optimistisch. Während 86% eine positive Auswirkung der Beratung auf ihr Familienleben vermuten, glaubt nur knapp die Hälfte an eine vollständige Beseitigung ihrer Probleme. 30% sind sich hier unsicher und 20% der Klienten glauben nicht an einen umfassenden Beratungserfolg.

Hinsichtlich der *institutionellen Beratungsumstände* liegen insgesamt recht optimistische Erwartungen vor (vgl. Tab. C, Anhang A). Eine Mehrzahl der Klienten (64%) glaubt an eine individuelle Termingestaltung und an eine aktive Hilfe bei behördlichen oder finanziellen Schwierigkeiten (98%). Die überwiegende Zahl der Klienten (84%) vermutet zudem, daß die Termine in der EBSt selbst stattfinden werden.

Bei den Erwartungen zum *institutionellen Beratungsrahmen* zeigen sich die Klienten gut informiert über Zuständigkeit, Bezahlung und Schweigepflicht sowie über die Zusammenarbeit der EBSt mit anderen Stellen und Einrichtungen (alles wird mehrheitlich erwartet).

81% der Klienten vermuten zudem, daß sich die Berater auch für kleinere Probleme Zeit nehmen, allerdings glaubt nur knapp die Hälfte, daß sich die EBSt auch Problemen außerhalb des Erziehungsbereiches annimmt.

Hinsichtlich des Trägereinflusses bestehen recht unterschiedliche Erwartungen. So vermuten zwar 2/3 der Klienten, daß die Ansichten des Trägers (kath. Kirche) nicht in die Beratung einfließen, die Hälfte der Befragten glaubt jedoch nicht einschätzen zu können, ob es sich um eine "trägerspezifische" Beratung handeln wird. Etwa 1/3 der Befragten nimmt dies nicht an und nur 15% haben eine solche Vermutung. Offensichtlich bestehen also relativ realitätsnahe Erwartungen hinsichtlich des Beratungsrahmens, wobei die Frage des Trägereinflusses noch am ehesten uneinheitlich und z.T. unsicher beantwortet wird.

In bezug auf die *berufliche Kompetenz* des Beraters (vgl. Tab. D, Anhang A) zeigen sich recht optimistische Annahmen der Klienten. So vermuten die meisten Klienten fundiertes Fachwissen (88%), diagnostische Kompetenz (2/3) und längere Berufserfahrung (2/3). An ein Hochschulstudium des Beraters als Berufsausbildung glaubt jedoch nur etwas mehr als die Hälfte der Klienten. Von einer besonderen Fähigkeit des Beraters zum Umgang mit Kindern sind jedoch nur etwa 1/3 überzeugt. Vermutet wird v.a. eine kommunikative Kompetenz des Beraters: So nehmen fast alle Klienten an, daß der Berater gut zuhören kann und eine offene Gesprächsatmosphäre herstellen wird. Nur 2% glauben nicht, daß sich der Berater in die Lage auch "einfacher" Leute hineinversetzten kann.

Die Vermutungen zu den *persönlichen Randbedingungen des Beraters* zeigen durchweg sehr uneinheitliche Einschätzungen der Klienten. Während noch etwa 3/4 der Klienten einige Lebenserfahrung beim Berater vermuten, besteht bei den Erwartungen an Alter und Geschlecht des Beraters keine deutlichen Mehrheiten. Ähnlich uneinheitliche Vermutungen liegen vor bzgl. seiner äußeren Erscheinung und der Erfahrung mit eigenen Kindern sowie der Frage, ob er seine eigenen Probleme weitgehend gelöst hat.

Zur *Person des Beraters* liegen folgende Annahmen vor: Man vermutet ihn v.a. ruhig und gelassen (89%), verständnisvoll und tolerant (83%) sowie sachlich und überlegt (76%). Weniger deutlich, aber auch in der Mehrzahl werden Wärme und Geborgenheit (51%) sowie ein forderndes und direktes Auftreten vermutet (43%).

Hinsichtlich des *persönlichen Engagements des Beraters* bestehen bei den Klienten recht anspruchvolle Annahmen. So glaubt etwas mehr als die Hälfte, daß der Berater in "ernsten" Situationen auch außerhalb der Dienstzeiten erreichbar ist und sich bei anderen Behörden aktiv für die Belange der Ratsuchenden einsetzt. Zwar vermuten mehr als 3/4 der Befragten, daß der Berater nicht nur einfach "seinen Job" macht, allerdings glauben 86% , daß er sich persönlich nicht von dem Schicksal seiner Klienten betreffen läßt. Die Annahme einer solche Grenze zwischen Berufs- und Privatbereich spiegelt sich auch in den 39% wider, die davon ausgehen, daß der Berater für die Klienten nicht als "Freund" zur Verfügung steht (nur 23% vermuten das Gegenteil).

Resümierend lassen sich folgende Tendenzen in den geäußerten Antizipationen festhalten:

■ Institutionelle Rahmenbedingungen:

Die Klienten sind über die formalen Arbeitsbedingungen der EBStn recht gut informiert, allerdings werden sehr hohe Vermutungen bezüglich der Flexibilität der Termingestaltung deutlich. Der von den Beratern berichtete unzureichende Informationsstand der Klienten (vgl. Kap. 11.2) bezieht sich also offensichtlich nicht auf die formalen Rahmenbedingungen der Beratung. In dieser Hinsicht scheint also die Öffentlichkeitsdarstellung der EBStn gut zu funktionieren.

Wichtig ist die Erkenntnis, daß die Frage des Trägers der Einrichtung bei den Klienten im Vorfeld der Beratung nur von untergeordneter Bedeutung zu sein scheint. Die meisten Klienten erwarten keinen Einfluß des Trägers auf die Beratung, d.h. Vorbehalte und Ängste gegenüber einer "tendenziösen" Beratung sind eher unwahrscheinlich.

■ Beratungsprozeß:

Die Vermutungen zum Beratungsprozeß zeigen ein Bild des Anstoßens von

Veränderungen durch den Berater, der aufgrund seiner Kompetenz den Ablauf der Beratung und die anzusprechenden Themen weitgehend bestimmt, aber seine Maßnahmen vor den Klienten erläutert und vertritt. Offensichtlich vermuten die Klienten in der Mehrzahl also eine asymmetrische, jedoch transparente Beziehung zum Berater. Sie glauben, daß der Berater aufgrund seiner Kompetenz die Ausgestaltung der Beratung "in die Hand nimmt", sich dabei auch möglicherweise gegen die Wünsche des Klienten entscheidet, dies aber begründet und vor dem Klienten vertritt. Sie erwarten eine freundschaftliche Beziehung, die keinen einzelnen Klienten besonders hervorhebt und in der offene Kritik aneinander möglich ist. Die meisten Klienten vermuten den sowohl persönlichen als auch thematischen Einbezug der Eltern, dabei gehen sie aber von einer Begrenzung auf die Eingangsproblematik aus. Sie erwarten relativ hohe Beratungsziele und glauben zumindest ansatzweise an deren Verwirklichung.

Besonders hervorzuheben sind dabei vier Punkte:

Erstens zeigen sich zwar recht weit verbreitete Ratschlagserwartungen, jedoch noch stärker Vermutungen in Richtung auf Denkanstöße. Damit scheinen die in der Literatur als Kennzeichen von Passivitätserwartungen herangezogenen Vermutungen in Richtung konkreter Ratschläge eher nicht als strikt zu befolgende Anweisungen gesehen zu werden, sondern als Anregungen, mit denen sich der Klient aktiv auseinandersetzen will. Die unter Beratern weit verbreiteten Vorbehalte gegenüber dem Erteilen von Ratschlägen sind also dann unbegründet, wenn sie auf der Vorstellung beruhen, daß die Klienten solche Hinweise eher unreflektiert befolgen werden.

Zweitens zeigt sich bei den Klienten eine Vorstellung von der Beziehung zum Berater, die wenig mit einer "Expertenhörigkeit" zu tun hat. Sie vermuten, daß er die Entscheidungen trifft, sie glauben jedoch auch, daß solche Entscheidungen für sie nachvollziehbar getroffen werden. Damit ist es wohl weniger die oft befürchtete "Abgabe der Verantwortung" an den Berater, die die Klienten häufig in eine passive Haltung bei der Planung des beraterischen Vorgehens bringt, sondern ihre Erwartung, vom Experten Vorschläge zu bekommen, die sie selbst auf ihre Tauglichkeit prüfen werden.

Drittens scheint sich die Vermutung durchgesetzt zu haben, daß in der EB nicht nur der Symptomträger beraten oder "behandelt" wird, sondern daß auch andere Familienmitglieder thematischer Gegenstand der Beratung sind. Dies bedeutet jedoch nicht, daß etwa die Familientherapie in ihren gängigen Formen von den Klienten erwartet würde, da ein Großteil der Klienten annimmt, daß auschließlich das Eingangsproblem zum Thema gemacht wird. Damit erscheint die mittlerweile wohl häufigste Form der Erziehungsberatung weiterhin ein im wesentlichen unerwartetes

Beratungssetting darzustellen.

Viertens scheinen die Erfolgserwartungen der Klienten keineswegs überzogen. Auch wenn die meisten von einer positiven Auswirkung der Beratung ausgehen (warum kämen sie auch sonst?), so glaubt doch nur die Hälfte an eine vollständige Lösung ihrer Probleme. Auch scheint sich also die o.a. Vermutung zu bestätigen, daß heutige EB-Klienten nicht (mehr) mit der Vorstellung zur EBSt kommen, ihre Probleme (oder ihr "Problemkind") "abzugeben", um es "geheilt" zurückzuerhalten, sondern mit Hilfe der Berater einen Schritt in die gewünschte Richtung zu gehen.

Zudem erklärt sich mit diesen eher moderaten Erfolgserwartungen möglicherweise auch der weiter oben berichtete Befund (s. Kap. 10.4), daß die Zufriedenheit der Klienten mit der Beratung nicht wesentlich von dem Ausmaß der erzielten Problemveränderungen abhängt.

■ **Beratermerkmale:**

Über äußere persönliche Merkmale des Beraters liegen eher uneinheitliche Erwartungen vor, was möglicherweise auf einen Abbau von Stereotypen über Menschen in Beratungsberufen hinweist. Insgesamt sieht die Mehrzahl der Klienten den Berater als einen kompetenten "Kommunikator" an, der ruhig, sachlich und tolerant die Randbedingungen für eine positive Veränderung schafft. Dabei glauben Sie an ein hohes zeitliches und persönliches Engagement des Beraters, setzen ihn aber eher selten mit einem Freund gleich.

Bemerkenswert ist an diesem Beraterbild weniger die hohe Kompetenzerwartung (die auch in anderen Untersuchungen häufig gefunden wurde, vgl. Kap. 2.3.2), sondern die Betonung des sachlichen Experten. Es ist weniger eine helfende und warme Atmosphäre, die im Zentrum ihrer Vermutungen steht, sondern mehr ein ruhiger Fachmann, der ihnen freundlich, aber nicht unbedingt als Freund gegenübertritt. Dieses Ergebnis ist insofern bedeutsam, als daß hier nicht, wie anderswo berichtet (Schmidtchen et al. a.a.O), ein "idealisiertes Beraterbild" zum Ausdruck kommt. Solche, den Berater potentiell überfordernden Erwartungen finden sich jedoch deutlich in den Vermutungen v.a zu seinem zeitlichen Engagement. Die dort vorherrschenden Vermutungen liegen sicher über dem, was die meisten Berater als sinnvoll erachten oder überhaupt langfristig leisten können. Inwiefern diese sehr anspruchsvollen Erwartungen tatsächlich eine Überforderung der Berater darstellen, soll bei der später erfolgenden Betrachtung der Beratererwartungen geklärt werden.

b. Gemeinsamkeiten und Unterschiede zwischen Antizipationen und Präferenzen

Ein Vergleich der beschriebenen Antizipationen der Klienten mit ihren gleichfalls zu Beginn der Beratung geäußerten Präferenzen (Untersuchungsfrage 2.2) zeigt, daß Vermutungen und Wünsche der Klienten in weiten Bereichen ähnlich sind (vgl. Tabellen A, B, C, D in Anhang A).

Für fast alle Erwartungsitems (69 von 70) bestehen positiv signifikante Korrelationen ($p < .01$) in der Größenordnung zwischen $.21$ und $.75$ (Mittel $.47$). Darüber hinaus bestehen bei knapp 2/3 der Erwartungen zusätzlich keine Niveauunterschiede. Lediglich bei 26 Items (37%) lassen sich überzufällige Mittelwertsunterschiede ($p < .01$) zwischen den Antizipationen und Präferenzen aufzeigen. Selbst bei diesen Items bestehen fast durchgängig (25 von 26 Items) positive Korrelationen zwischen Wunsch und Annahme. Nur drei der signifikanten Diskrepanzen umfassen Wunsch- und Vermutungsmittelwerte mit unterschiedlichen Vorzeichen (Items 15, 59, 44), so daß solche Diskrepanzen in der Regel nicht qualitativer sondern lediglich quantitativer Natur zu sein scheinen. Dabei zeigt sich die Tendenz, daß die Annahmen von den Wünschen (ohne Berücksichtigung des Vorzeichens) meist numerisch übertroffen werden.

Offensichtlich verlaufen also Wünsche und Annahmen in die gleiche Richtung: *Die Klienten scheinen sich in der Regel die vermutete Art der Beratung auch zu wünschen und nicht erwartete Bedingungen auch abzulehnen.* Damit gelten die übergreifenden Erwartungstendenzen, die im Bereich der Antizipationen aufgezeigt wurden auch für die Präferenzen.

Zudem zeigt sich, *daß in weiten Bereichen Wünsche und Annahmen nahezu identisch sind und nicht nur in der Richtung, sondern auch in ihrer Ausprägung übereinstimmen.* Wenn Unterschiede zwischen Wünschen und Annahmen bestehen, dann sind es nur sehr selten entgegengesetzte Vorstellungen, sondern meist nur solche, bei denen etwas ohnehin Vermutetes noch stärker gewünscht oder etwas nicht Angenommenes noch stärker abgelehnt wird.

Dieses Ergebnis ist in seiner Deutlichkeit überraschend und hat weitreichende Konsequenzen. Die Klienten kommen offensichtlich also mit der Überzeugung zu den EBStn, daß die Beratungspraxis zu einem Großteil zumindest der Tendenz nach ihren Wünschen entspricht. Die Erwartung, in der Beratung etwas Unerwünschtes vorzufinden oder etwas Erwünschtes nicht zu bekommen, ist die seltene Ausnahme. Lediglich die Hoffnung auf ein "mehr desselben" ihrer Wünsche oder ein "weniger desselben" der unerwünschten Merkmale scheint zu Beginn der Beratung teilweise vorzuliegen.

Dieses wichtige Ergebnis birgt vor allem zwei Implikationen.

Einerseits ist offensichtlich die Zuversicht, wunschgemäß beraten zu werden, eine der Eingangsbedingung zur Erziehungsberatung. Die Vermutung liegt nahe, daß potentielle Klienten, die diese Überzeugung nicht teilen, der EB fernbleiben. Diese Annahme, die auch durch Untersuchungen aus anderen Kontexten bestätigt wird (vgl. Kap. 3), kann einen Hinweis auf eine effektive Öffentlichkeitsarbeit bieten. Man könnte demnach vermuten, daß potentielle Klienten die EBSt nur aufsuchen, wenn sie überzeugt sind, daß sich die EB-Arbeit an ihren individuellen Bedürfnissen orientiert. Damit müßte auch berücksichtigt werden, wo Wünsche und Vermutungen an die EB vermittelt werden, um hier die eigene Arbeit und ihre Möglichkeiten darzustellen. Hinweise auf solche Instanzen wurden bereits weiter oben gegeben (vgl. Kap. 11.1).

Die zweite Implikation bezieht sich auf den Beratungsprozeß. Bei dem großen Optimismus bezüglich der Berücksichtigung der eigenen Wünsche liegt es nahe anzunehmen, daß ein schnelles Eingliedern des Klienten in den Beratungsablauf, ohne vorher genau seine Wünsche zu eruieren und zu besprechen, in der Anfangsphase der Beratung zur schnellen "Enttäuschung" dieses Optimismus und möglicherweise zum Abbruch der Beratung führen könnte. Wie sehr dieser Optimismus der Klienten bestehen bleibt und ob gegenteilige Erfahrungen mit einem geringeren Beratungserfolg zusammenhängen, soll an späterer Stelle genauer untersucht werden (vgl. Kap. 13.1.1 und 15)

Trotz der weitgehenden Übereinstimmung von Wünschen und Annahmen lohnt es sich, diejenigen Beratungsmerkmale näher zu betrachten, bei denen noch am ehesten Unterschiede zwischen Wünschen und Vermutungen auftreten ($p < .01$, vgl. Tab. A, B, C, D in Anhang A):

Hinsichtlich der *Beratungsdurchführung* finden sich v.a. im Bereich der Effizienz und der Ziele Erwartungsdiskrepanzen. Im einzelnen wünschen sich die Klienten mehr konkrete Tips und Ratschläge als sie vermuten, wollen entgegen der schon seltenen Annahme eher nicht intime Bereiche des Familienlebens angesprochen wissen und wünschen sich weniger stark eine Thematisierung der elterlichen Beziehung, als sie dies vermuten. Auf der Beziehungsebene wünschen sich die Klienten im Gegensatz zu ihrer Annahme, daß der Berater auch private Erfahrungen in die Beratung einbringt und sich nach ihren Wünschen und Zielen richtet. Zudem hoffen sie stärker als es ihrer ohnehin hohen Vermutung entspricht, daß die vollständige Problemlösung das Ziel der Beratung darstellt. In die gleiche Richtung weisen auch die hohen Diskrepanzen bzgl. der Effizienzeinschätzung. Die Klienten hoffen sehr viel stärker als sie annehmen, daß diese vollständige Problemlösung tatsächlich eintritt und sich ein insgesamt positiver Effekt auf ihr Familienleben einstellt.

Im Bereich der *instutionellen Rahmenbedingungen* zeigen sich insgesamt sehr wenige Diskrepanzen. Die Klienten wünschen sich mehr terminliche Flexibilität (z.B.

Spättermine) und zeigen einen geringeren Wunsch nach Terminen in den Räumen der EBSt selbst. Noch höher als die ohnehin hohen Annahmen sind die Wünsche nach der Kostenlosigkeit der Beratung und der Möglichkeit, auch mit kleineren Problemen beraten zu werden. Interessant ist in diesem Bereich, daß bzgl. der Zusammenarbeit mit anderen öffentlichen Stellen und dem Einfluß des Trägers auf die Beratung keine von den Vermutungen abweichenden Wünsche bestehen.

Die meisten Diskrepanzen finden sich im Bereich der *Beratereigenschaften*. Hinsichtlich der fachlichen Kompetenz des Beraters werden die ohnehin anspruchs- vollen Annahmen noch durch die Wünsche übertroffen. So wünschen sich die Klienten (noch) mehr Fachwissen, diagnostische Kompetenz und solche im Umgang mit Kindern und hoffen stärker, daß sich der Berater in seine Klienten hineinversetzen kann. Demgegenüber ist ihnen die formale Ausbildung (Hochschulstudium) des Beraters weniger wichtig.

Zur Beraterpersönlichkeit erhoffen sich die Klienten gegenüber ihren Vermutungen noch stärker eine warme und akzeptierende Grundhaltung. Sie wünschen sich stärker einen lebenserfahrenen Berater, der möglichst selbst Kinder hat und nicht durch eigene Probleme behindert wird, ihnen in verständnisvoller und durchaus auch humorvoller Weise gegenübertritt und ihnen Wärme und Geborgenheit vermittelt. Die Klienten möchten (noch) mehr als sie ohnehin vermuten, daß der Berater seine Arbeit nicht nur als "Job" auffaßt, sich aber trotzdem nicht persönlich von den Problemen der Klienten betreffen läßt. In bezug auf die Möglichkeit eines "freund- schaftlichen Kontaktes" zum Berater zeigt sich eine der wenigen qualitativen Diskrepanzen. Während eine knappe Mehrzahl der Klienten eine solche Beziehung eher nicht für realistisch hält, wünscht sich eine ebenso knappe Mehrheit die Möglich- keit einer solchen Beziehung doch.

Die bedeutsamste Erkenntnis an diesen Diskrepanzen ist die Erkenntnis, *daß sich die Klienten nur in wenigen Bereichen eine andere Art von Beratung wünschen als sie vermuten. Die meisten Wunsch-Vermutungs-Unterschiede bestehen darin, daß die vermutete Beratung in ähnlicher, aber optimierter Form gewünscht wird.* Dies gilt einerseits für die Rahmenbedingungen (Flexibilität und Kostenlosigkeit) und die Effizienz der Beratung und noch stärker für die Beratereigenschaften der beruf- lichen Kompetenz, des persönlichen Engagements und eines warmen und freund- schaftlichen Aufnehmens des Klienten. Alle diese Elemente werden von den Klienten auch vermutet, sollten aber nach den Wünschen der Klienten noch stärker ausgeprägt sein.

Im Gegensatz zu den zwar auch sehr positiven, aber doch nicht überzogenen Annahmen zum Beratungsprozeß *zeigen die Wünsche der Klienten zwar kein grundsätzlich von ihren Vermutungen abweichendes, jedoch sehr idealisiertes Bild des Beraters und der Möglichkeiten der Beratung.* Damit enthalten die Wünsche der Klienten sicher eine Überforderung der Berater, die wohl keine Chance haben, diesem Bild des ständig einsatzbereiten, umfassend kompetenten und freundschaftlich-warmen Partners zu entsprechen. Wenn also diese doch teilweise sehr überzogenen Wünschen, statt der eher realistischen Annahmen den Maßstab bilden sollten, an dem die Klienten ihre Beratungserfahrung messen, dann ist eine Enttäuschung ihrer Erwartungen sicher vorgezeichnet.

Damit ergibt sich die Konsequenz, Klienten im Rahmen der Öffentlichkeitsarbeit auch die Grenzen von Erziehungsberatung deutlich aufzuzeigen und zu Beginn der Beratung die Wünsche des Klienten zu thematisieren und möglicherweise auf realistischere Vorstellungen hinzuarbeiten.

Die einzige Ausnahme von der breiten Parallelität zwischen Wünschen und Vermutungen bildet ein weiteres bedeutsames Ergebnis. Bei den Erwartungen an die thematische Breite der Beratung zeigt sich, daß sich die Klienten die von ihnen z.T. vermutete Thematisierung der elterlichen Beziehung und anderer "intimer" Familiendetails weniger oder gar nicht wünschen. *Offensichtlich wollen die Klienten zwar den Einbezug der Eltern in die Beratung, wünschen sich dabei aber eher nicht, daß sie selbst oder ihre Paarbeziehung im Verlauf der Beratung zum Thema gemacht wird.* Hiermit ist eine wichtige Grenze der Akzeptanz des Familiensettings aufgezeigt, die zu Beginn der Beratung berücksichtigt werden muß. Während es nach diesen Ergebnissen bei den meisten Klienten keine Schwierigkeiten bereiten wird, sie als Eltern am Beratungsgeschehen zu beteiligen, sind doch massive Widerstände zu erwarten, wenn sich die Beratung auch thematisch mehr den Eltern zuwendet. Darin kommt auch zum Ausdruck, daß sich das Problemverständnis von Eltern zwar insofern verschoben hat, daß ihren Kindern nur mit ihrer aktiven Unterstützung und eigenen Veränderungsbereitschaft geholfen werden kann, daß sie jedoch von einer Betrachtungsweise, die das gesamte Familiengeschehen mit der Symptomatik eines Kindes in Beziehung setzt, in der Regel noch weit entfernt sind. Da dies jedoch in den gängigen familientherapeutischen Ansätzen geschieht, muß davon ausgegangen werden, daß dieses Vorgehen zumindest von inhaltlicher Seite den Wünschen der Klienten z.T. zuwiderläuft. Ob sich aus dieser Tatsache Folgen für die Beratung ergeben, soll an späterer Stelle betrachtet werden (Kap. 13).

12.1.2 Grundlegende Erwartungshaltungen der Klienten

Nachdem die Erwartungen bislang auf der Ebene der einzelnen Items analysiert wurden, sollen sie im folgenden aus einer anderen Perspektive betrachtet werden. Dabei soll untersucht werden, ob sich in den Erwartungen der Klienten eine Struktur aufzeigen läßt, d.h. ob es Gruppen von Items gibt, die grundlegende Erwartungshaltungen repräsentieren (Untersuchungsfrage 2.3). Das Hauptinteresse besteht dabei in der Frage, ob sich gleichsam Bündel von Erwartungen finden lassen, mit denen Klienten an die EB herantreten und die in der praktischen Arbeit das Erkennen von Erwartungen bei einzelnen Klienten erleichtern.

Dazu wurden zwei getrennte Faktorenanalysen über die Antizipations- und Präferenzitems des ersten Erhebungszeitpunktes gerechnet. Diese "explorative" Analyse soll, um es noch einmal zu betonen, der Strukturierung im Sinne einer Datenreduktion dienen und nicht etwa eine Erklärung des Zustandekommens der Erwartungen liefern.

Aus diesem Grunde wurden mehrere Varianten der FA gerechnet, um die inhaltlich am sinnvollsten interpretierbare Struktur zu bestimmen. Es wurden sowohl alle 70 Items faktorenanalysiert, als auch eine nach statistischen Kriterien der Itemverteilung (Varianz und Schiefe) reduzierte Anzahl von Items. Zudem wurden Faktorenanalysen mit am Mittelwert dichotomisierten Items gerechnet. Es kamen dabei Hauptachsenfaktorenanalysen und Hauptkomponentenanalysen zur Verwendung, sowohl unter Verwendung von Produkt-Moment- als auch von Spearman Korrelationen. Desweiteren wurden Faktorenanalysen mit veränderter Hauptkomponente in der Itemkorrelationsmatrix durchgeführt, als auch schiefwinklige Faktorenanalysen mit anschließender orthogonaler Faktorenanalyse zweiter Ordnung. Übereinstimmend erbrachten die Analysen bei alleiniger Verwendung des Kaiser-Kriteriums zur Bestimmung der Faktorenanzahl für Antizipationen und für Präferenzen jeweils mehr als 20 Faktoren. Dieses Ergebnis ist sicher auch auf die insgesamt geringe Interkorrelation der Items zurückzuführen (vgl. Bortz a.a.O, S. 625).
Letztlich wurde auf der Grundlage zweier getrennter Hauptkomponentenanalysen von Antizipationen und Präferenzen nach inhaltlichen Überlegungen und unter Verwendung des Scree-Tests der Eigenwerte, die über dem Wert 1 lagen, 12 (Antizipationen) bzw. 13 (Präferenzen) Faktoren extrahiert und varimax rotiert.

Die entstandenen Faktorenlösungen klären insgesamt 52% (Antizipationen) bzw. 58% (Präferenzen) der Varianz der Items auf, dabei zeigen die einzelnen Faktoren einen Erklärungsanteil von 2% bis 15%. Die Kommunalitäten der Variablen bewegen sich zwischen .31 und .79.

Trotz dieser insgesamt recht unbefriedigenden Werte der Varianzaufklärung sollen die Faktorenlösungen näher betrachtet werden, da sie an dieser Stelle nur als eine Möglichkeit der Strukturierung der Items fungieren und eine weitergehende Verwendung dieser Faktoren bei den später folgenden Auswertungsschritten nicht vorgesehen ist. Die relativ geringe Varianzaufklärung der Faktorlösungen muß bei der folgenden Diskussion der Faktoren jedoch im Auge behalten werden.

Offensichtlich lassen sich die hier geäußerten Erwartungen nicht auf einige wenige grundlegende Erwartungshaltungen zurückführen, wie dies bislang in vielen Fällen in der Literatur angenommen und durchgeführt wurde (vgl. Kap. 2.2). Der Unterschied dieser Ergebnisse zu denen in der Literatur könnte v.a. darin begründet liegen, daß in den hier vorliegenden Items eine breitere Palette von Erwartungen abgefragt wird als dies im Regelfall geschieht (v.a. hinsichtlich der institutionellen Erwartungen). Von daher könnten die üblicherweise aufgezeigten Faktoren hier in unterschiedlichen Nuancierungen auftreten. Ob sich, wie dann zu vermuten wäre, hinter den aufgezeigten Faktoren weitere grundsätzliche Dimensionen verbergen, soll bei der folgenden inhaltlichen Interpretation der Faktoren untersucht werden.

Bei der Interpretation der Faktoren wurden nur Items mit einer Ladung > 0.4 berücksichtigt. In Fällen, in denen Items auf zwei Faktoren solche Ladungen aufwiesen (bei beiden Analysen insgesamt 11 Fälle), wurden diese Items bei der Interpretation beider Faktoren berücksichtigt.

A. Antizipationsfaktoren

Im einzelnen wurden für die Antizipationsitems folgende 12 Faktoren bestimmt (Zur Zuordnung der Items zu den Faktoren und zu den Faktorladungen s. Anhang B):

■ Faktor 1: Sachlicher Expertenrat zu konkretem Problem

Dieser Faktor (Varianzaufklärung 12,1%) enthält v.a. Erwartungen an einen erfahrenen Berater, der die Beratung in die Hand nimmt und auf sachlich-souveräne Weise Lösungsvorschläge für das vorgebrachte Problem vorlegt.

■ Faktor 2: Freies Angebot zu transparenter u. gleichberechtigter

Ursachensuche

Dieser Faktor (Varianzaufklärung 6,6%) beinhaltet Erwartungen an einen transparenten Beratungsprozeß, bei dem ein kompetenter und verständnisvoller Berater in einer offenen Atmosphäre gemeinsam mit dem Klienten die Problemursachen untersucht. Wichtig sind dabei auch die Erwartungen an die Kostenlosigkeit und die Schweigepflicht.

■ Faktor 3: Eng problemzentrierte und verhaltensorientierte Erziehungsberatung

In diesem Faktor (Varianzaufklärung 4,6%) sind v.a. Vermutungen bzgl. einer Beratung enthalten, die sich thematisch ausschließlich auf ein erzieherisches Eingangsproblem konzentriert und dabei möglichst wenig intime und emotionale Themen auf individueller oder familiärer Ebene anreißt. Zudem wird vornehmlich eine Beratung auf der Verhaltensebene vermutet.

■ Faktor 4: Hilfreiche Gespräche mit kompetentem Freund

Dieser Faktor (Varianzaufklärung 4,3%) beschreibt Vermutungen an einen verständnisvollen und freundschaftlichen Berater, der kraft seiner Kompetenz offene

Gespräche ermöglicht, die eine positive Wirkung auf das Familienleben der Klienten entfalten.

■ Faktor 5: Umfassende Hilfe auf persönlich-unbürokratische Weise

Dieser Faktor (Varianzaufklärung 3,7%) betont v.a. den Aspekt des Geborgenseins bei dem Berater, der immer erreichbar ist, Kompetenz und Entspanntheit vermittelt und in breitem Rahmen beraten kann.

■ Faktor 6: Kinderbehandlung durch Berater in vergleichbaren Lebensumständen

Bei diesem Faktor (Varianzaufklärung 3,6%) steht v.a. die Ähnlichkeit (bzgl. Geschlecht und Elternstatus) zwischen Berater und Klient im Vordergrund. Der zweite wichtige Aspekt ist die Vermutung, daß die Beratung die Eltern nur am Rande mit einbezieht und quasi unbemerkt zu positiven Resultaten führt.

■ Faktor 7: Offen-konfrontative Auseinandersetzung mit Problemen

Dieser Faktor (Varianzaufklärung 3,5%) beschreibt eine Erwartungshaltung, die durch die Vermutung einer direkt-offenen bzw. öffentlichen (Gruppenberatung) Auseinandersetzung mit den eigenen Problemen gekennzeichnet ist. Der Berater wird dabei als konfrontativ und eher direktiv gesehen, wobei diese Offenheit jedoch auch für den Klienten angenommen wird.

■ Faktor 8: Individueller Denkanstoß an die Eltern

Die Vermutungen, die in diesem Faktor (Varianzaufklärung 3,2%) repräsentiert sind, beschreiben Beratung als die Vergabe von Anregungen an die Eltern. Dies geschieht durch einen engagierten Berater, der sich durch seine Fähigkeit zur Perspektiven-übernahme auszeichnet.

■ Faktor 9: Erfolgreiche Arbeit mit Kindern

Bei diesem Faktor (Varianzaufklärung 3,1%) wird ein besonders kompetenter Umgang mit den Kindern vermutet, der letztlich zur völligen Problemlösung führt.

■ Faktor 10: Elterndistanz zum Berater

Dieser Faktor (Varianzaufklärung 2,8%) beschreibt eine Erwartungshaltung, die v.a. durch eine vermutete Distanz zum Berater gekennzeichnet ist. Ob dies auch einschließt, daß die Eltern nicht an den beraterischen Maßnahmen teilnehmen, ist aus den zugehörigen Items nicht ersichtlich.

■ Faktor 11: Berater als kompetenter Gesprächspartner

Dieser Faktor (Varianzaufklärung 2,6%) umfaßt die Aspekte der fachlichen und kommunikativen Kompetenz des Beraters.

■ Faktor 12: Einsatz psychologisch-therapeutischer Verfahren

Bei diesem Faktor (Varianzaufklärung 2,4%) wird der Einsatz verschiedener übender und diagnostischer Verfahren vermutet.

Untersucht man diese Faktoren im Hinblick auf Ähnlichkeiten und Unterschiede, dann lassen sich zwei größere Gruppen von Faktoren bilden, die sich auf mehreren Dimensionen unterscheiden. Diese Dimensionen können schlagwortartig mit den

Begriffspaaren:
- problemzentriert vs. hintergrundorientiert
- sachlich-distanziert ratgebend vs. gemeinsam suchend
- eher verhaltensorientiert vs. eher emotionsorientiert
- eher kindzentriert vs. eher individuum-/familienzentriert

beschrieben werden. Die erste Gruppe der Faktoren ist jeweils durch den ersten Pol der Dimensionen gekennzeichnet, die zweite Gruppe durch den zweiten. Demnach ließen sich die Faktoren (Erwartungshaltungen) der ersten Gruppe als stärker problem- und kindzentrierte Ratsuche, die der zweiten Gruppe als eher individuum- und familienorientierte Erkenntnissuche bezeichnen. Die Dimension der Berater- kompetenz bzw. Beraterautorität ist nicht typisch für eine der Gruppen, da die Annahme der Beraterkompetenz in einem Großteil der Faktoren enthalten ist.

Anders als bei den weiter oben beschriebenen empririsch gefundenen Faktoren- strukturen, die meist eine Vierer-Typologie aufstellen (vgl. Kap. 2.2) lassen sich die hier extrahierten Faktoren also sinnvoller in zwei Gruppen zusammenfassen. Die in den Gruppen enthaltenen Faktoren stellen dabei jeweils unterschiedliche Spielarten der zugrundeliegenden grundsätzlichen Erwartungshaltung mit jeweils eigener Schwerpunktsetzung dar. Eine weitergehende Zusammenfassung der Faktoren innerhalb der beiden Gruppen (wie in den o.g. Typologien geschehen) würde diese Schwerpunktsetzungen der Faktoren zu sehr verwischen.

Betrachtet man die Gruppen im einzelnen, dann enthält die erste Gruppe Erwartungshaltungen im Sinne eines problem- und kindzentrierten Ratsuchens mit Schwerpunktsetzungen auf der Beraterseriosität (Faktor 1), der Ausklammerung intimer Familiendetails (Faktor 3), der Elternerfahrung des Beraters (Faktor 6), der positiven Erfolgsaussichten (Faktor 9) und der Distanzwahrung zum Berater (Faktor 10). Demgegenüber umfaßt die zweite Gruppe Erwartungshaltungen hinsichtlich einer individuum- und familienorientierten Erkenntnissuche mit Schwerpunktsetzungen auf Offenheit und Transparenz (Faktor 2), Kompetenz und Freundschaftlichkeit (Faktor 4), Geborgenheit (Faktor 5), Selbstkonfrontation (Faktor 7), Anregung zur Eigeninitiative (Faktor 8), kommunikative Kompetenz (Faktor 11) und Erfahrungserweiterung (Faktor 12).

Obwohl diese Zweiteilung selbstverständlich nur eine von vielen logisch nachvoll- ziehbaren Möglichkeiten ist, scheint sie auch angesichts der Rahmenbedingungen des Klientenzugangs zur EBSt eine sinnvolle Möglichkeit. Vereinfacht betrachtet, spiegelt sich in ihr die häufig vermutete Zweiteilung in Arzt-Patient-Orientierte Erwartungen (Gruppe 1) und eher auf Psychotherapie ausgerichtete Erwartungen (Gruppe 2) wider. Auch die immer wieder berichteten "Passivitätserwartungen" lassen sich mit Einschränkung mit den Erwartungshaltungen in Gruppe 1 gleich- setzen. Allerdings zeigen die einzelnen Faktoren auch so deutliche Unterschiede in den Schwerpunktsetzungen, daß diese Reduzierung auf zwei Kategorien als Ordnungsschema zwar nützlich ist, für die Beurteilung von im einzelnen vorgefundenen Klientenvermutungen jedoch die Betrachtungsebene der einzelnen

Faktoren fruchtbarer sein wird.

Bevor weitere Schlußfolgerungen aus dieser Struktur gezogen werden, sollen im folgenden zum Vergleich erst die 13 Präferenzfaktoren inhaltlich gefüllt werden (zur Zuordnung der Items zu den Faktoren und zu den Faktorladungen s. Anhang B):

■ Faktor 1: Hinweise zur Problemlösung von verständnisvollem Fachmann

Dieser Faktor (Varianzaufklärung 14,6%) enthält v.a. Wünsche an einen umfassend kompetenten Berater, der in einer warmen, offenen und toleranten Atmosphäre Hinweise zur Problemlösung gibt.

■ Faktor 2: Trägerspezifische verhaltensorientierte Kinderbehandlung

In diesem Faktor (Varianzaufklärung 7,5%) kommen v.a. Wünsche an eine verhaltens-orientierte Arbeit ausschließlich mit dem vorgestellten Kind zum Ausdruck. Enthalten ist zudem der Wunsch, daß sich die Beratung an den Werten des Trägers (kath. Kirche) orientiert.

■ Faktor 3: Selbstzentrierte Beratung in engem Th.-Kl.-Kontakt

Dieser Faktor (Varianzaufklärung 5,5%) umfaßt Wünsche an die Erörterung auch intimer persönlicher Probleme in einem freundschaftlichen Verhältnis zum Berater, der für den Klienten immer erreichbar ist.

■ Faktor 4: Souveräner Berater

Dieser Faktor (Varianzaufklärung 4,3%) beschreibt den Wunsch nach einem seriösen und erfahrenen Berater, der selbst weitgehend ohne Probleme ist und gelassen auf eine kurze Beratung hinsteuert.

■ Faktor 5: Beratung als freie Dienstleistung

Die Wünsche dieses Faktors (Varianzaufklärung 4,0%) beschreiben die Beratung als kostenloses Angebot im Haus der EBSt, bei dem diskret nach den Wünschen des Klienten gearbeitet wird.

■ Faktor 6: Einsatz psychologisch-therapeutischer Verfahren

Bei diesem Faktor (Varianzaufklärung 3,5%) wird der Einsatz verschiedener übender Verfahren und Aufgaben gewünscht.

■ Faktor 7: Ratschläge zur umfassenden Problemlösung

In diesem Faktor (Varianzaufklärung 3,4%) drückt sich v.a. der Wunsch nach offenen Gesprächen aus, in denen der Berater Ratschlägen zu einer umfassenden Problem-lösung gibt.

■ Faktor 8: Sachlich-direkte Problembearbeitung im Familienrahmen

Bei diesem Faktor (Varianzaufklärung 2,9%) steht der Wunsch nach sachlicher und direkter Bearbeitung des Eingangsproblems im Familiensetting im Vordergrund.

■ Faktor 9: Kompetenter Berater in vergleichbaren Lebensumständen

Dieser Faktor (Varianzaufklärung 2,7%) enthält den Wunsch nach einem kompetenten und erfahrenen Berater, der sich in ähnlichen Lebensumständen (Geschlecht und eigene Kinder) wie die Klienten befindet.

■ Faktor 10: Hinweise von aufmerksamem Freund

In diesem Faktor (Varianzaufklärung 2,6%) kommt der Wunsch nach einem freundschaftlichen Verhältnis zum Berater zum Ausdruck. Der Berater soll sich dabei voll dem Klienten widmen, um dessen neuralgische Punkte aufzuspüren und anzusprechen.

■ Faktor 11: Familienberatung durch engagierten Berater

Dieser Faktor (Varianzaufklärung 2,5%) umschreibt den Wunsch nach einem engagierten Berater, der mit der ganzen Familie arbeitet und dabei auch mit anderen Stellen Kontakt aufnimmt.

■ Faktor 12: Problembeurteilung aus neuen Perspektiven

Dieser Faktor (Varianzaufklärung 2,2%) enthält den Wunsch, deutliche Rückmeldungen aus anderen Perspektiven (Berater, Gruppe, diagnost. Verfahren) über die Problemhintergründe zu erhalten. Diese angestrebte Offenheit schließt auch die Berater-Klient-Beziehung mit ein.

■ Faktor 13: Persönliches Engagement des Beraters auch außerhalb des Beratungssettings

Bei diesem Faktor (Varianzaufklärung 2,1%) steht das persönliche Engagement des Beraters im Mittelpunkt, das sich auch auf erziehungsfremde Bereiche bezieht (rechtl./finanzielle Fragen) und zudem ein aktives Einsetzen des Beraters für die Klienten außerhalb der EBSt mit einschließt.

Anders als bei den Antizipationsfaktoren lassen sich nicht alle Präferenzfaktoren auf einer einzigen inhaltlichen Dimension ansiedeln, sondern es zeigen sich Faktoren, die v.a. Wünsche an den Berater (Faktoren 4, 9, 13) oder an den Beratungsrahmen (Faktor 5) beeinhalten. Während einige Faktoren der Zweiteilung bei den Antizipationen zugeordnet werden können (zu Gruppe 1 ("problem- und kindzentrierte Ratsuche") die Faktoren 2 und 7, zu Gruppe 2 ("individuum- und familienorientierte Erkenntnissuche") die Faktoren 3, 6, 10, 11 und 12), vereinigen andere Faktoren Eigenschaften beider o.g. Faktorengruppen (Problemorientierung und Nähe zum Berater bei Faktor 1, sachliche Problemorientierung und Familiensetting bei Faktor 8).

In einem letzten Schritt wurde überprüft, welche der beschriebenen Faktoren (Erwartungshaltungen) in der vorliegenden Stichprobe eher häufig und welche eher selten geäußert werden.

Um ein Maß für die Auftretenshäufigkeit der in einem Faktor zusammengefaßten Erwartungen zu bekommen, das zudem auf der Dimension der Items liegt (-2 bis +2), wurden Faktorwerte für jeden Faktor bestimmt. Dabei wurde aus den geäußerten Ausprägungen der einem Faktor zugeordneten Items das gewichtete arithmetisches Mittel gebildet, wobei die Faktorladungen der Items auf diesem Faktor als Gewichte eingingen. Der Mittelwert dieser Faktorwerte eines Faktors über alle Probanden ergibt das unten angegebene Maß des "gewichteten Faktormittelwertes". Dieser Wert drückt eher als ein Faktorwert die Auftretenshäufigkeit eines Faktors (einer Erwartungshaltung) bei einem Klienten aus, der zum einen auf der gleichen (Häufigkeits-) Dimension wie die Ausgangsdaten liegt und zum anderen anders als der Faktorwert an den hier verwendeten Kriterien der Zuordnung von Items zu Faktoren orientiert ist. Die Gewichtung der Einzelerwartungen mit ihrer jeweiligen Faktorladung soll zum einen den Informationsverlust durch die Mittelwertbildung verringern und zum anderen Verzerrungen des gesamten Faktorwertes durch einzelne Extremwerte verringern. Um die Auftretenshäufigkeit der Erwartungshaltungen über alle Klienten vergleichen zu können, wurde pro Faktor das aritmethische Mittel (über alle Klienten) des gewichteten Faktormittelwerts bestimmt.

Die so entstandenen "gewichteten Faktormittelwerte" drücken also die Häufigkeit des Auftretens eines Faktors über alle Klienten aus und bewegt sich wie die Ausgangsdaten zwischen -2 (stimmt nicht) und +2 (stimmt). Tab. 18 stellt diese Werte dar.

Faktor	Antizipationen Faktormittelwert		Präferenzen Faktormittelwert	
	M	SD	M	SD
1	0.97	0.77	1.50	0.52
2	1.16	0.54	-0.60	0.82
3	-0.53	0.88	0.90	0.79
4	1.10	0.65	0.84	0.81
5	0.77	0.71	1.37	0.61
6	-0.18	0.84	0.64	1.08
7	0.40	0.68	1.65	0.50
8	1.38	0.64	0.74	0.84
9	0.26	0.83	0.29	0.76
10	-0.42	0.92	1.27	0.58
11	1.28	0.70	1.38	0.59
12	0.55	0.96	-0.12	0.83
13			0.17	1.02

Tab. 18: Mittelwerte (über alle Klienten) und Standardabweichungen der gewichteten Faktormittelwerte für die Faktoren der Antizipation und Präferenzen

Die Zahlen für die Antizipationsfaktoren zeigen, daß die Erwartungshaltungen der Gruppe 1 deutlich seltener in der Klientenstichprobe auftreten als die der Gruppe 2. Die Klienten betreten die EBSt also sehr viel öfter mit Vermutungen in Richtung auf eine "individuum- und familienorientierte Erkenntnissuche" als auf eine Beratung, die sich v.a. Rat und Behandlung der Kinder richtet.

Bei den Präferenzfaktoren zeigt sich diese Bevorzugung einer der beiden grundlegenden Erwartungshaltungen nicht. In beiden o.g. Gruppen und auch bei den
"Beraterfaktoren" gibt es Faktoren, die eher selten geäußert werden und solche,
die eher häufig vorliegen. Darüber hinaus zeigt sich eine Tendenz, daß Erwartungshaltungen, die den Wunsch nach Ratschlägen enthalten (Faktor 1 und 7) sehr häufig
geäußert werden.

Aus der Analyse der Struktur der Erwartungen lassen sich resümierend drei wichtige
Schlußfolgerungen ziehen.

Zum einen zeigt sich sowohl bei den Wünschen als auch bei den Vermutungen eine
sehr heterogene Faktorenstruktur mit einer recht großen Faktorenanzahl. Auch
wenn sich, wie gezeigt, jeweils mehrere Faktoren unter inhaltlichen Gesichtspunkten
zu Gruppen zusammenfassen lassen, so bleibt doch auch in diesen Gruppen eine recht
große inhaltliche Heterogenität bestehen. *Damit zeigen die hier vorliegenden
Erwartungen, daß die bislang konstruierten Erwartungstypologien möglicherweise
ein zu grobes Raster darstellen, bei dem die einzelnen Nuancen der Erwartungshaltungen zu sehr verwischt werden.* So reicht es beispielsweise nicht aus, die
Vermutungen eines Klienten als Passivitätserwartungen zu kennzeichnen, da auch
diese noch in vielen verschiedenen Facetten vorliegen können. Bei dieser Vielfalt von
möglichen Erwartungshaltungen kann es also sowohl in der Erwartungsforschung
als auch in der praktischen Arbeit nicht ausreichen, einige wenige Erwartungen zu
eruieren, um den Klienten dann in eine Typologie mit drei oder vier Kategorien einzuordnen.

Das zweite wichtige Ergebnis bezieht sich auf die recht unterschiedliche Struktur
von Wünschen und Vermutungen. Während es einige Ähnlichkeiten zwischen einzelnen
Faktoren der Antizipationen und Präferenzen gibt, zeigen die Präferenzfaktoren eine
Struktur, die weitaus heterogener ist als die der Antizipationsfaktoren. *Die Wünsche
der Klienten zeigen also ein noch vielfältigeres Bild als ihre Vermutungen und lassen
sich von daher noch weniger übersichtlich kategorisieren.* Dabei lassen sich die
Erwartungshaltungen der Präferenzen nicht als verschiedene Facetten zweier grundsätzlicher Erwartungshaltungen darstellen, sondern unterscheiden sich auf
verschiedenen Dimensionen. Dabei sind v.a. zwei Punkte bedeutsam:
Das Vorliegen von Präferenz-Erwartungshaltungen, die sich ausschließlich auf die
Person des Beraters beziehen, könnte bedeuten, daß die Klienten aufgrund fehlender Kenntnisse z.T. keine konkreten Wünsche an die für sie beste Beratung formulieren können und sich von daher in ihren Präferenzen auf die Beraterperson oder
die Institution EBSt beschränken.
Wichtiger noch erscheint jedoch die Tatsache, daß bei den Antizipationen eine enge

Problemorientierung immer mit einer sachlich-distanzierten Atmosphäre verbunden wird, wogegen bei den Präferenzfaktoren eine problemorientierte und auf Ratschläge hinarbeitende Beratung durchaus mit einem Familiensetting und einer warmen und "nahen" Th.-Kl.-Beziehung verknüpfbar gesehen wird. Die Klienten zeigen also z.T. Erwartungshaltungen, in denen gleichzeitig Rat, Familiensetting und ein "warmer" Berater *gewünscht* werden, äußern jedoch keine Erwartungshaltungen, in denen eine solche Kombination auch *vermutet* wird. *Offensichtlich glauben die Klienten überwiegend, daß sie entweder auf einen ratschlaggebenden und an konkretem Verhalten interessierten Berater treffen oder auf einen solchen, der mehr die eigene Lösungssuche begleitet und die Hintergründe des Problems einbezieht. In ihren Wunschhaltungen werden jedoch Elemente beider Vorstellungen miteinander verknüpft.* Damit zeigt sich zumindest bei einem Teil der Klienten eine Diskrepanz in den Wünschen und Vermutungen zu dem generellen Aufbau von Beratungsarbeit. Auch wenn in den beiden oben beschriebenen Vermutungshaltungen sicher existierende beraterische Grundeinstellungen wiedergegeben werden, so muß man doch davon ausgehen, daß diese beiden idealtypischen Beratungsansätze in der gegenwärtigen EB in dieser Form nicht alltäglich sind. Von daher muß die Diskrepanz zwischen Wunsch und Vermutung nicht problematisch werden, da den Wünschen der Klienten durchaus entsprochen werden kann. Es ist jedoch zu fragen, und auch dabei ist wieder die Öffentlichkeitsarbeit der EBStn angesprochen, wie es zu diesen Vermutungen kommt und inwiefern auch durch die Außendarstellung der EB-Arbeit solche Erwartungen nahegelegt werden.

Das dritte wichtige Ergebnis besteht in der Erkenntnis, *daß ähnliche Erwartungshaltungen mit unterschiedlicher Häufigkeit gewünscht und vermutet werden.* So vermuten die Klienten vielfach eine Beratung, in der die gesamte Familie eine Rolle spielt und in der gemeinsam Denkanstöße erarbeitet werden anstatt Ratschläge verteilt oder allein mit Kindern gearbeitet wird. In ihren Wünschen zeigen sich jedoch durchaus häufig Erwartungshaltungen, in denen ein breiter Ansatz, eine warme Atmosphäre und Ratschläge miteinander verknüpft werden und besonders häufig jene Ratschlagserwartungen, die in den Vermutungen selten vorkommen. Wogegen sich also von der Häufigkeit her eher "typische" Antizipationshaltungen zeigen lassen, ist eine solche Aussage bei den Präferenzen kaum möglich. Lediglich der Wunsch nach einer ratschlaggebenden Beratung scheint bei einem Großteil der Klienten vorzuliegen. Die intraindividuellen Diskrepanzen, die sich schon auf der Itemebene zeigten, finden sich damit z.T. also auch bei der Betrachtung übergeordneter Erwartungen.

12.1.3 Erwartungsorientierte Kliententypen

Nachdem im letzten Kapitel homogene *Gruppen von Erwartungen* dargestellt wurden, soll im folgenden gefragt werden, ob sich anhand ihrer Erwartungen auch homogene *Gruppen von Klienten* bilden lassen (Untersuchungsfrage 2.4). Dabei soll letztlich die Frage beantwortet werden, ob es bestimmte, eindeutig voneinander zu unterscheidende "Erwartungstypen" von Klienten gibt. Eine solche Typologie könnte den praktischen Umgang mit Klientenerwartungen erleichtern, da sie die Einordnung der von Klienten geäußerten Erwartungen erleichtern würde.[1]
Als statistische Methode wurde hierzu die Clusteranalyse herangezogen, da sie in der Lage ist, aus einer "heterogenen Gesamtheit von Objekten (...) homogene Teilmengen von Objekten aus der Objektgesamtheit zu identifizieren" (Backhaus et al. 1989, S. 115).

Um die Klienten (n=110) zu homogenen erwartungsorientierten Gruppen zusammenzufassen, wurden Clusteranalysen über die Eingangserwartungen der Klienten (getrennt für Antizipationen und Präferenzen) gerechnet. Zu Beginn wurden Clusteranalysen mit der single-linkage-Methode zur Eliminierung von "Ausreißern" (Personen) durchgeführt. Da im vorliegenden Fall nicht die Distanz zwischen Objekten und nicht etwa der Gleichlauf von Itemprofilen interessiert, wurde das Distanzmaß "quadrierte euklidische Distanz" als Proximitätsmaß herangezogen. Eine Standardisierung der Itemwerte wurde aufgrund der Verwendung einer einzigen Skala für alle Items nicht durchgeführt, damit gehen also auch das Niveau und die Streuung der Variablen mit in die Clusterbildung ein (vgl. Borgen & Barnett 1987). Die Eliminierung der "Ausreißer" erfolgte nach folgender Regel: Es wurden jeweils solche Fälle eliminiert, die im single-linkage-Verfahren bei maximaler Distanz *einzeln* mit einem Cluster fusioniert wurden. Dadurch wurden für die Antizipationen drei und für die Präferenzen ein Proband aus der weiteren Analyse ausgeschlossen.
Im Anschluß wurde die eigentliche Clusterung nach der "Ward"-Methode durchgeführt, die "im Vergleich zu anderen Algorithmen in den meisten Fällen sehr gute Partitionen findet und die Elemente richtig den Gruppen zuordnet" (Backhaus et al. a.a.O., S.144). Dieses vergleichsweise eher konservative Verfahren neigt zur Bildung etwa gleichgroßer Gruppen.

Nach dem Elbow-Kriterium der Fehlerquadratsummen ergab sich nach der Ward-Methode für Antizipationen und Präferenzen jeweils eine Zwei-Cluster-Lösung.

Zur näheren inhaltlichen Bestimmung der Antizipations- und Präferenzcluster wurde per t-Test (für unabhäng. Stichproben) für die Erwartungen überprüft, welche Items die entstandenen Gruppen isoliert betrachtet trennen. Auch hier wurde aufgrund der hohen Anzahl der Berechnungen zur Verringerung zufälliger Signifikanzen eine

---

[1]Dieser Zugangsweg soll hier exemplarisch beschritten werden, um diese zweite (neben der itemorientierten Analyse) grundsätzliche Auswertungsperspektive mit einzubeziehen. Allerdings soll bereits hier betont werden, daß für die weiteren Datenanalysen wieder die Itemebene statt der Personebene herangezogen wird, da sie bei dem Umfang des vorliegenden Datenmaterials die aussagekräftigste Ebene darstellt.

Irrtumswahrscheinlichkeit von p < .01 gewählt.[1]

Bei den Antizipationen zeigen sich für insgesamt 30 der 70 Eingangsvermutungen signifikante (p < .01) Mittelwertunterschiede zwischen den beiden Klientenclustern, bei den Präferenzen liegen solche Unterschiede für 24 Präferenzitems vor (vgl. Tab. A, Anhang C). Im einzelnen lassen sich die Klientengruppen anhand ihrer Erwartungsunterschiede folgendermaßen charakterisieren:

Antizipationsgruppe 1 (43% der Klienten):

Die Klienten erwarten eher einen erfahrenen und umfassend kompetenten Berater, der seriös, gelassen und sachlich auftritt und sich auch außerhalb der Beratung für sie einsetzt. Sie vermuten zudem eher, daß der Berater eine warme und verständnisvolle Atmosphäre schafft, in der auch Kritik und das Ansprechen von Fehlern möglich ist. Sie vermuten stärker eine thematische Eingrenzung auf das Eingangsproblem, erwarten stärker die Arbeit mit Kindern und konkrete Verhaltensaufgaben. Sie vermuten zudem mehr, daß der Berater über den Beratungsablauf entscheidet und ihnen konkrete Tips und Ratschläge gibt.

Antizipationsgruppe 2 (57% der Klienten):

Die Klienten dieser Gruppe vermuten bestimmte Kompetenzmerkmale bei dem Berater nicht (geht nicht besser mit Kindern um als andere Leute, kann nicht unbemerkt Veränderungen bewirken) und gehen insgesamt von weniger "Expertentum" bei dem Berater aus. Sie glauben zudem eher nicht an einen vollständigen Beratungserfolg, gehen sehr viel weniger von einem freundesähnlichen Verhältnis zum Berater aus und vermuten eher nicht, daß sich der Berater außerhalb der Beratung für sie einsetzt. Zudem erwarten sie sehr viel weniger eine thematische Begrenzung auf das Eingangsproblem.

Präferenzgruppe 1 (74% der Klienten):

Die Klienten erhoffen sich v.a. mehr zeitliches Engagement des Beraters, ein lockeres und ruhiges Verhalten und den Aufbau einer freundschaftlichen Beziehung. Sie wünschen sich eine auf das Eingangsproblem begrenzte, verhaltensorientierte Beratung, über deren Ablauf der Berater entscheidet. Sie möchten eher, daß die Beratung diagnostische und übende Verfahren einschließt und in einer geborgenen Atmosphäre zu konkreten Ratschlägen des Beraters führt. Eine trägerorientierte Beratung wird von ihnen weniger stark abgelehnt.

Präferenzgruppe 2 (26% der Klienten):

Die Klienten bevorzugen einen thematisch breiteren Beratungsansatz, weniger Verhaltensorientierung und das Erarbeiten von Ratschlägen. Sie möchten zudem stärker an den Entscheidungen zum Ablauf der Beratung beteiligt sein.

---

[1]Die Ergebnisse der hier eigentlich wünschenswerten diskriminanzanalytischen Betrachtung der Trennkraft der Items sollen hier nicht herangezogen werden, da die Voraussetzung der Homogenität der Varianz-Kovarianz-Matrizen der Items in beiden Gruppierungen (Antizipationen u. Präferenzen) nicht gegeben sind.

Die beiden Antizipationsgruppen unterscheiden sich also im wesentlichen durch das Ausmaß, in dem der Berater als kompetent, leitend und engagiert angesehen wird und durch die unterschiedliche Betonung einer engen Problemorientierung. Dagegen liegt der Hauptunterschied zwischen den beiden Präferenzgruppen vor allem in Wunsch oder Ablehnung einer beratergesteuerten Beratung und der Beschränkung auf das Eingangsproblem. Wichtig ist dabei die Tatsache, daß die Abgrenzung zwischen den beiden Präferenzclustern schärfer ist als der Unterschied zwischen den Antizipationsclustern, da sich die zweite Präferenzgruppe im Mittel *gegen* eine eng eingegrenzte und beratergesteuerte Beratung entscheidet, wohingegen der Unterschied bei den Antizipationsgruppen v.a. *im Niveau* der Annahme in Richtung auf einen kompetenten und aktiven Berater liegt.

Bei Wünschen und Vermutungen lassen sich also jeweils zwei recht große Gruppen von Klienten bilden, die sich jeweils durch ein unterschiedliches Beratungsverständnis kennzeichnen lassen. Dabei legen vor allem die Wünsche der Klienten zwei Klientengruppen nahe, die mit z.T. entgegengesetzten Erwartungen zur EBSt kommen. *Beide Gruppierungen lassen sich am ehesten auf den Dimensionen Aktivität vs. Passivität des Klienten oder Expertenrat vs. gemeinsame Problemlösung unterscheiden.* Auch wenn es zwischen Antizipationen und Präferenzen Nuancierungen gibt, so scheinen doch beide eine Zweiteilung der Klienten auf dieser Dimension zu beinhalten. Die Aufteilung in nur zwei Gruppen macht deutlich, daß sich auf der Betrachtungsebene von Personen nicht die Vielfalt zeigt, die auf der Ebene der Gruppen von einzelnen Erwartungen festzustellen war. Die Klienten neigen also offensichtlich nicht nur einer bestimmten, eng umschriebenen Erwartungshaltung zu, sondern unterschieden sich vor allem durch ihre grundsätzliche Einstellung bezüglich der Leitungsfunktion des Beraters und der thematischen Eingrenzung der Beratung. Damit zeigen sich deutlich die Grenzen der Typisierung von Klienten anhand ihrer Erwartungen. Offensichtlich stehen die bei den Erwartungshaltungen beschriebenen Nuancierungen nicht so im Vordergrund, als daß sie zur deutlichen Unterscheidung von Klienten anhand ihrer Erwartungen führen würden. Für den praktischen Umgang mit den Klientenerwartungen bedeutet dies, daß nicht "die" Erwartungshaltung (im Sinne der in Kap. 12.1.2 aufgezeigten Faktoren) eines Klienten bestimmt werden kann, sondern daß auf der Grundlage der Zuordnung zu einer der beiden hier gefundenen Gruppen gefragt werden muß, welche verschiedenen Erwartungshaltungen bei diesem Klienten seine grundsätzliche Einstellung zur Beratung charakterisieren.

Ein weiteres wichtiges Ergebnis dieser Analyse ist die Information, daß bei den Antizipationen die beiden Gruppen in etwa gleicher Stärke auftreten, während bei den Präferenzen nahezu 3/4 der Klienten der Gruppe mit den Erwartungen an einen leitenden und eng problemorientierten Berater angehören. Auch hier zeigt sich also die bereits mehrfach angesprochene Tendenz, *daß der Anteil von Klienten, der die vermutlich aus dem medizinisch-ärztlichen Kontext entstammenden "Passivitätswünsche" äußert, weitaus größer ist als der Anteil von Klienten, der eine eigene Passivität auch vermutet.*

Da davon auszugehen ist, daß die EB-Praxis solchen Passivitätswünschen in der Regel nicht entgegenkommt, gibt also eine relativ große Gruppe von Klienten, die zumindest vom Niveau her auf einen unerwünschten Beratungsansatz trifft. Aus anderer Perspektive und mit deutlichen Zahlen kommt also auch hier der weiter oben bereits diskutierte Befund zum Ausdruck, daß zwar die Hälfte der Klienten in ihren Vermutungen recht nahe an der gängigen EB-Praxis liegen, jedoch nur 1/4 ebenso realitätsnahe Wünsche äußert. Für die Öffentlichkeitsarbeit der EBStn ergibt sich daraus die wichtige Erkenntnis, daß zutreffende Informationen über die Arbeit der EBSt, die bei diesen realitätsnahen Vermutungen vorliegen müssen, keineswegs auch zwangsläufig die Präferenzen der Klienten beeinflussen. Informationen über die EB allein reichen also nicht aus, um bei potentiellen Klienten auch die Einsicht in die Notwendigkeit und Effektivität einer bestimmten Vorgehensweise zu vermitteln.

Aus den unterschiedlichen Häufigkeiten von Passivitätsvermutungen und -wünschen ergibt sich zudem die Konsequenz, daß einige Klienten andere Beratungsschwerpunkte vermuten als wünschen.

In Zahlen ausgedrückt sind es 1/3 der Klienten, die bei den Wünschen der Passivitätsgruppe (Gruppe 1) zugehören, zugleich jedoch bei den Vermutungen der Gruppe mit den "Aktivitätserwartungen" (Gruppe 2) angehören. Die andere Konstellation (Gruppe 2 bei Präferenzen und zugleich Gruppe 1 bei Antizipationen) findet sich nur sehr selten (4% der Klienten). Die restlichen Klienten (63%) gehören bei Wünschen und Vermutungen den jeweils analogen Gruppen an.

Wie bereits bei der Betrachtung der einzelnen Erwartungen zeigt sich auch hier, daß die überwiegende Mehrheit der Klienten von einer Erfüllung ihrer Wünsche ausgeht. Es läßt sich hier darüber hinaus jedoch auch auf der Ebene des grundsätzlichen Beratungsverständnisses der Klienten zeigen, welcher Art die Unterschiede zwischen Wünschen und Vermutungen bei demjenigen Drittel der Klienten sind, die diese Wunscherfüllung nicht annehmen. *Diejenigen Klienten, die davon ausgehen, daß sie den erwünschten Beratungsansatz in der EBSt nicht vorfinden werden (gut 1/3 aller Klienten) wünschen sich fast ausnahmslos mehr Berateraktivität und enge Problemorientierung als sie vermuten.* Damit scheinen sich also auch auf der Ebene des insgesamt erwarteten Beratungsansatzes die weiter oben (vgl. Kap. 12.1.1) diskutierten Tendenzen in den Wunsch-Vermutungs-Unterschieden der Klienten zu bestätigen.

12.1.4 Der Zusammenhang von Klienten-Eingangserwartungen mit demographischen, zugangs- und problemorientierten Klientenmerkmalen

Nachdem bei der Betrachtung der Klientenerwartungen meist von "den Klienten" die Rede war, soll nun der Tatsache Rechnung getragen werden, daß Menschen mit sehr unterschiedlichem Hintergrund die EBSt aufsuchen. Dabei soll der Frage nachgegangen werden, ob Klienten mit unterschiedlichen demographischen Merkmalen, Zugangswegen und Problemen ebenso unterschiedliche Erwartungen äußern (Untersuchungsfrage 3.1). Falls sich solche Zusammenhänge zeigen ließen, würde dies zum einen Anhaltspunkte für die Öffentlichkeitsarbeit der EBStn bieten und zum anderen die "Diagnostik" von Klientenerwartungen erleichtern. Zur Überprüfung solcher, bislang recht oft gefundener Zusammenhänge (vgl. Kap. 2.2), soll auf der Ebene einzelner Items geprüft werden, ob sich spezifische Erwartungen für bestimmte Klientengruppen aufzeigen lassen.

Je nach Art der erhobenen demographischen Variable wurden dazu univariate Varianzanalysen, t-Tests oder Produkt-Moment-Korrelationskoeffizienten über die Einzelitems berechnet. Auch hier wurde aufgrund der großen Zahl von Einzelberechnungen zur Minimierung der Gefahr von zufälligen Signifikanzen eine Irrtumswahrscheinlichkeit von $p < .01$ gewählt. Bei den Varianzanalysen wurden zur näheren Klärung der aufgezeigten Mittelwertunterschiede a posteriori Gruppenvergleiche mit dem Scheffe-Test ($p < .05$) durchgeführt.

Tab. 19 gibt die überzufälligen Zusammenhänge (bzw. Mittelwertunterschiede) zwischen den Ausprägungen der Erwartungen und demographischen Klientenmerkmalen wieder.

MERKMAL	ITEM	df	T	p	MERKMAL	ITEM	df	F	p	Merkmal	Item		r	p
Geschl.	------				Fam.-	ANT	11	2;107	7.47	.001	Alter	ANT	30	.26	.01
					stand	PRÄF	10	2;107	6.58	.01		PRÄF	10	.29	.01
gegenw.	ANT	62	95	3.01 .01		PRÄF	11	2;107	4.92	.01		PRÄF	16	.25	.01
Tätigk.						PRÄF	16	2;107	11.85	.001		PRÄF	24	.31	.01
						PRÄF	34	2;107	6.49	.01					
Allein-	ANT	51	87	3.13 .01							Zahl	ANT	8	.25	.01
erz.	PRÄF	34	101	3.02 .01	Beruf	ANT	46	3; 85	7.67	.001	d.	ANT	10	.30	.01
						PRÄF	27	3; 85	4.95	.01	Kinder	ANT	19	-.27	.01
Konf.	ANT	4	101	2.73 .01		PRÄF	46	3; 85	4.62	.01		ANT	47	.26	.01
	ANT	46	101	3.11 .01		PRÄF	63	3; 85	4.78	.01		PRÄF	16	.36	.001
	PRÄF	2	99	2.79 .01								PRÄF	24	.25	.01
					Schul-	ANT	12	2; 99	10.36	.001		PRÄF	27	.25	.01
					absch.	ANT	46	2; 99	5.87	.01		PRÄF	60	.30	.01
						PRÄF	12	2; 99	5.49	.01					
						PRÄF	63	2; 99	6.49	.01					
					Wohnort	------								

Tab. 19: Korrelationen und Mittelwertunterschiede von demographischen Klientenmerkmalen und Eingangserwartungen

Die wesentlichen Ergebnisse dieser Daten lassen sich wie folgt zusammenfassen:

1. Die Familienstruktur der Klienten hängt mit ihren Erwartungen an den Beratungsprozeß zusammen.

So vermuten und wünschen Klienten mit wachsender Anzahl von Kindern v.a. eine stärker vom Berater gelenkte Beratung und mehr alleinige Arbeit mit Kindern (Ant 8 u. 19, Präf 16, 24 u. 27). Bei alleinerziehenden Klienten zeigt sich v.a. ein stärkerer Wunsch nach Finanz- und Rechtsberatung (Präf 34). Ledige Klienten äußern weniger als Klienten mit einem anderen Familienstand Erwartungen an die Sachlichkeit (Ant und Präf 11) und Erfahrung (Präf 10) des Beraters und wünschen sich seltener einen direktiven Berater (Präf 16) (Scheffe-Test mit p < .05).

2. Der soziale Status der Klienten hängt mit ihren Erwartungen an die Träger-orientiertheit der Beratung zusammen

So vermuten und wünschen Klienten aus Arbeiter-Familien eher als Klienten aus qualifizierteren Berufen eine trägerspezifische Beratung (Ant u. Präf 46) und lehnen einen Einbezug der Ansichten des Trägers in die Beratung am wenigsten ab (Präf 63) (Scheffe-Test, p < .05). Ein analoges Bild zeigt sich für den Schulabschluß, bei dem Klienten mit Hauptschulbildung eher als Personen mit höherer Schulbildung eine trägerorientierte Beratung vermuten u. wünschen (Ant 12 u. Präf 63) (Scheffe-Test, p < .05).

Die weiteren Zusammenhänge, wie die geringere Ablehnung einer Trägerorientierung durch Katholiken, die Bevorzugung einer engen Problemorientierung durch Klienten mit niedrigerer Schulbildung oder der stärkere Wunsch nach Beraterführung durch ältere Klienten sind dagegen eher als weniger bedeutsame Einzelergebnisse anzusehen.

Für den Bereich der zugangs- und problemorientierten Klientenmerkmale (s. Tab. 20) zeigen sich ebenfalls insgesamt recht wenige Zusammenhänge mit den Eingangser-wartungen.

MERKMAL	ITEM	df	T	p	MERKMAL	ITEM	df	F	p	MERKMAL	ITEM	r	p
Berat.-	ANT	58	58	3.43	.01	Info-	ANT	29	5;105	4.26	.01	Anzahl	ANT	68	-.43	.01
erfahr.					quellen					früh.	PRÄF	8	-.38	.01
										Berat.-	PRÄF	22	-.43	.01
EBSt-	ANT	4	46	3.06	.01	Zug.-	ANT	46	4; 95	3.66	.01	erfahr.	PRÄF	23	-.44	.01
Erfahr.	ANT	5	46	3.78	.001	weg	ANT	67	4; 95	3.64	.01		PRÄF	42	-.42	.01
	ANT	15	35	-3.36	.01		PRÄF	4	4; 95	4.51	.01		PRÄF	68	-.49	.001
	ANT	28	46	3.04	.01		PRÄF	20	4; 95	4.06	.01				
	ANT	35	42	2.98	.01		PRÄF	46	4; 95	4.08	.01	Alter	ANT	28	.30	.01
	ANT	49	46	3.50	.01		PRÄF	67	4; 95	4.76	.01	des	ANT	29	.29	.01
	ANT	65	43	2.82	.01						Kindes	PRÄF	10	.30	.01
	ANT	69	46	3.11	.01	Ber.-	ANT	8	3;107	4.10	.01		PRÄF	22	.33	.01
	PRÄF	15	33	-3.29	.01	anlass	ANT	34	3;107	4.16	.01				
	PRÄF	16	46	3.17	.01		ANT	69	3;107	4.08	.01	Prob.-	ANT	40	-.30	.01
	PRÄF	48	46	2.96	.01		PRÄF	15	3;107	6.63	.001	belast.	ANT	51	-.28	.01
						PRÄF	16	3;107	5.69	.01		ANT	70	.29	.01
Geschl.	ANT	3	91	-2.90	.01		PRÄF	32	3;107	4.00	.01		PRÄF	7	-.25	.01
d.	ANT	14	83	3.13	.01							PRÄF	14	-.40	.001
Kindes											PRÄF	51	-.31	.01

Tab. 20:   Korrelationen und Mittelwertsunterschiede von zugangs- und problem-orientierten Klientenmerkmalen und Eingangserwartungen

Hier sind es die folgenden Punkte, die als wesentliche Erkenntisse aus diesen Daten ableitbar sind:

1. EB-erfahrene Klienten äußern andere Erwartungen an den Beratungsprozeß als unerfahrene Klienten

Klienten mit EB-Erfahrung äußern häufiger Vermutungen in Richtung eines erfahrenen (Ant 65), auch außerhalb der EB für sie aktiven (Ant 4) und akzeptierend-warmen Beraters (Ant 28 u. 49) und einer verhaltensorientierten (Ant 5) Beratung. Sie wünschen sich zudem mehr Beraterführung (Präf 16) und das Aussparen intimer Themen (Präf 15). Je mehr Stellen diese Klienten bisher besucht haben, desto weniger sind sie an der Klärung von Ursachen (Ant u. Präf 68) und dem Erhalt von konkreten Anregungen und Ratschlägen (Präf 8 u. 42) interessiert.

2. Klienten unterschiedlicher Zugangswege und Informationsquellen äußern im wesentlichen keine unterschiedlichen Erwartungen

Während Klienten mit verschiedenen Informationsquellen nahezu keine unterschiedlichen Erwartungen aufweisen, zeigen sich bei Klienten verschiedener Zugangswege zwar einzelne unterschiedliche Erwartungen, die jedoch keinen einheitlichen Trend erkennen lassen.

3. Klienten mit unterschiedlichem Problemhintergrund äußern unterschiedliche Beratungserwartungen

So zeigen Eltern von älteren Kindern eher Erwartungen an einen besonders kompetenten (Ant, 29, Präf 10, Präf 22) und "warmen" Berater (Präf 28). Klienten der Beratungsanlässe Partner-/Ehe-/Familienprobleme unterscheiden sich in ihren Eingangserwartungen deutlich von den anderen Klienten (jedoch nur z.T. über Scheffe-Test mit p < .05 abzusichern). Sie vermuten u.a. weniger Tips (ANT 8) und mehr zusätzliche Hilfen des Beraters (ANT 34), wünschen sich mehr das Ansprechen intimer Familienbereiche (PRÄF 15) und wollen stärker über den Beratungsablauf (PRÄF 16) mitentscheiden.
Die (numerisch eher schwachen) Zusammenhänge zwischen dem Grad der empfundenen Problembelastung und den Erwartungen deuten darauf hin, daß stärker belastete Klienten eher eine kurze Beratung vermuten (ANT 70) und weniger erwarten, daß ihre eigene Person (ANT 40, Präf 14) oder die Gesamtfamilie (Ant 51, Präf 51) im Mittelpunkt der Beratung steht.

Bei den aufgezeigten Tendenzen zeigen sich erwartete und eher überraschende Ergebnisse.

So ist es gut nachvollziehbar, daß abhängig von der Familienstruktur andere Akzente in den Erwartungen gesetzt werden. Daß etwa Alleinerziehende angesichts ihrer oft schwierigen finanziellen Verhältnisse auch in dieser Hinsicht beraten werden wollen, leuchtet ebenso ein wie der Befund, daß Eltern mit höherer Kinderzahl angesichts ihrer zeitlichen Belastung eher zu einer "Kinderbehandlung" tendieren. Ebenso war zu erwarten, daß Klienten, die EBStn bereits früher in Anspruch genommen haben, eher "realistische" Vermutungen haben und stärker Wünsche äußern, die in der Beraterpraxis vermutlich selten umgesetzt werden (Beraterführung und enge Problemorientierung). Letztlich ist verständlich, daß stärker belastete Klienten (vermutlich als Konsequenz eben dieser Belastung) eher eine für sie persönlich möglichst wenig aufwendige Beratung erhoffen, oder daß Klienten mit Partnerproblemen

weniger von einer beratergesteuerten und rezeptartigen Beratung ausgehen, sondern für sich selbst mehr Eigenverantwortung reklamieren.
Andererseits ist es überraschend, daß die häufig angenommen schichtspezifischen Erwartungen der Klienten (vgl. Kap. 2.2) hier in einer gänzlich unerwarteten Form vorliegen. Hier sind es v.a. die Erwartungen an eine vom Träger (hier die kath. Kirche) geprägte Beratung, die eher bei Klienten mit niedrigerem sozialen Status vorliegen und die sie von anderen Klienten unterscheiden. Wesentliche Erwartungs- unterschiede in bezug auf den Ablauf der Beratung zeigen sich nicht. Möglicherwei- se wenden sich also diese Klienten bewußt an eine EBSt in kirchlicher Trägerschaft und nicht an eine behördliche Stelle, da sie, wie oft vermutet, eher Vorbehalte gegen behördliches Arbeiten besitzen und eher schlechte Erfahrungen mit Behörden gemacht haben. Relativiert wird diese Aussage jedoch durch die Tatsache, daß auch diese Klientengruppe ein Einfließen von Trägeransichten in die Beratung in der Regel ablehnen (nur eben weniger deutlich als die anderen Klienten).

Die bedeutsamste der gefundenen Tendenzen ist jedoch sicher die Erkenntnis, daß die Informationsquellen und Zugangswege der Klienten für ihre Erwartungen offensichtlich weitgehend irrelevant sind. Obwohl also, wie in Kap. 11.2 gezeigt, die Berater einen unterschiedlichen Informationsstand bei den Klienten der verschiedenen Zugangswege wahrnehmen, können auf der Ebene einzelner Erwartungen keine wesentlichen Unterschiede festgestellt werden. Da kaum vorstellbar ist, daß alle diese Informationsquellen tendenziell die gleichen Informationen weitergeben, ist anzunehmen, daß diese Auskünfte eher diffus bleiben und von daher kein deutlicher Zusammenhang zwischen diesen Quellen und den konkreten Erwartungen besteht. Wenn sich ein solches Ergebnis auch in größerem Rahmen verifizieren ließe, dann würden sich daraus weitgehende Konsequenzen für die Öffentlichkeitsarbeit und Zusammenarbeit mit den "überweisenden Instanzen" ergeben. Es ist sicher ein unbefriedigender Zustand, wenn Klienten, die über die häufigen Zugangswege der Schulen, Ärzte oder Kindergärten zur EBSt kommen, nicht anders (und möglichst besser) informiert wären als solche Klienten, die sich überhaupt nicht um Informationen bemühen. Wie in Kap. 11.2, so zeigt sich also auch in diesem Zusammenhang, daß die Zusammenarbeit der EBStn mit den zuweisenden Instanzen einer Intensivierung bedarf.

Als Resümee bleibt angesichts der wenigen aufgefundenen Zusammenhänge zwischen Erwartungen und Merkmalen der Klienten als zentrales Ergebnis dieser Analyse v.a. die Aussage, *daß die Eingangserwartungen nicht wesentlich durch demographische, zugangs- oder problembezogene Merkmale der Klienten bedingt sind.* Die wenigen Ausnahmen ändern nichts an der generellen Konsequenz, daß die Kenntnis von persönlichen Randbedingungen der Klienten nur sehr vereinzelt eine Vorhersage auf ihre Eingangserwartungen erlaubt. Von daher scheidet die Möglichkeit wohl aus, solche Merkmale anstelle der konkreten Erwartungen als einfach zu erhebendes "differentielles Indikationskriterium" (vgl. Kap. 2.2) heranzuziehen. Auch in der

Beratung selbst ist es von daher unerläßlich, Erwartungen bei bestimmten Klienten nicht einfach vorauszusetzen, sondern im Einzelfall zu eruieren. Eine Erklärung für die geringen Zusammenhänge könnte in der sehr konkreten Ebene der erfragten Erwartungen liegen. Solche Erwartungen sind sicher v.a. von konkreten Informationen über die Arbeit von EBStn abhängig. Zwar wird häufig ein Zusammenhang von demographischen Merkmalen (v.a. der sozialen Schicht) und der Möglichkeit zur Informationsgewinnung postuliert, doch repräsentieren diese Merkmale wohl eher unterschiedliche Lebenswelten mit analog unterschiedlichen Grundhaltungen als verschiedene Grade der Informiertheit über so spezielle Gebiete wie die EB. Von daher könnten es weniger die konkreten Erwartungen als vielmehr die grundsätzlichen Erwartungshaltungen gegenüber der EB sein, die sich abhängig von den demographischen Variablen entwickeln. Wenn dem so wäre, müßten solche Zusammenhänge eher bei einer abstrakteren Betrachtung von Eingangserwartungen aufscheinen.[1] Die konkreten Erwartungen könnten dann von solchen eher zufälligen Faktoren wie einem Bericht in den Medien oder einem EBSt-Besuch eines guten Bekannten abhängen.

12.1.5 Resümee zu den Klienten-Eingangserwartungen

Die Ausgangsfrage dieses Kapitels (12.1) lautete, welche Erwartungen Klienten zu Beginn der Beratung äußern. Vor dem Hintergrund der Fülle der verschiedenen Ergebnisse lassen sich die Eingangserwartungen pointiert mit sechs Attributen beantworten.

Zuerst einmal erscheinen die Klientenerwartungen als sehr *anspruchsvoll*. Sie vermuten häufig eine recht hohe institutionelle Flexibilität und einen kompetenten und vor allem sehr engagierten Berater, der mit ihnen eine Verbesserung ihrer Situation erreicht. Noch größer sind die Ansprüche, die in den Wünschen der Klienten zum Ausdruck kommen. Vor allem in bezug auf den Berater zeigen sich hier sehr idealisierte Vorstellungen, gegenüber denen die Realität sicher nicht schritthalten kann. Eine weiterer Aspekt dieses "Beratungsoptimismus" ist die Tatsache, daß die

---

[1] Einen Hinweis auf diese Möglichkeit bieten die Ergebnisse der post-hoc durchgeführten Analyse der demographischen Unterschiede von Klienten, die den verschiedenen Erwartungsgruppen der Clusteranalyse zugehören (vgl. Kap. 12.1.3). Hier zeigt sich (per t-Test bzw. Chi^2-Test mit $p < .05$), daß die Gruppe mit den eher "passivitätsorientierten" Vermutungen im Vergleich zu der zweiten Antizipationsgruppe eher Klienten mit älteren Kindern, geringerer Schulbildung und keiner Beratungserfahrung enthält. Die Gruppe mit den "passivitätsorientierten" Präferenzen besteht im Vergleich zur zweiten Präferenzgruppe eher aus kinderreichen, nicht-ledigen Klienten, die v.a. wegen Problemen ihrer Kinder zur Beratung kommen.

meisten Klienten davon ausgehen, daß die Beratung ihren Wünschen entsprechen wird. Offensichtlich kommen die Klienten mit einem recht hohen Vertrauensvorschuß zur EBSt. Es ist sicher wichtig, dieses Vertrauen zu Beginn der Beratung dazu zu nutzen, auch die Grenzen von Erziehungsberatung deutlich zu machen, damit die fast zwangsläufige Enttäuschung zumindest der unrealistisch hohen Wünsche an die Berater die Klienten nicht unvorbereitet trifft.

Über die Herkunft dieser hohen Ansprüche kann im Rahmen dieser Daten nur spekuliert werden. Einerseits könnte sich hierin eine sehr positive

Darstellung der EBStn in der Öffentlichkeit widerspiegeln, zum anderen könnten diese Erwartungen das Ergebnis des Versuchs der Klienten darstellen, die mit der Inanspruchnahme von professioneller Hilfe verbundene kognitive Dissonanz zu reduzieren.[1] Auf jeden Fall bleibt v.a. angesichts der Wünsche der Klienten festzuhalten, daß die öffentliche Darstellung der EBStn auch die Grenzen der EB aufzeigen muß, um schon im Vorfeld das Entstehen von überzogenen Erwartungen vermeiden zu helfen.

Zusätzlich zu diesem Aspekt lassen sich die Erwartungen als *keineswegs durchgängig passivitätsorientiert* kennzeichnen. So scheinen die häufig vermuteten Ratschläge eher als Denkanstöße gemeint zu sein, die der Klient nicht bedingungslos zu akzeptieren hat. Zwar wird vom Berater der Hauptanteil des Inputs in die Beratung erwartet, jedoch nehmen die Klienten nicht an, daß sie dadurch die Verantwortung für die Lösung ihrer Probleme abgeben, sondern wollen seine Anregungen und Entscheidungen erläutert und begründet haben. Zudem glauben die meisten Klienten nicht mehr daran, ihr Kind an der Beratungsstelle "zur Behandlung abgeben" zu können, sondern sind sich der Notwendigkeit zur eigenen Mitarbeit bewußt. Auch hier zeigt sich zumindest vom Niveau her jedoch bei den Wünschen ein anderes Bild. Etwa ein Drittel der Klienten wünschen sich mehr als es ihrer Vermutung entspricht, daß sich die Beratung eng am Eingangsproblem orientiert und v.a. der Berater für die Erarbeitung von Lösungsmöglichkeiten verantwortlich ist.

Es scheint also wichtig zu sein, zum Beginn der Beratung Vermutungen *und* Wünsche der Klienten anzusprechen, um von vornherein Notwendiges *und* Machbares in der Beratung klarzustellen.

Als nächster Punkt bei der Beschreibung der Klientenerwartungen fällt auf, daß sich *die impliziten Theorien der Klienten zur Beseitigung von Störungen stärker gewandelt haben als ihre impliziten Störungstheorien*. Diese Schlußfolgerung ergibt sich aus dem Befund, daß zwar der Einbezug der Eltern in die Beratung meist

---

[1]Als Beispiel für die letztere Erklärung könnte eine Aussage einer Mutter in einem der vor der Befragung durchgeführten Interviews angesehen werden, in der diese Klientin darauf hinwies, daß es ein Zeichen besonderer elterlicher Fürsorge sei, sich bei Problemen an eine EBSt zu wenden und eben nicht das Eingeständnis von erzieherischem Versagen.

vermutet und gewünscht wird, daß jedoch die Erörterung der Paarbeziehung und anderer Details des Familiengeschehens, die nicht direkt mit dem Kind in Zusammenhang zu stehen scheinen, weitaus kritischer gesehen wird. Zumindest was ihre Annahmen zur Beratungspraxis angeht, gehen die meisten Eltern davon aus, daß die Lösung der "Probleme ihrer Kinder" nicht von dem Berater allein, sondern mit ihrer Mithilfe angestrebt wird. Dagegen werden die Probleme des Kindes jedoch noch meistens isoliert gesehen und nicht in Zusammenhang mit anderen Aspekten des Familiengeschehens gebracht. Dies bedeutet, daß die in der Erziehungsberatung immer mehr zur Regel werdende Familientherapie (vgl. Kap. 1.2.1), vor allem mit ihrer meist systemischen Betrachtungsweise von individueller Symptomatik bei den Klienten auf Widerstand stoßen muß. Zwar wird z.T. (wie in Kap. 1.2.1 dargestellt) gerade dieser Aspekt des "Unerwarteten" an der Familientherapie als spezifisches Veränderungselement begriffen, aber es läßt sich ebenso vermuten, daß dieses Unerwartete in manchen Fällen zu einem frühzeitigen Abbruch der Beratung führt. Auch wenn letztlich therapeutisch entschieden werden muß, wie mit dieser Frage umgegangen werden soll, so kann doch hier festgehalten werden, daß die in letzter Zeit häufig berichtete Akzeptanz des Familiensettings sich nicht auf alle Aspekte dieses Settings bezieht.

Mit einem vierten Attribut lassen sich die Klientenerwartungen als relativ *heterogen* bezeichnen. Damit zeigen sich zugleich die Grenzen der obigen Aussagen, die sich auf die Gesamtgruppe der Klienten beziehen. Wie nicht anders zu erwarten, ist nur mit Einschränkung von "den Klientenerwartungen" zu sprechen. Die Analyse der Struktur der Erwartungen zeigt, daß sich zwar zwei große Gruppen von Erwartungshaltungen und Klienten bilden lassen, die sich v.a. im Ausmaß der erwarteten Beraterführung, Kindzentriertheit und thematischen Enge der Beratung unterscheiden, daß diese Abgrenzung jedoch (v.a. bei den Vermutungen) mehr quantitativer als qualitativer Natur ist. Zudem zeigt sich innerhalb dieser Gruppen eine Fülle von Nuancierungen in den Erwartungen, so daß auch diese Gruppen recht heterogen bleiben. Von daher scheinen die Versuche, eine handliche Typologie von Klientenerwartungen aufzustellen entweder zu sehr großen und damit heterogenen Gruppen zu führen, oder aber mit dem Ziel, alle Nuancen abzubilden, viele kleine und damit praktisch wenig taugliche Gruppen zu erzeugen. Die praktische Konsequenz aus dieser Tatsache für die Erhebung von Klientenerwartungen in der Beratungsarbeit leitet über zum fünften Attribut der Erwartungen.

Die Ergebnisse zeigen, daß *Erwartungen immer bei dem einzelnen Klienten neu eruiert werden müssen,* da auch bei Kenntnis seiner grundsätzlichen Haltung zur Beratung kaum Rückschlüsse auf die konkreten Erwartungen gezogen werden können. So reicht die Beschreibung "Passivitätserwartungen", wie die Faktorenanalyse der Erwartungen gezeigt hat, zur Kennzeichnung der Erwartungen eines

Klienten bei weitem nicht aus. Dazu kommt, daß trotz einiger Hinweise auf Zusammen-hänge zwischen demographischen, problem-, zugangsbezogenen Merkmalen und den Erwartungen im wesentlichen keine zuverlässige Vorhersage von solchen Merkmalen auf konkrete Erwartungen möglich sind. Auch von daher bleibt die genaue Erfragung von Erwartungen (sofern der Berater an ihnen interessiert ist) unumgänglich.

Das letzte Beschreibungsattribut beschäftigt sich mit den Konsequenzen dieser Ergebnisse für die Öffentlichkeitsarbeit der EBStn. Hier wurde festgestellt, daß *Eingangserwartungen und insbesondere die Wünsche der Klienten mehr ihr Allgemeinwissen über Beratung repräsentieren als konkrete Informationen über die Arbeit der EBStn.* Dies leitet sich aus der Tatsache ab, daß die Benutzung unterschiedlicher Informationsquellen oder Zugangswege nicht wesentlich mit der Ausprägung der zu Beginn geäußerten Erwartungen zusammenhängt. Entweder sind die Erwartungen sehr änderungsresistent oder die Informationsarbeit der Zugangsquellen ist so diffus, daß sich daraus keine Erwartungsveränderungen ergeben. Auf jeden Fall muß aus diesem Befund der Schluß gezogen werden, daß die EBStn sich stärker um die Weitergabe von Informationen bei den zuweisenden Instanzen bemühen und bessere Voraussetzungen schaffen sollten, daß diese Informationen zu realistischen Klientenerwartungen beitragen.

12.2 Beratererwartungen

Nachdem die Klientenerwartungen ausführlich analysiert wurden, soll im folgenden das Bild der Berater über ihre Arbeit betrachtet werden. Dabei sollen die Angaben der Berater zu ihrer üblichen Beratungspraxis (analog zu den Vermutungen der Klienten) sowie ihre Wunschvorstellungen zum Ablauf der Beratung auf der Ebene der einzelnen Erwartungsitems dargestellt werden (Untersuchungsfrage 2.1). Eine zu den Klientenerwartungen analoge Auswertung der Erwartungsstruktur der Berater (Faktoren- oder Clusteranalyse) muß aufgrund der zu geringen Fallzahl (n=40) unterbleiben.

a. Grundzüge der gängigen Arbeitspraxis der Berater

Die Berater wurden mit einer dem Klientenfragebogen analogen Form danach befragt, wie sich ihre Arbeit überlicherweise gestaltet. Die Angaben zu dieser Frage lassen sich wie folgt zusammenfassen.

Eine grundsätzliche Einstellung zum *methodischen Vorgehen* zeigt der Vergleich der beiden Items 8 und 42 (vgl. Tab. E, Anhang A). Während nur gut 1/4 der Berater angeben, vor allem konkrete Tips zu geben, sagen 88%, daß es ihnen vornehmlich um die Erarbeitung von Denkanstößen geht. Hinsichtlich der üblichen Zusammensetzung der Sitzungen zeigt sich, daß fast alle Berater (95%) nicht nur mit den Kindern arbeiten und 3/4 von ihnen gemeinsame Sitzungen mit Kindern und Eltern durchführen. Zu methodischen Einzelelementen zeigt sich ein breiter Einsatz von Verhaltens- und Gesprächsübungen (72%), sowie körperlichen und Phantasieübungen (85%) als auch (Verhaltens-) Hausaufgaben (70%). Gruppenberatungen oder -therapien verwenden demgegenüber nur etwa 1/4 der Berater. Der Einsatz standardisierter diagnostischer Verfahren ist eher die Ausnahme (1/3).

Der *thematische Rahmen der Beratung* ist insgesamt recht breit angelegt. So geben die meisten Berater an, sich nicht nur auf das Eingangsproblem zu beziehen (83%), sondern auch sehr private Familienbereiche anzusprechen (93%), das Elternverhältnis zu thematisieren (95%), die Ansichten aller Familienmitglieder einzubeziehen (95%) und sich generell nicht nur auf Erziehungsprobleme zu beschränken (97%). Zwar sprechen die Berater in der Regel auch konkrete "Fehler" des Klienten an (87%), ihr grundsätzlicher Ansatz besteht jedoch nicht darin konkretes Verhalten, sondern Gefühle in den Mittelpunkt der Beratung zu stellen (20% vs. 65%).

Zur *Dauer der Beratung* geben knapp 1/3 der Berater an, ihre Beratungen in der Regel nach etwa einem halben Jahr abgeschlossen zu haben, wohingegen eine Mehrzahl (57%) dies verneint. 13% der Berater können sich hier nicht festlegen.

Zur Frage der *Entscheidung über den Ablauf der Beratung* (vgl. Tab. F, Anhang A) äußern knapp die Hälfte der Berater, nicht allein über Themen und Teilnehmer der Sitzungen zu entscheiden und 83% der Berater, sich in der Regel an die Wünsche ihrer Klienten zu halten. Allerdings gibt immerhin gut 1/4 der Berater an, die Klienten nicht immer über ihre Absichten aufzuklären.

Nur 10 % der Berater denken, daß die Klienten zu ihnen ein Verhältnis "wie zu einem Freund" haben, während etwa die Hälfte von ihnen dies nicht annimmt. Allerdings berichten 50% der Berater ihren Klienten auch von privaten Erfahrungen, wohingegen 37% dies eher nicht tun. Zwar spricht eine knappe Mehrzahl der Berater davon, mit den Klienten offene Kritik und Forderungen auszutauschen (43% vs. 37%), jedoch geben 78% an, sich bei Konflikten zwischen Klienten nicht auf eine Seite zu stellen.

Hinsichtlich der *Beratungsziele* äußern alle Berater das Ziel einer besseren und offeneren Kommunikation in der Familie der Klienten anzustreben. Ebenfalls stark vertreten ist das Ziel einer vollständigeren Selbstwahrnehmung des Klienten (90%). Ursachenfindung geben zwar 52% der Berater als eines ihrer Beratungsziele an, 35% verfolgen diese Richtung jedoch eher nicht. Den Ab/Aufbau von Verhalten bei Kindern verfolgen nur knapp die Hälfte der Berater.

Bei dem Ziel der vollständigen Problemlösung zeigt sich eine annähernde Gleichverteilung von Zustimmung und Ablehnung.

Bei der Einschätzung der *Beratungseffizienz* zeigen sich die Berater verhalten optimistisch: Während nur 13% angeben, daß sie in der Regel eine vollständige Problemlösung erreichen, berichten 87%, daß sich ihre Beratung insgesamt positiv auf das Familienleben ihrer Klienten auswirkt.

Bei den *äußeren Beratungsumständen* (vgl. Tab. G, Anhang A) zeigt sich zwar eine große zeitliche Flexibilität der Berater aber wenig räumliche Variationsmöglichkeiten. Über die Beratung hinausgehende Hilfen wie Finanz- oder Rechtsberatung bietet etwa die Hälfte der Berater an.

Bezüglich des *äußeren Beratungsrahmens* werden Randbedingungen wie Kostenlosigkeit, Schweigepflicht, Zuständigkeit für alle Konfessionen und Zusammenarbeit mit anderen öffentlichen Stellen von nahezu allen Beratern für ihre Arbeit konstatiert. Während die Berater überwiegend (93%) angeben, sich auch für Klienten mit kleineren Problemen Zeit zu nehmen, sind es bei der Frage nach der Zuständigkeit außerhalb von Erziehungsfragen immerhin gut 1/4, die ihre Arbeit als reine Beratung in Erziehungsfragen sehen. Einen deutlichen inhaltlichen Einfluß des Trägers auf ihre Arbeit sehen nur wenige Berater: nur 20% geben an, die Trägeransichten in ihre Arbeit einfließen zu lassen und nur 13% glauben eine andere Art von Beratung zu machen als EBStn anderer Träger.

Angesprochen auf die *fachliche Kompetenz* (vgl. Tab. H, Anhang A) zeigt sich, daß die Berater sich in der Mehrzahl eine solide fachliche Grundlage zuschreiben. 82% geben an, umfassende Fachkenntnisse zu besitzen, jeweils 97% glauben besonders gut zuhören zu können und eine offene Gesprächsatmosphäre zu schaffen. Äußere Randbedingungen wie ein Hochschulstudium (85%) oder mehrjährige Berufserfahrung (87%) liegen bei den meisten vor. Mehrheitlich meinen die Berater zudem in der Regel den Problemschwerpunkt der Klienten schnell zu erkennen (67%) und die Situation auch "einfacher" Klienten gut nachvollziehen zu können (77%). Einzig bei der Frage des Umgangs mit Kindern glaubt eine Mehrzahl der Berater dies nicht besser zu können als andere Eltern (60%). Zwar denken etwas mehr als die Hälfte der Berater ihre Klienten besser beurteilen zu können als Laien, jedoch gibt eine ebenfalls knappe Mehrheit an, keine Veränderungen ohne die Zusammenarbeit der Klienten bewirken zu können.

Zu den *persönlichen Randbedingungen des Beraters* befragt, geben 3/4 der Befragten an, Berater in der Regel als lebenserfahrene Menschen zu kennen, die ihre eigenen Probleme weitgehend gelöst haben. 2/3 meinen zudem, durch eigene Kinder die Lage der Klienten besser nachvollziehen zu können. 62% achten darauf, ihren Klienten äußerlich gepflegt gegenüberzutreten. Die Mehrzahl der Berater sieht sich in einer akzeptierenden Grundhaltung gegenüber ihren Klienten. Jeweils etwa 80% geben an, v.a. Wärme und Geborgenheit, sowie Ruhe, Gelassenheit und Toleranz zu vermitteln.

Dagegen glauben nur etwa ein Drittel eher fordernd und direkt zu sein oder v.a. sachlich und überlegt aufzutreten. Knapp die Hälfte der Berater sieht sich zudem als eher locker und humorvoll.

Ihr *eigenes Engagement* schätzen die Berater recht hoch ein, sie zeigen jedoch dabei eine klare Grenzziehung zwischen Beruf und Privatleben. So geben 85% an, ihren Beruf nicht nur als "Job" zu sehen, 73% setzen sich auch außerhalb der EBSt für ihre Klienten ein und 57% sind auch außerhalb der Dienstzeiten für ihre Klienten erreichbar. Dennoch geben 3/4 an, keine Freundesbeziehung mit Klienten aufzubauen. Daß diese Trennung nicht immer auch emotional funktioniert, zeigen die Zahl von 58% der Berater, die angeben z.t. auch persönlich von schweren Problemen ihrer Klienten betroffen zu sein.

Resümierend läßt sich die Praxis der Berater folgendermaßen beschreiben:

■ Institutionelle Rahmenbedingungen:
Die Berater berichten ein hohes Maß an terminlicher und inhaltlicher Flexibilität. Sie sehen die Zuständigkeit der EB nicht auf Erziehungsfragen begrenzt, sondern befassen sich in Zusammenarbeit mit anderen Stellen häufig auch mit anderen Problemen (z.B. finanz. u. rechtl. Fragen). Die Tatsache, in kirchlicher Trägerschaft zu arbeiten, scheint sich aus Sicht der Berater nur in Ausnahmen auf die Beratungsarbeit auszuwirken.

Besonders bedeutsam erscheinen dabei v.a. die beiden letztgenannten Aspekte.
Der mit etwa 50% recht hohe Anteil derjenigen Berater, die sich auch mit den finanziellen und rechtlichen Fragen ihrer Klienten befassen, deutet darauf hin, *daß die mancherorts beklagte "Therapeutisierung" von Problemen der Klienten zumindest in dieser Stichprobe nicht die Regel sein kann.* Offensichtlich sehen viele Berater auch die größeren Lebenszusammenhänge ihrer Klienten und arbeiten nicht nur mit therapeutischen Mitteln an der Verbesserung von familiären Beziehungen, sondern unterstützen die Klienten auch bei der Herstellung z.B. der finanziellen Rahmenbedingungen für eine überdauernde Verbesserung ihrer Situation.

Den zweiten wichtigen Punkt stellt die Einschätzung der meisten Berater dar, daß ihre Arbeit nicht durch die Tatsache der kirchlichen Trägerschaft beeinflußt wird. Damit zeigt sich, daß etwaige Vorbehalte von Klienten gegenüber diesen EBStn in der Regel unbegründet sind. Dies bedeutet aber auch, daß Ratsuchende, die sich bewußt an eine Stelle in dieser Trägerschaft wenden, nicht unbedingt die von ihnen möglicherweise erwartete Beratung erhalten. *Berücksichtigt man dabei jedoch, daß der Großteil der Klienten keine am Träger ausgerichtete Beratung wünscht, dann kommen die Berater mit ihrer Praxis den meisten Ratsuchenden entgegen.*

■ Beratungsprozeß:

Die Angaben zur Art der Beratungsarbeit zeigen, daß die Berater sich weniger als Ratgeber für konkrete Probleme, sondern eher als Begleiter einer umfassenderen Bearbeitung von Schwierigkeiten sehen. Der Einbezug der ganzen Familie scheint dabei der Regelfall, das Familiensetting in der Beratung die häufigste Arbeitsform zu sein. Dagegen ist die alleinige Arbeit mit Kindern mittlerweile eher zur Ausnahme geworden. Dieser breite und kontextorientierte Beratungsansatz zeigt sich auch auf der inhaltlichen Ebene, wo die Berater überwiegend nicht eng (Eingangs-) problemorientiert arbeiten und den familiären und individuellen Hintergrund der Probleme fast immer mit einbeziehen. Allerdings verfolgt etwa die Hälfte der Berater dabei noch "traditionelle" Beratungsziele wie die Verhaltensmodifikation bei Kindern oder die Suche nach Problemursachen. Trotz der breiten Übereinstimmung bei dem Beratungsansatz existieren doch große Unterschiede im Stil der Beratung. Während eine Gruppe von Beratern (40-50%) die eigene Person weniger in die Beratung einbringt (keine offene Kritik u. Forderungen in der Beratung, kein Einbezug privater Erfahrungen, alleinige Entscheidung über den Beratungsablauf), bezieht die andere Gruppe diese persönliche Ebene mit ein.

An diesen Angaben sticht zuerst der Befund hervor, daß Erziehungsberatung heute im wesentlichen Familienberatung ist und sich auch der Arbeit mit erwachsenen Einzelpersonen oder Paaren weiter geöffnet hat. Der mehrfach berichtete Trend zur kontextorientierten (häufig wohl systemischen) Betrachtung von Erziehungsproblemen und zur Familientherapie (vgl. Kap. 1.2.1) scheint sich auch in diesen Angaben niederzuschlagen. *Während sich also die Arbeit der Berater vom angesprochenen Klienten- und Themenkreis erweitert hat, ist methodisch offenbar eine Einengung in eine bestimmte Richtung (die der systemisch orientierten Beratung) eingetreten.* An dieser Stelle sei noch das interessante Einzelergebnis von 83% der Berater, die sich nach ihrer Aussage in der Regel an die Klientenwünsche halten, hervorgehoben. Im Vorgriff auf den Vergleich von Berater- und Klientenerwartungen wird schon bei der Betrachtung des grundsätzlichen Beratungsansatzes deutlich, daß sich hier erhebliche Unterschiede zwischen häufigen Wünschen der Klienten und der Beraterpraxis ergeben. Dieser Widerspruch ist wohl nur so zu erklären, *daß die Berater möglicherweise die Wünsche ihrer Klienten falsch einschätzen.* Es könnte zwar durchaus sein, daß die Berater die geäußerten Wünsche der Klienten nicht im beabsichtigten Sinne verstehen, doch es steht zu vermuten, daß solche Wünsche mehr erschlossen statt erfragt werden und von daher dieser Widerspruch entsteht. Auf jeden Fall muß dieses Ergebnis zur Nachdenklichkeit anregen, da es nicht im Sinne der Berater (und der Klienten) liegen kann, auf angenomme Klientenwünsche zu reagieren, die in dieser Form nicht bestehen.

■ Beratermerkmale:

Die große Mehrheit der Berater (80%) sieht sich in der Rolle des warmen und akzeptierenden Gesprächspartners der Klienten. Dies schlägt sich sowohl in der Einschätzung des eigenen Auftretens als auch in den zugeschriebenen Kompetenzmerkmalen nieder, wo sich die Berater v.a. ein hohes Maß an kommunikativen Fertigkeiten bescheinigen. Demgegenüber glauben die Berater in der Mehrzahl nicht, durch außergewöhnliche Fähigkeiten Veränderungen ohne offene Zusammenarbeit mit den Klienten bewirken zu können. Nur etwa ein Drittel der Berater sieht sich eher am anderen Ende der Direktivitätsskala, also fordernd, direktiv und überlegt.

Während die meisten Berater glauben, ihre Arbeit mit sehr viel persönlichem Engagement zu tun, grenzen doch 3/4 von ihnen die Beziehung zum Klienten von einer Freundesbeziehung ab. Allerdings, so scheint es, geht dies nicht unbedingt mit einer deutlichen Trennung zwischen Berufs- und Privatleben einher, da mehr als die Hälfte der Berater sich z.t. persönlich betroffen fühlen und auch privat für die Klienten erreichbar sind.

In diesen Angaben spiegelt sich ein Grundproblem beraterischer Arbeit wieder. Offensichtlich können nicht alle Berater den Konflikt zwischen den Ansprüchen, den Klienten in einer warmen und freundschaftlichen Weise gegenüberzutreten, doch trotzdem kein persönlich betroffener Freund zu sein in der Weise lösen, daß sie strikt zwischen privaten und professionellen Beziehungen trennen. Ihre Angaben zeigen ein zumindest teilweises Übergreifen des Berufsalltags in den Privatbereich, der sich v.a. in persönlicher Betroffenheit und Verfügbarkeit auch über die Arbeitszeit hinaus bemerkbar macht. Inwiefern sich hier tatsächlich eine Stressquelle für die Berater zeigt, soll in der folgenden Betrachtung ihrer Wünsche näher geklärt werden.

b. Gemeinsamkeiten und Unterschiede zwischen der gängigen Arbeitspraxis der Berater und ihren Idealvorstellungen

Ein vergleichender Überblick über die geschilderte Arbeitspraxis und die Wünsche der Berater an die Randbedingungen der Beratung zeigt (Untersuchungsfrage 2.2), daß Vermutungen und Wünsche der Berater in weiten Bereichen gleichgerichtet verlaufen (zu den folgenden Ergebnissen vgl. Tabellen E – H, Anhang A).

Für 69 von den 70 Erwartungsitems bestehen positive Korrelationen, bei 45 Items (64%) sind diese Zusammenhänge signifikant (p < .01). Insgesamt liegen die Korrelationen in der Größenordnung zwischen .03 und .86 (Mittel .49). Bei 60% der Erwartungen bestehen nahezu identische Praxisangaben und Wünsche. Lediglich für 28 Items (40%) zeigen sich überzufällige Niveauunterschiede bei Antizipationen und Präferenzen (t-Tests für abhäng. Stichproben, df=39, p < .01).

Von diesen Items besitzen nur 1/5 unterschiedliche Vorzeichen bei Antizipation und Präferenz (p < .01), so daß die Wunsch-Praxis Unterschiede in der Regel also nicht qualitativer sondern nur quantitativer Natur sind.

Diese Werte zeigen eine deutliche Analogie zu denen der Klientenerwartungen. Auch wenn hier die Korrelationen stärker streuen und insgesamt weniger signifikante Zusammenhänge aufgezeigt werden konnten (was sicher auch an der gegenüber der Klientenstichprobe kleineren Fallzahl liegt), zeigen auch die Berater in weiten Bereichen eine Übereinstimmung zwischen ihren Antizipationen und Präferenzen. *Die Berater sehen also in weiten Bereichen ihrer Arbeitspraxis ihre Wunschvorstellungen umgesetzt.* Die bestehenden Unterschiede zwischen Praxis und Wunschvorstellungen sind meist nur quantitativer Art, so daß hier zum Ausdruck kommt, *daß die Berater zwar einige Elemente der Beratung (30% der erfragten Merkmale) gerne stärker oder weniger stark betont sähen, jedoch nur in Ausnahmefällen (10% der erfragten Merkmale) eine gänzlich andere Richtung als wünschenswert erachten.*
Die bemerkenswerte Tatsache, daß die Berater in den meisten der angesprochenen Beratungsmerkmale glauben, ihre Idealvorstellungen umsetzen zu können und nur bei einigen wenigen Beratungselementen eine echte Umorientierung wünschen würden, bedeutet zum einen, daß der in den Richtlinien der EBStn geforderte Freiraum zur individuellen Ausgestaltung der beraterischen Arbeit in weiten Bereichen tatsächlich existiert und auch genutzt wird. Diese Tatsache wirft zuerst einmal ein sehr positives Bild auf die Arbeitsmöglichkeiten an EBStn (v.a. hinsichtlich der Beziehung zwischen Träger und Berater), da es sicher eine Voraussetzung erfolgreicher Beratungsarbeit ist, im wesentlichen die Art von Beratung anbieten zu können, die man selbst als wünschenswert erachtet.

Zudem sollte dieses hohe Ausmaß an Wunsch-Praxis Übereinstimmung auf ein hohes Maß an Arbeitszufriedenheit bei den Beratern schließen lassen. Allerdings kann an dieser Stelle nichts darüber ausgesagt werden, als wie zentral die Berater diejenigen Beratungselemente einschätzen, bei denen sie offensichtlich in unerwünschter Weise agieren (müssen). Aufschluß über diese Frage kann vielleicht die folgende genauere Betrachtung dieser Beratungsmerkmale bringen, bei der genauer geklärt werden kann, bei welchen Beratungselementen die Berater besonders zufrieden sind und wo sie sich eine andere Praxis wünschen.

Im einzelnen zeigen sich bei den Beratern die folgenden Unterschiede und Gemeinsamkeiten zwischen ihren Wünschen und ihrer Praxis (t-Test, p < .01, df=39; Werte s. Tabellen E - H, Anhang A).
Für den Bereich der *Beratungsdurchführung* finden sich bei den Beratern keine

signifikanten Diskrepanzen bzgl. der Beratungsinhalte und der Beratungsdauer, aber deutliche Wunsch-Vermutungs-Unterschiede bei den Beratungszielen und der Beratungseffizienz.

Hinsichtlich der Methodik wünschen sich die Berater nur ein grundsätzlich von ihrer Praxis abweichendes Element: Sie wollen entgegen ihrer Praxis in der Mehrzahl auch Beratungsgruppen anbieten. Ansonsten wird ein Mehr an ohnehin durchgeführten praktischen Elementen gewünscht: so wünschen sich die Berater einen stärkeren Einsatz von Rollenspielen und übenden Verfahren. Bezüglich ihrer Beziehung zu den Klienten wünschen sie sich eine Optimierung ihres Konfliktverhaltens: sie wollen (noch) weniger als es ihrer Praxis entspricht in Konflikten mit einzelnen Klienten Koalitionen eingehen und wollen mehr offene Kritik in der beraterischen Beziehung. Bei den Beratungszielen und der Beratungseffizienz finden sich deutliche Wunsch-Praxis Unterschiede: Die Berater wollen fast alle der im Fragebogen angesprochenen Ziele stärker verfolgen, als sie es tatsächlich tun und wünschen sich sowohl ein höheres Maß an Problemlösung als auch an positiven Beratungsauswirkungen auf die Familien der Klienten. Im Bereich des *institutionellen Rahmens* finden sich v.a. bei den äußeren Umständen der Beratung erhebliche Diskrepanzen. So hätten es die Berater gerne, wenn es an ihrer EBSt vermehrt finanzielle und rechtliche Beratungsmöglichkeiten gäbe, die Termine seltener in den Räumen der EBSt durchgeführt würden und weniger außerhalb der normalen Dienstzeiten lägen. Bei zwei der zentralen Rahmenbedingungen der EB zeigen die Berater ebenfalls diskrepante Erwartungen. Sie wünschen sich weniger stark als es der Praxis entspricht, daß die Beratung kostenlos durchgeführt wird und lehnen stärker eine Einschränkung der Zuständigkeit auf Erziehungsfragen ab.

Ebenfalls erhebliche intraindividuellen Diskrepanzen zeigen sich im *Bereich der Beraterperson*. Dabei liegen diese Unterschiede v.a. bei den Erwartungen zur fachlichen Kompetenz und Persönlichkeit, weniger im Bereich des Engagements. So wünschen sich die Berater noch mehr Fachwissen und diagnostische Kompetenz, wollen besser mit Kindern umgehen können, eine (noch) offenere Sitzungsatmosphäre schaffen und sich besser in die Lage auch "einfacher" Klienten hineinversetzen können. Demgegenüber ist der Wunsch nach einer Hochschulausbildung des Beraters geringer als es den tatsächlichen Gegebenheiten entspricht.

Bei den Präferenzen bzgl. der Beraterpersönlichkeit zeigt sich eine deutliche Tendenz bei den Beratern, eine noch stärker akzeptierend-warme Grundhaltung verwirklichen zu wollen. Die Berater wollen mehr Wärme und Geborgenheit, Gelassenheit, Toleranz und Humor ausstrahlen. Zudem wünschen sie sich für Berater insgesamt mehr Lebenserfahrung.

Bei dem persönlichen Engagement zeigen sich die Berater mit ihrer gegenwärtigen Praxis weitgehend zufrieden. Einzig die in der Mehrzahl von ihnen empfundene

Betroffenheit über schwere Probleme ihrer Klienten entspricht nicht ihren Wünschen.

Insgesamt zeigt sich also auch bei denjenigen Praxiselementen, bei denen sich die Berater etwas anderes wünschen, *daß sie mit den Grundzügen ihrer Arbeit sehr zufrieden sind, da in ihren unerfüllten Wünschen keine andere Art von Beratung zum Ausdruck kommt, sondern lediglich eine Ausweitung und Optimierung der bestehenden Praxis.* Dabei wollen sie v.a. mehr methodische Vielfalt verwirklichen (v.a. mehr Gruppenberatung/therapie), ihre bestehende warm-akzeptierenden Grundhaltung gegenüber dem Klienten sowie ihre Fachkompetenz ausweiten und wünschen sich mehr erfolgreiche Beratungsabschlüsse.

Während also eine grundsätzliche Umorientierung der Beratungsarbeit aus der Sicht der Berater nicht wünschenswert ist, gibt es doch zwei wichtige Hinweise auf Bereiche, in denen die Berater eine stärkere Veränderung der Praxis wünschen. Wie sich bereits weiter oben in diesem Kapitel andeutete, *scheinen sich die Berater durch die Probleme ihrer Klienten doch stärker als wünschenswert emotional belastet zu fühlen.* Offensichtlich besteht in der geringen emotionalen Trennung zwischen Berufs- und Privatleben tatsächlich eine Stressquelle für die Berater. Sie scheinen dies jedoch mehr als zwangsläufige Begleiterscheinung ihres Berufs anzusehen, da sie, wie gesehen, keine wesentlichen Änderungen ihres Arbeitsstiles (v.a. auch ihres Engagements) anstreben. Welche anderen Möglichkeiten zum Umgang mit diesem Stress wahrgenommen werden (z.B. Supervision) kann aus diesen Ergebnissen nicht weiter geklärt werden.

Der zweite Bereich, in dem die Berater ein stärkere Praxisänderung wünschen, ist die Breite des institutionellen Rahmens. Die Berater befürworten in der Mehrzahl eine Verbreiterung des Beratungsangebots (Besuchstermine, finanz. u. rechtl. Beratung, Zuständigkeit nicht nur für Erziehungsfragen) und ein Überdenken der generellen Kostenlosigkeit der Beratung. Hier kommt möglicherweise zum Ausdruck, *daß die Berater den Wandel von EBStn zu integrierten Beratungsstellen, die in ihren Richtlinien weniger auf eine bestimmte Klientel festgelegt sind und ein umfassendes Beratungsangebot aufweisen, favorisieren.* Sie wollen also die bestehende Praxis im wesentlichen nicht ändern, sondern zusätzlich zum bestehenden Angebot weitere Beratungsmöglichkeiten anbieten. Ob sich darin die Erfahrung widerspiegelt, daß diese gewünschten Elemente zu einer effektiven Beratung gehören müßten, oder ob die Berater einfach mehr über den "Tellerrand" von Erziehungsproblemen schauen möchten, kann in diesem Zusammenhang nicht geklärt werden. Auf jeden Fall ist dies die wesentliche Anregung, die die Berater aus ihrer Perspektive für die zukünftige Entwicklung der EB geben.

12.3 Unterschiede und Gemeinsamkeiten von Berater- und Klientenerwartungen

Bei der Beschreibung von Berater- und Klientenerwartungen wurden bereits einige unterschiedliche Schwerpunktsetzungen in den beiden Perspektiven deutlich. Um genauer zu klären, in welchen Bereichen die Erwartungen der Klienten von denen der Berater abweichen (Untersuchungsfrage 2.5), sollen im folgenden Erwartungsunterschiede (und Gemeinsamkeiten) zwischen Beratern und Klienten beleuchtet werden. Diese Informationen sollen zum einen dazu dienen, die Berater für solche Beratungselemente zu sensibilisieren, bei denen sie zu Beratungsbeginn Zustimmung oder Ablehnung der Klienten erwarten können. Zudem kann die Kenntnis dieser Bereiche Hinweise auf solche Beratungselemente geben, die mehr im Mittelpunkt zukünftiger Informationsarbeit der EBStn stehen sollten.

Hierzu wurden auf der Ebene der einzelnen Eingangerwartungen t-Tests (unabhängige Stichproben, zweiseitige Testung) auf Mittelwertunterschiede zwischen den Erwartungen der Berater und denen der Klienten durchgeführt (n_{gesamt}=151). Der Test für unabhängige Stichproben wurde dem für abhängige vorgezogen, da nicht für alle Klienten eine Zuordnung zu einem Berater vorliegt und sich somit andere als die bisher ermittelten Werte für die Erwartungen ergeben hätten. Somit wird hier die Gruppe der Klienten mit derjenigen der Berater verglichen und nicht Kl.-Th.-Paare. Es werden auch hier nur Signifikanzen ab dem 1%-Niveau akzeptiert, um die bei der Vielzahl von Einzelberechnungen entstehende Gefahr von zufälligen Signifikanzen zu minimieren.

Im Überblick betrachtet zeigen etwa 40% der Items (27 Antizipationen und 28 Präferenzen) signifikante Mittelwertunterschiede (p < .01) zwischen Beratern und Klienten (vgl. Einzelergebnisse in Tabellen A-C, Anhang D). Während 2/3 dieser Unterschiede lediglich quantitative Diskrepanzen darstellen (d.h. gleiche Tendenz aber unterschiedliche Stärke der Erwartungen), handelt es sich bei etwa 1/3 der Diskrepanzen um entgegengesetzte Vorstellungen von Klienten und Beratern (d.h. unterschiedliche Vorzeichen der Erwartungen).
Die Unterschiede zwischen Beratern und Klienten beziehen sich zumeist gleichzeitig auf Antizipationen und Präferenzen (bei 70% der diskrepanten Erwartungen).

Wenn also ingesamt die Gemeinsamkeiten in den Eingangserwartungen der Klienten und Berater überwiegen, so gibt es dennoch ein erhebliches Ausmaß an unterschiedlichen Annahmen und Wünschen. Allerdings kommen in den unterschiedlichen Erwartungen von Beratern und Klienten nur in seltenen Fällen grundsätzlich andere Vorstellungen von Beratung zum Ausdruck, sondern es sind meist Erwartungen in die gleiche Richtung, die sich lediglich im Ausmaß unterscheiden (z.B. also einen mittleren vs. einen starken Wunsch enthalten). *Berater und Klienten sind sich also über die Ausgestaltung der meisten Beratungselemente einig, sind bei einer recht großen Zahl uneinig aber nur in Ausnahmefällen entgegengesetzter Auffassung* darüber, wie sehr ein bestimmtes Beratungselement im Vordergrund steht (oder stehen soll). Dieses Ergebnis ist insofern bemerkenswert, als es zeigt, daß trotz der recht schlechten Beraterbeurteilung des Informationsstandes der Klienten (vgl. Kap. 11.2) diese Klienten bei den meisten Beratungsmerkmalen doch Erwartungen und Wünsche äußern, die der Beraterpraxis und den Beraterwünschen entsprechen. Die meisten Elemente der heutigen EB-Praxis erscheinen also aus der Perspektive der Erwartungen der Beteiligten unproblematisch, da sich hier die Vorstellungen von Beratern und Klienten treffen. Allerdings enthält diese quantitative Betrachtungsweise nur die Hälfte der Wahrheit, da zur letztendlichen Bewertung dieses Ergebnisses zuerst analysiert werden muß, ob sich unter den 40% der Erwartungen, in denen Berater und Klienten nicht übereinstimmen, wesentliche Elemente der Beratungsarbeit befinden. Dies soll die folgende Betrachtung ermöglichen.

Im einzelnen zeigen sich folgende Erwartungsunterschiede bei Beratern und Klienten: (vgl. Tabellen A-C, Anhang D):
Im Bereich der methodischen Beratungselemente zeigen sich zunächst einmal grundsätzliche Erwartungsunterschiede zwischen Beratern und Klienten: Klienten wünschen und vermuten entgegen den Beratern Ratschläge und glauben mehr an den Erhalt von Denkanstößen. Zwar besteht bei beiden Gruppen Zustimmung zu Terminen mit der ganzen Familie, doch lehnen Berater eine ausschließliche Kindertherapie sehr viel deutlicher ab. Zudem wünschen sich die Berater stärker Gruppenarbeit und verhaltensübende sowie körperorientierte und kreative Verfahren. Bei den Beratungsinhalten wünschen die Klienten zwar mehr eigene Fehler anzusprechen, jedoch erhoffen und vermuten sie weniger stark den Einbezug auch eigener persönlicher Probleme und intimer Bereiche des Familienlebens. Zudem erwarten sie stärker eine Eingrenzung auf das Vorstellungsproblem und das Außerachtlassen der Elternbeziehung. Übereinstimmung herrscht bei den Erwartungen an die Betonung von Gefühlen und den Einbezug der Ansichten aller Familienmitglieder. Zur Frage der Beratungsdauer äußern Klienten und Berater ähnliche Vorstellungen. Im Bereich der beraterischen Beziehung vermuten und wünschen die Klienten eher, daß der Berater über den Ablauf der Beratung allein entscheidet, seine Absichten dabei jedoch immer transparent macht und insgesamt eine freundesähnliche Beziehung zu den Klienten aufbaut. Zudem vermuten die Klienten stärker, daß Ansprüche und Konflikte in der beraterischen Beziehung offen angesprochen werden. Einigkeit herrscht bei den Fragen nach dem Vorrang der Klientenwünsche, der Neutralität des Beraters und dem Einbringen persönlicher Erfahrungen durch den Berater. Im Bereich der Beratungsziele wünschen und vermuten die Klienten eher die Ziele der Ursachensuche, Verhaltensmodifikation bei Kindern und der vollständigen Problemlösung. Dagegen antizipieren und wünschen

sie weniger das abstraktere Ziel einer besseren Kommunikation in der Familie und wünschen sich stärker als die Berater Selbsterkenntnis anzustreben. Während die Klienten zur Frage der *Beratungseffizienz* eher vermuten und wünschen, daß ihr Problem vollständig durch die Beratung gelöst wird, besteht kein Erwartungsunterschied bei der Frage nach einem insgesamt positiven Einfluß der Beratung auf ihr Familienleben.

Im Bereich der *institutionellen Rahmenbedingungen* vermuten die Klienten eher eine flexible Terminvergabe und nehmen seltener an, daß die Beratung kostenlos ist. Zudem vermuten und wünschen sie seltener, daß die EBSt mit anderen Stellen zusammenarbeitet und lehnen eine auschließliche Zuständigkeit der EBSt für Erziehungsfragen seltener ab.

Zur Frage der *fachlichen Kompetenz des Beraters* unterscheidet der Wunsch nach der Schaffung einer offenen Gesprächsatmosphäre (stärker bei den Beratern) und der nach unbemerkt erzielten Veränderungen (mehr Ablehnung bei den Beratern) sowie die Erwartung eines besonders guten Umgangs mit Kindern (stärker bei Klienten) und die Vermutung einer Hochschulausbildung bei dem Berater (geringer bei Klienten) die beiden Gruppen. Bezüglich der *Beraterpersönlichkeit* wünschen sich die Klienten eher einen gleichgeschlechtlichen und in etwa gleichaltrigen Berater und erwarten von ihm weniger als die Berater selbst, daß dieser seine eigenen Probleme weitgehend gelöst hat. Hinsichtlich des Auftretens des Beraters wünschen und vermuten die Klienten eine eher sachlich-überlegte Haltung.

Im Bereich des *persönlichen Engagements* zeigen sich nur Unterschiede hinsichtlich der Vermutung an eine persönliche Betroffenheit des Beraters (geringer bei Klienten) und des Wunsches nach einer freundschaftlichen Beratungsbeziehung (stärker bei Klienten). Bei den Erwartungen an das zeitliche Engagement und die Erreichbarkeit finden sich demgegenüber keine nennenswerten Erwartungsunterschiede.

In der Gesamtschau dieser Ergebnisse ergeben sich folgende Tendenzen:

■ Institutionelle Rahmenbedingungen
Hier finden sich mehr Gemeinsamkeiten als Unterschiede. Die wenigen Diskrepanzen beziehen sich weitgehend auf eine fehlende Kenntnis einiger weniger Rahmenbedingungen der EBSt.
Auch hier zeigt sich also, daß die Klienten die Rahmenbedingungen der Beratungsarbeit gut kennen und im wesentlichen in seiner jetzigen Form akzeptieren.

■ Beratungsprozeß
In diesem Bereich zeigen sich die meisten und wohl auch bedeutsamsten Unterschiede in den Erwartungen von Klienten und Beratern. *Die Klienten vermuten und*

wünschen mehr als die Berater, daß der Berater den Beratungsablauf bestimmt und
begründet, sich thematisch auf das Vorstellungsproblem begrenzt und dabei v.a. die
Elternebene weitgehend ausklammert, sowie eng umgrenzte (Verhaltens-)Ziele
verfolgt.

An diesen wesentlichen Unterschieden wird deutlich, daß Berater und Klienten in
bestimmten Bereichen ein unterschiedliches Beratungsverständnis besitzen. Legt
man die Beratervorstellungen als Vergleichsmaßstab an, dann erscheint die Beratung
aus Klientensicht mehr eine Dienstleistung zu sein, bei der sie einem Experten einen
eng umgrenzten Auftrag geben, dessen Durchführung der Experte plant, seine
Planung erläutert und begründet und dann in Zusammenarbeit mit ihnen durchführt.
Wichtig dabei ist, daß der Experte in seinem Vorgehen möglichst nicht von dem eng
begrenzten Auftrag abweicht. Die Berater haben demgegenüber im Vergleich zu den
Klienten ein Beratungsverständnis, das in Methodik, Themen und Zielen eher
systemisch ausgerichtet ist und ein hohes Maß von Eigenaktivität des Klienten
voraussetzt.

In diesem Bereich sind zwei Tendenzen besonders hervorzuheben.

Während sich, wie weiter oben dargestellt (vgl. Kap. 12.1), v.a. die Antizipationen
der Klienten absolut betrachtet z.T. recht weit von den früher meist
berichteten Passivitätserwartungen entfernt haben, bestehen sie *in Relation zu den*
Beratererwartungen auch heute noch. Obwohl der verbreitete Familienansatz, wenn
darunter nur die Mitarbeit der Eltern verstanden wird, bei den Klienten auf hohe
Akzeptanz stößt, verlangen die Berater von ihnen mehr Eigenaktivität und
insbesondere ein stärkeres Hinausblicken über den Rand des Eingangsproblems
und des Verhaltens des Kindes, als dies von den Klienten gewünscht wird. Die
Berater können bei ihrem breiten Beratungsansatz also damit rechnen, daß er für
einen Großteil der Klienten nicht unvermutet kommt, daß sie damit aber
möglicherweise den Wünschen ihrer Klienten weniger entsprechen und von daher
Widerstände zu erwarten haben.

Allerdings, und das ist der zweite wichtige Aspekt, umfaßt die relative
Passivitätshaltung nicht ein "Gewährenlassen" des Beraters, da die Klienten, mehr
als die Berater dies in der Regel tun, eine genaue Begründung und Rechtfertigung
seines Vorgehens wünschen. Gerade diese Erwartung der Klienten gilt es in der
Anfangsphase der Beratung zu berücksichtigen, wenn sie, wie es nicht selten
vorzukommen scheint, zur Mitarbeit bei einer Art von Beratung motiviert werden
sollen, die nur zum Teil ihren Wünschen entspricht.

■ Berater

Bei den Vorstellungen über den Berater selbst zeigen sich bis auf zwei Aspekte
weitgehend vergleichbare Erwartungen. Zum einen legen die Klienten mehr Wert auf

"Ähnlichkeit" zwischen ihnen und dem Berater (hinsichtlich Alter u. Geschlecht) und zum anderen wollen sie *im Gegensatz* zu den Beratern teilweise eine "freund-schaftsähnliche" Beziehung in der Beratung aufbauen.

Es zeigt sich hier insgesamt die wichtige Tatsache, *daß das persönliche Auftreten des Beraters und auch sein Engagement den Vorstellungen der Klienten weitgehend entspricht.* Damit scheint die Akzeptanz des Beraters als Person, die sicher eine der wichtigsten Vorbedingungen für eine erfolgreiche Beratungsarbeit darstellt, bei dem Großteil der EB-Klientel gegeben.

Bei den beiden wesentlichen Erwartungsunterschieden überrascht der Aspekt der von den Klienten mehr gewünschten "Ähnlichkeit zum Berater" weniger, da hier wohl nur das größere Vertrauen der Klienten in solche Berater zum Ausdruck kommt, die in vergleichbaren Lebensumständen leben und von daher die Probleme der Klienten zumindest zum Teil aus eigener Erfahrung kennen.

Wichtiger erscheint die Tatsache, daß die Klienten den Berater mehr als Freund sehen, als es seiner Praxis oder seinen Wünschen entspricht. Ein solcher Anspruch überfordert den Berater sicher persönlich und wird von den meisten Beratern wohl auch aus fachlichen Gründen abgelehnt.

Für die Beratungspraxis bedeuten die Gemeinsamkeiten und Unterschiede der Erwartungen von Beratern und Klienten, daß es neben den weitgehend unproble-matischen Bereichen des institutionellen Rahmens und des Beraterverhaltens v.a. die Beratungsmethode und der Anspruch an den "Berater als Freund" sein wird, zu denen es geäußerte oder unterschwellige Differenzen zwischen den Beteiligten geben wird.

Die praktischen Konsequenzen dieser Ergebnisse liegen zum einen in der Notwendig-keit, die "problematischen" Klientenerwartungen (systemischer Ansatz, Eigenaktivität des Klienten, Berater als Freund) in der Informations- und Öffentlichkeitsarbeit stärker zu berücksichtigen, um langfristig zu einer Veränderung solcher Erwartungen beizutragen. Zum anderen legen die Ergebnisse nahe, daß diese Erwartungen zu Beginn der Beratung thematisiert werden sollten, wobei der Berater das von ihm favorisierte Vorgehen deutlich erläutert und begründet, um den Klienten die gewünschte Eigenständigkeit bei der Beurteilung des Vorgehens in der Beratung zu belassen.

Für die Beratungspraxis bedeuten die Gemeinsamkeiten und Unterschiede der Erwartungen von Beratern und Klienten, daß es neben den weitgehend unproblematischen Bereichen des institutionellen Rahmens und des Beraterverhaltens v.a. die Beratungsmethode und der Anspruch an den "Berater als Freund" sein wird, zu denen es geäußerte oder unterschwellige Differenzen zwischen den Beteiligten geben wird.

Die praktischen Konsequenzen dieser Ergebnisse liegen zum einen in der Notwendigkeit, die "problematischen" Klientenerwartungen (systemischer Ansatz, Eigenaktivität des Klienten, Berater als Freund) in der Informations- und Öffentlichkeitsarbeit stärker zu berücksichtigen, um langfristig zu einer Veränderung solcher Erwartungen beizutragen. Zum anderen legen die Ergebnisse nahe, daß diese Erwartungen zu Beginn der Beratung thematisiert werden sollten, wobei der Berater das von ihm favorisierte Vorgehen deutlich erläutert und begründet, um den Klienten die gewünschte Eigenständigkeit bei der Beurteilung des Vorgehens in der Beratung zu belassen.

13. Die Bedeutung von Klienten- und Beratererwartungen für Beratungsablauf, Beratungserfolg und Beratungsabbruch

Nachdem die Eingangserwartungen von Klienten und Beratern detailliert beschrieben und miteinander verglichen worden sind, soll in der Folge die Frage gestellt werden, inwieweit diese Erwartungen mit dem Beratungsverlauf, dem Beratungserfolg und einem möglichen frühzeitigen Beratungsabbruch in Beziehung stehen. Diese Frage ist insofern von zentraler Bedeutung, da die Notwendigkeit zur Beschäftigung mit Beratungserwartungen im Vorfeld und im Verlauf der Beratung vor allem dann gegeben ist, wenn sie tatsächlich einen Zusammenhang mit den o.g. Kriterien aufweisen.

Dabei soll hier nicht nur nach dem generellen Vorliegen eines solchen Zusammenhangs gefragt werden, sondern es interessiert besonders, welche einzelnen Erwartungen mit welcher Genauigkeit eine Vorhersage auf die o.g. Kriterien erlauben. Für die Kriterien des Beratungserfolges und -abbruchs, die im Rahmen dieser Untersuchung besonders interessieren, sollen die Zusammenhänge mit den Klientenerwartungen aus zwei verschiedenen Blickwinkeln betrachtet werden. Zum einen soll überprüft werden, inwiefern die geäußerten Wünsche und Vermutungen mit diesen Variablen in Zusammenhang stehen (Untersuchungsfrage 3.2) und zum anderen soll gefragt werden, inwiefern der Abstand (d.h. das Ausmaß an Übereinstimmung oder Unterschied) zwischen Antizipationen und Präferenzen einen Zusammenhang mit Beratungserfolg und -abbruch besitzt (Untersuchungsfrage 3.3).

Um zumindest Hinweise daraufhin zu bekommen, ob die Beratungsdurchführung mit den Erwartungen der Klienten zusammenhängt, sollen die beiden erhobenen Merkmale der durchgeführten Beratungen daraufhin überprüft werden, ob sie abhängig von den Klientenerwartungen variieren (Untersuchungsfrage 3.2).

Zum Vergleich zu den entsprechenden Ergebnissen der Klientenerwartungen sollen letztlich auch die Erwartungen der Berater daraufhin untersucht werden, ob sie einen Zusammenhang mit dem Beratungserfolg aufweisen (Untersuchungsfrage 3.4).

13.1 Der Zusammenhang von Eingangserwartungen der Klienten mit dem Beratungserfolg

Zur Klärung der Frage, inwiefern der Beratungserfolg mit den Eingangserartungen der Klienten in Beziehung steht (Untersuchungsfrage 3.2), wurde für jedes der vier Erfolgsmaße bestimmt, in welchen Erwartungen sich "erfolgreiche" von "weniger erfolgreichen" Beratungen unterscheiden und welchen Erklärungsbeitrag diese Erwartungen für die Erfolgseinschätzungen liefern.

Es wurden für alle Erfolgsscores die Klienten am Median in zwei Gruppen der "mehr und weniger Erfolgreichen" unterteilt (da für alle vier Scores die Mediane im positiven Bereich liegen, kann hier nicht von erfolglosen Beratungen gesprochen werden). Sodann wurde per t-Test (unabhängige Stichproben) wiederum für alle vier Erfolgsscores getrennt überprüft, in welchen Erwartungen sich die Median-Split-Gruppen unterscheiden ($p < .05$). Hier wurde eine großzügigere Irrtumswahrscheinlichkeit verwendet, um für die folgende Regressionsanalyse nicht zu viele Items auszuschließen. Im Anschluß wurden, für die vier Erfolgseinschätzungen getrennt, multiple schrittweise Regressionsanalysen mit den Erfolgsscores als Regressanden und den per t-Test selegierten Erwartungen als Regressoren gerechnet. Es wird also hiermit untersucht, wieviel Varianz des jeweiligen Erfolgsscores durch die Items erklärt wird, die isoliert betrachtet zwischen "erfolgreichen" und "weniger erfolgreichen" Klienten trennen.

Dieses zweistufige Verfahren wurde notwendig, da nicht für alle Klienten alle Erfolgsscores vorliegen und somit die Stichprobengröße (d.h. das Verhältnis von unabhängigen zu abhängigen Variablen) keine multivariaten Verfahren wie die angestrebte multiple Regressionsanalyse oder eine kanonische Korrelation mit allen Erwartungsitems erlaubte. Aus demselben Grund konnte kein multivariates statistisches Verfahren zur Bestimmung der Erwartungsunterschiede zwischen den beiden Erfolgsgruppen verwendet werden. Wünschenswert wäre z.B. eine Diskriminanzanalyse gewesen, die die Interkorrelationen unter den unabhängigen Variablen berücksichtigt und somit mögliche Suppressionseffekte aufdeckt. Es entsteht somit das Problem, daß die relative "Trennschärfe" der Erwartungsitems (bzgl. des jeweiligen Erfolgskriteriums) als Bestandteil der Gesamtheit der Erwartungen mit univariaten Verfahren nicht mit absoluter Sicherheit geprüft werden kann. Da jedoch (wie sich bereits im Zusammenhang der Faktorenanalyse zeigte) die Interkorrelationen unter den Erwartungen insgesamt sehr gering sind, erscheint dieses Vorgehen doch statthaft.

Die ja machende Einschränkung für die durchgeführten Regressionsanalysen besagt lediglich, daß streng genommen nicht die Zusammenhänge zwischen der untersuchten Variablengruppe insgesamt und dem Kriterium angegeben werden, sondern der Zusammenhang zwischen dem Kriterium und einer bestimmten Teilmenge der Erwartungen, nämlich derjenigen Items, die (je nach Kriterium) als isolierte Erwartungen "erfolgreiche" von "weniger erfolgreichen" Beratungen trennen. Diese Einschränkung sollte für die im folgenden referierten Ergebnisse im Gedächtnis behalten werden.

Je nach Erfolgskriterium zeigten sich für sechs bis siebzehn der 140 Erwartungsitems (Antizipationen und Präferenzen) signifikante Mittelwertunterschiede ($p < .05$) zwischen den erfolgreichen und weniger erfolgreichen Klienten (vgl. Tab. A, Anhang E). Diese relativ geringe Zahl macht bereits deutlich, daß sich die jeweiligen Erfolgsgruppen nur vereinzelt in ihren Erwartungen unterscheiden und keine durchgängigen Erwartungsunterschiede vorliegen.

Zur Klärung der Frage, welche dieser Erwartungen in welchem Ausmaß einen hohen oder geringen Beratungserfolg erklären können, wurden (pro Erfolgskriterium getrennt) die oben erläuterten Regressionsanalysen gerechnet.

Als Inklusionsparameter für die unabhängigen Variablen wurde ein Signifikanzniveau des F-Wertes des partiellen Korrelationskoeffizienten der unabhängigen Variablen von $p < .05$ vorgegeben. Bei allen vier Analysen wurde überprüft, ob die Prämissen der Regressionsanalyse nicht verletzt waren (Multikollinearität über Toleranz-Werte der Variablen, Autokorrelation der unabhängigen Variablen mit Hilfe des DURBIN-WATSON-Tests und Heteroskedastizität mit Hilfe von Scatterplots der standardisierten

Residuen mit der unabhängigen Variable). Die Werte zeigten, daß die Voraussetzungen als nicht verletzt eingestuft werden können.

Tab. 21 zeigt die Gütemaße der vier entstandenen Regressionsgleichungen und gibt die in die Gleichung aufgenommen Items in der Reihenfolge ihres Einbezugs an.[1]

Kl.-Zufriedenheitseinschätzung				Kl.-Veränderungseinschätzung			
r = .62 r(quadrat) = .39				r = .85 r(quadrat) = .72			
F = 10.94 df = 3,52 p = .000				F = 16.04 df = 7,44 p = .000			
Item	B	T	p	Item	B	T	p
ANT 10	.16	3.28	.002	PRÄF 26	−.15	−3.90	.000
PRÄF 16	.13	3.29	.002	ANT 64	.22	4.89	.000
PRÄF 30	−.16	−3.12	.002	PRÄF 58	−.15	−2.33	.024
				ANT 63	−.15	−4.04	.000
				ANT 46	.18	3.96	.000
				PRÄF 48	−.17	−3.70	.001
				PRÄF 68	−.23	−2.73	.009

Th.-Zufriedenheitseinschätzung				Th.-Veränderungseinschätzung			
r = .48 r(quadrat) = .23				r = .59 r(quadrat) = .35			
F = 8.86 df = 3,87 p = .000				F = 11.20 df = 4,84 p = .000			
Item	B	T	p	Item	B	T	p
ANT 8	−.18	−3.36	.001	PRÄF 27	−.10	−3.15	.002
ANT 26	−.12	−2.54	.013	ANT 18	−.37	−3.34	.001
ANT 18	−.38	−2.42	.181	PRÄF 5	−.06	−2.38	.020
				ANT 43	−.09	−2.22	.029

Tab. 21: Ergebnisse (Gütemaße und einbezogene Items) der Regressionsanalysen zur Vorhersage des Beratungserfolges aus den Eingangserwartungen der Klienten

Die Korrelationskoeffizienten zeigen, daß alle vier Erfolgskriterien einen relativ engen Zusammenhang mit den Eingangserwartungen der Klienten aufweisen. Vor allem die Erfolgseinschätzungen der Klienten (insbesondere ihre Veränderungseinschätzung mit 72% Varianzerklärungsanteil) können nach diesen Ergebnissen mit einer großen Genauigkeit aus ihren Eingangserwartungen vorhergesagt werden. Die Zusammenhänge kommen bei allen vier Kriterien mit nur sehr wenigen einbezogenen

---

[1]Zur Bedeutung der B-Werte: Sie geben an, wie sich der Wert der Erfolgseinschätzung verändert, wenn sich die jeweilige Erwartung (bei sonst gleichen Bedingungen) um eine Einheit auf der fünfstufigen Fragebogenskala erhöht (vgl. Backhaus et al a.a.O, S. 9f.).

Erwartungen zustande. Bei diesen Erwartungen zeigt sich kein Übergewicht von Antizipationen oder Präferenzen, so daß beide gleichermaßen bedeutsam für die Erklärung des Beratungserfolges erscheinen. Auffällig ist vor allem, daß die vier verschiedenen Erfolgskriterien durch sehr unterschiedliche Erwartungen vorhergesagt werden.

In bezug auf die eingangs gestellte Frage kann zuerst einmal festgehalten werden, *daß anhand dieser Ergebnisse von einem deutlichen Zusammenhang zwischen der Ausprägung der Eingangserwartungen und allen vier Erfolgskriterien der Beratung gesprochen werden kann.* Alle vier Erfolgskriterien, und dabei besonders das Ausmaß der vom Klienten zum Ende der Beratung berichteten positiven Veränderungen, können mit einer recht hohen Wahrscheinlichkeit anhand der Klientenerwartungen zu Beratungsbeginn vorhergesagt werden. Bevor also überhaupt die konkrete Berater-Klient-Beziehung entstanden ist und bevor die jeweiligen beraterisch-therapeutischen Vorgehensweisen greifen können, gibt es mit den Erwartungen der Klienten bereits einen überraschend exakten "therapie-unspezifischen" Prädiktor des Beratungserfolges. Natürlich bedeutet dieses Ergebnis nicht, daß die Erwartungen *kausal* am Zustandekommen dieses Beratungserfolges beteiligt sind. Es ist vielmehr zu vermuten, daß die Eingangserwartungen der Klienten eine der vielen Randbedingungen zum Beginn der Beratung darstellen (wie z.B. der institutionelle Kontext, die Ausbildung des Beraters oder die Problemlage des Klienten), die letztlich in ihrer Gesamtheit zu der konkreten Ausgestaltung der Beratung führen und damit letztlich auch mit dem Beratungserfolg zusammenhängen können. Die Stärke des Zusammenhangs zwischen den Eingangserwartungen und dem Beratungserfolg legt jedoch die Vermutung nahe, daß es sich bei diesen Erwartungen um eine der bedeutsameren Eingangsbedingungen der Beratung handelt.

Das Ergebnis eines engen Zusammenhangs zwischen den Klientenerwartungen und dem Beratungserfolg ist v.a. auch angesichts der bisher meist gegenteiligen empirischen Befunde (vgl. Kap. 4.2) sehr gewichtig. Es stellt sich die Frage, wieso sich ein solcher Zusammenhang im Gegensatz zu den meisten empirischen Untersuchungen bei diesen Daten zeigt.

Ein Grund für dieses Ergebnis könnte sein, daß die Erwartungen hier mit verschiedenen Perspektiven des Beratungserfolges getrennt in Beziehung gesetzt wurden, und daß erst diese differenzierte Betrachtung solche Zusammenhänge aufscheinen läßt. Die Verwendung einer globalen, mehrere Erfolgsaspekte zusammenfassenden Definition des Beratungserfolges könnte diese offensichtlich differenzierten Zusammenhänge verwischen. Dagegen könnte eine Betrachtung nur eines Erfolgskriteriums (wie oft in den einschlägigen empirischen Untersuchungen geschehen, vgl. Kap. 4.2) ebenfalls keine deutlichen Zusammenhänge aufzeigen, da gerade für dieses Kriterium die Beziehung zwischen Erwartungen und Erfolg gering ist.

Gestützt werden diese Annahmen durch die hier gefundene Tatsache, daß die Stärke des Zusammenhangs zwischen Eingangserwartungen und dem Beratungserfolg eindeutig von der jeweiligen Operationalisierung des Beratungserfolges abhängt, und daß je nach zugrundegelegter Erfolgsperspektive jeweils sehr unterschiedliche Erwartungen zu diesem Zusammenhang beitragen. Diese Tatsache ist gleichzeitig auch das zweite bedeutsame Ergebnis dieser Fragestellung, da es zeigt, *daß eine Antwort auf die Frage, welche Klientenerwartungen wie ausgeprägt sein müssen, um eine erfolgreiche Beratung wahrscheinlicher werden zu lassen, jeweils nur im Hinblick auf eine bestimmte Definition des Beratungserfolges möglich ist.* Es zeigt sich also auch hier die weiter oben geschilderte empirische Erkenntnis (vgl. Kap. 8.2), daß Aussagen bzgl. "des" Beratungserfolges kaum möglich sind, und damit "die" für den Beratungserfolg relevanten Eingangserwartungen der Klienten nicht benannt werden können.

Begrenzt man die Frage jedoch auf eines der hier verwendeten Erfolgskriterien, dann kann sie, v.a. was die Erfolgseinschätzungen der Klienten angeht, mit einiger Sicherheit beantwortet werden.

Auch wenn sich also der Zusammenhang zwischen den Eingangserwartungen der Klienten und dem Beratungserfolg für die einzelnen Erfolgskriterien unterschiedlich darstellt, und auch wenn die Hintergründe dieses Zusammenhangs hier nicht geklärt werden können, so sind diese Eingangserwartungen der Klienten aufgrund ihres recht hohen Zusammenhangs mit allen vier Erfolgskriterien doch auf jeden Fall ein Merkmal, das zu Beginn der Beratung eine besondere Beachtung verdient. Wenn Klienten mit bestimmten Eingangserwartungen zum Ende der Beratung eher einen höheren Beratungserfolg aufweisen, dann lohnt sich zumindest der Versuch, solche Erwartungen, die mit dem Beratungserfolg zusammenhängen zu verstärken, und solche, die mit einem negativen Beratungsausgang verbunden sind, abzubauen. Dabei ist jedoch nicht sicher, daß eine solche Modifikation von Erwartungen auch mit einer Verbesserung des Beratungerfolges verbunden ist, da wie gesagt keine Kausalität zwischen Erwartungen und Erfolg vorausgesetzt werden kann. Ob sich ein solches Vorgehen (z.B. per direkter Thematisierung von Eingangserwartungen) noch nach Beginn der Beratung lohnt, oder ob besser vor Beratungsbeginn versucht werden soll, "kritische" Klientenerwartungen (z.B. per schriftlicher, mündlicher, filmischer Information) zu modifizieren, kann anhand dieser Ergebnisse nicht vorausgesagt werden. Auch die bisherigen Versuche zur Modifikation von Klientenerwartungen im Vorfeld der Beratung haben noch nicht den Nachweis erbringen können, daß

hierdurch eine Verbesserung des Beratungserfolges erreicht wird (vgl. Kap. 3).
Eine Grundvoraussetzung für die erfolgreiche Durchführung einer solchen
Modifikation ist jedoch die genaue Kenntnis derjenigen Erwartungen, die überhaupt
einen Zusammenhang mit dem Beratungserfolg aufweisen und das Wissen um die
Ausprägungen dieser Erwartungen, die mit einem schlechteren bzw. besseren
Beratungserfolg zusammenhängen. Zu dieser wichtigen Frage (welche Klienten-
erwartungen hängen in welcher Weise mit dem
Beratungserfolg zusammen?) kann anhand der Daten einiges ausgesagt werden.

Betrachtet man unter dieser Fragestellung die Erwartungen, die erfolgreiche von
weniger erfolgreichen Klienten unterscheiden (vgl. Tab. A, Anhang E) und die eine
Vorhersage auf die verschiedenen Erfolgskriterien erlauben (vgl. Tab. 21), dann fällt
zuerst einmal auf, daß es nur recht wenige Erwartungen sind, die die beiden
Klientengruppen unterscheiden und noch weniger Erwartungen, die eine Vorhersage
des Beratungserfolges ermöglichen. Es scheint also, als ob es weniger weitreichende
Unterschiede in den Klientenerwartungen sind, die einen mehr oder weniger guten
Beratungserfolg erklären können, sondern daß das Vorliegen bestimmter einzelner
Erwartungen eine erfolgreiche Beratung eher wahrscheinlich oder unwahrscheinlich
macht. Die überwiegende Teil der Erwartungen scheint für den Beratungserfolg
dagegen eher irrelevant zu sein.

Welche Erwartungen nun konkret mit dem Beratungserfolg zusammenhängen, zeigt
eine Betrachtung der einzelnen, für die verschiedenen Erfolgseinschätzungen
"vorhersagekräftigen" Erwartungen:

Klienten zeigen sich zufriedener mit ihrer Beratung, wenn sie bei dem Berater zwar
Lebenserfahrung vermuten (Ant 10), aber keinen Wert auf eine Hochschulausbildung
legen (Präf 30) und sich wünschen, daß er über den Ablauf der Beratung entscheidet (Präf 16).

Klienten sehen mehr positive Veränderungen bei sich, je weniger sie sich wünschen,
daß der Berater von ihren Problemen unbeeindruckt bleibt (Präf 26), sie immer über
seine Absichten aufklärt (Präf 58) und auf die Klärung von Problemursachen
hinarbeitet (Präf 68). Ihre Einschätzung ist auch dann höher, wenn sie einen partei-
ischen Berater vermuten (Ant 64), der zwar keine Trägeransichten in seine Beratung
einfließen läßt (Ant 63) aber eine Beratung durchführt, die sich von derjenigen
anderer Träger unterscheidet (Ant 46). Auch der Wunsch nach Terminen innerhalb
der EBSt (Präf 48) hängt mit schlechteren Einschätzungen zusammen.

Berater sind mit der Beratung zufriedener, je weniger die Klienten konkrete
Ratschläge (Ant 8) und einen von ihren Problemen unbeeindruckten Berater vermuten (Ant 26).

Berater sehen mehr positive Veränderungen bei den Klienten, wenn diese weniger
standardisierte Diagnostik wünschen (Präf 27) und weniger genaue intuitive
Diagnostik vermuten (Ant 43), sowie wenn sie eher nicht von dem Bestehen der
Schweigepflicht ausgehen (Ant 18) und eher keine verhaltensorientierte Beratung

favorisieren (Präf 5).

Da nur sehr wenige Erwartungen an den einzelnen Zusammenhängen beteiligt sind, lassen sich diese Zusammenhänge nur versuchsweise folgendermaßen zusammenfassen:

■ *Eine hohe Zufriedenheit des Klienten* ist eher wahrscheinlich bei Vermutungen an einen erfahrenen und Wünschen an einen führenden Berater

■ *Eine hohe Veränderungseinschätzung des Klienten* ist eher zu erwarten bei Wünschen an einen persönlich betroffenen Berater, der seine Meinung (nicht die des Trägers!) deutlich zum Ausdruck bringt

■ *Eine hohe Zufriedenheit des Beraters* ist eher wahrscheinlich bei Klientenvermutungen an die persönliche Betroffenheit statt dem Verteilen von Ratschlägen

■ *Eine hohe Beratereinschätzung der Veränderungen* ist eher zu erwarten bei Klientenerwartungen an eine gefühlsorientierte, nicht beurteilende oder auf Formalien (Schweigepflicht) abhebende Beratung

Diese Aufstellung macht vier wichtige Aspekte des Zusammenhangs zwischen den Eingangserwartungen der Klienten und dem Beratungserfolg deutlich.

Erstens stellen diese erfolgsrelevanten Erwartungen für die jeweiligen Kriterien keine grundsätzlichen Beratungsverständnisse dar, sondern sind allenfalls als bestimmte Schwerpunktsetzungen in den Klientenerwartungen anzusehen. Da nur sehr wenige Erwartungen mit dem Beratungserfolg zusammenhängen, sind viele weitere Erwartungen, die für die Kennzeichnung der Beratung wichtig wären (z.B. Erwartungen an das Beratungssetting) für den Beratungserfolg eher irrelevant.

Zweitens zeigt sich, daß sehr unterschiedliche Erwartungen für die verschiedenen Erfolgskriterien relevant sind, und daß inhaltlich z.T. entgegengesetzte Erwartungen mit den vier verschiedenen Erfolgskriterien zusammenhängen. So erscheint es z.B. nahezu ausgeschlossen, daß Klienten Eingangserwartungen äußern, die eine hohe eigene Zufriedenheit und zugleich eine hohe Beraterzufriedenheit erwarten lassen, da die "erfolgsträchtigen" Erwartungen dieser beiden Kriterien sehr unterschiedliche Beratungsvorstellungen enthalten.

Drittens wird deutlich, daß diejenigen Erwartungen, die eine Vorhersage auf den Beratungserfolg erlauben, zum großen Teil Erwartungen an das Beraterverhalten und den Beratungsprozeß sind, wogegen Erwartungen an das institutionelle Setting (mit Ausnahme der Frage des Trägereinflusses) wenig Bedeutung für den Beratungserfolg besitzen und auch die Prognose-Erwartungen der Klienten keinen Beitrag zur Vorhersage des Beratungserfolges liefern. Es sind also vor allem die Erwartungen an die konkrete Ausgestaltung der Beratung, die eine Vorhersage auf den Beratungserfolg erlauben.

Viertens zeigt ein Vergleich der Ausprägungen der erfolgsrelevanten Erwartungen mit den gängigen Berater- und Klientenerwartungen, daß die Berater tendenziell eher die Beratungen positiv einschätzen, in denen solche ihrer Praxis ähnlichen Klientenerwartungen vorliegen, während die Klienten bei eigenen Erwartungen, die eher nicht auf der Linie der "gängigen" Beratererwartungen liegen, höhere Erfolgseinschätzungen abgeben. Dies könnte bedeuten, daß die Berater solche Beratungen erfolgreicher sehen, in denen ihr gängiger Beratungsstil von den Klienten akzeptiert wird, während Klienten dann mehr Erfolg sehen, wenn sie durch einen unerwarteten Beratungsstil des Beraters (dann vermutlich positiv) überrascht werden. Diese Schlußfolgerung muß jedoch an dieser Stelle noch sehr spekulativ bleiben und soll erst an späterer Stelle (vgl. Kap. 14.1) wieder aufgegriffen werden.

Abschließend betrachtet unterstreichen die referierten Befunde die Bedeutsamkeit der Klientenerwartungen für den Beratungserfolg und legen von daher die Konsequenz nahe, daß sich die Berater mit solchen Erwartungen auseinandersetzen müssen. Wenn diese Erwartungen einen solch engen Zusammenhang mit dem Beratungserfolg besitzen, dann ist es für den Berater wichtig, sie zu kennen, um gegebenenfalls Maßnahmen zu ihrer Modifikation ergreifen zu können. Wie oben angeführt, gibt es dabei von empirischer Seite wenig sichere Anhaltspunkte dafür, welche Art von Auseinandersetzung mit diesen Erwartungen die Sinnvollste ist. Wenn also auch noch offen ist, wie eine Modifikation von Klientenerwartungen möglichst effektiv erfolgen sollte, so geben die hier vorliegenden Ergebnisse doch wichtige Hinweise darauf, welche Erwartungen überhaupt für den Beratungserfolg relevant sind und in welchen Ausprägungen sie mit welchem Beratungserfolg zusammenhängen. Zum einen zeigen die Befunde, daß sich die Beschäftigung mit Klientenerwartungen auf einige wenige erfolgsrelevante Vermutungen und Wünsche beschränken kann. Dabei sind es v.a. die Erwartungen an den Berater und den Beratungsprozeß, die hier im Vordergrund stehen sollten, da sie am ehesten mit dem Beratungserfolg zusammenhängen. Eine Thematisierung von Klientenerwartungen muß sich also in erster Linie mit Themen wie der Erfahrung des Beraters, seiner Transparenz und persönlichen Betroffenheit, seiner Praxis der Beurteilung von Klienten, seiner Berücksichtigung des Trägers sowie seiner Bereitschaft zur Führung in der Beratung und zum Verteilen konkreter Ratschläge beschäftigen. Allerdings ist die Frage, in welche Richtung solche Erwartungen möglicherweise modifiziert werden sollten nicht für "den Beratungserfolg", sondern nur jeweils im Hinblick auf eines der Erfolgskriterien möglich. Dies bedeutet, daß man sich für mögliche Erwartungsmodifikationen vorher darüber klar sein muß, welche Art von Beratungserfolg man bei dieser Modifikation im Auge hat.

Im Hinblick auf das nun folgende Kapitel muß jedoch einschränkend angemerkt werden, daß diese Hinweise sich zuerst einmal nur auf den Aspekt der Ausprägung der Wünsche und Vermutungen der Klienten zu Beratungsbeginn beziehen. Inwiefern sich weitere und möglicherweise andere Schlußfolgerungen aus dem Zusammenhang zwischen Erwartungen und dem Beratungserfolg ergeben, wenn man die Wunsch-Vermutungs-Unterschiede der Klienten betrachtet, soll im folgenden geklärt werden.

13.1.1 Der Zusammenhang von Wunsch-Vermutungs-Abstand bei den Klienten mit dem Beratungserfolg

Als Ergänzung zum vorherigen Abschnitt soll im folgenden noch einmal die Frage gestellt werden, ob die Eingangserwartungen der Klienten mit dem Beratungserfolg in Zusammenhang stehen. Allerdings werden die Erwartungen nun nicht in ihren absoluten Ausprägungen betrachtet, sondern es wird das Ausmaß der Überein-stimmung/nicht-Übereinstimmung zwischen Wünschen und Vermutungen der Klienten zugrundegelegt.[1] Bei welchen Erwartungen sich eher Unterschiede und bei welchen sich eher Gemeinsamkeiten zwischen den Wünschen und Vermutungen zeigen, wurde bereits in Kap. 12.1.1 detailliert dargestellt.

Die o.g. generelle Fragestellung soll auf zwei Ebenen behandelt werden.

Es interessiert zum einen, ob das *mittlere Ausmaß des Abstandes* von Wünschen und Vermutungen (über alle Klientenerwartungen) mit dem Beratungserfolg in Beziehung steht, und ob es bei Vorliegen eines solchen Zusammenhangs insgesamt eher die Kongruenz oder eher die Diskrepanz bei Wünschen und Vermutungen ist, die mit einem positiven Beratungsausgang korreliert. In Untersuchungsfrage 3.3 wurde dazu die Annahme geäußert, daß ein solcher Zusammenhang in der Weise besteht, daß der Beratungserfolg um so schlechter ausfällt, je weniger die Wünsche und Vermutungen der Klienten übereinstimmen.

Die zweite Ebene, auf der die o.g. generelle Fragestellung behandelt werden soll, ist die Ebene der Wunsch-Vermutungs-Abstände *bei einzelnen Erwartungen*. Es soll also neben den gemittelten Werten über alle Erwartungen auch für die einzelnen Erwartungen gefragt werden, ob das Ausmaß, indem bei ihnen Wunsch und Vermutung

---

[1]Im theoretischen Teil der Arbeit wurden das Ausmaß der Übereinstimmung (bzw. nicht-Übereinstimmung) mit dem in der Literatur gängigen Begriff der "intraindividuelle Erwartungsdiskrepanz" behandelt. Um die Tatsache zu dokumentieren, daß hier nicht nur der Aspekt der Unterschiedlichkeit von Wunsch und Vermutung interessiert, sondern ebenso deren Gemeinsamkeit angesprochen ist, soll im folgenden für das Ausmaß an Gemeinsamkeit / Unterschiedlichkeit von Wünschen und Vermutungen der neutralere Begriff "Wunsch-Vermutungs-Abstand" verwendet werden.

übereinstimmen oder sich unterschieden, mit dem Beratungserfolg in Beziehung steht und ob dabei eher die Kongruenz oder die Diskrepanz von Wunsch und Vermutung mit einem positiven Beratungsausgang verknüpft ist. Es geht hier also darum herauszufinden, bei welchen einzelnen Erwartungen der Abstand zwischen Wunsch und Vermutung für den Beratungserfolg relevant ist, und bei welchen von diesen Erwartungen welches Ausmaß von Ähnlichkeit oder Unterschiedlichkeit mit einem hohen Beratungserfolg zusammenhängt.

Die rechnerische Operationalisierung des Abstandes von Wunsch und Vermutung *bezüglich einer Erwartung* besteht dabei im Absolutbetrag der Differenz der Werte von Antizipation und Präferenz.[1] Es wurde also für jede Erwartung bestimmt, wie weit Antizipation und Präferenz ohne Berücksichtigung des Vorzeichens auseinander liegen. Die Richtung eines möglichen Abstandes wurde nicht mit in die Betrachtung einbezogen, da die empirische Basis nicht ausreicht, um eine Hypothese begründet aufzustellen, die das Vorzeichen des Abstandes mit einbezieht.

Zwar konnte eine Untersuchung zeigen (Rosen & Cohen a.a.O., vgl. Kap. 4.2), daß es für die Fortführung der Beratung (vs. Abbruch) nicht unerheblich ist, welche Richtung die Abstände haben, doch wird damit noch nichts über die grundsätzlichere Frage ausgesagt, ob es intraindividuelle Erwartungsdiskrepanz oder -kongruenz ist, die mit einem positiven Beratungsausgang in Beziehung steht. Es soll hier also lediglich überprüft werden, ob es eher Gemeinsamkeiten oder Unterschiede in den Präferenzen und Antizipationen sind, die einen positiven Beratungsausgang erwarten lassen. Dabei ist es für das Vorliegen von Unterschieden hier also unerheblich, ob es sich um im Vergleich zu den Wünschen höhere oder niedrigere Antizipationen handelt.

Zur Überprüfung des Zusammenhangs zwischen dem Beratungserfolg und dem *mittleren Abstand* von Wünschen und Vermutungen wurde pro Klient der Mittelwert der Wunsch-Vermutungs-Abstände über alle seine Erwartungen berechnet (getrennt für alle drei Erhebungszeitpunkte). Die entstandenen Werte wurden mit den verschiedenen Erfolgsmaßen korreliert.

---

[1]Eine Anmerkung zur Sprachebene: Der hier interessierende Erwartungsaspekt läßt sich sprachlich gleichermaßen als Betrachtung von Unterschieden wie als Betrachtung von Gemeinsamkeiten von Wünschen und Vermutungen darstellen. Beide Begriffe sind hier von gleichem Interesse. Wenn also im folgenden einer der beiden Begriffe verwendet wird, dann ist der andere jeweils implizit in der Aussage enthalten.

| | | Beratungserfolg | | | |
		Kl.-Zuf. (n=56)	Kl.-Ver. (n=52)	Th.-Zuf. (n=91)	Th.-Ver. (n=89)
mittlerer Wunsch- Vermutungs- Abstand:	vor der Beratung nach d. 3. Sitzung nach Abschluß	-.41** -.41** -.40**	-.17 -.17 -.17	.05 .04 .04	.11 .11 .11

Tab. 22: Produkt-Moment-Korrelationen zwischen dem mittleren Ausmaß der Wunsch-Vermutungs-Abstände bei Klienten (zu den drei Erhebungszeitpunkten und den verschiedenen Beratungserfolgseinschätzungen (* $p < .05$, ** $p < .01$, zweiseitig)

Die Ergebnisse der Berechnungen machen folgende Punkte deutlich (vgl. Tab. 22):

- Der mittlere Abstand zwischen Wünschen und Vermutungen der Klienten zu allen drei Erhebungszeitpunkten korreliert signifikant negativ mit der Klientenzufriedenheit ($p < .01$). Je höher also die Unterschiede zwischen Wünschen und Vermutungen des Klienten zu Beginn und im Verlauf der Beratung, desto weniger stellt ihn diese Beratung zufrieden.

- Der mittlere Abstand zwischen Wünschen und Vermutungen der Klienten zu allen drei Erhebungszeitpunkten korreliert nicht signifikant mit der Klienteneinschätzung der Veränderungen oder mit den beiden Erfolgseinschätzungen der Berater ($p < .05$). Die durchschnittliche Übereinstimmung/nicht-Übereinstimmung von Wünschen und Vermutungen des Klienten zu Beginn und im Verlauf der Beratung sind für diese Erfolgskriterien also eher irrelevant.

Wie oben beschrieben, wurde in einem zweiten Auswertungsschritt der Zusammenhang zwischen dem Beratungserfolg und dem Abstand *der einzelnen Wünsche und Vermutungen* untersucht. Um zu ermitteln, bei welchen einzelnen Erwartungen das Ausmaß der Wunsch-Vermutungs-Übereinstimmung/nicht-Übereinstimmung mit dem Beratungserfolg zusammenhängt, wurde analog zum Vorgehen in Kap. 13.1 verfahren.

Zuerst wurden per t-Test diejenigen einzelnen Wunsch-Vermutungs-Abstände für einzelne Erwartungen ermittelt, für die zwischen "mehr und weniger erfolgreichen Klienten" (je nach Erfolgskriterium) signifikante ($p < .05$) Mittelwertunterschiede bestehen. Im Anschluß wurden, für die vier Erfolgseinschätzungen getrennt, multiple schrittweise Regressionsanalysen mit den Erfolgsscores als Regressanden und den per t-Test selegierten Wunsch-Vermutungs-Abständen als Regressoren gerechnet. Es wird also hiermit untersucht, wieviel Varianz des jeweiligen Erfolgsscores durch die Wunsch-Vermutungs-Abstände erklärt wird, die isoliert betrachtet zwischen "erfolgreichen" und "weniger erfolgreichen" Klienten trennen. Die Durchführung der Regressionsanalysen und die Überprüfung ihrer Voraussetzungen entspricht dem in Kap. 13.1 geschilderten Vorgehen (auch hier zeigten sich keine Verletzungen der ebenfalls dort geschilderten Prämissen der Regressionsanalyse).

Je nach Erfolgskriterium zeigten sich für fünf bis neun der 70 Wunsch-Vermutungs-Abstände signifikante Mittelwertunterschiede ($p < .05$) zwischen den erfolgreichen und weniger erfolgreichen Klienten (vgl. Tab. C, Anhang E). Mit diesen Abständen wurden in der Folge die oben beschriebenen Regressionsanalysen durchgeführt. Tab. 23 zeigt die Gütemaße der vier entstandenen Regressions-gleichungen und gibt die in die Gleichung aufgenommen Items in der Reihenfolge ihres Einbezugs an.

Kl.-Zufriedenheitseinschätzung			
$r = .62$ $r(quadrat) = .39$			
$F = 8.07$ $df = 4,51$ $p = .000$			
Item	B	T	p
16	-.15	-2.90	.006
60	.19	3.09	.003
55	.17	2.67	.010
5	-.11	-2.42	.019

Kl.-Veränderungseinschätzung			
$r = .52$ $r(quadrat) = .27$			
$F = 5.88$ $df = 3,48$ $p = .002$			
Item	B	T	p
49	.31	3.02	.004
63	-.15	-2.36	.022
16	-.14	-2.05	.046

Th.-Zufriedenheitseinschätzung			
$r = .23$ $r(quadrat) = .05$			
$F = 5.04$ $df = 1,89$ $p = .027$			
Item	B	T	p
59	.14	2.25	.027

Th.-Veränderungseinschätzung			
$r = .23$ $r(quadrat) = .05$			
$F = 4.67$ $df = 1,87$ $p = .033$			
Item	B	T	p
60	.12	2.16	.033

Tab. 23: Ergebnisse (Gütemaße und einbezogene Items) der Regressionsanalysen zur Vorhersage des Beratungserfolges aus den Wunsch-Vermutungs-Abständen der einzelnen Klientenerwartungen vor Beginn der Beratung

Die Ergebnisse dieser Analyse lassen sich in folgenden Beobachtungen zusammen-fassen:

- Die Abstände einzelner Wünsche und Vermutungen sind zwar für die Klienten-einschätzung der Beratung bedeutsam, stehen jedoch nur in einem schwachen (wenn auch signifikanten) Zusammenhang mit den Beratereinschätzungen des Erfolgs (vgl. dazu die Bestimmtheitsmaße der vier Regressionsgleichungen in Tab. 23).

- Es sind jeweils nur die Wunsch-Vermutungs-Abstände von wenigen Erwartungen, die zur Vorhersage des Beratungserfolges herangezogen werden.

- Bei manchen Erwartungen ist es eine größtmögliche Übereinstimmung von Wunsch und Vermutung und bei anderen ein größtmöglicher Unterschied zwischen Wunsch und Vermutung, der mit einem hohen Beratungserfolg zusammenhängt (vgl. unter-schiedliche Vorzeichen der B-Werte der einbezogenen Wunsch-Vermutungs-Abstände in Tab. 23).

- Bei den verschiedenen Erfolgskriterien sind es jeweils unterschiedliche Erwartungen, deren Wunsch-Vermutungs-Abstände für die Vorhersage der

Erfolgseinschätzung relevant sind.

Die geschilderten Ergebnissen lassen zuerst einmal die grundsätzliche Aussage zu, *daß das Ausmaß von Übereinstimmung oder Unterschied zwischen bestimmten Wünschen und Vermutungen der Klienten für den Beratungserfolg relevant ist.* Die Kenntnis der Tatsache, ob Klienten in bestimmten Bereichen der Beratung glauben, daß sie eine erwünschte Beratung erhalten, läßt also eine Vorhersage auf den Beratungserfolg zu.

Damit ist also gezeigt, daß nicht nur die absoluten Ausprägungen von Wünschen und Vermutungen mit dem Beratungserfolg in Beziehung stehen, sondern auch das Verhältnis von Wünschen zu Vermutungen. Auch dieser Aspekt muß also vor und in der Beratung berücksichtigt werden. Wie eine solche Berücksichtigung aussehen könnte, läßt sich jedoch erst bei einer genaueren Analyse der Art dieses Zusammenhangs beschreiben.

Das erste wichtige Beschreibungselement dieses Zusammmmenhangs besteht darin, daß sich eine generelle Aussage darüber, ob es eher übereinstimmende oder sich unterscheidende Wünsche und Vermutungen sind, die mit einem hohen Beratungserfolg zusammenhängen, nur für die Klientenzufriedenheit machen läßt. Hier konnte gezeigt werden, daß zu allen Erhebungszeitpunkten *im Mittel* eher die Übereinstimmung von Wünschen und Vermutungen einen positiven Beratungserfolg erwarten läßt. *Klienten, die also im Schnitt ihrer Erwartungen davon ausgehen, eine erwünschte Beratung zu erhalten, zeigen sich am Ende der Beratung zufriedener,* während diese *generelle Überzeugung* offensichtlich für ihre Veränderungseinschätzung und die Erfolgseinschätzungen der Berater keine besondere Bedeutung hat. Damit kann die Annahme aus Untersuchungsfrage 3.3, die einen solchen Zusammenhang unabhängig vom Erfolgskriterium postulierte, nicht bestätigt werden.

Da dieser Zusammenhang zu allen drei Erhebungszeitpunkten gezeigt wurde, hat dieses Ergebnis zwei wichtige Implikationen.

Zum ersten ist eine weitgehende Übereinstimmung von Wünschen und Vermutungen zu Beginn der Beratung gleichbedeutend mit dem Optimismus des Klienten, eine erwünschte Beratung vorzufinden. Damit kann aus dem bestehenden Zusammenhang gefolgert werden, daß *ein anfänglicher Optimismus des Klienten, eine erwünschte Beratung zu erhalten, eine hohe Zufriedenheit des Klienten mit der Beratung erwarten läßt.* Da diese Art von Optimismus, wie in Kap. 12.1.1 gezeigt, unter den EB-Klienten sehr verbreitet ist, macht also eine der gängigen Eingangsbedingungen der Klienten bereits deren abschließende Zufriedenheit wahrscheinlich. Wenn die meisten EB-Klienten von einer wunschgemäßen Beratung ausgehen, und diese Überzeugung mit ihrer letztlichen Beratungszufriedenheit zusammenhängt, dann erklärt sich also zumindest zum Teil die insgesamt hohe Zufriedenheit der Klienten mit der Beratung (vgl. Kap. 10.4) mit diesem Optimismus. Natürlich ist hier wiederum kein Kausalzusammenhang aufgedeckt, sondern es sind andere Erklärungsmöglichkeiten für den Zusammenhang der Klientenzufriedenheit mit einer weitgehenden Übereinstimmung von Wünschen und Vermutungen zu Beratungsbeginn heranzuziehen.

Die erste Erklärung liegt auf der Ebene der Klienteneinstellungen. Hier ließe sich annehmen, daß sowohl die Übereinstimmung der Wünsche und Vermutungen als auch die abschließende Zufriedenheit des Klienten von einer grundsätzlich positiven Einstellung zur Beratung abhängt. Wenn diese Einstellung konstant bliebe, könnte sie gleichermaßen für den anfänglichen Beratungsoptimismus auch für die abschließende Zufriedenheit verantwortlich sein.

Die zweite Erklärungsmöglichkeit liegt auf der Ebene des Klientenverhaltens. Hier wird vermutet, daß Klienten mit der Annahme, daß ihre Wünsche in der Beratung eher nicht erfüllt werden, sich im Gegensatz zu anderen Klienten von Beginn an passiver verhalten und tatsächlich auftauchende unerwünschte Beratungselemente mehr als Bestätigung ihrer Befürchtungen denn als Anreiz zum eigenen Hinwirken auf eine wunschgemäße Beratung werten. Damit erhalten diese Klienten eher eine tatsächlich unerwünschte Beratung, was letztlich zu ihrer geringeren Zufriedenheit führt.

Der damit postulierte Zusammenhang von Wunsch-Vermutungs-Unterschieden und geringerer Aktivität in der Beratung wurde zuerst von Rosen & Cohen (a.a.O) angenommen. Sie vermuten, daß Klienten, die trotz solcher Unterschiede eine Beratung aufsuchen, sich generell als hilfloser sehen (im Sinne eines externen "locus of control" nach Rotter) als solche Klienten, die eine erwünschte Beratung zu erhalten glauben. Sie folgern weiter, daß die ersteren Klienten in der Beratung weniger initiativ werden und letztlich weniger von der Beratung profitieren als die letzteren Klienten. Die Ergebnisse ihrer Untersuchung zeigen dann auch, daß Klienten, die das Eintreten gewünschter Beratungselemente nicht vermuten, sich eher als hilflos einschätzen und weniger Intitiative in der ersten Beratungssitzung zeigen.

Wie es letztlich zu diesem Zusammenhang kommt, kann jedoch auch mit diesen Erklärungen nur spekulativ beantwortet werden. Für die Beschäftigung mit Klientenerwartungen im Vorfeld, zu Beginn und im Verlauf der Beratung kann jedoch festgehalten werden, daß es für die Zufriedenheit der Klienten wünschenswert ist, wenn sie davon ausgehen, die erwünschte Beratungsform zu erhalten.

Die zweite wichtige Implikation des Zusammenhangs zwischen der Klientenzufriedenheit und der Übereinstimmung von Wünschen und Vermutungen bezieht sich auf die Tatsache, daß ein solcher Zusammenhang auch im Verlauf und zum Ende der Beratung gezeigt wurde. Zu diesen späteren Erhebungszeitpunkten werden die Erwartungen der Klienten sicher auch dadurch mitgeprägt sein, wie die Beratung tatsächlich abgelaufen ist. Damit kann der Abstand von Wünschen und Vermutungen zu späteren Zeitpunkten der Beratung auch Auskunft darüber geben, inwiefern die tatsächliche Beratungspraxis den Wünschen des Klienten zu diesen Zeitpunkten entspricht. Die

Frage nach dem Bestehen eines Zusammenhangs zwischen dem Beratungserfolg und den Wunsch-Vermutungs-Abständen zum zweiten und dritten Erhebungszeitpunkt sagt also auch etwas darüber aus, ob die Orientierung der Beratung an den Wünschen der Klienten mit dem Beratungserfolg zusammenhängt. Da zu diesen Zeitpunkten eine größere Übereinstimmung der Wünsche und Vermutungen mit einer höheren Klientenzufriedenheit, nicht aber mit höheren Veränderungseinschätzungen von Beratern und Klienten zusammenhängt, läßt sich folgern, daß das mittlere Ausmaß, indem die Wünsche der Klienten in der Beratung berücksichtigt werden zwar für deren Zufriedenheit, nicht aber für die erreichten Veränderungen bedeutsam ist. *Weder das durchgängige Berücksichtigen noch das weitgehende Ignorieren von Klientenwünschen in der Beratung hat also eine Bedeutung für die erreichten Problemveränderungen.* Eine weitgehende Orientierung an den Bedürfnissen der Klienten, wie sie vielfach gerade im Rahmen der EBSt-Arbeit gefordert wird (vgl. Kap. 1.2.3), kann also nur dann empfohlen werden, wenn man die Zufriedenheit der Klienten im Auge hat. Allerdings ist der Abstand zwischen Wünschen und Vermutungen, wie die folgenden Ergebnisse zeigen werden, auch für die anderen Erfolgskriterien relevant. Diese Relevanz wird jedoch erst dann deutlich, wenn man nicht den mittleren Abstand zwischen Wünschen und Vermutungen zugrundelegt, sondern wenn man diese Abstände bei den einzelnen Erwartungen betrachtet.

Das zweite Beschreibungselement des zu Kapitelbeginn konstatierten Zusammenhangs besagt, daß die alleinige Betrachtung des *mittleren* Abstandes von Antizipationen und Präferenzen offensichtlich die Tatsache verdeckt, *daß neben vielen Eingangserwartungen, deren Wunsch-Vermutungs-Abstände für den Beratungserfolg wenig relevant sind, bei manchen Erwartungen eine größtmögliche Übereinstimmung und bei anderen ein größtmöglicher Unterschied zwischen Wunsch und Vermutung mit einem hohen Beratungserfolg zusammenhängt.* Dies gilt für alle vier Kriterien, d.h. auch bei der Klientenzufriedenheit gibt es trotz der oben angeführten generellen Tendenz einzelne Erwartungen, bei denen die Unterschiedlichkeit von Wunsch und Vermutung eine bessere Einschätzung erwarten läßt. Die Betrachtung der einzelnen Wunsch-Vermutungs-Abstände macht für die anderen drei Erfolgskriterien deutlich, daß es auch für sie bedeutsam ist, ob die Klienten zu Beginn der Beratung von der Erfüllung ihrer Wünsche ausgehen. Es läßt sich eben anders als bei der Zufriedenheit nur keine generelle Tendenz benennen, ob es eher eine Übereinstimmung oder eher ein Unterschied zwischen Wünschen und Vermutungen ist, der mit einem positiven Beratungserfolg zusammenhängt.

Nun ist es natürlich besonders interessant zu sehen, welche Eingangserwartungen nun tatsächlich unter dem Aspekt des Wunsch-Vermutungs-Abstandes mit dem Beratungserfolg zusammenhängen. Dabei interessiert besonders, bei welchen von diesen Erwartungen die Klienten eher von einer Wunscherfüllung ausgehen sollten und wo sie eher von einer nicht-Berücksichtigung ihrer Wünsche überzeugt sein sollten, um einen guten Beratungserfolg wahrscheinlich werden zu lassen. Hier zeigt sich jedoch zuerst einmal, daß sich diese Frage jeweils nur für eines der Erfolgskriterien beantworten läßt. Während sich die einzelnen Erwartungen, die für die jeweiligen Kriterien bedeutsam sind also unterscheiden (vgl. Tab. 23), lassen sich doch zwei interessante inhaltliche Tendenzen erkennen.

Zum einen sind es wie im letzten Kapitel auch hier fast durchgängig Erwartungen an das Beraterverhalten und den Beratungsprozeß, deren Wunsch-Vermutungs-Abstände eine Vorhersage auf die verschiedenen Erfolgskriterien erlauben.

Zum anderen zeigt sich bei diesen Erwartungen die Tendenz, daß Erwartungen an grundlegende, d.h. den Beratungsansatz generell kennzeichnende Merkmale (Direktivität, Verhalten vs. Gefühle im Mittelpunkt, Orientierung der Beratung am Träger) eher die *Übereinstimmung* von Antizipationen und Präferenzen mit höheren Klienteneinschätzungen verbunden ist, während bei Erwartungen an einzelne, das Beraterverhalten kennzeichnende Merkmale (Toleranz d. Beraters, Möglichkeit gegenseitiger Kritik, Erreichbarkeit des Beraters) eher *Unterschied* zwischen Wünschen und Vermutungen mit einer hohen Einschätzung verknüpft sind. Zumindest für die Eingangserwartungen der Klienten läßt sich also sagen, *daß die Überzeugung des Klienten, in einigen wesentlichen Punkten die erwünschte Beratung zu erhalten mit einer positiven Veränderungseinschätzung und noch stärker mit einer hohen Zufriedenheit der Klienten zusammenhängt, während in weniger zentralen Bereichen ein geringerer Optimismus einen besseren Erfolg erwarten läßt.*

Möglicherweise tragen die letztgenannten hohen Wunsch-Vermutungs Diskrepanzen deshalb zu einer positiven Einschätzung bei, weil sich in ihnen ein hohes Potential zur "positiven Überraschung" verbirgt. Klienten, die in diesen Bereichen erwarten, daß ihren Wünschen in der Beratung nicht entsprochen wird, könnten um so positiver überrascht sein und daraufhin die Beratung positiver eurteilen, wenn die Beratungspraxis ihre pessimistischen Erwartungen widerlegt. Da es sich hierbei eher um Einzelelemente der Beratung als um grundsätzliche Beratungsmerkmale handelt, könnte es den Klienten hier zudem leichter fallen, durch eigene Initiative eine stärkere Ausrichtung an ihren Wünschen zu erreichen.

Zu diesen Annahmen muß jedoch noch einmal betont werden, daß die Tatsache der Bestätigung von Erwartungen aus den vorliegenden Daten nur erschlossen werden kann, nicht aber direkt beobachtet wurde.

Auch wenn also diese Frage nur mit Vorbehalten behandelt werden kann, so geben die referierten Ergebnisse doch einige Hinweise darauf, in welchen Bereichen der Optimismus des Klienten, eine erwünschte Beratung zu erhalten, mit einem positiven

Beratungserfolg zusammenhängt. Auch wenn sich aufgrund der gezeigten Zusammenhänge nichts darüber annehmen läßt, ob bestimmte Wunsch-Vermutungs-Abstände bestimmte Beratungserfolge *bewirken*, so geben die Daten doch Hinweise darauf, wie im Vorfeld der Beratung zumindest gute Startbedingungen geschaffen werden können.

Hier scheint es wichtig zu sein, den potentiellen Klienten den Eindruck zu vermitteln, daß ihre Wünsche in eher grundlegenden Fragen des Beraterverhaltens und des Beratungsprozesses berücksichtigt werden. Welche Aspekte damit im einzelnen gemeint sind, wurde weiter oben dargestellt. Dagegen ist es (zumindest aus der Sicht der zu erreichenden Problemveränderungen) offensichtlich nicht sinnvoll, den generellen Eindruck bei den Klienten zu vermitteln, daß die Beratung sich grundsätzlich in allen Aspekten an ihren Wünschen orientieren wird. Zwar sind Klienten mit einer solchen Überzeugung später diejenigen, die die höchste Zufriedenheit berichten, doch ist es aus der Sicht der erreichten Problemveränderungen bei bestimmten, weniger zentralen Beratungsmerkmalen eher erfolgversprechend, wenn die Klienten meinen, daß hier ihre Wünsche unberücksichtigt bleiben.

Diese Tendenzen bedeuten zugleich, daß hier ein Handlungsbedarf für die Öffentlichkeitsarbeit der EBStn besteht, da die überwiegende Mehrheit der Klienten mit der Überzeugung, die erwünschte Beratung zu erhalten, zur Beratungsstelle kommt (vgl. Kap. 12.1.1). Damit besteht bei diesen Klienten zwar eine hohe Wahrscheinlichkeit, daß sie die Beratung letztlich zufriedenstellen wird, es ist jedoch weit weniger wahrscheinlich, daß sie die erreichten Veränderungen ebenso positiv einschätzen werden. Gerade diese Konstellation (sehr viel höhere Zufriedenheit als Veränderungseinschätzung) zeigt sich dann auch bei den vorliegenden Erfolgseinschätzungen der Klienten (vgl. Kap. 10.4). Zumindest in bezug auf einige Merkmale der Beratung (s.o.) wäre es für die Wahrscheinlichkeit eines guten Beratungserfolges besser, wenn die Klienten mehr darauf vorbereitet wären, daß nicht v.a. ihre Wünsche, sondern auch die Möglichkeiten der EBSt und das Urteil des Erziehungsberaters für die Gestaltung der Beratung entscheidend sind.

13.1.2   Zwischenresümee zur Bedeutung der Klientenerwartungen für den Beratungserfolg

Beide Betrachtungsperspektiven der Klienten-Eingangserwartungen lassen eindeutig den Schluß zu, daß diese Erwartungen vor allem mit der Klienteneinschätzung des Beratungserfolges in engem Zusammenhang stehen. *Im Gegensatz zu dem Großteil der bisher berichteten empirischen Ergebnisse (vgl. Kap. 4) hängen also die Wünsche und Annahmen des Klienten über das, was ihn in der Beratung erwarten wird, mit seiner*

Einschätzung des Beratungserfolges zusammen. Damit ist jedoch sicherlich kein Kausalzusammenhang aufgedeckt, zumal die Beratereinschätzung des Erfolges nur sehr viel weniger mit diesen Erwartungen zusammenhängen. Die Klienten werden die Beratung also wohl kaum erfolgreicher einschätzen, *weil* sie zu Beginn der Beratung bestimmte Erwartungen oder einen bestimmten Optimismus in bezug auf die Berücksichtigung ihrer Wünsche hatten. Es ist eher anzunehmen, daß solche Erwartungen bestimmte Verhaltenskonsequenzen bei den Klienten nach sich ziehen (z.B. mehr oder weniger Aktivität) oder bestimmte Wahrnehmungsmuster beeinhalten (z.B. ein generell höherer Optimismus bzgl. der Möglichkeiten der Beratung), und somit den Beratungserfolg nicht direkt "beeinflussen". Unabhängig davon, wie dieser Zusammenhang zustande kommt, ist damit auf jeden Fall die Notwendigkeit der Beschäftigung mit Klientenerwartungen in Praxis und Forschung unterstrichen.

Beide Betrachtungsebenen der Eingangserwartungen tragen Unterschiedliches zur Erklärung des Beratungserfolges bei. Während die Ausprägungen bestimmter Eingangserwartungen v.a. mit der Veränderungseinschätzung des Klienten zusammenhängen, erklärt das Ausmaß von Übereinstimmung oder Unterschied seiner Wünsche und Vermutungen eher die Klienten-Zufriedenheit. Wie diese Aussage schon zeigt, ist die Stärke und die Art der Zusammenhänge zwischen den Klientenerwartungen und dem Beratungserfolg von der zugrundegelegten Erfolgsdefinition abhängig. Je nach Erfolgsperspektive sind es ganz andere Erwartungen, die berücksichtigt werden müssen und unterschiedliche Ausprägungen von Erwartungen und Vermutungs-Wunsch-Abständen, die eine positive Einschätzung nahelegen. Damit sind also die Zusammenhänge zwischen Erwartungen und dem Beratungserfolg weitaus komplexer als bislang angenommen und widersetzen sich allgemeinen eindimensionalen Aussagen. Trotzdem bieten sich auf der Ebene einzelner Erfolgskriterien wertvolle Hinweise auf den Zusammenhang von Erwartungen und dem Beratungserfolg.

So zeigt sich, daß es neben vielen Erwartungen, die keinen Zusammenhang mit dem Beratungserfolg aufweisen, die Ausprägungen und Wunsch-Vermutungs-Abstände einiger weniger Erwartungen sind, die den Beratungserfolg recht gut vorhersagen können. Bei den Wunsch-Vermutungs-Abständen zeigt sich dabei, daß es keineswegs eine durchgängige Übereinstimmung von Wunsch und Vermutung ist, die mit dem Beratungserfolg zusammenhängt, sondern daß bei einigen Erwartungen auch die Überzeugung, das erwünschte Beratungselement nicht zu erhalten, einen guten Beratungserfolg erwarten läßt.

Wie eine Beschäftigung der Praktiker mit Eingangserwartungen konkret aussehen sollte, darüber kann anhand dieser Ergebnisse nichts ausgesagt werden, doch läßt sich einiges darüber sagen, welche Erwartungen für den Beratungserfolg relevant sind, und welche Ausprägungen dieser Erwartungen einen hohen Beratungserfolg erwarten lassen.

Inhaltlich sind es vor allem Erwartungen an das Beraterverhalten, die Berater Klient-Beziehung und die konkrete Ausgestaltung der Beratung, die mit dem Beratungserfolg zusammenhängen. Wenn man sich also im Vorfeld oder zu Beginn der Beratung mit solchen erfolgsrelevanten Erwartungen auseinandersetzen will, dann sollten solche Themen wie die Transparenz und persönliche Betroffenheit des Beraters, Kritikmöglichkeiten in der Beratung, die Bereitschaft des Beraters zur Übernahme einer Führungsrolle und seine Absicht zur Berücksichtigung der Ansichten des Trägers in der Beratung im Vordergrund stehen. Gerade für die Schwerpunkte der Öffentlichkeitsarbeit und die Vergabe von Informationen an neu angemeldete Klienten könnten diese Hinweise auf erfolgsrelevante Erwartungen wichtige Anregungen bedeuten.

13.2 Der Zusammenhang von Eingangserwartungen der Klienten mit dem frühzeitigen Beratungsabbruch

Nachdem der Zusammenhang zwischen Eingangserwartungen und dem Beratungs-erfolg geklärt wurde, soll die Beziehung zwischen dem "frühzeitigen Beratungs-abbruch" und diesen Eingangserwartungen untersucht werden. Der frühzeitige Beratungsabbruch wurde dazu definiert als das "Fortbleiben des Klienten innerhalb der ersten drei Sitzungen, ohne daß dieses mit dem Berater vereinbart worden wäre" (vgl. Kap. 8.2.3). Das Zustandekommen eines Beratungsabbruchs wird zwar in der theoretischen Literatur häufig mit unrealistischen oder inadäquaten Klienten-erwartungen erklärt, jedoch hat die empirische Forschung einen solchen Zusammen-hang meist nicht nachweisen können (vgl. Kap. 4.2). Wenn man von der Annahme ausgeht, daß ein solcher Abbruch in der Regel mit einem negativen Beratungserfolg gleichzusetzen ist (vgl. Kap. 5.2), dann läßt sich diese Frage auch als Teilaspekt des letzten Kapitels ansehen.

In diesem Zusammmenhang soll hier geklärt werden, ob sich Abbrecher durch typische, bei anderen Klienten nicht in dieser Ausprägung vorliegende Eingangs-erwartungen auszeichnen (Untersuchungsfrage 3.2). Wären solche Erwartungen aufzeigbar, dann bestünde die Möglichkeit, solche Erwartungen bei Klienten im Vorfeld und zu Beginn der Beratung zu erheben und gegebenenfalls zu modifizieren. Zusätzlich zu dieser Fragestellung sollen wie im letzten Kapitel auch hier die Wunsch-Vermutungs-Abstände der Klienten als zweite Betrachtungsebene der Eingangserwar-tungen mit dem Beratungsabbruch in Beziehung gesetzt werden. Hier wurde in Untersuchungsfrage 3.3 angenommen, daß Abbrecher eher davon ausgehen, daß ihre Wünsche in der Beratung nicht erfüllt werden.

Bevor jedoch die Ergebnisse zu diesen Fragen hier referiert werden, soll kurz betrachtet werden, ob sich die o.g. Annahme, daß der Beratungsabbruch mit einem negativen Beratungsergebnis gleichzusetzen ist, in dieser Stichprobe bestätigen läßt.

Wie die unten angegeben Ergebnisse (vgl. Tab. 24) verdeutlichen, zeigen sich die Berater mit den Beratungen von Abbrechern weniger zufrieden und geben zumindest tendenziell (nicht sign.) geringere Veränderungseinschätzungen für sie ab. Leider sind an dieser Stelle keine Vergleiche von Klienteneinschätzungen möglich, da die Abbrecher nach Beendigung der Beratung nicht mehr für die Befragung zur Verfügung standen.

	Abbrecher(M)	nicht-Abbr.(M)	T	df	p
Berater-Zuf.	0.38	0.76	−2.06	89	.04
Berater-Ver.	0.46	0.69	−1.59	87	.12

Tab. 24: Mittelwertsunterschiede (laut t-Test) in den Erfolgseinschätzungen der Berater von Abbrechern und nicht-Abbrechern

Für die folgende Erörterung kann also festgehalten werden, daß Abbrecher aus Beratersicht zumindest eine weniger zufriedenstellende Beratung durchlaufen haben als Klienten, die ihre Beratung über das Anfangsstadium hinaus fortführen.

Zur Beantwortung der ersten o.g. Frage ("Haben Abbrecher andere Erwartungen als nicht-Abbrecher?") wurde per t-Test (unabhängige Stichproben) untersucht, ob sich Abbrecher von nicht-Abbrechern in den Auspärgungen ihrer Eingangserwartungen (Wünsche und Vermutungen) unterscheiden (vgl. Tab. 25).

ITEM	Mittelwert Abbrecher	nicht-Abbr.	t	df	p
ANT 19	1.59	0.80	3.65	36	.01
PRÄF 19	1.53	1.88	3.31	41	.01
PRÄF 50	1.82	1.28	3.11	49	.01
PRÄF 54	1.35	0.62	2.70	91	.01
PRÄF 65	1.76	1.07	4.42	60	.001
PRÄF 66	1.53	0.75	3.82	46	.001

Tab. 25: Erwartungen mit überzufälligen (p < .01) Mittelwertsunterschieden bei Klienten mit und ohne frühzeitigen Beratungsabbruch

Die Ergebnisse zeigen, daß die Abbrecher nur bei einigen wenigen Erwartungen (v.a. Wünschen) andere Angaben machen als die übrigen Klienten. Betrachtet man dazu die inhaltlichen Aussagen dieser Wünsche, dann unterscheiden sich Abbrecher von nicht-Abbrechern im wesentlichen nicht durch ein grundsätzlich anderes Beratungsverständnis, sondern v.a. durch einzelne Erwartungen. Besonders auffällig ist dabei eine stärkerer Wunsch der Abbrecher nach einem erfahrenen Berater (Präf 54 und 65) und die Tatsache, daß den Abbrechern die Erfüllung ihrer Wünsche insgesamt wichtiger ist als den übrigen Klienten (Präf 66). *Die weit verbreitete Annahme, daß Abbrecher besonders unrealistische Erwartungen äußern oder eine grundsätzlich andere Beratung vermuten oder wünschen als andere Klienten, kann also mit diesen Daten nicht bestätigt werden.*

Wenn sich also die Ausprägungen der Eingangserwartungen der Abbrecher nur unwesentlich von denen anderer Klienten unterscheiden, dann ist es vielleicht mehr ein mangelnder Beratungsoptimismus, d.h. eine geringere Übereinstimmung von Wünschen und Vermutungen, die sie gegenüber anderen Klienten auszeichnet (Annahme zu Untersuchungsfrage 3.3). Zur Überprüfung dieser Annahme wurde sowohl die mittlere Übereinstimmung von Wünschen und Vermutungen (vgl. Kap. 12.1.1) als auch die Übereinstimmung der einzelnen Wünsche mit ihren entsprechenden Vermutungen mit dem Beratungsabbruch in Beziehung gesetzt.

Dazu wurde per t-Test überprüft, ob sich zwischen Abbrechern und nicht-Abbrechern signifikante ($p < .05$) Mittelwertsunterschiede hinsichtlich ihres mittleren Wunsch-Vermutungs-Abstandes über alle Eingangserwartungen zeigen.

Im Anschluß wurde für die einzelnen Erwartungen (ebenfalls per t-Test) überprüft, ob sich zwischen Abbrechern und nicht-Abbrechern Mittelwertsunterschiede in den Wunsch-Vermutungs-Abständen ergeben (aufgrund der hohen Anzahl von Einzelberechnungen wurde auch hier ein Signifikanzniveau von $p < .01$ gewählt).

Die Berechnungen erbrachten keine signifikanten ($p < .01$) Mittelwertsunterschiede zwischen Abbrechern und nicht-Abbrechern, weder für die Wunsch Vermutungs-Abstände bei den 70 erfragten Erwartungen noch für den mittleren Wunsch-Vermutungs-Abstand über alle Erwartungen.

Entgegen der in Untersuchungsfrage 3.3 geäußerten Annahme besitzen Abbrecher also weder generell noch in bezug auf einzelne Beratungsmerkmale eine schwächere Überzeugung, daß ihre Wünsche in der Beratung erfüllt werden. Sie unterscheiden sich von anderen Klienten also nicht in ihrem anfänglichen Optimismus die erwünschte Beratung zu erhalten.

Die beiden hier eingenommenen Betrachtungsperspektiven der Eingangserwartungen (Ausprägung der Erwartungen und Abstand von Wunsch und Vermutung) weisen also übereinstimmend darauf hin, *daß frühzeitige Beratungsabbrecher im wesentlichen*

keine anderen Erwartungen an die Beratung herantragen als Klienten, die ihre
Beratung über das Anfangsstadium hinaus fortführen. Ihre Vermutungen und
Wünsche, als auch deren Beziehung zueinander unterscheiden sich nur unwesentlich
von denen anderer Klienten. Dieses Ergebnis legt die Schlußfolgerung nahe, daß die
Entscheidung des Klienten über Abbruch oder Fortführung der Beratung über die
Anfangsphase hinaus eher nicht davon abhängt, was er im einzelnen erwartet und
wie sehr er glaubt, daß seinen Wünschen entsprochen wird. Diese Schlußfolgerung
ist insofern von besonderer Bedeutung, da sie der gängigen Annahme widerspricht,
daß Abbrecher die Beratung vor allem aufgrund der zwangsläufigen Enttäuschung
ihrer vermeintlich unrealistischen oder inadäquaten Erwartungen verlassen.

Daß damit jedoch nicht gleichzeitig gesagt ist, daß der frühzeitige Abbruch nicht
aufgrund der Enttäuschung von Erwartungen zutandekommen könnte, zeigen die
drei folgenden Überlegungen.
Die Unterschiede und Gemeinsamkeiten von Wünschen und Vermutungen könnten
trotz dieses Ergebnisses für den Beratungsabbruch bedeutsam sein, da es statt
der *Höhe* des Abstandes zwischen von Wunsch und Annahme eher dessen *Richtung*
sein könnte, der Abbrecher von nicht-Abbrechern unterscheidet.

Rosen & Cohen (a.a.O.) zeigten in ihrer Untersuchung, daß Klienten je nach der
Richtung ihrer Wunsch-Vermutungs-Unterschiede unterschiedlich lang in der
Beratung verblieben. Während Klienten, die eine erwünschte Beratung nicht
vermuteten (Antizipationen geringer als Präferenzen) eher in der Beratung blieben,
brachen Klienten, die eine unerwünschte Beratung annahmen (Antizipationen höher
als Präferenzen), die Beratung schneller ab.

Diese Alternativhypothese kann anhand der vorliegenden Daten nicht beurteilt
werden und steht von daher weiterhin zur Diskussion.

Wichtiger noch als diese Möglichkeit ist eine Überlegung, die sich aus einem hier
gefundenen Einzelergebnis ergibt.
Die o.g. Tatsache, daß den Abbrechern die Berücksichtigung ihrer Wünsche in der
Beratung wichtiger ist als anderen Klienten, führt zu einer interessanten Annahme
über eine mögliche Bedingung des frühzeitigen Beratungsabbruchs. Da sich die
Erwartungen der Abbrecher von denen anderer Klienten kaum unterscheiden, ließe
sich annehmen, daß Abbrecher in der Anfangsphase der Beratung keine tatsächlich
geringere Wuscherfüllung als andere Klienten *erfahren*, sondern ein Abweichen der
Praxis von ihren Wünschen lediglich stärker *wahrnehmen oder gewichten*, da ihnen
eine genaue Beachtung ihrer Wünsche wichtiger ist als anderen Klienten. Von daher
wäre es also trotz der nicht unrealistischeren Erwartungen der Abbrecher für die
Berater schwieriger, eine Beratung anzubieten, die sich an den Wünschen dieser
Klienten orientiert. Damit könnte die verbreitete Annahme, daß die Abbrecher

aufgrund der Enttäuschung ihrer Erwartungen die Beratung verlassen, letztlich doch zutreffen. Diese Enttäuschung käme jedoch nicht aufgrund unrealistischer oder kaum erfüllbarer Erwartungen zustande, sondern dadurch, daß die Abbrecher Abweichungen der Beratungspraxis von ihren Wünschen weniger tolerieren und von daher eher Gefahr laufen, eine Beratung als unerwünscht *wahrzunehmen*.

Diese Überlegung ist insofern von besonderer Bedeutung, da sich in ihr eine Möglichkeit andeutet, trotz der weitgehenden Irrelevanz der Eingangserwartungen für den Beratungsabbruch die besondere Gefahr eines solchen Abbruchs anhand einer bestimmten Erwartung zu erkennen. Damit wäre die Möglichkeit gegeben, frühzeitig diese "kritische" Erwartung (den Wunsch nach weitgehender Berücksichtigung der eigenen Beratungsvorstellungen) zu thematisieren, um so den oben beschriebenen Prozeß zu verhindern. Da diese Überlegungen jedoch auf einer schmalen Datenbasis beruhen (Erwartungsunterschied bei einem Item), sollten sie vorerst nur als Anregung zur weiteren empirischen Untersuchung angesehen werden.

Insgesamt kann also abschließend resümiert werden, daß sich Abbrecher von nicht-Abbrechern weniger durch ihre Beratungserwartungen oder ihren Beratungsoptimismus (im Sinne des Erwartens einer wunschgemäßen Beratung) unterscheiden, als vielmehr durch ihren höheren Anspruch an die Berücksichtigung ihrer Beratungswünsche.

13.3 Der Zusammenhang von Eingangserwartungen mit dem Beratungsablauf

Die bislang aufgezeigten Ergebnisse zur Bedeutung der Eingangserwartungen für Beratungserfolg und Beratungsabbruch lassen weitgehend die Frage offen, wie es zu den beschriebenen Zusammenhängen kommt. Wie weiter oben ausführlich erläutert (vgl. Kap. 13.1) wird dabei weniger von Kausalzusammenhängen ausgegangen, sondern es wird angenommen, daß sich abhängig von den Erwartungen der Klienten unterschiedliche Beratungsabläufe ergeben, die letztlich für das Zustandekommen der unterschiedlichen Beratungsergebnisse verantwortlich sind. Ob sich solche Zusammenhänge zwischen Eingangserwartungen und dem Beratungsablauf zeigen lassen (Untersuchungsfrage 3.2), kann im folgenden allerdings nur ansatzweise beantwortet werden, da die Registrierung des Beratungsverlaufs nur einen Randaspekt der Erhebung darstellte.

Es wurden dazu univariate Varianzanalysen (für das Merkmal "Beratungssetting") und Produkt-Moment-Korrelationskoeffizienten (für die Merkmale "Beratungsdauer" und "Sitzungsanzahl") über die einzelnen Eingangserwartungen berechnet. Aus den bereits genannten Gründen wurde auch hier eine Irrtumswahrscheinlichkeit von $p < .01$ gewählt.

Tab. 26 gibt die (signifikanten) Zusammenhänge (bzw. Mittelwertsunterschiede) zwischen Eingangserwartungen und den genannten Beratungsmerkmalen wieder.

MERKMAL	ITEM		df	F	p	MERKMAL	ITEM		r	p
Berat.-	ANT	54	3; 71	5.30	.01	Beratungs-	ANT	45	-.30	.01
setting	ANT	59	3; 71	4.18	.01	dauer	ANT	70	-.28	.01
	PRÄF	27	3; 71	4.36	.01		PRÄF	70	-.30	.01
						Sitzungs-anzahl	ANT	70	-.30	.01

Tab. 26: Korrelationen und Mittelwertsunterschiede von Beratungsmerkmalen und Klienten-Eingangserwartungen

Insgesamt zeigen sich für alle drei Merkmale des Beratungsverlaufs nur wenige Zusammenhänge mit den Eingangserwartungen.
Während Klienten aus unterschiedlichen Beratungssettings keine nennenswert unterschiedlichen Eingangserwartungen äußern, zeigt sich für die Beratungsdauer, daß Klienten mit Vermutungen und Wünschen an eine kürzere Beratung (Ant u. Präf 70) tatsächlich eine eher kürzere Beratung bekommen und dabei an weniger Sitzungen teilnehmen als Klienten mit gegenteiligen Vermutungen (Ant 70).

Die geringen Erwartungsunterschiede von Klienten unterschiedlicher Beratungssettings lassen vermuten, daß ihre Erwartungen kein bedeutsames Kriterium zur Festlegung des Beratungssettings sind. Vermutlich sind es also die Berater, die weitgehend unabhängig von Klientenerwartungen über die Rahmenbedingungen der Beratung entscheiden. Allerdings ist es auch möglich, daß sich die Berater nach den von ihnen wahrgenommenen Erwartungen der Klienten richten, dabei die Klientenerwartungen aber falsch einschätzen (einen Hinweis auf solche Wahrnehmungsverzerrungen zeigte sich z.B. in Kap. 11.2). Demgegenüber scheinen die Klienten-Erwartungen für die Dauer der Beratung eine bedeutsame Rolle zu spielen. Dies ist von daher verständlich, als daß gerade die Dauer der Beratung in der Anfangsphase häufig entweder erörtert oder sogar gemeinsam vorläufig festgelegt wird (v.a. bei vielen Familientherapeuten). Zumindest in diese Absprachen, aber auch in die tatsächliche Beratungsdauer gehen die Erwartungen des Klienten offensichtlich ein.

Bei der schmalen Datenbasis kann der Zusammenhang der Klientenerwartungen mit dem Ablauf der Beratung nicht abschließend beurteilt werden. Wenn jedoch eine solch grundsätzliche Entscheidung wie diejenige über das Setting der Beratung im wesentlichen unabhängig von den anfänglichen Klientenerwartungen getroffen wird, dann liegt die Annahme nahe, daß solche Erwartungen keine bedeutsame Rolle für die Festlegung der Rahmenbedingungen der Beratung spielen. Von daher lassen sich die weiter oben aufgezeigten Zusammenhänge zwischen den Eingangserwartungen und dem Beratungserfolg eher nicht damit erklären, daß abhängig von den Eingangserwartungen unterschiedliche Beratungsverläufe entstehen, die letztlich zu unterschiedlichen Erfolgseinschätzungen führen. Diese Frage bedarf sicherlich weiterer empirischer Klärung.

Eine mögliche Erklärung dieses Befundes wird jedoch an späterer Stelle überprüft werden. Möglicherweise sind solche Eingangserwartungen so instabil, daß ein Zusammenhang zwischen ihnen und den Merkmalen des Beratungsverlaufs nicht zustande kommen kann. Ob sich die Klientenerwartungen tatsächlich so schnell ändern, wird in Kap. 15 näher betrachtet werden.

13.4 Der Zusammenhang von Erwartungen der Berater mit dem Beratungserfolg

Obwohl der Zusammenhang von Klientenerwartungen mit dem Beratungserfolg und -verlauf im Mittelpunkt des Interesses dieses Untersuchungsteils steht, sollen als Vergleichsmaßstab für die weiter oben referierten Ergebnisse auch die Erwartungen der Berater mit dem Beratungserfolg in Beziehung gesetzt werden (Untersuchungsfrage 3.4). Es steht dabei die Frage im Mittelpunkt, ob es bestimmte Elemente in der Beraterpraxis oder bestimmte Wunschvorstellungen der Berater gibt, die mit einem höheren Beratungserfolg zusammenhängen.

Analog zum Vorgehen bei den Klienten (vgl. Kap. 13.1) wurden auch für die Berater per t-Test (pro Erfolgsscore) die Erwartungen bestimmt, die zwischen erfolgreichen und weniger erfolgreichen Beratungen trennen.

Je nach Erfolgskriterium zeigten sich für drei bis achtzehn der 140 Erwartungsitems (Antizipationen und Präferenzen) signifikante Mittelwertunterschiede ($p <$ .05) zwischen den erfolgreichen und weniger erfolgreichen Klienten (vgl. Tab. B, Anhang E).

Zur Klärung der Frage, welche dieser Erwartungen in welchem Ausmaß mit einer erfolgreichen Beratung zusammenhängen, wurden (pro Erfolgskriterium getrennt) wiederum die oben (vgl. Kap. 13.1) erläuterten Regressionsanalysen gerechnet.

Tab. 27 zeigt die Gütemaße der vier entstandenen Regressionsgleichungen und gibt die in die Gleichung aufgenommen Items in der Reihenfolge ihres Einbezugs an.

Kl.-Zufriedenheitseinschätzung				Kl.-Veränderungseinschätzung			
$r = .40$ $r(quadrat) = .16$				$r = .49$ $r(quadrat) = .24$			
$F = 5.14$ $df = 2,53$ $p = .009$				$F = 7.71$ $df = 2,49$ $p = .001$			
Item	B	T	p	Item	B	T	p
ANT 42	.17	2.17	.035	ANT 7	-.24	-2.30	.026
PRÄF16	-.12	-2.02	.048	PRÄF 46	.13	2.24	.030
Th.-Zufriedenheitseinschätzung				**Th.-Veränderungseinschätzung**			
$r = .51$ $r(quadrat) = .26$				$r = .62$ $r(quadrat) = .38$			
$F = 9.96$ $df = 3,87$ $p = .000$				$F = 10.10$ $df = 5,83$ $p = .000$			
Item	B	T	p	Item	B	T	p
ANT 49	.22	2.26	.026	PRÄF 9	.09	1.94	.057
ANT 15	.37	3.45	.001	PRÄF 19	.09	1.70	.092
PRÄF 45	.28	2.30	.024	ANT 15	.23	2.93	.004
				ANT 69	.10	2.61	.011
				PRÄF 45	.25	2.55	.013

Tab. 27: Ergebnisse (Gütemaße und einbezogene Items) der Regressionsanalysen zur Vorhersage des Beratungserfolges aus den Erwartungen der Berater

Die Ergebnisse weisen deutliche Ähnlichkeiten zu denen bezüglich des Zusammenhangs der Klientenerwartungen mit dem Beratungserfolg auf. Auch hier zeigt sich, daß:

- die Beratererwartungen mit allen vier Erfolgskriterien zusammenhängen
- die eigenen Erwartungen einen deutlich stärkeren Erklärungswert für die eigenen Erfolgseinschätzungen haben
- bei mehr und weniger erfolgreichen Beratungen keine weitreichenden, sondern nur vereinzelte Unterschiede in den Erwartungen vorliegen
- Antizipationen und Präferenzen gleichermaßen bedeutsam für die Erklärung des Beratungserfolges sind
- die Stärke des Zusammenhangs zwischen Erfolg und Erwartungen und die an diesem Zusammenhang beteiligten Erwartungen von der jeweiligen Operationalisierung des Beratungserfolges abhängig sind, d.h. daß es wie bei den Klienten keine generell "erfolgsträchtigen" Beratererwartungen gibt

Wie für die Klientenerwartungen so gilt also auch für diejenigen der Berater, daß sich der Beratungserfolg recht gut anhand ihrer Erwartungen vorhersagen läßt. Allerdings zeigen die obigen Werte, daß die Beratererwartungen im Vergleich zu den Klientenerwartungen den Beratungserfolg nur zu einem geringeren Teil erklären können. Es sind allerdings nur bestimmte einzelne üblicherweise eingesetzte Beratungselemente oder Wünsche der Berater an ihre eigene Arbeit, die einen Vorhersage auf den Beratungserfolg erlauben. Offensichtlich ist es wie bei den

Klienten also kein grundsätzlich unterschiedliches Beratungsverständnis, das Berater in unterschiedlich erfolgreichen Beratungen unterscheidet, sondern einzelne Schwerpunktsetzungen bei der eigenen Arbeit und in den eigenen Idealvorstellungen.

Besonders interessant ist nicht das Ergebnis, daß die Angaben zur Beratungspraxis mit dem Beratungserfolg zusammenhängen (da in ihnen ja gerade die "spezifischen Wirkfaktoren" der Beratung enthalten sind), sondern daß auch die Wünsche der Berater eine Vorhersage auf den Beratungserfolg erlauben. *Es sind also nicht nur die Praxiselemente, die die Berater tatsächlich in ihrer Arbeit umsetzen, sondern auch ihre Idealvorstellungen bezüglich der Beratung, die für den Beratungserfolg bedeutsam sind.* Es könnte also sein, daß solche Idealvorstellungen (in ungeklärter Weise) in die Beratung eingehen und den Beratungsablauf und damit den Beratungserfolg mitbestimmen.

Wie bei den Klienten kann jedoch auch hier letztlich wenig über die Enstehung dieses Zusammenhangs ausgesagt werden. Vor allem die Frage, ob die erfolgsrelevanten Praxiselemente und Wünsche der Berater für den Beratungserfolg kausal verantwortlich sind, kann anhand dieser Daten nicht beantwortet werden. Wenn man jedoch bedenkt, daß die Klientenerwartungen eine noch bessere Vorhersage auf drei der vier Erfolgkriterien erlauben, dann erscheint eine solche Kausalbeziehung sehr unwahrscheinlich. Hinzu kommt, daß sehr unterschiedliche Praxiselemente und Wünsche der Berater zur Erklärung eines hohen Erfolges bei den verschiedenen Erfolgskriterien beitragen. *Generell "erfolgversprechende" Praxiselemente oder Beraterwünsche zeichnen sich aus diesen Ergebnissen also nicht ab.* Dies bedeutet, daß der Existenz von bestimmten, vermeintlich in jeder Hinsicht erfolgversprechenden Beratungselementen anhand dieser Daten eine deutliche Absage erteilt wird.

Trotzdem ist es auch im Hinblick auf die einzelnen Erfolgskriterien interessant zu betrachten, welche Erwartungen der Berater mit einem positiven Beratungserfolg zusammenhängen:

Klienten zeigen sich zufriedener mit der Beratung, wenn der Berater v.a. Denkanstöße gibt (Ant 42) und keine alleinige Entscheidung über den Beratungsablauf anstrebt (Präf 16).

Klienten sehen mehr positive Veränderungen bei sich, je weniger der Berater individuelle Termine vergibt (Ant 7) und je mehr er eine trägerspezifische Beratung wünscht (Präf 46).

Berater sind mit der Beratung zufriedener, je verständnisvoller sie sich wahrnehmen (Ant 49), je deutlicher sie auch intime Familienbereiche thematisieren (Ant 15) und je mehr sie sich in ihre Klienten hineinversetzen wollen (Präf 45).

Berater sehen mehr positive Veränderungen bei den Klienten, je deutlicher sie intime Familienbereiche thematisieren (Ant 15), je mehr sie sich in ihre Klienten hineinversetzen wollen (Präf 45) und je stärker sie ihre Arbeit auf den Erziehungsbereich begrenzt sehen (Ant 69).

Diese Aufstellung macht erstens deutlich, daß es ähnlich wie bei den Klienten vor allem Erwartungen aus dem Bereich des Beraterverhaltens und des Beratungsstils sind, die eine Vorhersage auf den Beratungserfolg erlauben. Einzig die Veränderungseinschätzung des Klienten läßt sich auch anhand von Angaben zu den Rahmenbedingungen der Beratung erklären. Wie bei den Klienten stehen auch bei den Beratern die Prognose-Erwartungen in keinem deutlichen Zusammenhang mit dem Beratungserfolg. Der Optimismus des Beraters bezüglich des Erfolges seiner Beratungen kann offensichtlich seine Erfolgseinschätzungen und die seiner Klienten nicht erklären.

Zweitens zeigt sich im Gegensatz zu den Klientenerwartungen bei den Beratern die wichtige Tendenz, daß bestimmte Erwartungen sowohl mit ihrer eigenen Beratungs-zufriedenheit als auch mit höheren Veränderungseinschätzungen zusammenhängen. *Je mehr sich die Berater in die Perspektive des Klienten einfühlen wollen und je stärker sie auch intime Familienbereiche thematisieren, desto höher sind ihre Erfolgseinschätzungen.* Allerdings ist auch hiermit wiederum kein Kausalzusammen-hang impliziert, da diese Aussage letztlich nur soweit interpretiert werden kann, daß Berater, die die o.g. Beratungselemente einsetzen, ihre Beratungserfolg gleichzeitig selbst eher positiv einschätzen. Wichtig ist jedoch dabei, daß hier Beratungselemente auftauchen, die aus der Sicht der Berater gleichermaßen mit einer hohen eigenen Beratungszufriedenheit und einem hohen Ausmaß an positiven Veränderungen bei dem Klienten zusammenhängen.

Hier erklärt sich auch zumindest ansatzweise der enge Zusammenhang von Zufriedenheit und Veränderungseinschätzung der Berater, der sich weiter oben (vgl. Kap. 10.4) bereits zeigte. Beide Einschätzungen sind möglicherweise von der Verwendung der gleichen Praxiselemente abhängig und bedingen sich somit nicht notwendigerweise gegenseitig.

Drittens zeigt die Betrachtung der für die Klienteneinschätzungen relevanten Beratererwartungen, daß die beiden Einschätzungen mit völlig unterschiedlichen Beratererwartungen zusammenhängen. Während die Zufriedenheit mit Beraterangaben zum Ausmaß seiner Anregung und Führung zusammenhängt, ist die Veränderungs-einschätzung von Beraterangaben bzgl. des institutionellen Rahmens abhängig. Dabei ist vor allem auffällig, daß die Angaben des Beraters zum Beratungsprozeß oder der Berater-Klient-Beziehung keine Bedeutung für die vom Klienten wahrgenommenen positiven Veränderungen haben. Dieses Ergebnis legt nahe, daß gerade diejenigen Beratungselemente, die aus theoretischer Sicht die Veränderungen bei dem Klienten ermöglichen sollen, nicht mit der Wahrnehmung des Klienten von diesen Veränderungen zusammenhängen. Sicherlich ist hierbei zu bedenken, daß die Angaben zur üblichen Praxis durch die Berater nicht zwangsläufig mit ihrer konkreten Praxis übereinstimmen müssen und von daher ein solcher Zusammenhang hier nicht zustande kommt. Es bleibt jedoch nach diesem Ergebnis auch die Möglichkeit bestehen, daß zumindest die Wahrnehmung von Problemveränderungen der Klienten weniger von den üblicherweise als "spezifischen Wirkfaktoren" der Beratung bezeichneten Beratungselementen abhängt, als dies weithin angenommen wird und sich eher anhand "beratungsunspezifischer" Faktoren erklären läßt.

Insgesamt kann abschließend resümiert werden, daß die Beratererwartungen einen eindeutigen Zusammenhang mit allen vier betrachteten Erfolgskriterien aufweisen, und daß die strukturellen und inhaltlichen Merkmale dieses Zusammenhangs deutliche Ähnlichkeiten zu den Merkmalen des Zusammenhangs der Klientenerwartungen mit dem Beratungserfolg zeigen.

13.5 Resümee zur Bedeutung von Klienten- und Beratererwartungen für Beratungs- ablauf, Beratungserfolg und Beratungsabbruch

Insgesamt betrachtet, kann von einem deutlichen Zusammenhang zwischen den Beratungserwartungen und dem Beratungserfolg gesprochen werden, während der Beratungsablauf offensichtlich weniger von solchen Erwartungen (der Klienten) abhängig ist.
Bei dem Beratungsabbruch zeigt sich, daß es für Abbrecher zwar keine typische Erwartungsstruktur gibt, daß sie sich jedoch möglicherweise durch einen besonders hohen Anspruch an die Befolgung ihrer Beratungswünsche auszeichnen.
Der Beratungserfolg, der sich sowohl mit den Klienten- als auch mit den Berater- erwartungen mit z.T. hoher Wahrscheinlichkeit vorhersagen läßt, ist gleichermaßen von den Antizipationen und Präferenzen abhängig, steht aber in einem engeren Zusammenhang mit den Rollenerwartungen der Beteiligten als mit ihren Prognose- oder Kontexterwartungen. Dabei hängt v.a. die eigene Veränderungseinschätzung der Beteiligten von ihren eigenen Erwartungen ab. Sowohl bei den Klienten wie bei den Beratern ist die Stärke dieses Zusammenhangs, als auch die für den Zusammenhang bedeutsamen Erwartungen von der jeweiligen Erfolgsdefinition abhängig.

Anders als es die bisherigen empirischen Erkenntnisse vermuten ließen (vgl. Kap. 4), legen also die Erwartungen der Beteiligten vor Beginn der Beratung schon gewisse "Startbedingungen" fest, die auch für den letztlichen Beratungserfolg Bedeutung haben. Auch wenn diese Tatsache allein noch nicht klärt, auf welche Weise dieser Zusammenhang zustande kommt, so scheinen die Eingangserwartungen doch eine wichtige Eingangsbedingung der Beratung zu sein, die die Berater nicht ignorieren können.

Für sie selbst wird die Erkenntnis wichtig sein, daß nicht nur ihr eigenes Bild von ihrer gängigen Praxis, sondern auch ihre Idealvorstellungen mit dem Beratungserfolg in Zusammenhang stehen. Die Berater müssen sich also auch über ihre (unerfüllten) Beratungswünsche im Klaren sein, da diese nicht nur unbedeutende Träume sind, sondern Vorstellungen, die vermutlich in ihre konkrete Arbeit eingehen. Es wäre sicher interessant zu fragen, ob die konkrete Praxis der Berater aus der Sicht von Dritten näher an ihren Vorstellungen darüber liegen, was sie üblicherweise tun oder näher daran, was sie für erstrebenswert halten.

In bezug auf die Klienten ist es sicher wichtig sich in der täglichen Arbeit zu vergegenwärtigen, daß diese Klienten schon zu Beginn der ersten Beratungssitzung konkrete Vermutungen und Wünsche darüber haben, was in der Beratung geschieht, und daß diese Erwartungen in hohem Maße mit ihrer Wahrnehmung des Beratungserfolges in Beziehung stehen. Es steht also außer Frage, daß konkrete Überlegungen darüber angestellt werden müssen, wie mit solchen Erwartungen umgegangen werden soll. Wenn auch nicht zu der Art dieses Umgangs, so doch zumindest zu den Inhalten, die dabei berücksichtigt werden sollten, konnten in den vergangenen Kapiteln einige wichtige Anregungen erarbeitet werden. Auf welche Art solche Erwartungen am sinnvollsten eruiert und möglicherweise modifiziert werden sollten, darüber muß sicher weiter nachgedacht werden. Auf jeden Fall kommt dabei solchen Vorgehensweisen wie der Öffentlichkeitsarbeit, der Informationsweitergabe bei "zuweisenden Instanzen" und der Information von Klienten nach der Anmeldung eine besondere Bedeutung zu, da hier schon vor Beginn der eigentlichen Beratung inadäquate Erwartungen korrigiert werden könnten.

Vielleicht ergeben sich zusätzlich zu den hier erarbeiteten Hinweisen zum Umgang mit Klientenerwartungen weitere Aspekte, wenn im folgenden die Erwartungen der Beteiligten nicht mehr getrennt, sondern gemeinsam berücksichtigt werden. Erst bei einer Betrachtungsweise, die die Erwartungsgemeinsamkeiten und -unterschiede der realen Berater-Klient-Beziehung berücksichtigt, so wurde bei der Erörterung der empirischen Literatur vermutet (vgl. Kap. 5.3.1), würde der Zusammenhang zwischen den Erwartungen und dem Beratungserfolg letztlich deutlich. Da ein solcher Zusammenhang schon bei der bisherigen getrennten Betrachtung von Klienten- und Beratererwartungen aufgezeigt werden konnte, sind nun von der folgenden Fragestellung vielleicht weitere Auskünfte darüber zu erwarten, wie diese bislang berichteten Zusammenhänge zu erklären sind.

14. Die Bedeutung der Beziehung von Klienten- und Beratererwartungen für Beratungserfolg und Beratungsabbruch

Der folgende Abschnitt soll der Tatsache Rechnung tragen, daß in der Beratung Klienten und Berater mit bestimmten Erwartungen aufeinandertreffen. Daraus ergibt sich die Möglichkeit, daß nicht nur die getrennt betrachteten Erwartungen der Beteiligten mit dem Beratungserfolg und einem möglichen Beratungsabbruch zusammenhängen, sondern daß für diese Variablen auch *die Beziehung* der Klienten- zu den Beratererwartungen bedeutsam ist. Diese Frage nach dem Zusammenhang zwischen dem Beratungserfolg und dem Verhältnis von Klienten- zu Beratererwartungen, ist schon seit langer Zeit einer der Schwerpunkte der empirischen Erwartungsforschung (vgl. Kap. 5). Die besondere Relevanz dieser Fragestellung zeigt sich darin, daß trotz des unzureichenden Erkenntnisstandes zu diesem Zusammenhang (vgl. Kap. 5) in Theorie und Praxis davon ausgegangen wird, daß die Beziehung von Klienten- zu Beratererwartungen für den Beratungsverlauf, den Beratungserfolg und einen möglichen Beratungsabbruch von Bedeutung ist.

Im folgenden soll also der Frage nachgegangen werden, ob die Beziehung zwischen Klienten- und Beratererwartungen mit dem Beratungserfolg (und dem Beratungsabbruch) zusammenhängt (vgl. Untersuchungsfrage 3.5), welche einzelnen Erwartungen dabei besonders bedeutsam sind und welche Relation von Klienten- und Beratererwartungen jeweils mit einem hohen Beratungserfolg (einem Beratungsabbruch) zusammenhängt.

14.1 Der Zusammenhang zwischen dem Beratungserfolg und der Beziehung zwischen Berater- und Klientenerwartungen

Bevor an die Beantwortung der obigen Fragestellungen gegangen werden kann, muß zuerst die Frage beantwortet werden, nach welchem Kriterium die Beziehung von Klienten- und Beratererwartungen verglichen werden sollen. Meist ist in der Frage, ob die Beziehung von Berater- und Klientenerwartungen mit dem Beratungserfolg zusammenhängt, implizit das Kriterium von Übereinstimmung vs. Unterschiedlichkeit enthalten (so auch in der bisherigen empirischen Literatur, vgl. Kap. 5). Es ist jedoch keineswegs selbstverständlich, daß die Frage nach dem Zusammenhang von Beratungserfolg und der Beziehung von Berater- und Klientenerwartungen gleichbedeutend ist mit der Frage, ob das Ausmaß, in dem Berater und Klienten Gleiches oder Unterschiedliches erwarten mit dem Beratungserfolg zusammenhängt. Daß es neben dieser "gleich-ungleich-Dimension" noch andere

Möglichkeiten des Vergleichs von Berater- und Klientenerwartungen gibt, die damit andere Fragen auch bzgl. des Zusammenhangs mit dem Beratungserfolg ermöglichen, wurde weiter oben ausführlich dargestellt (vgl Kap. 5.3).

Diese unterschiedlichen Vergleichsmöglichkeiten bekommen jedoch ein besonderes Gewicht, wenn man sieht, daß die Ergebnisse der bisherigen empirischen Forschung vermuten lassen (vgl. Kap. 5.3), *daß die Tatsache, ob sich ein Zusammenhang zwischen dem Beratungserfolg und der Beziehung von Klienten- und Beratererwartungen zeigt, wesentlich davon abhängt, nach welchem Kriterium man die Erwartungen der beiden Beteiligten miteinander vergleicht.* So ist es beispielsweise von großer Bedeutung, ob man überprüft, wie sehr die Erwartungen von Berater und Klient bezüglich eines bestimmten Beratungsmerkmals übereinstimmen (erwarten Berater und Klient gleich oder unterschiedlich viel "Beraterdirektivität"?), oder ob man betrachtet, welcher der beiden die ausgeprägteren Erwartungen hat (welcher der beiden erwartet mehr "Beraterdirektivität"?). Je nachdem, welche dieser Betrachtungsebenen bei den bisherigen empirischen Untersuchungen zugrundegelegt wurde, ergaben sich unterschiedliche und z.T. widersprüchliche Ergebnisse hinsichtlich des Zusammenhangs zwischen dem Beratungserfolg und dem Verhältnis von Berater- zu Klientenerwartungen (vgl. Kap. 5.3). Es wurden in der Folge immer neue Vergleichsdimensionen erdacht, die statt der bisher verwendeten als die fruchtbarste Betrachtungsebene zur Ermittlung des Zusammenhangs zwischen dem Beratungserfolg und der Beziehung von Klienten- und Beratererwartungen vorgeschlagen wurde. Diese verschiedenen Betrachtungsweisen wurden weiter oben ausführlich dargestellt (s. Kap. 5.3).

Diese Erkenntnisse aus der bisherigen empirischen Literatur können hier nicht ignoriert werden, d.h. es reicht nicht aus, die Berater- und Klientenerwartungen etwa nur im Hinblick auf ihre "gleich-ungleich" oder "stärker-schwächer" Beziehung hin zu vergleichen und sie nur anhand eines dieser Vergleichsmaßstäbe mit dem Beratungserfolg zu korrelieren. Eine Entscheidung zwischen diesen Möglichkeiten ist momentan ebenfalls kaum möglich, da die empirische Befundlage hier sehr widersprüchlich ist (vgl. Kap. 5.3). Es erscheint also verkürzt, nur die Frage danach zu stellen, ob eher Übereinstimmungen oder Unterschiede in den Klienten- und Beratererwartungen mit einem Beratungserfolg in Zusammenhang stehen oder nur zu fragen, ob eher (im Vergleich zum Klienten) stärkere oder schwächere Beratererwartungen mit dem Erfolg der Beratung zusammenhängen.

Es erscheint vielmehr notwendig, die Beziehung von Klienten- und Beratererwartungen anhand verschiedener Kriterien zu ermitteln und somit beide o.g. Fragen gleichermaßen an die Daten heranzutragen. Dies ist umso sinnvoller, da sich im letzten Kapitel zeigte, daß die einzelnen Erwartungen auf sehr unterschiedliche

Weise mit dem Beratungserfolg zusammenhängen. Auch hier wäre es also möglich, daß sich der Zusammenhang zwischen dem Beratungserfolg und der Beziehung von Klienten- und Beratererwartungen für die einzelnen Erwartungen sehr unterschiedlich darstellt.

So ist es beispielsweise denkbar, daß das Ausmaß, in dem Berater und Klienten in dem Wunsch nach einem Trägereinfluß auf die Beratung übereinstimmen, nicht mit dem Beratungserfolg korreliert (gleich-ungleich-Beziehung). Dagegen könnte jedoch das Ausmaß, in dem einer der Beteiligten einen stärkeren Wunsch nach einem Trägereinfluß hat als der andere, mit dem Beratungserfolg zusammenhängen (größer-kleiner-Beziehung). Würde nur die erste Betrachtungsebene gewählt, könnte der (falsche) Eindruck entstehen, daß das Verhältnis von Berater- und Klientenerwartung bei dem Merkmal "Trägereinfluß" für den Beratungserfolg nicht bedeutsam ist.

Es soll in der Folge also nicht nur die Frage gestellt werden, ob die Unterschiedlichkeit (bzw. Gemeinsamkeit) von Berater- und Klientenerwartungen mit dem Beratungserfolg in Zusammenhang steht, sondern es soll zudem betrachtet werden, ob die Richtung möglicher Unterschiede zwischen diesen Erwartungen mit dem Beratungserfolg korreliert. Zudem soll ein dritter Vergleichsmaßstab herangezogen werden, der zur Beschreibung der Beziehung von Berater- und Klientenerwartungen gleichzeitig die Wünsche und Vermutungen des Klienten einbezieht.

Diese drei Vergleichsmaßstäbe werden hier aus der Fülle der möglichen herausgegriffen, da sie in der gegenwärtigen Erwartungsforschung am meisten diskutiert werden (zur Diskussion um diese in der Literatur als "Diskrepanzmodelle" bezeichneten Vergleichsmaßstäbe vgl. Kap. 5.3).

Im einzelnen soll die Beziehung von Klienten- und Beratererwartungen für die Beantwortung der obigen Fragestellung also anhand der folgenden drei Vergleichsmaßstäbe betrachtet werden. Praktisch bedeutet dies, daß für jede Erwartung drei verschiedene Werte berechnet werden, die die Beziehung von Klienten- und Beratererwartung auf unterschiedliche Weise darstellen. Im folgenden sollen diese Werte als "Beziehungswerte" bezeichnet werden. (die genauen Berechnungswege dieser drei Werte findet sich in Anhang F).

1.   "Gleich-ungleich-Beziehung"

Der erste Vergleichmaßstab ist dem in Kap. 5.3 dargestellten "linearen Modell" entlehnt. Er betrachtet das Ausmaß des Abstandes von Berater- und Klientenwartungen. Es wird hier also für jede Erwartung errechnet, wie sehr Berater und Klient bei dieser Erwartung übereinstimmen oder auseinanderliegen.
(Beispiel: Der Klient gibt die Stärke seiner Vermutung an einen toleranten Berater auf der Fragebogenskala mit dem Wert 1 an. Der Berater dieses Klienten gibt seine diesbezügliche Praxis mit dem Wert -2 an. Der errechnete Abstand dieser beiden Erwartungen beträgt hier also 3. Dieser Beziehungswert drückt aus, wie nahe Klient und Berater in den Ausprägungen ihrer Erwartungen beieinander liegen).
Diese Beziehungswerte werden sowohl für die Antizipationen als auch für die Präferenzen von Beratern und Klienten berechnet.

2. "Stärker-schwächer-Beziehung"

Der zweite Vergleichsmaßstab ist dem in Kap. 5.3 dargestellten "gerichtet-linearen Modell" entnommen. Er bezieht zusätzlich die Richtung des Abstandes von Berater- und Klientenerwartungen mit ein. Es wird hier also für jede Erwartung errechnet, welcher der beiden Beteiligten die stärker ausgeprägte Erwartung hat und um welchen Betrag die beiden Erwartungen auseinanderliegen.
(Beispiel: Der Klient gibt die Stärke seiner Vermutung an einen toleranten Berater auf der Fragebogenskala mit dem Wert 1 an. Der Berater dieses Klienten gibt seine diesbezügliche Praxis mit dem Wert -2 an. Der errechnete Abstand dieser beiden Erwartungen beträgt hier also -3. Dieser Beziehungswert drückt aus, um welchen Betrag die Beratererwartung stärker oder schwächer ausgeprägt ist als die Klientenerwartung.)
Diese Beziehungswerte werden sowohl für die Antizipationen als auch für die Präferenzen von Beratern und Klienten berechnet.

3. "Wunsch-Vermutungs-Beziehung"

Der dritte Vergleichsmaßstab ist dem in Kap. 5.3.1 dargestellten "bidirektionalen Modell" entnommen. Dieses Modell enthält die Aussage, daß der Abstand zwischen einer Berater- und Klientenerwartung unter dem Aspekt betrachtet werden muß, ob der Klient sich das angesprochene Merkmal wünscht oder es ablehnt. Bei dieser Betrachtungsweise muß also in einen Wert, der den Abstand der Vermutungen von Klienten und Berater beschreibt, also auch die Information eingehen, ob das in der Vermutung angesprochene Merkmal vom Klienten gewünscht oder abgelehnt wird.
Um dies zu erreichen, wird wie beim ersten Vergleichsmaßstab für jedes erfragte Merkmal zuerst errechnet, wie sehr die diesbezüglichen Vermutungen von Berater und Klient übereinstimmen oder auseinanderliegen. Durch eine Umformung entstehen jedoch letztlich je kleinere Werte bei:
- maximaler Übereinstimmung von Berater und Klient bei vom Klienten erwünschten Merkmalen
- minimaler Übereinstimmung von Berater und Klient bei vom Klienten nicht erwünschten Merkmalen

und höhere Werte bei:
- maximaler Übereinstimmung von Berater und Klient bei vom Klienten nicht erwünschten Merkmalen
- minimaler Übereinstimmung von Berater und Klient bei vom Klienten erwünschten Merkmalen

(Beispiel: Der Klient gibt die Stärke seiner Vermutung an einen toleranten Berater auf der Fragebogenskala mit dem Wert 1 an. Der Berater dieses Klienten gibt seine diesbezügliche Praxis mit dem Wert -2 an. Der errechnete Abstand dieser beiden Erwartungen beträgt hier also 3.
Der letztlich errechnete Wert hängt jedoch vom Wunsch des Klienten an einen toleranten Berater ab. Wünscht sich dieser Klient einen toleranten Berater, dann resultiert der Wert 3. Lehnt er einen toleranten Berater ab, dann resultiert der Wert 1.
Höhere Wert drücken hier also die Tatsache aus, daß Klient und Berater sich bei vom Klienten erwünschten Merkmalen in ihren Vermutungen unterscheiden oder bei vom Klienten unerwünschten Merkmalen in ihren Vermutungen übereinstimmen.
Bei diesem Vergleichsmaßstab resultiert anders als bei den ersten beiden Vergleichsmaßstäben kein getrennter Beziehungswert für Antizipationen und Präferenzen, d.h. es wird nur ein Wert für beide errechnet.

Letztlich resultieren aus der Verwendung dieser drei Vergleichsmaßstäbe also fünf Gruppen von Beziehungswerten, die für jedes der 70 erfragten Beratungsmerkmale die Beziehung von Klienten- und Beratererwartung beschreiben:

- "gleich-ungleich-Beziehung" der Antizipationen
  (für jedes erfragte Beratungsmerkmal drückt dieser Wert aus, wie nah die
  Ausprägungen der Klienten- und Beratervermutung beieinander liegen

- "gleich-ungleich-Beziehung" der Präferenzen
  (für jedes erfragte Beratungsmerkmal drückt dieser Wert aus, wie nah die
  Ausprägungen der Klienten- und Beraterwünsche beieinander liegen

- "stärker-schwächer-Beziehung" der Antizipationen
  (für jedes erfragte Beratungsmerkmal drückt dieser Wert aus, um welchen
  Betrag die Beratervermutung stärker oder schwächer ausgeprägt ist als die
  Klientenvermutung)

- "stärker-schwächer-Beziehung" der Präferenzen
  (für jedes erfragte Beratungsmerkmal drückt dieser Wert aus, um welchen
  Betrag der Beraterwunsch stärker oder schwächer ausgeprägt ist als der
  Klientenwunsch)

- "Wunsch-Vermutungs-Beziehung" der Erwartungen
  (für jedes erfragte Beratungsmerkmal drückt dieser Wert abhängig von dem
  entsprechenden Wunsch des Klienten aus, wie nah die Ausprägungen der
  Klienten- und Beratervermutungen beieinander liegen.)

Mit diesen Beziehungswerten ist die Möglichkeit zur Untersuchung der o.g. Fragen gegeben und es können zusätzlich Aussagen darüber gemacht werden, welche konkrete Relation von Klienten- und Beratererwartungen bei den einzelnen erfragten Merkmalen mit einem positiven Beratungserfolg zusammenhängt. Es kann also für jedes erfragte Beratungsmerkmal untersucht werden:

- ob die Übereinstimmung / Unterschiedlichkeit der Ausprägungen der Berater-
  und Klientenerwartung mit dem Beratungserfolg zusammenhängt

- ob eine (im Vergleich zum Klienten) stärkere / schwächere Ausprägung der
  Beratererwartung mit dem Beratungserfolg zusammenhängt

- ob die Übereinstimmung / Unterschiedlichkeit der Ausprägungen der Berater-
  und Klientenvermutung abhängig von dem Klientenwunsch mit dem Beratungserfolg zusammenhängt

Zur Beantwortung dieser Fragen soll im folgenden unter getrennter Berücksichtigung jeder der obigen Vergleichsmaßstäbe (Beziehungswerte) untersucht werden, in welchem Ausmaß und anhand welcher Erwartungen der Beratungserfolg mit der Beziehung von Klienten- und Beratererwartungen erklärt werden kann. Dazu wurden für die fünf Gruppen von Beziehungswerten getrennte Regressionsanalysen gerechnet, in die die Beziehungswerte für die einzelnen Erwartungen als Regressoren und die vier Erfolgseinschätzungen als Regressanden eingingen.

Analog zum Vorgehen bei den weiter oben beschriebenen Regressionsanalysen (ausführliche Beschreibung s. Kap. 13.1) wurden auch hier t-Tests zur Vorauswahl der Regressoren durchgeführt. Dabei wurden diejenigen Beziehungswerte ermittelt, für die bei "mehr und weniger erfolgreichen Klienten" (für alle vier Kriterien getrennt) signifikante ($p < .05$) Mittelwertsunterschiede bestehen. Im Anschluß wurden, für jede der fünf Gruppen von Beziehungswerten jeweils vier getrennte Regressionsanalysen mit den einzelnen Erfolgskriterien als Regressanden und den per t-Test selegierten Beziehungswerten als Regressoren gerechnet. Die Durchführung der Regressionsanalysen und die Überprüfung ihrer Voraussetzungen entspricht dem in Kap. 13.1 geschilderten Vorgehen (es zeigten sich auch hier keine Verletzungen der dort geschilderten Prämissen der Regressionsanalyse).

Es wird mit diesen Regressionsanalysen also für die fünf Gruppen von Beziehungswerten untersucht, wieviel Varianz des jeweiligen Erfolgskriteriums durch die Beziehungswerte erklärt wird, die isoliert betrachtet zwischen "erfolgreichen" und "weniger erfolgreichen" Klienten trennen. Alle Berechnungen beziehen sich ausschließlich auf die Eingangserwartungen, da eine zusätzliche Differenzierung nach Erhebungszeitpunkten über den Rahmen des hier Darstellbaren hinausgegangen wäre. Tab. 28 zeigt die Kennwerte und Gütemaße der entstandenen Regressionsgleichungen.

Erfolgs-kriterium	Gleich-ungleich-Beziehung von Th.- und Kl.-Erwartungen									
	bei Antizipationen					bei Präferenzen				
	r	r^2	F	df	p	r	r^2	F	df	p
Kl.-Zuf	.48	.23	5.13	3,52	.0035	.29	.09	5.06	1,54	.0286
Kl.-Ver	.29	.08	4.48	1,50	.0394	---	---	----	----	-----
Th.-Zuf	.34	.12	5.74	2,88	.0046	.34	.11	5.58	2,88	.0052
Th.-Ver	.43	.18	9.62	2,86	.0002	.36	.13	12.91	1,87	.0005
	Stärker-schwächer-Beziehung von Th.- und Kl.-Erwartungen									
	bei Antizipationen					bei Präferenzen				
	r	r^2	F	df	p	r	r^2	F	df	p
Kl.-Zuf	.36	.13	8.02	1,54	.0065	.42	.17	11.40	1,54	.0014
Kl.-Ver	.33	.11	6.29	1,50	.0154	.57	.33	7.75	3,48	.0003
Th.-Zuf	.54	.30	12.14	3,87	.0000	.42	.17	9.32	2,88	.0002
Th.-Ver	.49	.24	9.06	3,85	.0000	.36	.13	12.91	1,87	.0005
	Wunsch-Vermutungs-Beziehung von Th.- und Kl.-Erwartungen				
	bei Antizipationen u. Präferenzen				
	r	r^2	F	df	p
Kl.-Zuf	---	---	----	----	-----
Kl.-Ver	---	---	----	----	-----
Th.-Zuf	.40	.16	5.25	2,54	.0083
Th.-Ver	---	---	----	----	-----

Tab. 28: Gütemaße der multiplen Regressionsanalysen zur Vorhersage des Beratungserfolges aus der Beziehung von einzelnen Berater- und Klientenerwartungen (getrennt für drei verschiedene Vergleichsmaßstäbe von Klienten- und Beratererwartungen)

Die Gütemaße der Regressionsgleichungen lassen folgende Schlußfolgerungen zu:

- die Varianz aller vier Erfolgskriterien läßt sich zu einem erheblichen Anteil mit der Beziehung zwischen Klienten- und Beratererwartungen erklären (zwischen 8% und 33%).

- sowohl die Tatsache der Übereinstimmung/nicht-Übereinstimmung von Klienten- und Beratererwartungen (gleich-ungleich-Beziehung) als auch die Tatsache, welcher der Beteiligten die ausgeprägteren Erwartungen hat (stärker-schwächer Beziehung) hängt deutlich mit allen vier Erfolgskriterien zusammen

- dagegen hängt die Tatsache, inwieweit die Vermutungen der Beteiligten abhängig von dem jeweiligen Klientenwunsch übereinstimmen / nicht-übereinstimmen nur mit der Zufriedenheit des Beraters zusammen (für drei der vier Erfolgskriterien erlaubt keiner der einbezogenen Beziehungswerte eine gültige (p < .05) Vorhersage auf den Beratungserfolg)

Das erste wesentliche Ergebnis dieser Analyse besteht also in der Erkenntnis, *daß es für den Beratungserfolg ein wesentlicher Faktor ist, in welchem Verhältnis die Klienten- und Beratererwartungen zu Beginn der Beratung zueinander stehen.* Diese Schlußfolgerung ergibt sich sowohl, wenn man betrachtet, inwieweit die Berater mit den Klienten in ihren Vermutungen und Wünschen übereinstimmen, als auch wenn man der Analyse zugrundelegt, welcher der beiden Beteiligten in welchem Ausmaß stärker ausgeprägte Erwartungen hat. Diese beiden Vergleichsdimensionen sind also gleichermaßen wichtig zum Verständnis des Zusammenhangs zwischen dem Beratungs- erfolg und der Beziehung von Berater- und Klientenerwartungen. Dagegen ist es offensichtlich weniger relevant, wie sehr die Vermutungen der beiden Beteiligten abhängig von dem jeweiligen Klientenwunsch übereinstimmen oder sich unterscheiden. Es ist also offensichtlich nicht so, wie in der Annahme 1 zu Untersuchungsfrage 3.5 angenommen, daß die Frage der Bedeutsamkeit der Beziehung von Klienten- und Beratererwartungen für den Beratungserfolg erst dann deutlich wird, wenn man die Antizipationen und Präferenzen gleichzeitig betrachtet. Es reicht nach diesen Ergebnissen für die Vorhersage des Beratungserfolges aus (und ist letztlich sogar fruchtbarer) bei Beratern und Klienten jeweils nur Vermutungen mit Vermutungen und Wünsche mit Wünschen zu vergleichen, ohne dabei zu berücksichtigen, ob solche Vermutungen erwünscht oder unerwünscht sind. Natürlich ist die letztere Aussage an die hier gewählte "Berechnungsweise" der "Wunsch-Vermutungs-Beziehung" von Klienten- und Beratererwartungen geknüpft, so daß nicht auszuschließen ist, daß bei anderen Operationalisierungen dieses Vergleichsmaßstabs andere Ergebnisse resultieren würden. Da unter Verwendung der anderen beiden Vergleichsmaßstäbe, die sehr viel "sparsamer" und damit auch in der Praxis leichter anwendbar sind, jedoch eine deutliche Vorhersage von der Beziehung von Klienten- zu Beratererwar- tungen auf den Beratungserfolg möglich ist, erscheint die Betrachtung der "Wunsch-Vermutungs-Beziehung" für das Verständnis des Beratungserfolges eher nicht notwendig. Aus diesem Grund soll diese Perspektive für die weitere Auswertung nicht weiter verwendet werden.

Auch wenn also nicht alle Kriterien, nach denen man Berater- und Klienten-erwartungen miteinander vergleichen kann, für den Zusammenhang dieser Erwartungen mit dem Beratungserfolg wichtig sind, so ist die Frage, welche Erwartungen zu Beginn der Beratung in der tatsächlichen Berater-Klient Beziehung aufeinandertreffen, doch für den Beratungserfolg wichtig.

Offensichtlich lassen sich also anhand ihrer Eingangserwartungen Klient-Berater-Paare bilden, die aufgrund der Beziehung ihrer Erwartungen zueinander mit höherer Wahrscheinlichkeit einen hohen Beratungserfolg erzielen werden.

Diese Erkenntnis ist jedoch nicht grundsätzlich neu und wird in der täglichen EB-Praxis dadurch umgesetzt, daß im Team darüber beraten wird, welche neu angemeldeten Klienten am besten zu welchem der Berater "passen". Die Kriterien dieser "Berater-Klient-Passung" sind jedoch sehr unterschiedlich und werden wohl oft nach dem subjektivem Empfinden der Berater oder ihrer individuellen Erfahrung festgelegt. Mit den vorliegenden Ergebnissen ist es jedoch möglich, und das ist das wesentliche praktisch verwertbare Ergebnis dieser Analyse, solche Beratungsmerk-male zu benennen, bei denen die Beziehung von Berater- zu Klientenerwartungen für den Beratungserfolg relevant ist und darüber hinaus auszusagen, wie diese Beziehung konkret aussehen sollte, wenn ein Beratungserfolg wahrscheinlicher werden soll.

Natürlich muß auch hier betont werden, daß damit kein Kausalzusammenhang konstruiert werden soll, d.h. daß nicht angenommen wird, daß die Beratungen bei diesen Berater-Klient-Paaren letztlich erfolgreich sein könnte, *weil* ihre Eingangser-wartungen in bestimmter Weise zueinander standen. Wie schon die Höhe oben angegebenen Bestimmtheitsmaße zeigt (vgl. Tab. 28), kann die Beziehung der Berater- und Klientenerwartungen natürlich nur einen Teil der Varianz des Beratungserfolges erklären. Es ist, wie schon weiter oben erläutert (vgl. Kap. 13.1), eher davon auszugehen, daß solche Erwartungskonstellationen eher mit bestimmten Abläufen in der Beratung zusammenhängen (z.B. Aushandlungsprozesse über die Gestaltung der Beratung, Art der Kommunikation zwischen Berater und Klient (s. dazu Kap. 5.1)) und dadurch letztlich ihre Beziehung zum Beratungserfolg entsteht.

Unabhängig von möglichen Erklärungen dieses Zusammenhangs sollen jedoch, wie oben angekündigt, die für den Beratungserfolg relevanten Beziehungen zwischen Berater-und Klientenerwartungen näher beleuchtet werden.

Betrachtet man dazu die in die oben aufgeführten Regressionsanalysen einbezogenen

Erwartungen und die zugehörigen Regressionskoeffizienten (vgl. Anhang F, Tab. A),
dann werden folgende Tatsachen deutlich:

- es sind jeweils nur einige wenige Beratungsmerkmale, bei denen die Beziehung
  von Berater- und Klientenerwartung eine Vorhersage auf den Beratungserfolg
  zuläßt
- dabei sind sowohl die Beziehungen der Vermutungen als auch die der Wünsche
  von Beratern- und Klienten gleichermaßen bedeutsam für den Beratungserfolg

- für die verschiedenen Erfolgskriterien sind es (bis auf Ausnahmen) ganz
  unterschiedliche Beratungsmerkmale, bei denen die Beziehung von Berater- und
  Klientenerwartung eine Vorhersage auf die Höhe der Einschätzung zuläßt

- es ist keineswegs so, daß *bei allen relevanten Beratungsmerkmalen* eine größere
  Übereinstimmung oder Unterschiedlichkeit der Erwartungen von Klient und
  Berater mit dem Beratungserfolg zusammenhängt, sondern beides steht bei
  verschiedenen Beratungsmerkmalen mit dem Beratungserfolg in Beziehung

- es ist ebenfalls keineswegs so, daß *bei allen relevanten Beratungsmerkmalen*
  (im Vergleich zum jeweils anderen) eine stärkere oder schwächere Ausprägung
  der Klienten- oder Beratererwartungen mit dem Beratungserfolg zusammenhängt,
  sondern beides steht bei verschiedenen Beratungsmerkmalen mit dem Beratungserfolg in Beziehung

Diese Befunde zeigen, daß sich unter dem Aspekt des späteren Beratungserfolges
die Betrachtung, wie die Beziehung zwischen Berater- und Klientenerwartungen
beschaffen ist, auf einige wenige Erwartungen beschränken kann. Trotzdem ist die
Vorhersagemöglichkeit des Beratungserfolges, wie die obigen Werte zeigten (vgl. Tab.
28), relativ hoch. Offensichtlich ist es also weniger das grundsätzliche "Konzept" von
Beratung, sondern eher bestimmte einzelne Beratungsmerkmale, bei denen es relevant
ist, in welcher Weise die Klientenerwartungen zu denen der Berater stehen. Welche
einzelnen Erwartungen hier jedoch relevant sind, das hängt sehr deutlich von der
zugrundegelegten Erfolgsperspektive ab. Bis auf Ausnahmen müssen also je nachdem,
welche Art von Beratungserfolg jeweils interessiert, ganz unterschiedliche
Beratungsmerkmale daraufhin betrachtet werden, wie die diesbezüglichen
Erwartungen des Klienten zu denen des Beraters stehen. Wiederum zeigt sich also
auch hier das aus vorherigen Kapiteln bereits bekannte Ergebnis, daß Aussagen über
die Relevanz von Erwartungen für den Beratungserfolg sich immer nur auf eine
bestimmte Definition des Beratungserfolges beziehen können. Dies ist vor allem
wichtig für die weiter unten zu diskutierenden praktischen Konsequenzen der
vorliegenden Ergebnisse. Es wird bereits hier deutlich, daß die Frage, anhand
welcher Erwartungen Klienten und Berater einander zugeordnet werden sollten, um
einen hohen Beratungserfolg wahrscheinlicher werden zu lassen, ganz wesentlich von
der Gegenfrage abhängt, welche Art von Beratungserfolg angestrebt wird. Die
Beantwortung einer solchen Gegenfrage wirft jedoch sicher viele Schwierigkeiten auf

(vgl. Kap. V.).

Von besonderer Bedeutung ist jedoch die Tatsache, daß bei allen vier Erfolgskriterien nicht eine bestimmte Beziehung von Berater- und Klientenerwartungen mit einem hohen Erfolg zusammenhängt, sondern daß je nach betrachtetem Beratungsmerkmal ganz unterschiedliche und auch gegensätzliche Beziehungen der Erwartungen der Beteiligten einen höheren Erfolg erwarten lassen. Dabei sind beide hier verwendeten Vergleichsmaßstäbe für unterschiedliche Erwartungen relevant. Während es bei manchen Beratungsmerkmalen für den Zusammenhang mit dem Beratungserfolg entscheidend ist, wie sehr die Klienten- und Beratererwartungen übereinstimmen bzw. sich unterscheiden, ist es bei anderen Merkmalen wichtig, welche der beiden Beteiligten im Vergleich zum anderen die stärker ausgeprägten Erwartungen hat. Es bestätigt sich damit die Annahme vom Beginn des Kapitels, daß es nicht ausreicht, z.B. nur nach dem Ausmaß von Erwartungsübereinstimmung- oder unterschied zu fragen oder nur zu betrachten, welcher der Beteiligten ein Beratungsmerkmal in welchem Ausmaß stärker erwartet als der andere, sondern daß mehrere Perspektiven gleichzeitig berücksichtigt werden müssen. Beide Dimensionen sind offensichtlich bei jeweils anderen Erwartungen für den Zusammenhang zwischen dem Beratungserfolg und der Beziehung von Klienten- zu Beratererwartungen wichtig.

Es läßt sich insgesamt also aussagen, daß neben vielen Beratungsmerkmalen, bei denen es für den Beratungserfolg eher unerheblich ist, wie die Beziehung der diesbezüglichen Klienten- und Beratererwartungen beschaffen ist, bei manchen Merkmalen eine *größtmögliche Übereinstimmung* und bei manchen eine *größtmögliche Diskrepanz* bei den Erwartungen der Klienten und Berater mit dem Beratungserfolg zusammenhängt, während bei anderen Merkmalen im Vergleich zum Klienten *stärker ausgeprägte Beratererwartungen* und bei einer weiteren Gruppe von Merkmalen im Vergleich zum Klienten *schwächer ausgeprägte Beratererwartungen* einen höheren Beratungserfolg wahrscheinlicher machen. Damit ist also die Annahme 1 aus Untersuchungsfrage 3.5 nicht bestätigt.

Welche Erwartungen im einzelnen diese Beziehungen zeigen, wird in Tab. 29 dargestellt. Diese Aufstellung gibt also an, bei welchen Beratungsmerkmalen die Beziehung von Klienten- und Beratererwartung eine Vorhersage auf die verschiedenen Erfolgskriterien erlaubt, und wie diese Beziehungen beschaffen sein müssen, um mit einem höheren Beratungserfolg zusammenzuhängen (die zugehörigen statistischen Kennwerte dieser Erwartungen aus den zugrundeliegenden Regressionsanalysen finden sich in Tab. A, Anhang F).

226

Erwartung	Beratungsmerkmal	Relation von Berater- u. Kl.-erwartung, die mit höherem Beratungserfolg zusammenhängt
	Kriterium Kl.-Zufriedenheit	
Ant 6:	Probleme werden vollständig beseitigt	Kl.-Th.-Übereinstimmung
Ant 69:	Zuständigkeit nur für Erziehungsprobleme	Kl.-Th.-Übereinstimmung
Präf 69:	Zuständigkeit nur für Erziehungsprobleme	Kl.-Th.-Übereinstimmung
Ant 42:	Berater gibt v.a. Denkanstöße	Kl.-Th.-Diskrepanz
Ant 10:	Berater ist lebenserfahren	Th.-Vermutung schwächer
Präf 16:	Th. entscheidet über Themen u. Teilnehmer	Th.-Wunsch schwächer
	Kriterium Kl.-Veränderungseinschätzung	
Ant 53:	Ansichten aller Familienmitglieder relevant	Kl.-Th.-Übereinstimmung
Ant 63:	Trägeransichten fließen in d. Beratung ein	Th.-Vermutung stärker
Präf 58:	Th. klärt Kl. immer über Absichten auf	Th.-Wunsch stärker
Präf 28:	Th. strahlt v.a. Wärme u. Geborgenheit aus	Th.-Wunsch stärker
Präf 57:	Th. gibt konkrete Verhaltensaufgaben	Th.-Wunsch schwächer
	Kriterium Th.-Zufriedenheit	
Ant 18:	Berater unterliegt d. Schweigepflicht	Kl.-Th.-Übereinstimmung
Präf 65:	Th. hat jahrelange Berufserfahrung	Kl.-Th.-Übereinstimmung
Ant 64:	Th. ist bei Kl.-Konflikten parteiisch	Kl.-Th.-Diskrepanz
Präf 9:	Th. hat auch für kleinere Probleme Zeit	Kl.-Th.-Diskrepanz
Ant 60:	Gegenseitige offene Kritik und Forderungen	Th.-Vermutung stärker
Ant 26:	Th. fühlt sich v. Kl.-Prob. nicht betroffen	Th.-Vermutung stärker
Ant 62:	Th. und Kl. sind gleichgeschlechtlich	Th.-Vermutung schwächer
Präf 35:	Beratung ist kostenlos	Th.-Wunsch stärker
Präf 62:	Th. und Kl. sind gleichgeschlechtlich	Th.-Wunsch schwächer
	Kriterium Th.-Veränderungseinschätzung	
Ant 18:	Berater unterliegt d. Schweigepflicht	Kl.-Th.-Übereinstimmung
Ant 70:	Beratungsdauer unter 1/2 Jahr	Kl.-Th.-Diskrepanz
Präf 9:	Th. hat auch für kleinere Probleme Zeit	Kl.-Th.-Diskrepanz
Ant 18:	Berater unterliegt d. Schweigepflicht	Th.-Vermutung stärker
Ant 63:	Trägeransichten fließen in d. Beratung ein	Th.-Vermutung stärker
Ant 43:	Th. erkennt schnell Problemschwerpunkt	Th.-Vermutung stärker
Ant 3:	Th. hat eigene Probleme weitgehend gelöst	Th.-Vermutung stärker
Ant 60:	Gegenseitige offene Kritik und Forderungen	Th.-Vermutung stärker
Präf 9:	Th. hat auch für kleinere Probleme Zeit	Th.-Wunsch stärker
Präf 27:	Einsatz standard. diagnost. Verfahren	Th.-Wunsch stärker
Präf 39:	freundschaftl. Verhältnis von Kl. u. Th.	Th.-Wunsch stärker

Tab. 29: Beratungsmerkmale, die eine Vorhersage auf die verschiedenen Erfolgs-kriterien erlauben (T < .05) und Beziehungen der entsprechenden Klienten-und Beratererwartungen, die mit einem hohen Beratungserfolg zusammen-hängen

Die Betrachtung dieser für den Beratungserfolg bedeutsamen Beziehungen zwischen Berater- und Klientenerwartungen zeigt, daß es für die Erfolgseinschätzungen der Klienten vor allem die Beziehung bei Erwartungen an den Berater und den

Beratungsprozeß sind, die eine Vorhersage auf den Beratungserfolg erlauben. Auffällig bei der *Zufriedenheit des Klienten* ist vor allem, daß sie wahrscheinlicher ist, wenn Klient und Berater sich über die Erfolgsaussichten der Beratung und die Eingrenzung auf Erziehungsfragen einig sind, und wenn der Klient mehr als der Berater wünscht, daß letzterer über den Beratungsablauf entscheidet. Bei der Frage nach dem Erhalt von Denkanstößen sind demgegenüber Erwartungsdiskrepanzen mit höheren Einschätzungen verknüpft. Bei der *Veränderungseinschätzung des Klienten* fällt vor allem auf, daß sie höher wird, wenn sich Klient und Berater über den Einbezug aller Familienmitglieder in die Beratung einig sind, und wenn zwei Wünsche, die recht hohe Ansprüche an den Berater enthalten, bei dem Klienten vergleichweise geringer als bei dem Berater ausgeprägt sind (Th. klärt immer über seine Absichten auf, Th. strahlt v.a. Wärme und Geborgenheit aus).

Bei den Erfolgseinschätzungen der Berater sind es stärker als bei denen der Klienten auch Merkmale des institutionellen Rahmens, bei denen die diesbezügliche Beziehung zwischen Klienten- und Beratererwartungen eine Vorhersage auf den Beratungserfolg zuläßt. Zudem finden sich hier, anders als bei den Klienten, auch Erwartungen, die für beide Erfolgseinschätzungen relevant sind. So hängt sowohl die Übereinstimmung oder stärkere Ausprägung der Beratervermutung bzgl. der Schweigepflicht, als auch möglichst unterschiedliche Wünsche bzgl. der Möglichkeit zur Beratung auch bei kleineren Problemen und eine stärker ausgeprägte Beratervermutung an die Möglichkeit zu gegenseitiger Kritik bei beiden Einschätzungen mit höheren Werten zusammen. Während bei der *Zufriedenheit des Beraters* die weiteren bedeutsamen Erwartungsbeziehungen sehr unterschiedlicher Natur sind, zeigt sich für die *Veränderungseinschätzung der Berater* die deutliche Tendenz, daß die Berater vor allem dann höhere Einschätzungen abgeben, wenn die Klienten in verschiedenen Bereichen geringer ausgeprägte Vermutungen und Wünsche an die Beratung herantragen als sie selbst. Dabei lassen sich keine inhaltlichen Schwerpunkte ausmachen, sondern die Tendenz bezieht sich auf verschiedene Erwartungen an den Berater, den Beratungsprozeß und das institutionelle Setting. Allerdings kommen in diesen Erwartungen z.T. recht hohe Ansprüche an den Berater zum Ausdruck (schnelles Erkennen des Problemschwerpunktes, eigene Problemfreiheit, Kritik zulassen, sich für kleinere Probleme Zeit nehmen, ein freundschaftliches Verhältnis aufbauen). Möglicherweise fühlen sich die Berater von diesen Erwartungen überfordert, wenn sie bei dem Klienten in höherer Ausprägung als bei ihnen selbst vorliegen. Dies könnte mit einem weniger guten Berater-Klient-Verhältnis in Beziehung stehen und somit die geringeren Veränderungseinschätzungen der Berater für solche Klienten erklären.

Außer bei dem letzten Kriterium zeigen sich also keine übergeordneten Tendenzen dahingehend, daß eine bestimmte Art der Beziehung von Berater- und Klientenerwartungen mit einem höheren Beratungserfolg in Beziehung steht. Zwar lassen sich einzelne inhaltliche Schwerpunkte benennen, doch besteht die wesentliche Erkenntnis dieser Zusammenstellung vor allem darin, daß es bestimmte einzelne Beratungsmerkmale mit je spezifischen Beziehungen der Klienten- und Beratererwartungen sind, die bei den verschiedenen Kriterien hohe Erfolgseinschätzungen nahelegen.

Diese Tatsache ermöglicht eine Beurteilung der bislang vorliegenden Erklärungsversuche zur Entstehung des Zusammenhangs zwischen der Beziehung von Klienten- und Beratererwartungen und dem Beratungserfolg. Alle weiter oben referierten theoretischen Erklärungsansätze gehen davon aus, daß sich das Ausmaß der Übereinstimmung von Berater- und Klientenerwartungen auf das Verhalten oder die Wahrnehmung von Klient und Berater *auswirkt*, d.h. also z.B. eine "wärmere Einstellung" des Beraters gegenüber dem Klienten, eine höhere "Überzeugbarkeit" des Klienten oder "Spannungen auf der Kommunikationsebene" zur Folge hat (zur ausführlichen Darstellung dieser Ansätze vgl. Kap. 5.1). Mit diesen Konsequenzen wird dann letztlich ein höherer oder geringerer Beratungserfolg erklärt. Alle diese Ansätze gehen zudem davon aus, daß sich Diskrepanzen in den Eingangserwartungen von Beratern und Klienten negativ auf die o.g. Merkmale und damit auf den Beratungserfolg auswirken, während Übereinstimmungen positive Folgen haben. Abgesehen von der Tatsache, daß die dort angenommenen Kausalitäten mit den hier vorliegenden Daten nicht überprüft werden können, kann auch der erste Teil der Vorhersagen anhand dieser Daten nicht beurteilt werden. Der zweite Teil dieser Annahmen, der einen durchweg positiven Zusammenhang zwischen Erwartungsübereinstimmungen und dem Beratungserfolg postuliert, kann jedoch anhand der hier besprochenen Befunde widerlegt werden. Anders als in diesen Ansätzen vermutet wird, besteht nicht für alle Erwartungen ein positiver Zusammenhang zwischen der Erwartungsübereinstimmung und dem Beratungserfolg, sondern es findet sich auch die gegenteilige Beziehung. Bei den meisten Erwartungen ist es zudem so, daß die Frage der Übereinstimmung oder Diskrepanz von Berater und Klient für den Beratungserfolg eher irrelevant ist.

Damit wird deutlich, daß diese Ansätze zu undifferenziert vorgehen, wenn sie versuchen, Aussagen über alle Erwartungen und über "den" Beratungserfolg zu machen. Auch wenn die angenommenen Korrelate von Erwartungsdiskrepanzen auf der Verhaltens- oder Wahrnehmungsebene durchaus existieren mögen, so sind doch die Vorhersagen, die diese Ansätze machen, zu grob und können von daher den bestehenden Zusammenhang zwischen der Beziehung von Klienten- und Beratererwartungen nicht erklären.

Eine ähnliche Schlußfolgerung ergibt sich für die weiter oben betrachteten "Diskrepanzmodelle" der Erwartungen (vgl. Kap. 5.3 und 5.3.1). Auch sie postulieren jeweils einen bestimmten Zusammenhang zwischen dem Beratungserfolg und der Beziehung von Klienten- und Beratererwartungen. Die drei verwendeten Vergleichsmaßstäbe entstammen den drei bedeutsamsten dieser Modelle und lassen von daher auch eine Beurteilung dieser Modelle zu. Da in diesen Vorstellungen keine Differenzierung bzgl. der betroffenen Erwartungen enthalten ist und sie sich immer auf "den" (nicht näher definierten) Beratungserfolg beziehen, müssen auch sie anhand der vorliegenden Daten als nicht bestätigt gelten. Dies ist der Fall, da sich hier anders als diese Modelle vermuten, kein gleichartiger Zusammenhang zwischen dem Beratungserfolg und der Beziehung von Berater- und Klientenerwartungen *über alle Erwartungen* gezeigt hat. Auch diese Modelle "scheitern" also, wie die theoretischen Erklärungsansätze, an ihrem Versuch, ihre Aussagen auf alle Beratungserwartungen zu beziehen.

Wenn also auch zur Erklärung der gefundenen Zusammenhänge sicher weitere Untersuchungen notwendig sind, die zum einen überprüfen müßten, ob die Beziehung von Klienten- und Beratererwartungen von den Beteiligten überhaupt wahrgenommen und thematisiert werden, und ob sich Korrelate bestimmter Beziehungen von Klienten- und Beratererwartungen im beobachtbaren Verhalten finden lassen, so können die gefundenen Zusammenhänge doch schon jetzt praktisch nützlich sein.
Da ein auch von der Höhe her ernstzunehmender Zusammenhang zwischen verschiedenen Erfolgskriterien und der Beziehung zwischen Berater- und Klientenerwartungen aufgezeigt werden konnte, erscheint es durchaus sinnvoll, die oben erwähnten Erwartungen bei neu angemeldeten Klienten zu eruieren und im Sinn der oben beschriebenen Zusammenhänge eine Zuordnung von Klienten und Beratern anhand ihrer Erwartungen durchzuführen. Aufgrund der hier zur Verfügung stehenden Stichprobengröße bedürfen die Ergebnisse zu den einzelnen Erwartungen sicher weiterer Bestätigung. Es steht jedoch außer Frage, daß ein "Berater-Klient-Matching" mit den Eingangserwartungen als Zuordnungskriterium im Hinblick auf den Beratungserfolg eine sinnvolle Möglichkeit darstellt, auch wenn sich einfache Zuordnungsregeln (wie etwa: "führe Klienten und Berater mit übereinstimmenden Erwartungen zusammen") aufgrund der vorliegenden Ergebnisse verbieten.
Abschließend soll noch kurz eine Tendenz geschildert werden, die für diese Ergebnisse zwar relevant ist, die jedoch hier nicht weiter verfolgt werden soll.

Wie angeführt, wurde die obige Analyse exemplarisch für die Eingangserwartungen durchgeführt, da eine Betrachtung aller drei Erhebungszeitpunkte über den Rahmen des übersichtlich Darstellbaren hinausgegangen wäre. Eine ansatzweise Analyse der Daten (mit nur dem zweiten der oben erläuterten Vergleichsmaßstäbe) zum zweiten und dritten Erhebungszeitpunkt erbrachte den Befund, daß die für die Vorhersage des Beratungserfolgs relevanten Beziehungen zwischen Klienten- und Beratererwartungen auch vom *Zeitpunkt* in der Beratung abhängen, den man betrachtet.

Vermutlich sind es im weiteren Verlauf der Beratung andere Erwartungen als die hier für den ersten Zeitpunkt berichteten, bei denen die Beziehung von Klienten- und Beratererwartungen eine Vorhersage auf den Beratungserfolg erlaubt. Es ändert sich also anscheinend nicht die Relevanz dieser Erwartungsbeziehungen im allgemeinen, sondern die Tatsache, welche einzelnen Erwartungen zu dieser Relevanz beitragen.

Diese Tendenz ändert zwar nichts an den Aussagen und Schlußfolgerungen dieses Kapitels, macht aber deutlich, daß sich die Berater darauf einstellen müssen, daß sich die Merkmale der Beratung, bei denen es wichtig ist, wie Berater und Klient zu ihnen stehen, im Verlauf der Beratung ändern.

14.2 Der Zusammenhang zwischen dem Beratungsabbruch und der Beziehung von Berater- und Klientenerwartungen

Im folgenden soll auch der frühzeitige Beratungsabbruch (zur verwendeten Definition vgl. Kap. 8.2.3) mit der Beziehung zwischen Berater- und Klientenerwartungen in Beziehung gesetzt werden.

Es soll also hier gefragt werden, ob die Beziehung zwischen Klienten- und Beratererwartungen mit dem frühzeitigen Beratungsabbruch zusammenhängt, welche einzelnen Erwartungsbeziehungen Abbrecher und nicht-Abbrecher unterscheiden und welche Relation von Klienten- und Beratererwartungen diese Erwartungsbeziehungen aufweisen.

Die Annahme 2 zur Untersuchungsfrage 3.5 äußerte in Anlehnung an die bisherigen empirischen Erkenntnisse (vgl. Kap. 5.2) hierzu die Vermutung, daß Klienten, die ihre Beratung abbrechen, mehr Erwartungsdiskrepanzen aufweisen als Klienten, die ihre Beratung fortführen.

Als Konsequenz aus den vorherigen Ergebnissen sollen zur Überprüfung dieser Annahme auch hier diejenigen Vergleichsmaßstäbe herangezogen werden, die sich im letzten Kapitel als fruchtbare Dimensionen zur Beschreibung des Verhältnisses von Klienten- und Beratererwartungen gezeigt haben ("Gleich-ungleich-Beziehung" und "Stärker-schwächer-Beziehung").

Es wurden hier also für alle Antizipationen und Präferenzen jeweils zwei Werte berechnet, die auf jeweils unterschiedliche Weise die Beziehung von Berater- zu Klientenerwartungen ausdrücken (zur Begründung dieses Vorgehens und zur Definition des Beziehungswerte vgl. Kap. 14.1)

Zur Beantwortung der obigen Fragestellung wurde für die entstandenen vier Gruppen von Beziehungswerten per t-Test überprüft, ob sich zwischen Abbrechern und nicht-Abbrechern überzufällige Mittelwertunterschiede ergeben (auch hier wurde wegen der großen Zahl von Einzelberechnungen ein Signifikanzniveau von p < .01 vorgegeben).

Es wird damit überprüft, ob sich Abbrecher von nicht-Abbrechern darin unterscheiden:

1. in welchem Ausmaß sie bei den einzelnen Vermutungen und Wünschen mit ihrem Berater übereinstimmen/sich unterscheiden

2. in welchem Ausmaß ihre Vermutungen und Wünsche stärker/schwächer ausgeprägt sind als bei ihrem Berater

Die Ergebnisse der t-Tests zeigen, daß sich für keine der 70 erfragten Vermutungen und Wünsche signifikante Mittelwertunterschiede (p < .01) zwischen Abbrechern und nicht-Abbrechern darin ergeben, in welchem Ausmaß sie das angesprochene Beratungsmerkmal stärker oder schwächer erwarten als ihre Berater. Allerdings zeigt sich, daß sich die Abbrecher von den nicht-Abbrechern bei einigen Erwartungen signifikant (p < .01) in dem Ausmaß unterscheiden, indem sie mit ihrem Berater übereinstimmen/sich unterscheiden (vgl. Tab. 30).

Erwartung	Beratungsmerkmal	t	df	p	Mehr Kl.-Th. Übereinstim-mung bei:
Präf 45:	Th. versetzt sich auch in "einfache" Kl.	-3.36	38	.002	Abbrechern
Präf 7:	Termine außerhalb gängiger Öffnungszeit	-2.73	50	.009	Abbrechern
Präf 50:	Zusammenarbeit mit anderen Stellen	-3.34	48	.002	Abbrechern
Präf 65:	Th. hat mehrjährige Berufserfahrung	-3.33	49	.002	Abbrechern

Tab. 30: Mittelwertunterschiede (für einzelne Erwartungen, p < .01) zwischen Abbrechern und nicht-Abbrechern im Ausmaß der Übereinstimmung /des Unterschiedes zwischen der Ausprägung von Berater- und Klientenerwartung

Das Ergebnis zeigt zuerst einmal, daß die signifikanten Mittelwertunterschiede in den Erwartungsbeziehungen von Klienten und Beratern entgegen der in der Untersuchungsfrage 3.5 geäußerten Annahme 2 ausschließlich in höheren Berater-Klient-Übereinstimmungen bei Abbrechern als bei nicht-Abbrechern bestehen.

Wichtiger jedoch als die Art dieser Unterschiede erscheint die Tatsache, daß sich nur eine verschwindend geringe Anzahl von Beratungsmerkmalen zeigt, bei denen sich zwischen Abbrechern und nicht-Abbrechern unterschiedliche Beziehungen von

Berater und Klientenerwartungen nachweisen läßt.

Diese Tatsache wiegt um so schwerer, als daß hier zumindest einige der zentralen Forderungen an die Definition des Beratungsabbruchs berücksichtigt wurden (vgl. Kap. 5.2) und das nicht nur eine Betrachtungsart der Beziehung zwischen Berater- und Klientenerwartungen zugrundegelegt wurde. Offensichtlich ist es für den Beratungserfolg von keiner besonderen Bedeutung, wie sehr sich die Eingangs- erwartungen von Berater und Klient unterscheiden oder gleichen, und welcher der beiden Beteiligten in welchem Ausmaß die stärker ausgeprägten Erwartungen hat. Es ist also naheliegend anzunehmen, *daß die Beziehung von Klienten- und Beratererwartungen kaum einen frühzeitigen Beratungsabbruch erklären kann, d.h. die Beratung weitgehend unabhängig von dieser Beziehung abgebrochen oder fortgeführt wird.*

Diese Aussage überrascht insofern, als das es eher unwahrscheinlich erscheint, daß die Klienten die Beratung über das Anfangsstadium hinaus fortführen, auch wenn der Berater Erwartungen besitzt, die zu den ihren nur sehr schlecht passen (das können, wie im letzten Kapitel gezeigt, z.B. sowohl Erwartungsübereinstimmungen als auch -diskrepanzen sein). Eine solche Möglichkeit läßt das hier vorliegende Ergebnis jedoch zu. Auch andere potentielle Gründe für einen Beratungsabbruch, wie persön- liche Antipathien oder eine geringe Zuversicht in die Wirksamkeit der Beratung müßten sich in den erhobenen Erwartungsbeziehungen widerspiegeln.

Zur Erklärung dieser Tatsache könnte man vermuten, daß die Klienten zu Beginn der Beratung mögliche Unterschiede und Gemeinsamkeiten zwischen ihren Erwartungen und denen ihrer Berater gar nicht wahrnehmen und sich von daher kein Zusammenhang zwischen dem frühzeitigen Beratungsabbruch und möglichen Erwartungsunterschieden und -gemeinsamkeiten sowie gegenseitigen Erwartungsunter- und überschreitungen ergibt. Dies würde implizieren, daß sich Berater und Klienten zu Beginn der Beratung nicht, oder zumindest nicht eindeutig zu ihren Erwartungen äußern. Da Hinweise darauf bestehen (vgl. Kap. 3.), daß die Beratungserwartungen tatsächlich verhältnismäßig selten explizit thematisiert werden, muß diese Möglichkeit weiter in Betracht gezogen werden.

Ein Rückgriff auf einen früheren Befund (vgl. Kap. 13.2) bietet eine alternative Erklärung für die Ergebnisse an. Dort zeigte sich bei der Analyse von Erwartungsunterschieden zwischen Abbrechern und nicht-Abbrechern die Tendenz, daß Abbrecher stärker als andere Klienten einen besonderen Wert auf die Erfüllung ihrer Wünsche legen. Beide Befunde zusammengenommen, legen die Annahme nahe, *daß Abbrecher zwar nicht mehr oder weniger in ihren Erwartungen mit den Beratern übereinstimmen als andere Klienten, daß sie die bestehenden Erwartungsdiskrepanzen jedoch möglicherweise stärker wahrnehmen oder gewichten.* Damit könnten also trotz "numerisch" ähnlicher Erwartungsunterschiede von Abbrechern und nicht-Abbrechern solche Diskrepanzen dennoch mit einem frühzeitigen Beratungsabbruch zusammenhängen.

Eine konkrete Bestätigung dieser Hypothese ist jedoch mit den hier vorliegenden Daten nicht möglich, sondern müßte über die direkte Erhebung der von Klienten empfundenen Vermutungs- und Wunschbestätigung gehen.

Es muß also festgehalten werden, daß bei alleiniger Betrachtung der Beziehung von Klienten- und Beratererwartungen kein Hinweis darauf gefunden werden kann, daß diese Beziehung mit einem frühzeitigen Beratungsabbruch zusammenhängt. Bevor v.a. die zweite der beiden erläuterten Alternativerklärungen nicht näher überprüft ist, ergeben diese Ergebnisse also keine eindeutigen Hinweise darauf, daß eine bestimmte Zuordnung von Klienten und Beratern anhand ihrer Erwartungen das Risiko eines frühzeitigen Beratungsabbruchs mindern könnte.

14.3 Resümee zur Bedeutung der Beziehung von Klienten- und Beratererwartungen für Beratungserfolg und Beratungsabbruch

Zusammenfassend ist vor allem das Ergebnis zu betonen, daß die Beziehung von Berater- und Klientenerwartungen zwar in einem recht engen Zusammenhang mit dem Beratungserfolg steht, einen frühzeitigen Beratungsabbruch jedoch wohl nicht erklären kann.

Für die Erklärung des Beratungserfolges anhand der Beziehung von Klienten- und Beratererwartungen erwies es sich dabei als wichtiges Element, diese Beziehung aus mehreren Blickwinkeln zu betrachten und nicht nur eine einzige Vergleichsdimension für die Erwartungen der Beteiligten heranzuziehen. Nur anhand einer solchen mehrdimensionalen Betrachtungsweise wird deutlich, daß bei den einzelnen Erwartungen unterschiedliche Arten von Beziehungen zwischen Klienten- und Beratererwartungen unter Berücksichtigung verschiedener Vergleichskriterien den Beratungserfolg vorhersagen können. Konkret bedeutet dies, daß bei einigen Beratungsmerkmalen höhere und bei anderen Merkmalen geringere Erwartungsaus-prägungen bei einem der beiden Beteiligten mit einem höheren Beratungserfolg zusammenhängen, und daß darüber hinaus bei manchen Beratungsmerkmalen die Übereinstimmung und bei anderen Merkmalen die Diskrepanz der Erwartungen der Beteiligten einen höheren Beratungserfolg vorhersagt. Welche Erwartungsbeziehun-gen für die Vorhersage des Beratungserfolges relevant sind, hängt zudem von dem Erfolgskriterium und vermutlich auch von dem jeweils betrachteten Zeitpunkt im Verlauf der Beratung ab.

Insgesamt ist dieser Zusammenhang zwischen dem Beratungserfolg und der Beziehung der Klienten- und Beratererwartungen offensichtlich also zu komplex, als daß er, wie es mehrfach versucht wurde, von globalen Modellen beschrieben oder von Erklärungsmodellen, die nur von "den Erwartungen" sprechen, erklärt werden könnte.

Von theoretischer Seite muß also auch im Bereich der Erwartungsforschung in Zukunft stärker berücksichtigt werden, daß es wenig nützlich ist, von "dem" Beratungserfolg und von "den" Erwartungen zu sprechen. Beide Konstrukte müssen sehr differenziert betrachtet werden, wenn man ihre Beziehung untereinander verstehen will. Wenn man zudem, wie hier geschehen, *gleichzeitig* unterschiedliche Kriterien zum Vergleich von Berater- und Klientenerwartungen berücksichtigt, dann entstehen zwar Aussagen mit einem engeren Gültigkeitsbereich, aber solche, mit denen sich begründet auch für die Praxis neue Perspektiven ergeben. Solche Perspektiven wurden im vergangenen Abschnitt an mehreren Stellen aufgezeigt. Zum einen geben diese Ergebnisse Grund zu der Annahme, daß ein Berater-Klient-Matching zu Beginn der Beratung anhand einiger weniger Erwartungen durchgeführt werden könnte, das zumindest aus der Perspektive der Beziehung von Klienten und Beratererwartungen "gute Startbedingungen" für die Beratung schaffen würde. Die praktischen Grenzen solcher Möglichkeiten werden jedoch deutlich, wenn man berücksichtigt, daß diese wenigen wichtigen Erwartungen bei Klienten und Beratern in sehr unterschiedlichen Beziehungen vorliegen sollten, wenn ein Beratungserfolg wahrscheinlicher werden soll. Einfache Anweisungen zur erwartungsorientierten Herstellung einer "erfolgversprechenden" Berater-Klient-Passung sind also nicht möglich. Zudem ist die Frage, welche Erwartungen bei einer solchen Passung berücksichtigt werden müssen eben auch von der Art des angestrebten Beratungserfolgs abhängig. Eine Entscheidung zwischen solchen Erfolgskriterien ist hier nicht notwendig, da sich die einzelnen Zusammenhänge bei diesen Kriterien nicht widersprechen. Doch ist sicher eine Entscheidung für ein schwerpunktmäßig angestrebtes Kriterium notwendig, da nicht alle relevanten Erwartungsbeziehungen für eine Berater-Klient-Zuordnung berücksichtigt werden können. Dieses ist jedoch letztlich ein Problem, daß nicht nur bei der Betrachtung von Erwartungen auftritt und das in einem größeren Rahmen behandelt werden muß.

15. Veränderungen der Klientenerwartungen im Verlauf der Beratung

Die letzte Fragestellung der Untersuchung befaßt sich mit den Veränderungen von Klientenerwartungen im Verlauf der Beratung (vgl. Untersuchungsfragen 4.1-4.2.1). Wie weiter oben berichtet (vgl. Kap. 4.2 und 5.2), liegen bislang recht uneinheitliche Ergebnisse zur Frage der Stabilität von Klientenerwartungen im Verlauf der Beratung vor.

Auf diese Fragestellung wird erst zum Schluß der Ergebnisdarstellung eingegangen, da sie vor allem auch für die Beurteilung einiger bislang referierter Ergebnisse wichtig ist.

So wäre eine weitgehende Stabilität der Klientenerwartungen eine wichtige weitere Begündung für die Notwendigkeit, bereits im Vorfeld der Beratung auf solche Erwartungen einzuwirken. Der Versuch, Erwartungen innerhalb der Beratung zu verändern, würde in einem solchen Fall weniger aussichtsreich erscheinen.

Zudem würde eine solche Stabilität bedeuten, daß die Erhebung von Klientenerwartungen zu Beginn der Beratung ausreicht, da diese Informationen in diesem Fall nicht nur eine Momentaufnahme mit zeitlich begrenzter Gültigkeit wäre.

Desweiteren läßt das Ausmaß von Erwartungsstabilität, und dabei besonders die Frage, ob mögliche Erwartungsveränderungen v.a. in Richtung auf die Beratererwartungen verlaufen, einen Rückschluß auf den tatsächlichen Umgang mit Erwartungen in den beobachteten Beratungen zu.

Zur näheren Klärung dieser Fragen soll also im folgenden untersucht werden, welche der erfragten Erwartungen sich im Beratungsverlauf verändern und welche Richtung diese Veränderungen in bezug auf die Beratererwartungen zeigen. Wie bei den obigen Fragestellungen sollen dabei sowohl die Veränderungen der Erwartungsausprägungen, als auch die Annäherung bzw. Auseinanderentwicklung von Antizipation und Präferenz einbezogen werden.

Ein sehr bedeutsamer Einzelaspekt der Erwartungsveränderungen folgt dann im Anschluß an diese Fragestellung (Kap. 15.1). Dort soll einer bislang wenig untersuchten Hypothese nachgegangen werden, die davon ausgeht, daß sich die Erwartungsverläufe von Klienten in erfolgreichen und weniger erfolgreichen Beratungen unterscheiden (vgl. Untersuchungsfrage 4.3). Wenn sich dies zeigen ließe und die Art der unterschiedlichen Erwartungsveränderungen sinnvoll beschreibbar wären, würden sich hier wichtige Schlußfolgerungen daraufhin ergeben, welche kognitiven Veränderungen bei den Klienten unterschiedlich erfolgreicher Beratung stattfinden und es könnten sich Hinweise darauf ergeben, ob sich erfolgreichere Beratungen anhand von Erwartungsveränderungen charakterisieren lassen.

Zur Beantwortung der Fragen, welche Antizipationen, Präferenzen und Wunsch-

Vermutungs-Abstände der Klienten[1] sich im Verlauf der Beratung ändern und ob sich Klienten in mehr und weniger erfolgreichen Beratungen in diesen Veränderungen unterscheiden, wurde für jedes Erwartungsitem und für jeden Wunsch-Vermutungs-Abstand einer Erwartung eine univariate (zweifaktorielle) "repeated-measures" Varianzanalyse durchgeführt, mit den drei Befragungszeitpunkten als Faktor 1 und einem der vier Erfolgsscores als Faktor 2 mit zwei Faktorstufen (erfolgreich vs. weniger erfolgreich). Es wurde pro Item der Zeithaupteffekt über die drei Beobachtungszeitpunkte untersucht sowie eine mögliche Interaktion von Zeit- und Outcome-Effekt überprüft.[2]

Es wurde die univariate (mixed-model) Varianzanalyse mit Meßwiederholungen der multivariaten Variante vorgezogen, da sie insbesondere bei kleinen Stichproben tatsächliche Unterschiede eher aufdeckt. Die für die Anwendung dieses Verfahrens notwendige Voraussetzung der Homogenität der Varianz-Kovarianz-Matrizen ("Zirkularitätsannahme" vgl. Bortz a.a.O., S. 428ff.) der Faktorstufen wurde bei der Überprüfung der Erfolg x Zeit-Interaktion jeweils mit dem BOX-M-Test überprüft. Bei der Berechnung des Zeithaupteffektes wurde hierzu jeweils der "sphericity-test" nach Mauchly herangezogen. Ein etwaiges Fehlen dieser Voraussetzung wurde durch eine Modifikation der Freiheitsgrade für den F-Test kompensiert. Diese mußte nur im Fall eines signifikanten Ergebnisses herangezogen werden, da fehlende Voraussetzungen nur in Richtung einer Erhöhung des alpha-Fehlers wirken. Bei dieser Modifikation wurden Zähler- und Nennerfreiheitsgrade mit dem jeweils ermittelten Huynh-Feldt-Epsilon multipliziert, was zu einer Reduktion der Freiheitsgrade und damit zu einer "konservativeren" Signifikanzprüfung führt (ganzzahliges Abrunden der neuen Freiheitsgrade) (vgl. Bortz a.a.O., Haase & Ellis 1987, S.409). Die im folgenden angegebenen Ergebnisse berücksichtigen also o.g. Voraussetzungen. Aus den jeweils angegebenen Freiheitsgraden läßt sich ersehen, wo eine epsilon-Korrektur durchgeführt werden mußte. Auch bei diesen Berechnungen wurde ein Signifikanzniveau von $p < .01$ zugrundegelegt, um angesichts der hohen Zahl von Einzelberechnungen die Gefahr zufälliger Signifikanzen zu minimieren.
Falls ein signifikantes Ergebnis vorlag, wurde mit post hoc-Anovas (univariaten Varianzanalysen) genauer bestimmt, zwischen welchen der drei Zeitpunkte überzufällige Unterschiede bestehen.

Die folgende Tabelle gibt diejenigen Klientenerwartungen wieder, deren Ausprägungen oder Wunsch-Vermutungs-Unterschiede sich (im Mittel aller Klienten) im Verlauf der Beratung überzufällig verändern (Zeithaupteffekt) und zeigt diejenigen Einzelintervalle (Befragungszeitpunkte 1,2,3) in denen diese Veränderungen vor allem stattfinden (Subeffekt) (vgl. Untersuchungsfrage 4.1 und 4.2).

---

[1]Wie in Kap. 13.1.1 wurden auch hier die Wunsch-Vermutungs-Abstände bei einzelnen Klientenerwartungen definiert als Absolutbetrag der Differenz der Werte von Antizipation und Präferenz.

[2]Die Ergebnisse der Betrachtung der Interaktion werden in Kap. 15.1 referiert.

ERWARTUNG	Mittelwert Zeitpunkt 1-3			HAUPTEFFEKT		SUBEFFEKT (df=1,42;1,41)	
	1	2	3	df	F(sign.)	F(sign.) Einzelintervall	

ANTIZIPATIONEN UND PRÄFERENZEN

ERWARTUNG	1	2	3	df	F(sign.)	F(sign.)	Einzelintervall
Ant 49	1.16	1.23	1.61	2,84	9.07***	15.58***	2-3: Zunahme
Präf 10	1.48	1.05	1.07	2,82	7.37**	10.44**	1-2: Abnahme
Präf 52	0.36	-0.14	-0.10	2,82	6.11**	11.18*	1-2: Abnahme
Präf 56	-0.36	-1.26	-1.36	1,73	10.52**	15.73***	1-2: Abnahme

WUNSCH-VERMUTUNGS-ABSTÄNDE

ERWARTUNG	1	2	3	df	F(sign.)	F(sign.)	Einzelintervall
Ant-Präf 3	1.21	0.50	0.86	2,82	7.85**	13.61**	1-2: Abnahme
Ant-Präf 14	0.67	0.33	0.21	2,82	6.30**	7.00*	1-2: Abnahme
Ant-Präf 60	1.07	0.57	0.36	1,66	7.01**	4.65*	1-2: Abnahme

Tab. 31: Mittelwertsveränderungen der Ausprägungen der Klientenerwartungen (Antizipationen, Präferenzen und Wunsch-Vermutungs-Abstände) im Verlauf der Beratung für den Gesamtzeitraum (Haupteffekt) und zwischen den einzelnen Befragungszeitpunkten (Subeffekt) (* p > .05, ** p < .01, *** p < .001)

Aus der Tabelle lassen sich im wesentlichen die folgenden Aussagen entnehmen:

- nur für vier Erwartungen ergeben sich im Verlauf der Beratung überzufällige Veränderungen in dem Ausmaß, in dem die Klienten diese Erwartungen für sich als zutreffend bezeichnen.
  (Die Klienten erleben den Berater zunehmend als verständnisvoller (Ant 49) und wünschen sich zunehmend weniger einen lebenserfahrenen und gleichalten Berater (Präf 10 u. 52). Zudem verringert sich hier ihr Wunsch, daß das Verhältnis der Eltern in der Beratung nicht thematisiert wird (Präf 56).)

- nur bei drei Erwartungen ergeben sich über die Beratung überzufällige Veränderungen in dem Abstand zwischen Wunsch und entsprechender Vermutung. (Es nähern sich Vermutung und Wunsch bzgl. der Tatsachen an, daß der Berater problemfrei ist (Item 3), daß gegenseitige Forderungen und Kritik in der Beratung möglich sind (Item 60) und die Selbsterkenntnis das Ziel der Beratung darstellt (Item 14).)

- fast alle dieser Erwartungsveränderungen vollziehen sich bis zur dritten Sitzung

- bei den Veränderungen der Wunsch-Vermutungs-Abstände handelt es sich ausnahmslos um eine Annäherung von Wunsch und Vermutung

- bei den Veränderungen der Erwartungen zeigt sich z.T. eine (numerische) Entfernung (Ant 49 und Präf 10) und z.T. eine Annäherung an die entsprechenden Erwartungen der Berater (Präf 52 und 56) (zu den Beratererwartungen vgl. Tab. E-H, Anhang A).

Das wesentliche Ergebnis dieser Analyse besagt, daß die Erwartungen der Klienten im Verlauf der Beratung bis auf wenige Ausnahmen stabil bleiben.

Weder die Ausprägung der erfragten Erwartungen, noch das Verhältnis von Wunsch zu Vermutung bei den einzelnen Erwartungen verändert sich maßgeblich. Da dieser Trend so deutlich ist, sind die Beobachtungen zur Art der Veränderungen bei diesen Ausnahmen eher nebensächlich. Zwar zeigt sich, daß diese Veränderungen meist zu Beginn der Beratung stattfinden und daß sich Wünsche und Vermutungen eher annähern als entfernen, doch sind von diesen Tendenzen so wenige Erwartungen betroffen, daß sie kaum Beachtung verdienen. Wichtig erscheint lediglich das Einzelergebnis, daß sich bei der zu Beginn zwischen Berater und Klient meist unterschiedlich beurteilten Frage, ob auch die Elternbeziehung in die Beratung einbezogen werden soll, eine Annäherung der Klientenwünsche die Wünsche und die Praxis der Berater ergibt. Da sich dieser Wunsch, nicht aber die entsprechende Vermutung des Klienten verändert, könnte diese Veränderung darauf hinweisen, daß die Berater die Elternbeziehung zu Beginn der Beratung nicht stärker thematisieren als vom Klienten vermutet (dann müßte sich auch die Vermutung der Klienten verändern), sondern daß über die Notwendigkeit des Einbezugs dieser Inhalte gesprochen wird und von daher der Wunsch nach der Berücksichtigung dieses Themas bei den Klienten zunimmt.

Wichtiger jedoch als die Betrachtung dieser vereinzelten Veränderungen ist die Tatsache, daß die weitgehende Stabilität der Klientenerwartungen zugleich bedeutet, *daß sich keine Annäherung oder Entfernung der Klientenerwartungen in bezug auf die Beraterpraxis oder dessen Wünsche ergibt.* Die Klienten bleiben also mit fast allen ihren Erwartungen im Verlauf der Beratung auf dem Niveau von Nähe oder Distanz zu den Beratererwartungen stehen, das sie bereits zu Beginn der Beratung hatten. Damit kann die Annahme aus Untersuchungsfrage 4.1.1 nicht bestätigt werden.

Die Tatsache der weitgehenden Stabilität der Klientenerwartungen deckt sich zwar tendenziell mit den bisherigen empirischen Erkenntnissen (vgl. Kap. 4.2), ist jedoch in seiner Deutlichkeit unerwartet. Dies trifft umso mehr zu, da es sich hier im Gegensatz zu vielen anderen Untersuchungen um eine Stabilität über den Zeitraum einer längeren Beratung hinaus handelt. Dieses Ergebnis läßt sich in verschiedener Hinsicht interpretieren.

Erstens wäre es bei der Unterschiedlichkeit der durchgeführten Beratungen (vgl. Kap. 10.3) naheliegend zu folgern, daß die Erwartungen der Klienten *unabhängig* von der jeweils vorgefundenen Praxis weitgehend erhalten bleiben.
Da gezeigt wurde, daß zu Beginn der Beratung deutliche Erwartungsdiskrepanzen zwischen Beratern und Klienten in bestimmten Bereichen die Regel sind (vgl. Kap. 12.3), könnte diese Stabilität zum einen bedeuten, daß Beratungserwartungen (und damit auch die Diskrepanzen) nicht deutlich thematisiert und somit gar nicht

wahrgenommen werden. Andererseits könnten die Erwartungsdiskrepanzen zwar wahrgenommen und trotzdem nicht verändert werden, weil die Klienten ihre konkrete Beratungserfahrung und die darin vermutlich auftauchenden Abweichungen von ihren Erwartungen nicht auf die EBSt-Praxis generalisieren, d.h. trotz einer z.T. unerwarteten Praxis ihre Erwartungen an "die Erziehungsberatung im allgemeinen" beibehalten. Aufgrund des weitgehend sehr konkreten Niveaus der erfragten Erwartungen erscheint letztere Annahme jedoch eher unwahrscheinlich.

Zweitens könnte die Erwartungsstabilität daraus resultieren, daß die Klienten eine weitgehend erwartete Beratung erhalten.

Die Berater könnten sich abweichend von ihren (hier erfragten) grundsätzlichen Erwartungen an die Beratungspraxis so eng an den Erwartungen ihrer Klienten orientieren, daß diese im wesentlichen erfüllt werden und sich somit nicht verändern. Bedenkt man jedoch auch hier die Fülle der aufgedeckten Erwartungsdiskrepanzen zwischen Klienten und Beratern auch bei sehr konkreten Beratungsmerkmalen (vgl. Kap. 12.3), dann scheint auch diese Möglichkeit eher unwahrscheinlich.

Drittens könnte sich die Veränderung von Erwartungen nicht, wie hier überprüft, auf einem quantitativen Niveau abspielen (Veränderungen der Erwartungsausprägungen), sondern mehr qualitativer Natur sein. Im Verlauf der Beratung könnten die Klienten ihre Vorstellung darüber, was etwa "konkrete Ratschläge" sind, so verändern, daß trotz numerisch gleicher Stärke der Erwartung eine inhaltliche Erwartungsveränderung stattgefunden hat.

So könnte etwa das Erarbeiten einzelner Hinweise zur Problemlösung gegen Ende der Beratung als hohes Ausmaß von Ratschlägen gesehen werden, obwohl der Klient möglicherweise zu Beginn der Beratung darunter mehr den Erhalt vieler pragmatischer Tips verstanden hat. In beiden Fällen könnte er dieser Vermutung im Fragebogen sehr stark zustimmen, wodurch die aufgetretene qualitative Erwartungsveränderung letztlich überdeckt würde.

Viertens besteht die Möglichkeit, daß verschiedene Klientengruppen existieren, deren Erwartungen sich systematisch in unterschiedlicher Weise verändern. Wenn dies v.a. entgegengesetzte Erwartungsverläufe wären, dann könnten Erwartungsveränderungen hier deshalb nicht aufscheinen, weil sich die Berechnungen auf Mittelwerte über die gesamte Stichprobe beziehen.

Nach der Untersuchung von Appel (a.a.O. vgl. Kap. 5.2) könnte das Ausmaß der eingangs der Beratung vorliegenden Erwartungsdiskrepanzen zwischen Berater und Klient ein Beispiel für die Variablen sein, die Klienten in Gruppen mit unterschiedlichen Erwartungsverläufen trennen. Zudem existieren Hinweise darauf, daß Klienten aus unterschiedlich erfolgreichen Beratungen auch unterschiedliche Erwartungsverläufe zeigen (vgl. Kap. 5.3.2).

An dieser Stelle kann natürlich nicht letztgültig zwischen diesen alternativen Interpretationsmöglichkeiten entschieden werden. Aufgrund der großen Zahl der über die Beratung konstanter Klientenerwartungen muß jedoch wohl am ehesten davon ausgegangen werden, daß die Klienten trotz möglicher abweichender Erfahrungen über den gesamten Beratungsverlauf an ihren Vermutungen und Wünschen festhalten.

Eine Beschreibung des Beratungsprozesses anhand der Veränderungen von Erwartungen und der daraus resultierenden wechselnden Stärke von Erwartungsunterschieden zwischen Klienten und Beratern erscheint nach diesem Ergebnis also wenig nützlich. Solche Theorien, die den Beratungsprozeß damit beschreiben, daß der Klient im Verlauf der Beratung adäquatere Rollenerwartungen in bezug auf die Beratung entwickelt, und damit die Fähigkeit erwirbt, auch außerhalb der Beratung funktionalere Rollenerwartungen aufzubauen (vgl. Kap. 5.1), können mit den vorliegenden Ergebnissen nicht bestätigt werden. Offensichtlich können also die Veränderungen, die sich im Verlauf der Beratung bei dem Klienten ergeben, eher nicht auf der Ebene der Ausprägungen seiner Erwartungen beschrieben werden.

Wenn also auch die Veränderungen in den Ausprägungen der Erwartungen die Klientenveränderungen im Beratungsverlauf eher nicht abbilden, so zeigt ein Rückgriff auf eine im letzten Kapitel berichtete Tendenz, daß es möglicherweise die qualitativen Erwartungsveränderungen sind, die eine Beschreibung solcher Klientenveränderungen zulassen.

In Kap. 14.1 wurde die Beobachtung berichtet, daß die Beziehungen zwischen Berater- und Klientenerwartungen, die zu Beginn der Beratung für den Beratungserfolg bedeutsam sind, im weiteren Verlauf der Beratung vermutlich an Bedeutung verlieren. Die ermittelte Erwartungsstabilität läßt dazu vermuten, daß diese Tatsache wohl eher nicht dadurch zu erklären ist, daß sich die anfänglichen Erwartungsüber-einstimmungen oder -unterschiede im Verlauf der Beratung verändern, sondern daß einige schon zu Beratungsbeginn bestehenden Erwartungsunterschiede oder -gemeinsamkeiten später mehr in den Blickpunkt rücken, während andere an Bedeutung abnehmen. Wenn dies zuträfe, dann ließe sich der Beratungsprozeß eher nicht, wie dies in den o.g. Theorien versucht worden ist, als Modifikation inadäquater Klientenerwartungen beschreiben, sondern mehr als Modifkation der diesen Erwartungen zugeschriebenen Bedeutsamkeit. In diesem Fall würden also die Klienten nicht von ihren Vorstellungen darüber abrücken, wie der Beratungsprozeß und der Berater "beschaffen" ist oder sein sollte, sondern eher davon, wie wichtig ihnen diese einzelnen Vorstellungen sind. Im Verlauf der Beratung würde sich damit ein Prozeß der "kognitiven Umstrukturierung" bei den Klienten zeigen. Wenn dies für die Erwartungen an die Beratung zutrifft, dann ließe sich (zugegebenermaßen spekula-tiv) annehmen, daß diese Aussage auch auf die vermutlich noch weitaus änderungs-

resistenteren problemrelevanten Erwartungen der Klienten zutrifft. Erziehungsberatung wäre dann ein Prozeß, bei dem weniger die Stärke von Annahmen und
Wünschen an Situationen verändert werden, sondern ein solcher, bei dem vor allem
die zugeschriebene Wichtigkeit solcher Erwartungen modifiziert wird.
Da die hier vorliegenden Ergebnisse diese Überlegungen nicht direkt absichern
können, sind sie allenfalls als Hypothesen zu betrachten, deren nähere Überprüfung
sich jedoch sicher lohnen würde.

Neben diesen theoretischen Überlegungen erlauben die Ergebnisse jedoch auch die
Ableitung einiger praktischer Konsequenzen.
So zeigt die weitgehende Stabilität der Erwartungen, daß eine Erhebung solcher
Erwartungen zumindest im Hinblick auf ihre Ausprägungen nur zu Beginn der
Beratung notwendig erscheint, da die damit erhobenen Informationen nicht nur eine
Momentaufnahme mit zeitlich begrenzter Gültigkeit darstellen.
Desweiteren ergibt sich eine Konsequenz für den Zeitpunkt, zu dem eine Modifikation
der Klientenerwartungen stattfinden sollte. Da die Eingangserwartungen der Klienten
deutlich mit dem Beratungserfolg zusammenhängen wurde bereits weiter oben auf
den möglichen Nutzen der Modifikation solcher Eingangserwartungen hingewiesen
(vgl. Kap. 13.1). Obwohl hier nicht geklärt werden kann, inwiefern die Berater in den
betrachteten Beratungen überhaupt den Versuch unternommen haben, auf die
Beratungserwartungen ihrer Klienten Einfluß zu nehmen, so ist doch angesichts der
weitgehenden Stabilität der Eingangserwartungen zu vermuten, daß solche
Erwartungen im Verlauf der Beratung nur schwer zu verändern sind. Dies würde
bedeuten, *daß die angesichts ihrer Bedeutsamkeit anzutrebende Einflußnahme auf*
Klientenerwartungen am besten bereits im Vorfeld der Beratungen stattfinden sollte.
Von daher erhalten die entsprechenden Maßnahmen im Rahmen der Öffentlichkeitsarbeit und die Versuche zur Erwartungsveränderung direkt vor einer Beratung
(per Informationsmaterial, Gespräch, Film u.ä.) ein noch stärkeres Gewicht.

Auch wenn also insgesamt die Stabilität von Klientenerwartungen deutlich aufgezeigt
wurde, bleibt doch die Möglichkeit bestehen, daß sich in Subgruppen der Klienten
bedeutsame Erwartungsveränderungen im Verlauf der Beratung ergeben. Ob dies für
die beiden Gruppen der Klienten aus mehr oder weniger erfolgreichen Beratungen
zutrifft, soll im folgenden Kapitel untersucht werden.

15.1 Unterschiede in den Erwartungsveränderungen bei Klienten in mehr oder weniger erfolgreichen Beratungen

Wie bereits im letzten Kapitel angedeutet, bestehen Hinweise darauf, daß sich die Klienten erfolgreicher und weniger erfolgreicher Beratungen durch unterschiedliche Veränderungen ihrer Erwartungen im Beratungsverlauf auszeichnen (Untersuchungsfrage 4.3, vgl. Kap. 5.1). Solche unterschiedlichen Veränderungen sind insofern von Interesse, als sie nicht nur die Beschreibung der Erwartungsveränderungen bei Klienten unterschiedlich erfolgreicher Beratungen ermöglichen würden, sondern möglicherweise auch Hinweise auf solche Beratungselemente erbringen könnten, die solche Beratungen unterscheiden. Es sollen also hier die Fragen im Mittelpunkt stehen, welche Veränderungen in den Erwartungsausprägungen Klienten in mehr oder weniger erfolgreichen Beratungen unterscheiden, wie diese Veränderungen struktuell beschaffen sind (d.h. Abnahme vs. Zunahme der Erwartungen, Annäherung vs. Entfernung vom Berater) und ob sich daraus Hinweise auf unterschiedliche inhaltliche oder methodische Schwerpunktsetzungen erfolgreicher und weniger erfolgreicher Beratungen ergeben.

Um diesen Frage nachzugehen, wurden die Ergebnisse der Therapieerfolg x Zeit – Interaktion der im letzten Kapitel beschriebenen "repeated-measures" Varianzanalysen für jedes Erwartungsitem (hier jedoch getrennt für die vier Erfolgskriterien) herangezogen. Wie bereits schon mehrfach geschehen, wurden auch hier die Klienten in bezug auf alle vier Erfolgseinschätzungen am jeweiligen Median in zwei Erfolgsgruppen unterteilt.
Tab. 32 stellt die Erwartungsitems dar, für die sich überzufällige (p < .01) Zeit x Erfolg-Interaktionen zeigen und gibt die Ergebnisse der jeweils durchgeführten post hoc-Anovas (univariaten Varianzanalysen) zur Bestimmung einzelner Zeitintervalle mit signifikanten Interaktionen wieder.

Die in Tab. 32 aufgeführten Items stellen also diejenigen Vermutungen und Wünsche dar, deren Ausprägungen sich bei den Klienten im Verlauf erfolgreicher Beratungen anders verändern als bei Klienten in weniger erfolgreichen Beratungen (je nach Kriterium).

ITEM	Mittelwert Zeitpunkt 1-3 Gr.1 ("weniger erfolgreich") Gr.2 ("mehr erfolgreich") Zeitpkt: 1 2 3			INTERAKTION df F(sign.)		SUBEFFEKT F(sign.) Einzel- intervall (1-2-3)	

Kriterium: Kl.-Zufriedenheit (df=1,39)

Ant 26	Gr.1: 0.22 0.50 -0.06 Gr.2: 0.00 -0.48 0.35	2,78 4.96**	11.43** 2-3: Gr.1 Abnahme Gr.2 Zunahme
Präf 32	Gr.1: 1.06 0.78 0.67 Gr.2: 0.48 0.91 1.09	2,78 5.37**	5.37* 1-2: Gr.1 Abnahme Gr.2 Zunahme
Präf 59	Gr.1: 0.50 -0.17 -0.06 Gr.2: -0.04 0.30 0.65	2,78 7.17***	8.58** 1-2 Gr.1 Abnahme Gr.2 Zunahme

Kriterium: Kl.-Veränderungseinschätzung (df=1,39)

Präf 17	Gr.1: 1.13 1.25 1.00 Gr.2: 0.50 0.23 0.86	2,72 5.40**	10.04** 2-3: Gr.1 Abnahme Gr.2 Zunahme
Präf 61	Gr.1: -1.19 -0.25 -1.25 Gr.2: -0.59 -0.86 0.18	2,72 8.11**	6.16 1-2: Gr.1 Zunahme Gr.2 Abnahme 15.68*** 2-3: Gr.1 Abnahme Gr.2 Zunahme

Kriterium: Th.-Zufriedenheit (df=1,41)

Ant 8	Gr.1: 1.57 1.10 0.76 Gr.2: 0.68 1.18 1.00	2,82 5.48**	7.96** 1-2: Gr.1 Abnahme Gr.2 Zunahme

Kriterium: Th.-Veränderungseinschätzung (df=1,39)

Ant 25	Gr.1: 1.38 1.56 1.06 Gr.2: 1.58 1.39 1.73	2,80 5.01**	11.88** 2-3: Gr.1 Abnahme Gr.2 Zunahme
Präf 29	Gr.1: 1.31 0.44 0.44 Gr.2: 0.20 0.44 0.80	2,78 6.97**	8.71** 1-2: Gr.1 Abnahme Gr.2 Zunahme
Präf 44	Gr.1: 0.00 -0.13 -0.63 Gr.2: -0.40 -0.04 0.52	2,78 7.08**	9.26** 1-2: Gr.1 Abnahme Gr.2 Zunahme

Tab. 32: Zeit x Erfolg- Interaktionen von Klientenerwartungen für den Gesamtzeitraum (Interaktion) und die einzelnen Befragungsintervalle (Subeffekt)
(* p > .05, ** p < .01, *** p < .001)

Zuerst zeigt sich anhand der Zahl von nur ein bis drei Erwartungen, bei denen sich je nach Erfolgskriterium unterschiedliche Verläufe für die beiden betrachteten Gruppen ergeben, *daß sich die Masse der Klientenerwartungen in erfolgreichen und* weniger erfolgreichen Beratungen ähnlich verändert und nur sehr punktuell unterschiedliche Erwartungsverläufe auftreten. Klienten unterschiedlich erfolgreicher Beratungen verändern die Stärke ihre Erwartungen also weitgehend in ähnlicher Weise. Möglicherweise führt die oben ermittelte Stabilität der Eingangserwartungen dazu, daß auch bei diesen beiden Subgruppen die Erwartungen weitgehend unverändert bleiben. Damit sind die Veränderungen von Beratungserwartungen *über alle Klientenerwartungen* betrachtet, kein bedeutsames Unterscheidungsmerkmal unterschiedlich erfolgreicher Beratungen, sondern es sind mehr die Veränderungen in *bestimmten einzelnen Klientenerwartungen,* anhand derer sich mehr und weniger erfolgreiche Beratungen unterscheiden lassen.

Wie die Ergebnisse der vorherigen Kapitel jedoch zeigten, ist es durchaus denkbar, daß auch eine geringe Anzahl von Erwartungen eine hohe Vorhersagekraft für den Beratungserfolg haben kann. Von daher läßt sich von der hier ermittelten geringen Anzahl der Klientenerwartungen, deren Veränderungen im Beratungsverlauf zwischen mehr und weniger erfolgreichen Beratungen unterscheiden, letztlich nicht auf eine geringe Erklärungskraft dieser Erwartungsverläufe für den Beratungserfolg schließen.

Offensichtlich führen jedoch die Elemente einer Beratung, die letztlich den Erfolg dieser Beratung bewirken, wenn überhaupt, dann nur in Ausnahmefällen gleichzeitig zu spezifischen Erwartungsveränderungen bei den Klienten. Die zu vermutenden Unterschiede in den Beratungsprozessen mehr und weniger erfolgreicher Beratungen lassen sich also eher nicht anhand allgemeiner Veränderungen der Klientenerwartungen beschreiben, sondern nur anhand einiger weniger Erwartungsverläufe, die für mehr oder weniger erfolgreiche Beratungen "typisch" sind.

Es scheint also im Gegensatz zu den Annahmen der weiter oben besprochenen Theorien (vgl. Kap. 15) nicht so zu sein, daß die wesentliche Frage bei der Beschreibung unterschiedlich erfolgreicher Beratungen darin besteht, ob der Klient im allgemeinen "adäquatere Rollenerwartungen" entwickelt. Da sich die Erwartungen von Klienten in mehr und weniger erfolgreichen Beratungen in der überwiegenden Zahl ähnlich verändern, kann diese Annahme höchstens für einige wenige Klientenerwartungen zutreffen. Es zeigt sich hier, wie schon mehrfach im Verlauf der Auswertung, daß generelle Aussagen über "die" Erwartungen wenig nützlich sind. Wenn also, quantitativ betrachtet, kaum Unterschiede in den Erwartungsverläufen bei Klienten in erfolgreichen und weniger erfolgreichen Beratungen aufzufinden sind, so kann doch die Betrachtung dieser wenigen unterschiedlichen Erwartungsverläufe möglicherweise zum Verständnis der spezifischen kognitiven Veränderungen der Klienten und der methodischen und inhaltlichen Schwerpunktsetzungen unterschiedlich erfolgreicher Beratungen beitragen. Aus diesem Grund sollen in der Folge die Kernpunkte dieser Verlaufsunterschiede herausgearbeitet werden.

Die in der Tab. 32 wiedergegebenen unterschiedlichen Erwartungsveränderungen bei Klienten in mehr und weniger erfolgreichen Beratungen lassen sich strukturell beschreiben, relativ in bezug auf die Beratererwartungen einordnen und zudem auch inhaltlich erörtern (zu den Werten der Beratererwartungen vgl. Tab. E-H, Anhang A). Diese drei Perspektiven sollen nacheinander eingenommen werden.

Eine strukturelle Betrachtung der Erwartungsveränderungen zeigt, daß:

- die Klienten in erfolgreicheren Beratungen die betreffenden Erwartungen zu Beginn der Beratung schwächer äußern als die Klienten in weniger erfolgreichen Beratungen, während dieses Verhältnis zum Ende der Beratung umgekehrt ist (2 Ausnahmen)
- die Klienten in erfolgreicheren Beratungen eine Zunahme der Ausprägung der Vermutung oder des Wunsches zeigen, während die entsprechende Erwartungsausprägung bei den Klienten in weniger erfolgreichen Beratungen gleichzeitig abnimmt
- sich die signifikanten Veränderungsunterschiede zu gleichen Teilen schon zu Anfang oder erst im weiteren Verlauf der Beratung ergeben

Ein Vergleich der Erwartungsveränderungen mit den entsprechenden Beratererwartungen zeigt, daß:

- keine Tendenz besteht, daß eine der beiden Gruppen sich in ihren Erwartungsausprägungen denen der Berater im Verlauf der Beratung stärker angleicht
- sich zum Ende der Beratung keine Tendenz zeigt, daß eine der beiden Gruppen größere Übereinstimmungen zwischen den eigenen Erwartungsausprägungen und denen der Berater aufweist

Die letzten beiden Punkte machen zuerst einmal deutlich, daß keine der beiden Gruppen bei den wenigen Erwartungsverläufen, die zwischen mehr und weniger erfolgreichen Beratungen trennen, durchweg eine größere oder geringere (numerische) Übereinstimmung zwischen den eigenen Erwartungen und denen der Berater entwickelt. Beide Gruppen zeigen in einigen der betrachteten Erwartungsverläufe eine zunehmende Übereinstimmung und in anderen eine zunehmende Diskrepanz zwischen den eigenen Erwartungsausprägungen und denen der Berater. Für welche der hier betrachteten Erwartungsverläufe welche der obigen Aussagen zutrifft, zeigt Tab. 33.

Erwartung	Relat. Veränderung der Kl.-Erwartungen in bezug auf die Beratererwartung: (Gr.1: weniger erfolgreich (Gr.2: mehr erfolgreich)	

Kriterium Kl.-Zufriedenheit:

Ant 26:	Th. fühlt sich persönlich von Kl.-Problemen betroffen	Gr. 1: Annäherung Gr. 2: Entfernung
Präf 32:	Th. ist v.a. "locker und humorvoll"	Gr. 1: Entfernung Gr. 2: Annäherung
Präf 59:	Th. berichtet private Erfahrungen	Gr. 1: Annäherung Gr. 2: Entfernung

Kriterium Kl.-Veränderungseinschätzung:

Präf 17:	Th. hat seriöses Äußeres	Gr. 1: Annäherung Gr. 2: Annäherung
Präf 61:	Gruppenberatung	Gr. 1: Entfernung Gr. 2: Annäherung

Kriterium Th.-Zufriedenheit:

Ant 8:	konkrete Tips und Ratschläge	Gr. 1: Annäherung Gr. 2: Entfernung

Kriterium Th.-Veränderungseinschätzung:

Ant 25:	Th. schafft offene Gesprächsatmosphäre	Gr. 1: Entfernung Gr. 2: Annäherung
Präf 29:	Th. geht besonders gut mit Kindern um	Gr. 1: Annäherung Gr. 2: Entfernung
Präf 44:	Keine freundschaftl. Kontakte zwischen Kl. und Th.	Gr. 1: Entfernung Gr. 2: Annäherung

Tab. 33: Numerische Annäherung oder Entfernung von Klienten- und Beratererwartungen bei denjenigen Verläufen von Klientenerwartungen, die zwischen erfolgreichen und weniger erfolgreichen Beratungen trennen

Diese Beobachtung führt zu der wichtigen Schlußfolgerung, *daß die Zu- oder Abnahme von "Übereinstimmung" in den Erwartungen von Berater und Klient über den Beratungsverlauf kein Unterscheidungsmerkmal von erfolgreichen und weniger erfolgreichen Beratungen darstellt.* Klienten in erfolgreicheren Beratungen entwickeln also nicht häufiger als andere Klienten beraterkonforme Vermutungen und identifizieren sich in ihren Wünschen nicht stärker als andere Klienten mit der vorgefundenen Beratungspraxis, sondern entwickeln bei bestimmten Erwartungen mehr Übereinstimmung und bei anderen Erwartungen eine stärkere Diskrepanz zu den Erwartungen der Berater. Damit scheint die geäußerte Hypothese (vgl. Kap. 5.1), daß die zunehmende Angleichung der Erwartungen von Berater und Klient für einen erfolgreichen Beratungsprozeß notwendig wäre, eher nicht zuzutreffen. Die Frage, ob sich Berater und Klient zunehmend über den Beratungsablauf einig werden, ist zwar für einige wenige Erwartungen relevant, dabei ist es jedoch von der einzelnen betrachteten Erwartung abhängig, ob eher eine zunehmende Übereinstimmung oder eher eine zunehmende Diskrepanz von Berater und Klient mit einem höheren Beratungserfolg zusammenhängt. Wie Tab. 33 zeigt, ist diese Aussage auch dann gültig, wenn man die einzelnen Erfolgskriterien getrennt betrachtet, d.h. auch in bezug auf die einzelnen Erfolgskriterien zeigt sich kein eindeutiger Trend, daß Klienten erfolgreicherer Beratungen bei allen Erwartungsverläufen, die sie von den anderen Klienten unterscheiden, eine stärkere Übereinstimmung oder stärkere Diskrepanz zu den entsprechenden Beratererwartungen entwickeln würden.

Wie auch schon bei einigen weiter oben behandelten Fragestellungen (vgl. Kap. 14), ist also auch bei den Erwartungsverläufen die "Ähnlichkeit" oder "Unterschiedlichkeit" der Erwartungen von Berater und Klient kein Merkmal, das auch nur bei einem der betrachteten Erfolgskriterien generell mit hohen Erfolgseinschätzungen zusammenhängen würde.

Dieses Ergebnis zeigt, daß es keineswegs anzustreben ist, daß sich Berater und Klient im Verlauf der Beratung über alle möglichen Beratungselemente einig werden. Neben vielen Erwartungen, bei denen die Frage der zunehmenden oder abnehmenden Übereinstimmung zwischen Berater und Klient für den Beratungserfolg eher irrelevant zu sein scheint, gibt es einige Erwartungen, bei denen im Hinblick auf einen höheren Erfolg eher eine wachsende Übereinstimmung sinnvoll erscheint, während bei anderen Erwartungen eher eine zunehmende Diskrepanz mit einem höheren Erfolg zusammenhängt (s. Tab. 33). Warum dies so ist, darüber kann an dieser Stelle nur spekuliert werden. So ist es zwar durchaus nachvollziehbar, daß in später erfolgreicheren Beratungen sowohl eine wachsende Übereinstimmung zwischen Berater und Klient (z.B. als Ausdruck von "Rapport", eines gemeinsam erarbeiteten Therapieplanes u.ä.) als auch eine zunehmende Diskrepanz in ihren Erwartungen (z.B. als Ausdruck von mehr Selbständigkeit bei dem Klienten) vorkommen können. Warum jedoch gerade die o.g. Erwartungen in eine dieser beiden Gruppen fallen, wird aus diesen Ergebnissen nicht klar. Auf jeden Fall ist jedoch eher nicht anzunehmen, daß sich hier eine kausale Beziehung zwischen dem Beratungserfolg und solchen Angleichungen oder Entfernungen von Berater- und Klientenerwartungen zeigt, sondern daß diese Erwartungsveränderungen eher Ausdruck der vermutlich unterschiedlichen Prozesse in erfolgreichen und weniger erfolgreichen Beratungen sind.

Berücksichtigt man die Ergebnisse der oben durchgeführten strukturellen Betrachtungsweise der Verlaufsunterschiede der Klientenerwartungen, dann zeigt sich, daß sich alle Erwartungsverläufe, die zwischen mehr und weniger erfolgreichen Beratungen trennen, anhand eines Merkmals unterscheiden lassen. *Bei allen Erwartungsverläufen, die zwischen diesen beiden Gruppen trennen, erwarten die Klienten aus den erfolgreicheren Beratungen die betreffenden Merkmale zunehmend stärker und die Klienten aus weniger erfolgreichen Beratungen diese Merkmale zunehmend schwächer.*

Während diese Verlaufsform also für alle Klientenerwartungen zutrifft, deren Veränderungen zwischen erfolgreichen und weniger erfolgreichen Beratungen unterscheiden, sind es unter Berücksichtigung der verschiedenen Erfolgskriterien jedoch ganz unterschiedliche Erwartungen, für die diese unterschiedlichen Verläufe zutreffen. Berücksichtigt man neben dieser Verlaufsform die bei den jeweiligen Erfolgskriterien relevanten Erwartungen (vgl. Tab. 33), dann lassen sich für die Klienten in erfolgreicheren Beratungen die folgenden "typischen" Erwartungsveränderungen formulieren (bei den Klienten in weniger erfolgreichen Beratungen trifft jeweils die umgekehrte Veränderung zu):

Klienten in erfolgreicheren Beratungen:

- *Kl.-Zufriedenheit:*
  wünschen und vermuten zunehmend mehr einen "ungezwungenen Erfahrungsaustausch"

- *Kl.-Veränderungseinschätzung:*
  wünschen sich zunehmend mehr "Beraterseriosität und Gruppenberatung"

- *Berater-Zufriedenheit:*
  vermuten zunehmend mehr "konkrete Ratschläge"

- *Berater-Veränderungseinschätzung:*
  wünschen und vermuten zunehmend mehr "Beraterkompetenz statt Beraterfreundschaft"

Diese Aussagen machen letztlich den Kern der Unterschiede in den Erwartungsveränderungen von Klienten in mehr und weniger erfolgreichen Beratungen aus. Dabei ist zu berücksichtigen, daß die obigen Tendenzen nur auf wenigen Erwartungen beruhen, also eher bestimmte Schwerpunkte in den Erwartungsveränderungen repräsentieren als eine Veränderung des grundsätzlichen Beratungsverständnisses. Trotzdem geben diese Verlaufsunterschiede einen Einblick in einen Teil der kognitiven Veränderungen von Klienten unterschiedlich erfolgreicher Beratungen.

Warum gerade die Veränderungen dieser Erwartungen für die verschiedenen Erfolgskriterien relevant sind, darüber läßt sich an dieser Stelle keine Aussage machen. Auf jeden Fall scheinen jedoch die in diesen Erwartungen angesprochenen Beratungsmerkmale und die Art, in der die Klienten diese Merkmale im Beratungsverlauf wahrnehmen oder beurteilen (je nachdem ob es eine Vermutung oder ein Wunsch ist), letztlich mit dem Erfolg der Beratung zusammenzuhängen. Von daher kommt diesen Erwartungen und ihren Veränderungen eine besondere Bedeutung für den Beratungserfolg zu.

Es wäre natürlich besonders interessant zu erfahren, wie diese Erwartungsveränderungen zustande kommen. Da die o.g. Verläufe jedoch meist die Veränderungen von Wünschen enthalten, ist eine Aussage darüber kaum möglich. Anders als bei den Vermutungsveränderungen, die wohl eher eine Aussage darüber erlauben, ob das angesprochene Beratungsmerkmal in der Beratung unerwartet stark oder schwach vorgelegen hat, ist eine Verstärkung von Wünschen sowohl denkbar, wenn dieser Wunsch nicht erfüllt wurde als auch dann, wenn ihm in der Beratung entsprochen wurde. Eine Beziehung zwischen diesen Erwartungsveränderungen und dem tatsächlichen Beratungsverlauf läßt sich von daher hier nicht herstellen. Solange also nicht klar ist, wie es zu den beschriebenen Erwartungsverläufen kommt, erscheint eine Ableitung praktischer Konsequenzen für die Beratungsarbeit aus diesen Ergebnissen nicht sinnvoll. Da sie jedoch klarstellen, welche Klienten-Erwartungsverläufe mehr und weniger erfolgreiche Beratungen unterscheiden, bilden sie eine wichtige Voraussetzung für die jetzt notwendige Untersuchung des Zusammenhangs zwischen Erwartungsveränderungen und dem tatsächlichen Beratungsverlauf.

Zusammenfassend läßt sich noch einmal festhalten, daß sich die Unterschiede in den Klienten-Erwartungsverläufen von mehr und weniger erfolgreichen Beratungen je nach betrachtetem Erfolgskriterium auf einige wenige, jeweils unterschiedliche Erwartungen beziehen. Dabei werden alle diese Erwartungen bei Klienten in erfolgreicheren Beratungen im Verlauf der Beratung (numerisch) stärker, während sie bei Klienten aus weniger erfolgreichen Beratungen gleichzeitig abnehmen. Beide Gruppen stimmen in manchen der Erwartungen mit den Beratern zunehmend überein und entfernen sich mit manchen ihrer Erwartungen von denjenigen der Berater, so daß die Angleichung oder Entfernung von Klienten- und Beratererwartungen kein charakteristisches Unterschiedungsmerkmal zwischen mehr oder weniger erfolgreichen Beratungen darstellt. Auch wenn also nur wenige Klienten-Erwartungsveränderungen zwischen erfolgreichen und weniger erfolgreichen Beratungen unterscheiden, so lassen sich doch recht exakte Aussagen darüber machen, welches die Inhalte und Formen dieser Erwartungsveränderungen sind.

15.2 Resümee zur Veränderung von Klientenerwartungen im Beratungsverlauf

Alle in diesem Kapitel referierten Befunde zu den Veränderungen von Klientenerwartungen legen die Vermutung nahe, daß sich der Beratungsprozeß, wenn überhaupt, dann nur in der Veränderung einiger weniger Erwartungen widerspiegelt. Fast ausnahmslos bleiben die erfragten Erwartungen über den gesamten Beratungszeitraum stabil, d.h. trotz einer z.T. mehrere Monate andauernden Phase, in der die Klienten Erfahrungen machen, die für diese Erwartungen relevant sein müßten, bleibt die Stärke fast aller ihrer Vermutungen und Wünsche an die Beratung konstant. Bei den mehr und weniger erfolgreichen Beratungen zeigen die zur Unterscheidung dieser Gruppen heranziehbaren Klienten-Erwartungsverläufe jeweils einen einzigen charakteristischen Verlauf und recht prägnant zu beschreibende Inhalte. Es lassen sich also durchaus bestimmte charakteristische Erwartungsveränderungen für erfolgreiche und weniger erfolgreiche Beratungen beschreiben, und so würde es sich sicher lohnen weiterzuverfolgen, ob sich Korrelate solcher Erwartungsveränderungen im Beratungsablauf finden lassen. Auch wenn die Bedeutung dieser Verlaufsunterschiede für den Beratungserfolg trotz der geringen Zahl der beteiligten Erwartungen durchaus hoch sein kann, zeigt sich jedoch auch hier, daß sich die zu vermutenden Unterschiede in den Beratungsprozessen erfolgreicher und weniger erfolgreicher Beratungen nur in einigen wenigen Erwartungsveränderungen widerspiegeln.

Da sich also nur wenige allgemeine oder erfolgsspezifische Erwartungsveränderungen finden lassen, muß davon ausgegangen werden, daß weder der Beratungsprozeß im allgemeinen, noch der erfolgreiche vs. weniger erfolgreiche Beratungsprozeß sich in weitreichenden Erwartungsveränderungen bei den Klienten niederschlägt. Damit können solche theoretischen Vorstellungen hier nicht untermauert werden (vgl. Kap. 5.1), die die Beratung generell als das "Lernen von adäquaten Erwartungen" beschreiben oder bestimmte Abfolgen von Nähe und Distanz bei "den" Klienten- und Beratererwartungen als notwendige Voraussetzung erfolgreicher Beratungsarbeit ansehen. Gerade zu dieser letztgenannten Hypothese zeigt sich hier, daß die Zu- oder Abnahme von Übereinstimmung bei Berater- und Klientenerwartungen im Verlauf der Beratung kein generelles Unterscheidungsmerkmal erfolgreicher und weniger erfolgreicher Beratungen ist.

Die Deutlichkeit dieser Befunde ist angesichts der bisherigen Erkenntnisse sehr überraschend. Die Tatsache, daß Klienten ihre Erwartungen in so großem Maße beibehalten und sich möglicherweise auch aus diesem Grund kaum unterschiedliche Erwartungsveränderungen in unterschiedlich erfolgreichen Beratungen zeigen, erweckt intuitiv zuerst einmal Widerspruch, da sie wenig plausibel erscheint. Warum sollten die Klienten so unbeeindruckt von ihrer konkreten Beratungserfahrung bleiben? Dazu wurden im Verlauf der Darstellung mehrere Erklärungen angeboten. Die zwei wesentlichsten seien noch einmal kurz genannt.

Die erste Erklärung befaßt sich mit der hier verwendeten Operationalisierung der Ausprägungen von Wünschen und Vermutungen über eine subjektive Einschätzung per Ratingsskala. Diese Operationalisierung erfaßt quantitative Erwartungsveränderungen, kann jedoch eine qualitative Erwartungsveränderung bei einzelnen Erwartungen nicht abbilden. So könnte es durchaus sein, daß die Klienten ihr Bezugssystem zur Einschätzung dessen, was eine starke Ausprägung einer Erwartung ausmacht oder was sie unter dem erfragten Beratungsmerkmal verstehen, angesichts ihrer Beratungserfahrung verändern. In einem solchen Fall würde ein bestimmter (im Fragebogen angegebener) Wert zu Beginn der Beratung eine andere Erwartungsstärke ausdrücken oder sich auf einen anderen Sachverhalt beziehen als zum Ende der Beratung. Damit wären aber Erwartungsveränderungen nicht mehr korrekt abbildbar.

Die zweite Erklärung knüpft an ein Ergebnis aus der Betrachtung des Zusammenhangs zwischen dem Beratungserfolg und der Beziehung zwischen Klienten- und Beratererwartungen an (vgl. Kap. 14) und besagt, daß es weniger die Ausprägungen von Erwartungen sein könnten, die sich im Verlauf der Beratung verändern als vielmehr die diesen Erwartungen zugeschriebene Bedeutsamkeit.

Während die erste alternative Erklärung noch die Bedeutsamkeit von numerischen Erwartungsveränderungen als möglich erachtet, bietet die zweite Erklärung eine grundsätzlich andere Betrachtungsweise von Erwartungsveränderungen an.

Beide Wege sollten auf jeden Fall weiter beschritten werden. Während es sich dabei für die Betrachtung unterschiedlicher Klienten-Erwartungsverläufe in unterschiedlich erfolgreichen Beratungen lohnen würde, der ersten Alternativerklärung nachzugehen, legt die Deutlichkeit der Ergebnisse bei der Betrachtung der Erwartungsveränderungen über alle Klienten eher die Berücksichtigung der zweiten Alternativerklärung nahe.

V. Resümee und Konsequenzen für die Beratungspraxis

Am Ende des Kap. 6 wurde eine übergreifende Untersuchungsfrage formuliert, die folgende drei Aspekte hervorhob:

1. Welche Erwartungen äußern Klienten und Berater?
2. In welchem Zusammenhang stehen diese Erwartungen mit dem Beratungsverlauf, einem möglichen Beratungsabbruch und dem Beratungserfolg?
3. Welche Hinweise ergeben sich daraus für den Umgang mit Klientenerwartungen im Vorfeld und im Verlauf der Beratung?

Im Gesamtzusammenhang der Untersuchungsergebnisse soll im folgenden unter besonderer Berücksichtigung der bislang vorliegenden empirischen Erkenntnisse und dem spezifischen EB-Kontext zusammenfassend zu diesen drei Fragen Stellung bezogen werden. Dabei soll vor allem auf einige wichtige Punkte abgehoben werden, die in der Diskussion um die Erwartungen immer wieder auftauchen.

Ad 1: Welche Erwartungen äußern Klienten und Berater?

Einer der konzeptuellen Grundzüge der Untersuchung, der die getrennte Beachtung von Wünschen und Vermutungen enthielt, stellte sich als entscheidende Voraussetzung zum Verständnis der Klienten- und Beratererwartungen heraus. Zwar kommen in den Antizipationen und Präferenzen der Berater und der meisten Klienten jeweils keine grundsätzlich anderen Beratungskonzepte zum Ausdruck, aber beide würden doch in einigen Beratungselementen Veränderungen dahingehend befürworten, daß sich die Praxis noch deutlicher in die vermutete (bzw. eingeschlagene) und zugleich erwünschte Richtung bewegt. Wenn man also in der Praxis an exakten Informationen über die Erwartungen eines Klienten interessiert ist, dann muß differenziert nach Wünschen *und* Vermutungen gefragt werden.

Auf der inhaltlichen Seite bedeutet die überwiegende Übereinstimmung von Wünschen und Vermutungen bei den Beratern, daß sie ihre beraterischen Idealvorstellungen (warm-akzeptierende Grundhaltung, Unterstützung und Begleitung (vs. Anleitung) des Klienten bei seiner Suche nach Problemlösungen, systemischer Ansatz) in ihrer Arbeit weitgehend umsetzen können. Sie würden sich noch am ehesten eine Optimierung ihrer Grundhaltung gegenüber den Klienten wünschen und sähen gerne einen inhaltlich (noch) breiteren Beratungsansatz verwirklicht, der auch über den Rahmen der Erziehungsberatung hinausgeht. Die Berater wollen also im wesentlichen

keine andere Art von Beratung, sondern zeigen sich mit den bestehenden
Verhältnissen sehr zufrieden. Diese Angaben entsprechen den Trends, die sich auch
anderswo für die neuere Erziehungsberatung abzeichneten. Wichtig ist dabei, daß
die Berater in ihrer Praxis und vor allem in ihren Wünschen nicht die oft beklagte
"Therapeutisierung" von Klientenproblemen erkennen lassen, sondern auch die
konkreten Lebensverhältnisse ihrer Klienten in ihrer Arbeit mit berücksichtigen.
Auch in diesem Aspekt wird also deutlich, daß sich die Erziehungsberatung von
der ausschließlichen "Beratung in Erziehungsfragen" gelöst hat, und eine breites
Angebot zur Erarbeitung von Problemlösungen für Klienten sehr unterschiedlicher
Problemlagen anbietet.

Bei den Klienten läßt sich aus der überwiegenden Übereinstimmung von Wünschen
und Vermutungen an die Beratung schließen, daß sie in der Regel mit der
Überzeugung zur EBSt kommen, daß ihre Wünsche dort berücksichtigt werden.
Wenn im wesentlichen also solche Personen zur Beratung kommen, die davon
ausgehen, daß sie eine wunschgemäße Beratung erhalten, dann ist zumindest die
Thematisierung solcher Wünsche zu Beginn der Beratung sehr wichtig, um schon
zu Beginn klarstellen zu können, inwieweit diese Wünsche aus Beratersicht sinnvoll
sind und berücksichtigt werden können. Da jedoch die Erwartungen (v.a. die
Vermutungen) der Klienten in vielen Bereichen der Beratungspraxis sehr stark
entsprechen, gibt es nur einige wenige Bereiche, in denen diese Überzeugung der
Klienten problematisch werden kann. Diese "problematischen Erwartungen" der
Klienten, bei denen also entweder ihre Wünsche von ihren Vermutungen abweichen
oder ihre Erwartungen nicht der Beratungspraxis entsprechen, sollen in der Folge
näher diskutiert werden.

Bei den oft unter dem Begriff der *"Schwellenängste"* thematisierten Erwartungen
an die Beratung zeigt sich hier, daß Erwartungen, die eine solche Schwellenangst
in bezug auf die Inanspruchnahme der EBSt konstituieren könnten, bei den meisten
Klienten nicht vorhanden sind. Sie äußern kaum Erwartungen oder Befürchtungen
an eine bürokratische Arbeitsweise, haben keine Bedenken bezüglich einer
"tendenziösen" Beratung, die einseitig die moralischen Normen des Trägers vertritt
und äußern keine Vorbehalte gegenüber einer Zusammenarbeit der EBSt mit anderen
öffentlichen Stellen. Möglicherweise ist das Fehlen von solchen Schwellenängsten eine
der eher notwendigen Vorbedingung zur Inanspruchnahme der EBSt, was bei der
Öffentlichkeitsarbeit der EBStn bedacht werden muß. Inwiefern solche Vorbehalte
jedoch in der Öffentlichkeit insgesamt bestehen, könnte nur eine Erhebung auch bei
nicht-Klienten klären. Einen Hinweis auf eine andere Art von Schwellenangst auch
bei den befragten Klienten könnte jedoch die Tatsache bieten, daß sich kaum ein

Klient im Vorfeld der Beratung bei der EBSt selbst informiert hat, obwohl sich Informationsbedürfnis der Klienten hier als recht hoch herausstellte. Vermutlich ist also das Informationsangebot der EBStn entweder in zu geringem Maße gegeben, zu wenig bekannt oder es wird nicht als *unverbindliche* Möglichkeit zur Information angesehen, da sonst sicher mehr Klienten von dieser naheliegenden Informationsmöglichkeit Gebrauch machen würden. Dieser Aspekt, der bislang nicht unter dem Aspekt der "Zugangsschwelle" thematisiert worden ist, sollte zukünftig stärker berücksichtigt werden, da sich sicher viele Klienten letztlich auch gegen die Inanspruchnahme der EBSt entscheiden könnten, wenn sie glauben, dort nicht zuerst einmal unverbindlich nach Informationen über die dortige Arbeitsweise fragen zu können.

Ein weiterer Erwartungskomplex, der häufig als problematisch angesehen wird, sind Klientenerwartungen bezüglich einer Unterstützung auch außerhalb des engen beraterisch-therapeutischen Kontextes. Wie oben bemerkt, geben viele Berater an, solche Hilfen (z.B. bei finanziellen und behördlichen Angelegenheiten) im Rahmen der Beratung zu geben. Dieser Einbezug der konkreten Lebensverhältnisse wird zudem auch von sehr vielen Klienten gewünscht. Insofern treffen die Klienten zumindest ansatzweise auf eine Beratungspraxis, die solchen Wünschen nach konkreter Unterstützung entgegenkommt. Ob sich die EB diesen Wünschen der Klienten weiter öffnet, ist allerdings eine beraterisch-therapeutische (und auch politische) Entscheidung. Natürlich kann es nicht Aufgabe der EB sein, unter allen Umständen den in diesem Bereich sehr hohen Ansprüchen der Klienten gerecht zu werden. Allerdings zeigen diese Daten eindeutig, daß sich nicht, wie geschehen (vgl. Kap. 1.2.3), Befürworter und Gegner einer solchen Öffnung gleichermaßen auf die Bedürfnisse der Klienten berufen können.

Der erste für den Beratungsprozeß möglicherweise grundsätzlich problematische Punkt in den Klientenerwartungen sind ihre sehr idealisierten Wünsche an den Berater. Während ihre Vermutungen in diesem Bereich eher der Beraterpraxis entsprechen, wünschen sie sich mehrheitlich einen Berater, der jederzeit für sie erreichbar ist und ihnen, frei von eigenen Problemen, als sachlicher und überaus kompetenter "Freund" begegnet. Wenn dieses überzogene Bild der Maßstab ist, an dem der Berater von den Klienten gemessen wird, dann ist eine Enttäuschung vorgezeichnet. Da sich die Klienten offensichtlich in der Mehrzahl darüber klar sind, daß die Realität anders aussehen wird, steht jedoch zu vermuten, daß ein Berater, der diesen Wünschen nicht entsprechen kann oder will, nicht unbedingt eine Enttäuschung des Klienten provozieren wird. Trotzdem sollten sich die Berater solcher Wünsche bewußt sein, um die darin enthaltenen Ansprüche zu kennen und sie gegebenenfalls ansprechen zu können. Da die Berater eine "freundesähnliche" Beziehung zu den Klienten wohl auch aus fachlich begründeten Erwägungen ablehnen, kann es nicht darum gehen, diesem Wunsch zu entsprechen, sondern ihm die *begründeten* Beratervorstellungen entgegenzusetzen. Gerade diese Begründung ist ein Beratungselement, das sich die Klienten mehr wünschen als es von den Beratern in ihrer Praxis verwirklicht wird.

Eine tragfähige Berater-Klient-Beziehung ist sicher leichter aufzubauen, wenn zu Beginn der Beratung diese Klientenwünsche thematisiert werden, und der Berater auf diese Weise zu ihnen Stellung beziehen kann.

Neben diesem Bereich sind es vor allem zwei Erwartungshaltungen der Klienten, die zu Beginn und im Verlauf der Beratung Probleme erzeugen könnten.

Die erste dieser Erwartungskomplexe ist die *relative Passivitätshaltung* vieler Klienten. Zwar erwarten die Klienten in der Mehrzahl, daß der Berater die Beratung leitend "in die Hand nimmt" und konkrete Ratschläge erarbeitet, jedoch werden solche Vorschläge mehr als Anstöße zur eigenständigen Umsetzung gesehen, die nicht von einer Autoritätsperson kommen, sondern von einem Experten, der im Auftrag des Klienten handelt und sein Arbeiten vor ihm vertreten und begründen muß. Von daher wollen die Klienten ihre Eigenverantwortung deutlich gewahrt sehen. Andererseits zeigt sich jedoch in den Wünschen der meisten Klienten die Tendenz, die Problemlösung weitgehend "in die Hände des Experten" zu legen. Während noch etwa die Hälfte der Klienten vermutet, daß sie sich nicht nur auf die Problemlösungskompetenz des Beraters verlassen können und selbst an den Entscheidungsprozessen in der Beratung beteiligt sind, wird ein solches eigenes Engagement jedoch nur von einem Viertel der Klienten gewünscht. Es kommt hinzu, daß die Berater von den Klienten deutlich erwarten, daß sie bei der Erarbeitung von Problemlösungen aktiv mitwirken, d.h. in den meisten Fällen wohl mehr Eigeninitiative vom Klienten verlangen werden als dieser zu geben wünscht. Während also zumindest die Vermutungen der Klienten nicht durchgängig als "passivitätsorientiert" bezeichnet werden können, werden sie es (und v.a. die Wünsche der Klienten) angesichts der hohen Ansprüche, die die Berater an die Mitarbeit der Klienten haben, in der Wahrnehmung der Berater weiterhin sein.

Der zweite "problematische" Erwartungskomplex enthält die Frage danach, welchen thematischen Rahmen die Beratung umfassen soll. Zwar vermuten die meisten Eltern, daß sie selbst und nicht nur ihr Kind an der Beratung beteiligt sind, jedoch gehen weit weniger Klienten davon aus, daß auch ihre Paarbeziehung und andere innerfamiliäre Themen, die auf den ersten Blick nicht direkt mit dem Vorstellungsproblem verknüpft sind, in der Beratung thematisiert werden. Wie bei den o.g. Passivitätserwartungen ist es auch zwar noch etwa die Hälfte der Klienten, die einen breiteren thematischen Rahmen vermutet, jedoch nur noch ein Viertel der Klienten, das sich dies auch wünscht. Damit wird also ein zentrales Merkmal des systemischen Ansatzes und der damit oft verbundenen Familientherapie (die Thematisierung des Gesamtsystems Familie) von den Klienten häufig nicht vermutet und noch seltener gewünscht. Gerade der systemische Beratungsansatz und ein häufiges familientherapeutisches Vorgehen kennzeichnen jedoch die Arbeit der hier befragten Berater. Während also die Eltern auf die Mitarbeit in der Beratung vorbereitet sind, werden sie von den Themen, die dabei zur Sprache kommen wohl eher (negativ) überrascht werden.

Es sind im wesentlichen die drei letztgenannten Beratungsmerkmale (Berater als Freund, systemischer Beratungsansatz, Eigenaktivität des Klienten), zu denen problematische Klientenerwartungen vorliegen, da die Klienten hier z.T. nicht von der Erfüllung ihrer Wünsche ausgehen und recht häufig eine Beratungspraxis vorfinden werden, die tatsächlich nicht ihren Wünschen entspricht.

Obwohl also die meisten Klienten (mittlerweile) davon ausgehen, daß sie ihr Kind nicht in der Beratungsstelle "abgeben" können und selber gefordert sind, an der Problemlösung mitzuwirken, sind sie im Vergleich zu der Praxis der Berater doch in der Mehrzahl eng problem- und passivitätsorientiert. Es scheint, als ob die Klientenerwartungen im Vergleich zu denen des Beraters gerade in dem innovationsfreudigen Gebiet der EB immer gleichsam um einige Jahre im Rückstand liegen. Während sich viele Klienten zumindest in ihren Vermutungen mittlerweile ein Bild der beraterischen Tätigkeit aufgebaut haben, daß nicht mehr v.a. dem medizinisch-ärztlichen Kontext entstammt (Lösung durch den Experten, ausschließliche "Behandlung" des identifizierten Klienten), hat sich die EB-Praxis schon wieder weiter von diesem Bild entfernt (zur EB-Entwicklung vgl. Kap. 1.2.1).

Trotz der Tatsache, daß die Klientenerwartungen in vielen Bereichen mit denen der Berater übereinstimmen, gibt es also zu drei sehr grundlegenden Kennzeichen der Beratungsarbeit deutliche Unterschiede in ihren Vorstellungen. Für den Beginn der Beratungsbeziehung bedeutet diese Erwartungskonstellation, daß der weiter oben (vgl. Kap. 2.5) angenommene "Rollendruck" zumindest bei etwa der Hälfte der Klienten zu Beginn der Beratung vorliegen wird. Für diese Klienten werden also vermutlich die eigenen Beratungserwartungen und die davon abweichende Beraterpraxis anfänglich eine Stressquelle bedeuten.

Insbesondere die Ansprüche der Berater an die Eigenaktivität des Klienten und dessen Bereitschaft zur Offenlegung individueller und familiärer Details, könnten zu Beginn der Beratung in einer Überforderung des Klienten resultieren. Vor allem die Tatsache, daß die Klienten von dem Berater vermutlich seltener eine Begündung für dieses unerwünschte Vorgehen bekommen, als sie es sich wünschen, könnte den Unterschied zwischen Wunsch und vorgefundener Praxis noch deutlicher hervortreten lassen.

Möglicherweise bildet jedoch in dieser Phase die sachliche und warm-akzeptierende Grundhaltung des Beraters, die von den meisten Klienten vermutet und erhofft wird, das Gegengewicht zu dieser Diskrepanz, so daß sich die Klienten auf das unerwartete Beratungsangebot des Beraters einlassen. Hierzu könnte auch das von den Klienten weitgehend erwartete und akzeptierte institutionelle Setting beitragen. Natürlich ist letztlich auch vorstellbar, daß die Klienten diese hier als problematisch eingestufte Erwartungskonstellation selbst gar nicht als solche wahrnehmen. Wie die Ergebnisse dieser Untersuchung dann auch zeigen, sind Klienten, die diese problematische Erwartungskonstellation aufweisen, nicht zwangsläufig stärker von einem frühzeitigen Beratungsabbruch oder einem geringeren Beratungserfolg betroffen als Klienten, bei denen diese Konstellation nicht vorliegt. Bei der Deutlichkeit der beschriebenen Erwartungsunterschiede ist es jedoch wohl eher so, daß die Berater Strategien zum Umgang mit diesen problematischen Erwartungen entwickelt haben und von daher in vielen Fällen negative Konsequenzen solcher Erwartungen vermeiden. Die Untersuchung und Beschreibung solcher Strategien wäre sicher eine interessante Forschungsaufgabe.

Trotzdem ist zu fragen, ob die Berater mit diesem Zustand zufrieden sind, und ob nicht solche Erwartungsdiskrepanzen zwischen den Klienten und ihnen zu Beginn der Beratung Klärungsanstrengungen notwendig machen, die bei adäquateren Erwartungen nicht notwendig wären. Die damit angesprochene Frage der Modifikation von Klientenerwartungen soll zum Ende dieses Kapitels angesprochen werden.

Ad 2: In welchem Zusammenhang stehen diese Erwartungen mit dem Beratungsverlauf, einem möglichen Beratungsabbruch und dem Beratungserfolg?

Der konkrete Ablauf der Beratung steht nach den hier vorliegenden Ergebnissen nur in einem sehr schwachen Zusammenhang mit den Erwartungen der Klienten. Allerdings konnten hier nur sehr wenige Variablen des Beratungsverlaufs erhoben werden, so daß eine Beantwortung dieser Frage vor allem auch im Hinblick auf mögliche Zusammenhänge zwischen den Erwartungen der Beteiligten und ihrem konkreten Verhalten in der Beratung nicht möglich ist.

Klienten, die die Beratung frühzeitig abbrechen, unterscheiden sich von anderen Klienten offensichtlich weder grundsätzlich in ihren Rollen- oder Prognose-Erwartungen, noch in dem Ausmaß von Zuversicht, daß erwünschte Beratungsmerkmale eintreten werden oder in der Ähnlichkeit oder Unterschiedlichkeit ihrer Erwartungen zu denen ihres Beraters. Der wesentliche Erwartungsunterschied zwischen Abbrechern und anderen Klienten besteht wohl darin, daß Abbrecher einen stärkeren Anspruch an die Berücksichtigung ihrer Wünsche und Ziele im Rahmen der Beratung stellen. Weiter oben wurde dazu angenommen, daß sie möglicherweise die Beratung deshalb verlassen, weil sie die Diskrepanzen zwischen ihren Wünschen und der vorgefundenen Praxis, die durchaus im "normalen" Rahmen liegen, eher wahrnehmen oder als störender empfinden und somit die Fortführung der Beratung eher als wenig sinnvoll erachten. Wenn sich die angeführte Hypothese bestätigen ließe (was mit den vorliegenden Daten nicht möglich ist), wäre eine bedeutsame Einseitigkeit der gesamten Erwartungsforschung (und damit auch dieser Untersuchung) aufgedeckt, die sich darin äußert, daß Angaben von Beratern und Klienten zu ihren Erwartungen auf unterschiedlichen Bezugssystemen beruhen. Solche Bezugssysteme können jedoch nur unzureichend über eine standardisierte Befragung gegriffen werden, welche die Erwartungen der Beteiligten anhand der Stärke ihrer Erwartungsausprägungen vergleicht. Schon hier ergibt sich also die Notwendigkeit, in Zukunft auch die qualitativen Unterschiede in den Erwartungen von Klienten und Beratern zu berücksichtigen.

Während also der Beratungsverlauf und der frühzeitige Beratungsabbruch nur unwesentlich mit den Ausprägungen von Beratungserwartungen zusammenzuhängen scheint, kann ein solcher Zusammenhang mit dem Beratungserfolg eindeutig nachgewiesen werden. Anders als der Großteil der empirischen Literatur vermuten läßt (vgl. Kap. 4 und 5), hängen sowohl die Eingangserwartungen von Klienten und Beratern als auch die Beziehung zwischen Klienten- und Beratererwartungen deutlich mit dem Beratungserfolg zusammen. Dabei sind es vor allem Erwartungen an die konkrete Ausgestaltung der Beratung und das Beraterverhalten, die einen Zusammenhang mit dem Beratungserfolg aufweisen, während institutionsbezogene und prognostische Erwartungen weniger bedeutsam sind. Insgesamt sind es nur wenige Erwartungen, die zur Vorhersage des Beratungserfolges herangezogen werden können, d.h. daß sich die Erwartungen der Beteiligten in mehr und weniger erfolgreichen Beratungen weniger durch ein generell unterschiedliches Beratungsverständnis als durch unterschiedliche Schwerpunktsetzungen auszeichnen.
Der Grund für dieses unerwartete Ergebnis wird deutlich, wenn man betrachtet, wodurch sich die vorliegende Untersuchung von den meisten anderen in diesem Bereich unterscheidet. Es wurden hier Wünsche und Vermutungen getrennt betrachtet und auch getrennt (vs. als Gruppe über einen Gesamtwert) mit den verschiedenen Erfolgskriterien in Beziehung gesetzt. Dieser komplexe Ansatz ergab dann auch sehr differenzierte Ergebnisse, die insgesamt nahelegen, daß sich der

Zusammenhang zwischen Erwartungen und dem Beratungserfolg nur dann erschließt, wenn man nicht von "den" Erwartungen und "dem" Beratungserfolg spricht. Da dies jedoch in vielen früheren Untersuchungen der Fall war, verwundert es nicht, daß dort z.T. sehr widersprüchliche Ergebnisse gefunden wurden.

Die hier vorliegenden Befunde machen deutlich, daß es je nach zugrundeliegendem Erfolgskriterium ganz unterschiedliche einzelne Berater- und Klientenerwartungen, Erwartungsverläufe bei den Klienten und Berater-Klient Erwartungsbeziehungen sind, die mit dem Beratungserfolg zusammenhängen, und daß dieser Zusammenhang dabei in sehr unterschiedlichen Stärken zutage tritt. Diese Differenziertheit setzt sich jedoch auch bei der Betrachtung einzelner Erfolgskriterien fort. Auch wenn man ein einziges Kriterium zugrundelegt, finden sich bei den einzelnen Erwartungen sehr unterschiedliche Zusammenhänge mit dem Erfolg. So kann es beispielsweise je nach betrachteter Erwartung eine Diskrepanz oder auch eine Übereinstimmung zwischen dem Klienten und seinem Berater sein, die einen höheren Beratungserfolg nahelegt. Es gibt also auch bei Berücksichtung einzelner Erfolgskriterien wenig Anhaltspunkte dafür, daß eine bestimmte Erwartungsausprägung, ein bestimmter Wunsch-Vermutungs-Abstand, eine bestimmte Beziehung zwischen den Klienten- und Beratererwartungen oder ein bestimmtes Ausmaß von Annäherung/Entfernung der Erwartungen der Beteiligten im Verlauf der Beratung mit einem höheren Beratungserfolg zusammenhängt. Bis auf wenige Ausnahmen sind solche Aussagen von der einzelnen Erwartung abhängig, die man betrachtet.

Diese Differenziertheit des Zusammenhangs bedeutet jedoch nicht, daß aufgrund der unüberschaubaren Komplexität der Ergebnisse die bestehende Beziehung zwischen Beratungserwartungen und dem Beratungserfolg unberücksichtigt bleiben kann. Die komplexen Zusammenhänge sind sehr wohl, wie die vergangenen Kapitel gezeigt haben, eindeutig beschreibbar und zum Teil recht prägnant zusammenzufassen. Auf einer kriterien- und erwartungsspezifischen Ebene lassen sich durchaus Aussagen formulieren wie:

- Berater sind mit der Beratung zufriedener, wenn die Klienten von ihnen persönliche Betroffenheit statt dem Verteilen von Ratschlägen erwarten (Klienten-Eingangserwartungen)
- Klienten zeigen sich am Ende der Beratung zufriedener, wenn sie eher davon ausgehen, daß die Beratung ihren Wunschvorstellungen entspricht (Wunsch-Vermutungs-Abstände bei den Klienten)
- Berater berichten mehr positive Veränderungen bei den Klienten, wenn die Klienten in verschiedenen Bereichen geringer ausgeprägte Vermutungen und Wünsche an die Beratung herantragen als sie selbst (Beziehung von Klienten- und Beratererwartungen)
- Klienten sind am Ende der Beratung zufriedener, wenn sie zunehmend einen "ungezwungenen Erfahrungsaustausch" mit dem Berater vermuten und wünschen (Erwartungsverläufe)

Auch wenn also generelle Aussagen über den Zusammenhang von *den* Erwartungen mit *dem* Beratungserfolg nicht möglich sind, so lassen sich doch viele einzelne Zusammenhänge finden, deren Kenntnis in der Praxis nutzbar gemacht werden kann.

Allerdings bedeuten diese Ergebnisse auch, daß es von theoretischer Seite sehr schwierig sein wird, diese Zusammenhänge auch nur für ein Erfolgskriterium auf ihren wesentlichen Kern zu reduzieren und zu erklären. Auf jeden Fall sind die bestehenden Theorien zur Erklärung und Vorhersage des Zusammenhangs von Beratungserwartungen und dem Beratungserfolg angesichts ihrer undifferenzierten Verwendung der Begriffe "Erwartung" und "Beratungserfolg" für die Erklärung der hier gezeigten Zusammenhänge ungeeignet. Bevor weitere solcher Erklärungsversuche angestellt werden, sollte in einem nächsten Schritt untersucht werden, ob und wie sich die "erfolgsrelevanten" Erwartungen von Beratern und Klienten im konkreten Verhalten der Beteiligten äußern. Erst wenn solche Erwartungskorrelate auf der Verhaltensebene beschrieben worden sind, kann begründet versucht werden, die hier dargestellten Ergebnisse zu erklären.

Trotz dieser Schwierigkeiten auf der theoretischen Ebene ergibt sich angesichts der hohen Vorhersagekraft der Erwartungen für den Beratungserfolg die Konsequenz, Erwartungen im Vorfeld und im Verlauf der Beratung zu beachten und Methoden zum Umgang mit denjenigen Erwartungsaspekten zu entwickeln, die nach den vorliegenden Ergebnissen eher mit einem geringeren Beratungserfolg in Zusammenhang stehen.
In welchem Rahmen dies in der Erziehungsberatung geschehen kann, soll abschließend diskutiert werden.

Ad 3: Welche Hinweise ergeben sich daraus für den Umgang mit Klientenerwartungen im Vorfeld und im Verlauf der Beratung?

Wie die obige Frage verdeutlicht, müssen die Aspekte des Umgangs mit Klientenerwartungen *vor Eintritt* in die EBSt und *im Verlauf* der Beratung unterschieden werden. Daß diese Erwartungen für den Beratungsausgang von Bedeutung sind, hat sich in der Untersuchung deutlich bestätigt. Es gibt jedoch auch Hinweise darauf, daß die Zugangsentscheidung von potentiellen EB-Klienten mit ihren Erwartungen zusammenhängt. Der hier berichtete Befund, daß die befragten Klienten in großem Umfang davon ausgehen, daß sie eine von ihnen erwünschte Art der Beratung erhalten werden, könnte bedeuten, daß diese Überzeugung eine der vielleicht notwendigen Vorbedingungen zur Inanspruchnahme der EB darstellt. Damit wird also nicht nur die Notwendigkeit der Beachtung von Erwartungen innerhalb der Beratung sondern auch im Vorfeld der Beratung herausgestellt.

Dabei ist zuerst die Öffentlichkeitsarbeit der EBStn angesprochen. Der Hauptanstoß zu einem Überdenken der gängigen Praxis in den vorliegenden Daten kommt dabei von den Beratern selbst, da sie das Informationsniveau der Klienten insgesamt als mäßig einschätzen und solche Klienten, die über die "offiziellen" und sehr häufig genutzten Anlaufstellen zur EBSt kommen (z.B. Ärzte, Schulen / Kindergärten und v.a. Ämter) als schlechter informiert und motiviert erleben als Klienten, die durch private Anregungen zur EBSt gelangen. In den hier vorliegenden Ergebnissen zeigt sich allerdings auch, daß sich die Klienten verschiedener Zugangswege kaum und diejenigen mit unterschiedlichen Informationsquellen nicht in ihren Erwartungen unterscheiden. Je nachdem welchen Angaben man mehr Aussagekraft zutraut, kann man angesichts dieser Ergebnisse schlußfolgern, daß die Art, wie in diesen Stellen über die EB informiert wird, entweder unzutreffend oder zumindest unzureichend ist oder daß diese Informationen so diffus bleiben, daß sie keinen Einfluß auf die konkreten Beratungserwartungen ausüben.
In beiden Fällen ist eine Modifikation der Zusammenarbeit mit diesen Stellen notwendig. Da die Klienten glauben, sich am besten bei solchen offiziellen Stellen informieren zu können, sollten diese Stellen besser auf diese Aufgabe vorbereitet sein. Wo eine (sicher zeitintensive) individuelle Mitarbeit nicht möglich ist, sollten zumindest gedruckte Informationen vorliegen, die dem aktuellen Stand der EB entsprechen und dabei etwa die bestehenden überzogenen Erwartungen an den Berater und an eine ausschließliche Orientierung der Beratungsarbeit an den eigenen Wünschen der Klienten abzubauen helfen. Dabei scheint es wichtig, nicht nur reine Informationen zu geben, sondern auch überzeugend für die EB-Arbeit zu werben, da sich gezeigt hat, daß trotz zutreffender Vermutungen an die
EB-Praxis bei vielen Klienten ihre eher hohen und der EB-Arbeit nicht entsprechenden Wünsche bestehen bleiben. Thematisch sollte dabei insbesondere auch auf die Praxis der Thematisierung der Gesamtfamilie eingegangen werden, da sich dies als ein Beratungselement herausgestellt hat, zu dem zu Beginn der Beratung wesentliche Vermutungs- und Wunschdiskrepanzen zu den Beratern bestehen.
Vor allem bei Ämtern scheint ein solches Vorgehen dringlich, auch wenn nur ein geringerer Anteil von Klienten über diesen Zugangsweg kommt.

Aber auch die EBStn selbst müssen sich, wie oben angeführt, offensichtlich stärker als bisher als Anlaufstelle für eine unverbindliche Informationsweitergabe über ihre eigene Arbeit darstellen.
Die häufige gegenseitige Information innerhalb des sozialen Umfeldes der Klienten

macht zudem eine möglichst breite Informationsarbeit notwendig, um die Wahrscheinlichkeit zu erhöhen, daß sich im Bekanntenkreis potentieller Klienten Personen mit zutreffendem Wissen über die Arbeit von EBStn finden. Damit ist also auch eine offensive Medien- und Multiplikatorenarbeit angeraten.

Da Erwartungen für den Erfolg der Beratung von großer Bedeutung sind, scheint ihre Berücksichtigung jedoch auch innerhalb des beraterischen Prozesses unumgänglich.

Zum einen muß sich der Berater offensichtlich auch darüber klar sein, welche Wünsche und Ansprüche er selbst an die Beratung stellt, da diese Wünsche ebenso wie seine Vorstellungen von seiner gängigen Arbeitspraxis mit dem Beratungserfolg in Beziehung stehen. Dieser Aspekt sollte also in der Supervisionsarbeit eine Rolle spielen.

Für die Frage des Umgangs mit den Klientenerwartungen ist zuerst einmal wichtig, daß sie offensichtlich weitgehend stabil bleiben. Eine Orientierung über diese Erwartungen zu Beginn der Beratung behält also in der Regel über den Beratungsverlauf ihre Gültigkeit bei. Wenn ein Zusammenhang zwischen den Klientenerwartungen (bzw. der Beziehung von Berater- und Klientenerwartung) mit dem Beratungserfolg besteht, dann liegt es nahe, durch eine Modifikation solcher Erwartungen zu Beginn der Beratung zumindest "gute Startbedingungen" zu schaffen.

Dabei hat sich gezeigt, daß die Frage, in welche Richtung die Klientenerwartungen möglicherweise zu modifizieren sind, nicht generell beantwortet werden kann. Es wurden jedoch einige Hinweise dazu erarbeitet, welche Erwartungen bei welcher Art des Beratungserfolges wie ausgeprägt sind oder in welchem Verhältnis sie zu den Beratererwartungen stehen. Die Einschränkungen dieser Aussage machen jedoch deutlich, daß der Praktiker bei dem Umgang mit Erwartungen offensichtlich vor der schwierigen Wertentscheidung steht, welche Art von Beratungserfolg er für seine Arbeit als am fruchtbarsten erachtet. Diese mißliche Tatsache gilt jedoch, wie die neuere klinische Literatur zeigt, nicht nur für den Bereich der Beratungs- erwartungen.

Die Frage, auf welche Weise die Erwartungen Berücksichtigung finden sollten, läßt sich in verschiedener Hinsicht beantworten.

Es zeigt sich zum einen, daß der Ansatz des "Therapeut-Klient-Matching", der eine größtmögliche Ähnlichkeit von Berater- und Klientenvorstellungen anstrebt, eher keine sinnvolle Herangehensweise an Erwartungen darstellt, da eine solche Übereinstimmung von Erwartungen zwischen Beratern und Klienten nur für einige Erwartungen wünschenswert ist. Wie die berichteten Ergebnisse zeigen, sind es sehr vielschichtige Kriterien, nach denen Klienten und Berater aus Erwartungssicht einander zugeordnet werden sollten. Dabei lassen sich jedoch sicher nicht alle hier berichteten Tendenzen praktisch umsetzen, so daß es lediglich darauf ankommen kann, bei einigen der im Verlauf der Darstellung als wichtig herausgehobenen Erwartungen auf eine adäquate Berater-Klient-Passung zu achten (v.a. Erwartungen an den Berater, und an einige bestimmte Merkmale der Beratungsdurchführung).

Eine genaue Information von angemeldeten Klienten vor der Beratung scheint eine weitere sinnvolle Möglichkeit, da hier gleichsam "im Schrotschußverfahren" z.B. die überzogenen Erwartungen an den Berater oder die "relativen" Passivitäts-erwartungen schon im Vorfeld der Beratung zumindest ansatzweise verändert werden könnten. Allerdings ist bei diesen Informationsversuchen (per mündlicher oder schriftlicher Einführung oder per Film) bislang nicht hinreichend geklärt, ob sie überhaupt zu greifbaren Veränderung der Klientenerwartungen beitragen können (vgl. Kap. 3).

Letztlich scheint auch innerhalb der begonnenen Beratung die Berücksichtigung der Erwartungen sinnvoll. Inhaltlich zeigte sich hierzu, daß eine Angleichung der Erwartungen von Berater und Klient keineswegs bei allen Erwartungen sinnvoll ist, sondern daß in erfolgreichen Beratungen durchaus auch die Auseinanderentwicklung einiger Erwartungen zu beobachten ist. Auch hier wurden Hinweise darauf gegeben, für welche der erfragten Erwartungen welche Entwicklung mit einem höheren Beratungserfolg zusammenhängt.

An mehreren Stellen der Ergebnisdarstellung wurde vermutet, daß die Thematisierung der Erwartungen in der EB möglicherweise eher selten ist (dies zeigen auch andere Erhebungen, vgl. Kap. 3). Die Kenntnis der Erwartungen des Klienten scheint jedoch angesichts ihrer Bedeutung für den Beratungsablauf von großer Wichtigkeit. Dabei muß berücksichtigt werden, daß ein Rückschluß auf Erwartungen aufgrund des Zugangsweges oder demographischer Klientenmerkmale nur sehr eingeschränkt möglich ist, und daß bei Kenntnis einiger Erwartungen keineswegs mit hinreichender Sicherheit auf andere Erwartungen geschlossen werden kann. Bedenkt man zudem, daß es sicher notwendig ist, Wünsche von Vermutungen zu unterscheiden und daß bei Beratern und Klienten offensichtlich unterschiedlichen Bezugssysteme zur Beurteilung darüber vorliegen, ob eine Erwartung in der Beratung stark oder weniger stark berücksichtigt wird, dann scheint die explizite Thematisierung von Erwartungen der sicherste Weg zu ihrer Klärung. Zumindest also für diejenigen Erwartungen, die sich in verschiedener Hinsicht als bedeutsam für den Beratungs-erfolg erwiesen haben, erscheint eine genaue und eher direkte Exploration sinnvoll.

In welcher Form diese Erwartungen abgeklärt werden, ob der Versuch gemacht wird, auf diese Erwartungen einzuwirken und wie dies geschieht, ist jedoch letztlich eine beraterisch-therapeutischen Entscheidung, die jeder Berater vor dem Hintergrund seines Arbeitsstils fällen muß.

VI. Zusammenfassung und Ausblick

Die vorliegende Arbeit befaßt sich mit den Inhalten und Auswirkungen von Beratungserwartungen in der institutionellen Erziehungsberatung.

Im ersten Teil der Arbeit wurden zunächst die Grundzüge der gegenwärtigen Praxis der Erziehungsberatung geschildert. Dabei wurde besonders auf die Relevanz von Klientenerwartungen für die Institution EB hingewiesen, es wurde die Vielfalt der Arbeitsweisen geschildert und die Ansätze der EB zur öffentlichen Darstellung ihrer Arbeit erläutert. Zudem wurde untersucht, inwieweit diese Praxis und die Öffentlichkeitsarbeit der EBStn den Aufbau von realistischen Erwartungen in der Bevölkerung erschwert oder erleichtert.

Nachdem der Erwartungsbegriff theoretisch erläutert und expliziert worden war, wurden die bisherigen empirischen Ergebnisse zum Inhalt von Klienten- und Beratererwartungen im allgemeinen und bezogen auf die Erziehungsberatung nachgezeichnet. Dabei wurde aus inhaltlicher Sicht besonders das häufige Vorliegen von inadäquaten Klientenerwartungen geschlußfolgert und aus empirischer Sicht einige konzeptuelle und methodische Konsequenzen für die folgende Untersuchung gezogen.

Im folgenden wurden die sehr spärlichen Ergebnisse zu den Auswirkungen und zum Umgang mit den Erwartungen im Beratungskontext vorgestellt. Als Konsequenz aus den fehlenden Erkenntnissen im EB-Bereich wurde dann auf die Befundlage der amerikanischen Erwartungsforschung zurückgegriffen.

Hier wurde die umfangreiche empirisch und theoretisch orientierte Literatur zu den Rollenerwartungen, Prognose-Erwartungen und den Erwartungsdiskrepanzen zusammengefaßt, wobei insbesondere auf die Zusammenhänge zwischen den Erwartungen und dem Beratungserfolg, -verlauf und -abbruch abgehoben wurde. Letztlich wurde ein vorläufiges Beschreibungsmodell zum Zusammenhang zwischen dem Beratungserfolg (bzw. -abbruch) und der Beziehung von Klienten- und Beratererwartungen formuliert.

Als Konsequenz aus dem dargestellten Forschungsstand wurde für die Untersuchung die Frage formuliert, welche Erwartungen Klienten und Berater der EBStn im Verlauf einer Beratung äußern und welche Zusammenhänge diese Erwartungen mit dem Beratungsverlauf, -abbruch und -erfolg aufweisen.

Als Erhebungsmethode wurde eine vollstandardisierte schriftliche Befragung im Längsschnitt gewählt und es wurde ein Fragebogen mit äquivalenten Formen für Berater und Klienten konstruiert. Dabei wurden die Berater einmal und die Klienten dreimal im Verlauf der Beratung zu ihren Beratungserwartungen befragt. Zusätzlich schätzten beide nach Ende der Beratung den Beratungserfolg ein und machten zu

Beginn einige Angaben zu demographischen, zugangs- und problemorientierte Variablen.

An der Hauptuntersuchung nahmen insgesamt 111 Klienten und 40 Berater aus 14 EBStn teil. Die Stichprobe wurde anhand ihrer Angaben als insgesamt eher typisch für die Klientel der EB eingestuft.

Die Auswertung der Zugangswege und Informationsquellen erbrachte v.a. die Erkenntnis, daß von vielen Klienten mehrere und v.a. informelle Quellen genutzt werden und die Berater die Klienten, die über diese informellen Zugangswege zur EBSt gelangen, als besser informiert und motiviert einstufen.

Die Eingangserwartungen der Klienten zeigten eine sehr komplexe Struktur, so daß geschlußfolgert wurde, daß nicht von typischen Klientenerwartungen ausgegangen werden kann. Es wurde zudem beobachtet, daß die als typisch erachteten "Passivitätserwartungen" von Klienten nicht in dem Umfang vorliegen, wie es weithin vermutet wird. Antizipationen und Präferenzen zeigten sich in weiten Bereichen ähnlich und waren im wesentlichen nur im Niveau, nicht aber in der Richtung unterscheidbar. Zusammenhänge zwischen demographischen, zugangs- oder problemorientierten Klientenmerkmalen waren nur für einige wenige Erwartungen zu sichern. Die Beratererwartungen zeigten im Verhältnis zu denen der Klienten v.a. Unterschiede bei den Vorstellungen über die Beratungsmethode, wo Berater in der Regel deutlich weniger führende Aktivität und enge Problemorientierung anbieten als dies von den Klienten gewünscht wird. Demgegenüber entsprachen sich die Vorstellungen weitgehend in bezug auf die institutionellen Rahmenbedingungen und die Person des Beraters, wobei die Klienten den Berater jedoch häufiger als Freund sehen als dies in der Praxis der Fall ist.

Die Berater äußerten eine weitgehende Übereinstimmung zwischen ihren Wünschen und ihrer gängigen Arbeitspraxis und zeigten lediglich Wünsche nach einer Optimierung dieser Praxis und einer Ausweitung des Zuständigkeitsbereichs der EB.

Der Beratungserfolg wurde von allen Beteiligten eher hoch eingeschätzt, wobei sich die Klienten deutlich zufriedener zeigten als die Berater. Bemerkenswert war dabei v.a. der auffällig geringe Zusammenhang der Erfolgseinschätzungen von Beratern und Klienten und der Besserungs- und Zufriedenheitseinschätzung bei den Klienten.

Ein frühzeitiger Beratungsabbruch durch den Klienten zeigte sich im wesentlichen nicht abhängig von der Ausprägung der meisten Eingangserwartungen oder dem Ausmaß der Erwartungsunterschiede zwischen Klienten und Beratern, sondern es fand sich das Ergebnis, daß Abbrecher im Vergleich zu anderen Klienten die Berücksichtigung ihrer Wünsche als wichtiger erachten.

Sowohl für die Eingangserwartungen von Klienten und Beratern als auch für die Vermutungs-Wunsch-Abstände von Klienten und die Beziehung zwischen Berater-

und Klientenerwartungen zeigten sich deutliche Zusammenhänge mit dem Einschätzungen des Beratungserfolgs. Allerdings variierte die Stärke dieser Zusammenhänge und die für den jeweiligen Zusammenhang bedeutsamen Erwartungen mit der zugrundegelegten Erfolgsperspektive. Aussagen über solche Zusammenhänge waren also im einzelnen möglich, bezogen sich jedoch fast durchgängig jeweils nur auf eines der Erfolgskriterien und einen Teil der Erwartungen. Es wurde eine Vielzahl solcher inhaltlicher Tendenzen herausgearbeitet.

Fast alle Klientenerwartungen und auch das Ausmaß der Übereinstimmung von Wünschen und Vermutungen bei den Klienten zeigten sich über den Beratungsablauf stabil. Angleichungen an die Beratererwartungen zeigten sich nicht. Unterschiede zwischen den Erwartungsverläufen von Klienten in mehr und weniger erfolgreichen Beratungen zeigten sich nur für einige wenige Erwartungen. Bei allen diesen Verläufen stiegen die Erwartungen der Klienten in erfolgreicheren Beratungen von einem vergleichsweise niedrigen Niveau im Verlauf der Beratung an, während bei den Klienten in weniger erfolgreichen Beratungen eine Abnahme dieser Erwartungen zu verzeichnen war. Beide Gruppen unterschieden sich nicht im Grad der Annäherung an die Erwartungen ihrer Berater.

Im abschließenden Resümee wurden diese Ergebnisse noch einmal vor dem Hintergrund der empirischen Befundlage zusammenfassend betrachtet und es wurden praktische Konsequenzen für den Umgang mit den Erwartungen im Vorfeld und im Verlauf der Beratung benannt.

Die konzeptuellen Grundzüge der Untersuchung und die verwendete Methodik haben sich im wesentlichen bewährt. Vor allem die getrennte Erhebung von Antizipationen und Präferenzen konnte wesentlich zu einer differenzierten Beschreibung der Erwartungen beitragen. Die Berücksichtigung von Erfolgseinschätzungen von Klienten und Beratern sowie die Operationalisierung des Beratungserfolges mit Hilfe zweier verschiedener Kriterien (Besserung und Zufriedenheit) inclusive der für diese Kriterien getrennten Auswertung zeigte sich als eine wichtige Voraussetzung für das Verständnis des differenzierten Zusammenhangs zwischen Erwartungen und dem Beratungserfolg. Ebenso erwies sich die mehrdimensionale Betrachtung der Beziehung von Berater- und Klientenerwartungen und die Untersuchung der Zusammenhänge anhand der einzelnen Erwartungen als notwendige Voraussetzung für einen exakten Einblick in diesen Zusammenhang. Diese methodischen Elemente sollten auch in weiteren Untersuchungen zu Beratungserwartungen berücksichtigt werden.

Als möglicherweise problematisch erwies sich die Operationalisierung der Beziehung von Berater- und Klientenerwartungen, die hier über den numerischen Vergleich der

Erwartungseinschätzungen von Beratern und Klienten auf der fünfstufigen Fragebogenskala ermittelt wurde. An mehreren Stellen der Untersuchung tauchte die Vermutung auf, daß Berater und Klienten sehr unterschiedliche Bezugssysteme zur Beurteilung dessen haben könnten, was unter einer bestimmten erfragten Erwartung zu verstehen ist und was eine starke Ausprägung einer Erwartung bedeutet. Zudem wurde vermutet, daß sich das Bezugssystem der Klienten für einige Erwartungen möglicherweise im Beratungsverlauf verändert. Wenn dem so wäre (was mit den vorliegenden Daten nicht geklärt werden kann), dann könnte die o.g. numerische Berechnung der Übereinstimmung/nicht-Übereinstimmung und Über-/Unterschreitung von Klienten und Beratererwartungen in einzelnen Fällen zu unzutreffenden Schlußfolgerungen führen. Als methodische Konsequenz wäre daher für weitere Untersuchungen zu empfehlen, einerseits die wahrgenommenen Erwartungsunterschiede und -ähnlichkeiten bei Beratern und Klienten wo immer möglich (vielleicht zusätzlich) direkt zu erfragen, und andererseits nicht nur die quantitativen sondern auch die qualitativen Veränderungen von Erwartungen abzubilden.

Inhaltlich gesehen wäre eine Untersuchung mit ähnlicher Fragestellung wünschenswert, die überprüft, ob die hier gefundenen Ergebnisse zur Kongruenz / Diskrepanz von Klienten- und Beratererwartungen in ähnlicher Weise auch für den Aspekt der Erwartungsbestätigung oder nicht-Bestätigung Geltung besitzen.
Zudem bieten die vorliegenden Untersuchungsergebnisse eine Fülle von Möglichkeiten, einzelne aufgedeckte Zusammenhänge zwischen verschiedenen Aspekten der Erwartungen und dem Beratungserfolg, -verlauf- und -abbruch genauer zu analysieren und dabei auch der noch offenen Frage nachzugehen, in welcher Art sich die Erwartungen im Verhalten von Klienten und Beratern manifestieren. Wichtig wäre dabei insbesondere die Frage, auf welche Weise Berater mit ihren Erwartungen und denen ihrer Klienten umgehen und welche Konsequenzen diese vermutlich sehr unterschiedlichen Vorgehensweisen für den Beratungsprozeß und den Beratungserfolg haben. Solche Ergebnisse, die auf den hier aufgedeckten Zusammenhängen aufbauen sollten, könnten zum einen zum Verständnis der Mechanismen beitragen, die den hier vorgelegten Ergebnissen zugrundeliegen und zum anderen weitere praxisrelevante Hinweise für den Umgang mit Erwartungen im Rahmen der Beratung bieten.

VII. Summary

Clients' and therapists' expectations were examined at fourteen Child Guidance Clinics and the sources of these expectations and their relation to therapy outcome were investigated. The newly developed questionnaire included role, prognostic and institutional expectations and asked for both anticipations and preferences.

Whereas counselors responded to the items only once, clients completed the questionnaire three times: prior to the initial interview, after the third session and after termination. After the last session both clients and counselors rated satisfaction with therapy and client improvement.

A total of 111 clients and 40 counselors participated in the investigation. The analysis of the demographic data indicated that the sample did not differ considerably from the typical Child Guidance Clinics' population.

Clients' role expectations did not accentuate passivity as much as could have been expected from other surveys and showed a comparatively high degree of maturity. Counselors' expectations focused on a family-centered therapeutic approach which considers a broad range of problematical areas. Anticipations and preferences of both counselors and clients were highly correlated. Discrepancies between counselors' and clients' expectations focused on the scope of the counseling topics, the clients' activity during the sessions and the role of the counselor as a friend.

Both clients and counselors gave high ratings of client improvement and satisfaction with therapy. The highest scores were obtained for client satisfaction. Whereas the counselors' outcome ratings were found to be significantly correlated, the clients' ratings were not closely connected.

The overall pattern of the results concerning the relation between expectations and therapeutic outcome indicated that both the individual expectations and the relation of clients' and counselors' expectations are good predictors of therapy success. Whereas this result was valid for all four outcome indices, the exact pattern of this relation varied between the four outcome scores.

Despite this clear relation, the clients' expecations were not closely connected with premature termination of therapy.

The majority of the clients' expectations tended to be stable over the course of counseling.

The results were discussed with regard to their theoretical and practical consequences.

VIII. Literaturverzeichnis

Ajzen, I., Madden, T.J. (1986). Predicition of goal-directed behavior: Attitudes, intentions, and perceived behavioral control. Journal of Experimental Social Psychology, 22, 453-474

Andre, K. (1983). Erziehungsberatung. In: Daumenlang, K., Andre, K. (Hrsg.). Taschenbuch der Schul- und Erziehungsberatung. Baltmannsweiler: Pädagogischer Verlag Burgbücherei Schneider

Andriessens, E. (1980). Aufgaben und Selbstverständnis von Erziehungsberatung im Wandel der Entwicklung. Jugendwohl, 61, 408-423

Apfelbaum, D. (1958). Dimensions of transference in psychotherapy. Berkeley: University of California Press

Appel, V.H. (1960). Client expectancies about counseling in an university counseling center. Paper read at Western Psychol. Assoc. , San Jose, Cal.

Backhaus, K., Erichson, B., Plinke, W., Schuchard-Ficher, C., Weiber, R. (1989). Multivariate Analysemethoden. Berlin u.a.: Springer

Baekeland, F., Lundwall, L. (1975). Dropping out of treatment: A critical review. Psychological Bulletin, 82, 738-783

Bandura, A. (1977). Self-efficacy: Toward a unifying theory of behavioral change. Psychological Review, 84, 191-215

Bartling, G., Echelmeyer, L., Engberding, M., Krause, R. (1980). Problemanalyse im therapeutischen Prozeß. Stuttgart: Kohlhammer

Bastine, R., Fiedler, P., Kommer, D. (1989). Was ist therapeutisch an der Psychotherapie? Versuch einer Bestandsaufnahme und Systematisierung der psychotherapeutischen Prozeßforschung. Zeitschrift für Klinische Psychologie, 18, 3-22

Baum, D., Mackenberg, H. (1981). Einstellung gegenüber psychologischer Beratung bei Fremd- und Selbstbetroffenheit. Unveröffentl. Diplomarbeit, Münster

Begley, C.E., Lieberman, L.R. (1970). Patient expectations of therapists' techniques. Journal of Clinical Psychology, 26, 112-116

Beimert, R. (1985). Musiktherapie in der Erziehungsberatung. Frankfurt a.M.: Fachbuchhandlung für Psychologie

Benbenishty, R. (1987). Gaps between expectations and perceived reality of therapists and clients. Journal of Clinical Psychology, 43, 231-236

Benbenishty, R., Schul, Y. (1986). Discrepancies between therapists' role preferences and role expectations. Journal of Clinical Psychology, 42, 719-728

Berka, H.-H., Westhoff, K. (1981). Lehrererwartungen und Schülerverhalten. Zeitschrift für Sozialpsychologie, 12, 1-23

Berman, J.S. (in press). Social cases of behavior. Oxford: Oxford University Press

Berzins, J.I. (1971). Revision of Psychotherapy Expectancy Inventory. Unpublished manuscript, University of Kentucky, Lexington

Berzins, J.I. (1977). Therapist-patient-matching. In: Gurman, A.S., Razin, A.M. (Ed.). Effective Psychotherapy: A handbook of research. Oxford: Pergamon Press

Beutler, L.E., Crago, M. (1983). Self-report measures of psychotherapy outcome. In: Lambert, M.J., Christensen,E.R., DeJulio, S.S. (Eds.) (1983). The assessment of psychotherapy outcome. New York: Wiley

Beutler, L.E., Crago, M., Arzimendi, T.G. (1986). Research on therapist variables in psychotherapy. In: Garfield, S.L., Bergin, A.E. (Hrsg.). Handbook of psychotherapy and behavior change. New York: Wiley

Bierhoff, H.W. (1984). Sozialpsychologie: Ein Lehrbuch. Stuttgart: Kohlhammer. In: Bierhoff, H.W. (1986). Personenwahrnehmung: Vom ersten Eindruck zur sozialen Interaktion. Berlin u.a.: Springer

Birbaumer, N. (1982). Psychophysiologische Grundlagen der Psychotherapie. In: Bastine, R., Fiedler, P.A., Grawe, K., Schmidtchen, S., Sommer, G. Grundbegriffe der Psychotherapie. Weinheim: Edition Psychologie

Bittner, C., Göres, H.-G., Götting, S., Hermann, J. (1989). Bewältigungsstrategien von Jugendlichen und ihre Bedeutung für die Beratung. Praxis der Kinderpsychologie und Kinderpsychiatrie, 38, 126-132

BKfE (1988a). Mitteilungen der Bundeskonferenz für Erziehungsberatung e.V: Jahresbericht 1987. Praxis der Kinderpsychologie und Kinderpsychiatrie, 37, 238-239

BKfE (1988b). Mitteilungen der Bundeskonferenz für Erziehungsberatung e.V.: Argumente für einen Ausbau der Erziehungs- und Familienberatungsstellen. Praxis der Kinderpsychologie und Kinderpsychiatrie, 37, 359-360

BKfE (1989). Mitteilungen der Bundeskonferenz für Erziehungsberatung e.V.: Gemeindanahe Aktivitäten von Erziehungsberatungsstellen im Spiegel ihrer Tätigkeitsberichte. Praxis der Kinderpsychologie und Kinderpsychiatrie, 38, 65-67

BKfE (1990). Mitteilungen der Bundeskonferenz für Erziehungsberatung e.V.: Erhebungsergebnisse. Praxis der Kinderpsychologie und Kinderpsychiatrie, 39, 385-387

Blaser, A. (1982). Wirkfaktoren in der Psychotherapie. In: Bastine, R., Fiedler, P.A., Grawe, K., Schmidtchen, S., Sommer, G. Grundbegriffe der Psychotherapie. Weinheim: Edition Psychologie

Bloch, S., Bond, G., Qualls, B., Yalom,I, Zimmerman, E. (1976). Patients' expectations of therapeutic improvement and their outcomes. American Journal of Psychiatry, 133, 1457-1460

Block, W.E. (1964). A preliminary study of achievement motive theory as a basis of patient expectations in psychotherapy. Journal of Clinical Psychology, 20, 268-271

Bösel, M. (1981). Psychologische Beratungsstellen in Baden-Württemberg. Eine empirische Untersuchung über Organisation und Arbeitsbedingungen von psychologischen Beratungsstellen. Weinheim: Beltz

Bohle, A. (1982). Barrieren auf dem Weg in die Erziehungsberatung. Der Einfluß von Einstellungen bei der Inanspruchnahme fremder Hilfe. Unveröffentl. Dissertation, Innsbruck

Bommert, H. (1980). Erziehungsberatung zwischen Beratung und Therapie. Jugendwohl, 61, 424-430

Bommert, H. (1982). Der Berater als Einflußfaktor im Beratungsprozeß. In: Specht, F., Spittler, H.-D. (Hrsg.). Wie Berater helfen: Integration und Kombination von Methoden, Göttingen: Verlag für Medizinische Psychologie

Bommert, H. (1987). Grundlagen der Gesprächspsychotherapie. Stuttgart: Kohlhammer

Bommert, H., Mann, F., Strauß, H. (1975). Zusammenhänge zwischen Erwartungshaltungen und psychischen Veränderungen von Klienten durch Gesprächspsychotherapie. Zeitschrift für Klinische Psychologie, 4, 239-249

Bommert, H., Plessen, U. (1978). Psychologische Erziehungsberatung. Stuttgart: Kohlhammer

Bommert, H., Plessen, U. (1982). Erziehungsberatung. In: Bastine, R., Fiedler, P.A., Grawe, K., Schmidtchen, S., Sommer, G. Grundbegriffe der Psychotherapie. Weinheim: Edition Psychologie

Bordin, E.S. (1974). Research strategies in psychotherapy. London, New York: Wiley

Bordin, E.S. (1979). The generalizability of the psychoanalytic concept of the working alliance. Psychotherapy: Theory, Research and Practice, 16, 252-260

Borgen, F.H., Barnett, D.C. (1987). Applying cluster analysis in counseling psychology research. Journal of Counseling Psychology, 34, 456-468

Borghi, J.H. (1968). Premature termination of psychotherapy and patient - therapist expectations, American Journal of Psychotherapy, 22, 460-473

Bortz, J. (1989). Statistik für Sozialwissenschaftler. Berlin u.a.: Springer

Bosmajian, C.P., Mattson, R.E. (1980). A controlled study of variables related to counseling center use. Journal of Counseling Psychology, 27, 5, 510-519

Boulware, D.W., Holmes, D.S. (1970). Preferences for therapists and related expectancies. Journal of Consulting and Clinical Psychology, 35, 269-277

Brackmann, S. (1974). Ideen zur gesellschaftlichen Bedeutung der Ergebnisse einer statistischen Erhebung über die soziale Zusammensetzung der Klientel einer Erziehungsberatungsstelle. Praxis der Kinderpsychologie und Kinderpsychiatrie, 23, 226-232

Breuer, F. (1979). Psychologische Beratung und Therapie in der Praxis, Heidelberg: Quelle & Meyer

Brucato, L.L. (1980). Therapist and client expectancies: Educated guesses or causal agents? Dissertation Abstracts International, 41, 1493B-1494B

Buckle, D., Lebovici, S. (1960). Leitfaden der Erziehungsberatung. Göttingen

Buer, F. (1984a). Die Geschichte der Erziehungsberatung als Geschichte ihrer Professionalisierung. In: Zygowski, H. (Hrsg.). Erziehungsberatung in der Krise: Analysen und Erfahrungen, Forum für Verhaltenstherapie und psychosoziale Praxis Bd.6. Tübingen: DGVT

Buer, F. (1984b). Zur Funktion und Organisationsstruktur von Erziehungsberatung. In: Zygowski, H. (Hrsg.). Erziehungsberatung in der Krise: Analysen und Erfahrungen, Forum für Verhaltenstherapie und psychosoziale Praxis Bd.6. Tübingen: DGVT

Buj, V., Specht, F., Zuschlag, B. (1981). Erziehungs- und Familienberatung in der Bundesrepublik Deutschland. In: Spittler, H.-D., Specht, F.(Hrsg.). Basistexte und Materialien zur Erziehungs- und Familienberatung. Göttingen: Verlag für Medizinische Psychologie

Cardenas, B. Gewicke, M. (1984). Von der traditionellen zur gemeinwesenorientierten Erziehungsberatung. Neuorientierung einer Kleinstadt-Beratungsstelle. In: Zygowski, H. (Hrsg.). Erziehungsberatung in der Krise: Analysen und Erfahrungen, Forum für Verhaltenstherapie und psychosoziale Praxis Bd.6. DGVT: Tübingen

Cash, T.F., Kehr, J., Salzbach, R.F. (1978). Help-seeking attitudes and perceptions of counselor behavior. Journal of Counseling Psychology, 25, 4, 264-269

Claiborn, C.D. (1986). Social influence: Toward a general theory of change. In: Dorn, F.J. (Ed.). The social influence process in counseling and psychotherapy, Springfield, IL: Charles C. Thomas

Clemens, S.R., D'Andrea, V.J. (1965). Patients' anxiety as a function of expectation and degree of initial interview ambiguity Journal of Consulting Psychology, 29, 5, 397-404

Corrigan, J.D. (1978). Salient attributes of two types of helpers: Friends and mental help professionals. Journal of Counseling Psychology, 25, 6, 588-590

Craig, S.S., Hennesy, J.J. (1989). Personality differences and expectations about counseling. Journal of Counseling Psychology, 36, 401-407

Cundick, B. (1963). The relation of student and counselor expectations to rated counseling satisfaction. Dissertation Abstracts International, 23, 2983-2984

Day, L., Reznikoff, M. (1980). Social class, the treatment process, and parents' and children's expectations about child psychotherapy. Journal of Clinical Child Psychology, 9, 195-198

Deß, H. (1980). Spezifische Probleme der Erziehungsberatung im ländlichen Raum. Jugendwohl, 61, 446-450

Deutscher Bundestag (Hrsg.) (1975). Bericht über die Lage der Psychiatrie. Zur psychiatrischen und psychotherapeutisch/psychosomatischen Versorgung der Bevölkerung. (Drucksache 7/4200, 7/4201). Bonn

Devine, D.A., Fernald, P.S. (1973). Outcome effects of receiving a preferred, randomly assigned, or nonpreferred therapy. Journal of Consulting and Clinical Psychology, 41, 104-107

Dietrich, G. (1983). Allgemeine Beratungspsychologie. Göttingen: Hogrefe

Dorn, F.J. (Ed.) (1986). The social influence process in counseling and psychotherapy, Springfield, IL: Charles C. Thomas

Dreier, W. (1980). Die Aufgaben der Beratung aus gesellschaftlicher, anthropologischer und theologischer Sicht. Jugendwohl, 61, 401-408

Dreman, S.B. (1977). Expectations and preferences of clients for a university counseling service. Journal of Counseling Psychology, 24, 4, 459-462

Dreman, S.B., Dolev, A. (1976). Expectations and preferences of nonclients for a student counseling service. Journal of Counseling Psychology, 23, 571-574

Duckro, P., Beal, D., George, C. (1979). Research on the effects of disconfirmed client role expectations in psychotherapy: A critical review. Psychologial Bulletin, 86, 260-275

Duckro, P.N., George, C.E. (1979). Effects of failure to meet client preference in a counseling interview analogue. Journal of Counseling Psychology, 26, 9-14

Eckhardt, W. (1985). Die institutionalisierte Erziehungsberatung. In: Schneider, K. (Hrsg.). Familientherapiein der Sicht psychotherapeutischer Schulen. Paderborn: Junfermann

Ehrhardt, K.J. (1989). Sind Erziehungsberatungsstellen mittelschicht-orientiert? Konsequenzen für die psychosoziale Planung. Praxis der Kinderpsychologie und Kinderpsychiatrie, 38, 329-335

Ell, E. (1974). Die Entwicklung der Erziehungsberatung. Unsere Jugend, 26, 442-449

Ell, E. (1977). Erziehungsberatung (wieder einmal) in der Diskussion. Unsere Jugend, 29, 293-299

Engels, A. (1985). Erziehungsberatung im Wandel - Bestandsaufnahme, Analysen, Kritik und Zukunftsperspektiven einer pädagogisch-psychologischen Institution. Unveröffentl. Dissertation, Bonn

Evangelische Konferenz für Familien- und Lebensberatung (1981). Leitlinien für die psychologische Beratung in evangelischen Erziehungs-, Ehe-, Familien- und Lebensberatungsstellen im Bereich der evangelischen Kirche in Deutschland und des Diakonischen Werkes. In: Spittler, H.-D., Specht, F.(Hrsg.). Basistexte und Materialien zur Erziehungs- und Familienberatung, Göttingen: Verlag für Medizinische Psychologie

Fiester, A.R. (1974). Pre-therapy expectations, perception of the initial interview and early psychotherapy termination: A multivariate study. Dissertation Abstracts International, 35, 1907B

Fiester, A.R. (1977). Clients' perceptions of therapists with high attrition rates. Journal of Consulting and Clinical Psychology, 45, 954-955

Fischer, E.H., Turner, J.L. (1970). Orientations to seeking professional help: Development and research utility of an attitude scale. Journal of Consulting and Clinical Psychology, 35, 1, 79-90

Fischer, E.H., Cohen, S.L. (1972). Demographic correlates of attitude toward seeking professional psychological help. Journal of Consulting and Clinical Psychology, 39, 70-74

Flöter-Derleth, D. (1977). Erziehungsberatungsstellen. Aufgaben und Arbeitsweisen institutionalisierter Beratung. Theorie und Praxis der sozialen Arbeit,
3, 93-100

Frank, A., Eisenthal, S., Lazare, A. (1978). Are there social class differences in
patient's treatment conceptions? Archives of General Psychiatry, 35, 61-69

Frank, J.D. (1968). The influence of patients' and therapists' expectations on the
outcome of psychotherapy. British Journal of Medical Psychology, 41, 349-356

Frank, J.D. (1971). Therapeutic factors in psychotherapy. American Journal of
Psychotherapy, 25, 350-361

Frank, J.D. (1981). Die Heiler. Stuttgart: Klett-Cotta (Orig.: Ders. (1961).
Persuasion and healing: A comparative study of psychotherapy. Baltimore:
Johns Hopkins Press

Frank, J.D. (1989). Non-specific aspects of treatment: The view of a
psychotherapist. In: Sartorius, N., Sheperd, M. (Ed.). Non-specific aspects of
treatment. Bern, Stuttgart, Toronto, Lewinston: Huber

Frey, D., Irle, M. (Hrsg.) (1984). Theorien der Sozialpsychologie, Bd.1: Kognitive
Theorien. Bern: Huber

Friedlander, M.L. (1982). Expectations and perceptions of counseling: Changes
over time in relation to verbal behavior. Journal of College Student Personnel,
23, 402-408

Friedman, H.J. (1963). Patient expectancy and symptom reduction. Archives of
General Psychiatry, 8, 61-67

Garfield, S.L. (1986). Research on client variables in psychotherapy. In: Garfield,
S.L., Bergin, A.E. (Hrsg.). Handbook of psychotherapy and behavior change.
New York: Wiley.

Gaston, L., Marmar, C.R., Gallagher, D., Thompson, L.W. (1989). Impact of
confirming patient expectations of change processes in behavioral, cognitive,
and brief dynamic psychotherapy. Psychotherapy, 26, 296-302

Geller, M.H. (1965). Client expectations, counselor role-perception, and outcome of
counseling. Dissertation Abstracts International, 26, 4073

Gelso, C.J., Karl, N.J. (1974). Perceptions of "councelors" and other help-givers:
What's in a label? Journal of Counseling Psychology, 21, 3, 243-247

Gelso, C.J., Carter, J.A. (1985). The relationship in counseling and psychotherapy:
Components, consequences and theoretical antecedents. The Counseling
Psychologist, 13, 155-244

Gerlicher, K. (1987). Situation und Entwicklungstendenzen in der institutionellen
Erziehungsberatung - Fakten und Anmerkungen. Praxis der Kinderpsychologie
und Kinderpsychiatrie, 36, 198-203

Gerlicher, K., Brackmann, S., Neuhäuser, G., Schmidt, R., Stockhammer, M., Toman,
W. (1977). Familientherapie in der Erziehungsberatung. Weinheim: Beltz

Gerlicher, K., Schneider, H., Rudert, R. (1990). Wartezeit an bayerischen
Erziehungs-, Jugend- und Familienberatungsstellen - Ergebnisse einer
Erhebung 1988. Praxis der Kinderpsychologie und Kinderpsychiatrie, 39, 55-60

Gerstenmeier, J., Nestmann, F. (1984). Alltagstheorien von Beratung, Opladen: Westdeutscher Verlag

Gladstein, G.A. (1969). Client expectations, counseling experience, and satisfaction. Journal of Counseling Psychology, 16, 6, 476-481

Gmür, W., Buchholz, W., Höfer, R., Straus, F. (1984). Zu den Zugangsproblemen von Unterschichtfamilien. Der Beratungszugang als Entscheidungsprozeß. In: Zygowski, H. (Hrsg.). Erziehungsberatung in der Krise: Analysen und Erfahrungen, Forum für Verhaltenstherapie und psychosoziale Praxis Bd.6. Tübingen: DGVT

Goin, M.K., Yamamoto, J., Silverman, J. (1965). Therapy congruent with class-linked expectations. Archives of General Psychiatry, 13, 133-137

Goldstein, A.P. (1962a). Therapist-patient-expectancies in psychotherapy. New York: Pergamon Press

Goldstein, A.P. (1962b). Participant Expectancies in Psychotherapy. Psychiatry, 25, 72-79

Goldstein, A.P. (1978). Strukturierte Lerntherapie: Ansätze zu einer Psychotherapie der sozial Benachteiligten. München, Wien, Baltimore: Urban & Schwarzenberg

Goldstein, A., Shipman, W. (1961). Patient expectancies, symptom reduction and aspects of the initial psychotherapeutic interview. Journal of Clinical Psychology, 17, 129-133

Grantham, R.J.; Gordon, M.E. (1986). The nature of preference. Journal of Counseling and Development, 64, 396-400

Grawe, K. (1982). Psychotherapieforschung. In: Bastine, R., Fiedler, P.A., Grawe, K., Schmidtchen, S., Sommer, G. Grundbegriffe der Psychotherapie. Weinheim: Edition Psychologie

Grawe, K. (1987). Die Effekte der Psychotherapie. In Amelang, M. (Hrsg.) Bericht über den 35. Kongreß der Deutschen Gesellschaft für Psychologie in Heidelberg, 1986, Bd.2, Göttingen: Verlag für Psychologie

Grawe, K. (1989). Von der psychotherapeutischen Outcome-Forschung zur differentiellen Prozeßanalyse. Zeitschrift für Klinische Psychologie, 18(1), 23-34

Grünbaum, A. (1981). The placebo concept. Behaviour Research and Therapy, 19, 157-167

Gulas, I. (1974). Client-therapist congruence in prognostic and role expectations as related to client's improvement in short-term psychotherapy. Dissertation Abstracts International, 35, 2430B

Haase, R.F., Ellis, M.V. (1987). Multivariate analysis of variance. Journal of Counseling Psychology, 34, 404-41

Hagenmüller, C. (1978). Faktoren, die mit einem Betreuungsabbruch in Zusammenhang stehen. Unveröffentl. Dissertation, Innsbruck

Halder, P. (1977). Verhaltenstherapie und Patientenerwartungen. Bern: Huber

Halder-Sinn, P. (1980). Effektivität psychotherapeutischer Intervention. In: Wittling, W. (Hrsg.). Handbuch der Klinischen Psychologie, Bd. 6 (Klinische Psychologie in Forschung und Praxis), Hamburg: Hoffmann und Campe

Halder-Sinn, P., Riether, P., Riether, U. (1980). Therapeutische Präferenzen der Patienten als Indikationskriterien. Zeitschrift für Klinische Psychologie, 9, 170-182

Hardin, S.I., Yanico, B.J. (1983). Counselor gender, type of problem, and expectations about counseling. Journal of Counseling Psychology, 30, 294-297

Hardin, S.I., Subich, L.M. (1985). A methodological note: Do students expect what clients do? Journal of Counseling Psychology, 32, 131-134

Hardin, S.I., Subich, L.M., Holvey, J.M. (1988). Expectancies for counseling in relation to premature termination. Journal of Counseling Psychology, 35, 37-40

Heekerens, H.-P. (1987). Familientherapie, Wartezeit und Krisenintervention in der Erziehungsberatungsstelle. Praxis der Kinderpsychologie und Kinderpsychiatrie, 36, 126 - 133

Heekerens, H.-P. (1989). Familientherapie und Erziehungsberatung. Heidelberg: Asanger

Heine R.W , Trosman, H. (1960). Initial expectations of the doctor-patient interaction as a factor in continuance in psychotherapy. Psychiatry, 23, 275-278

Heitler, J.B. (1976). Preparatory techniques in initiating expressive psychotherapy with lower-class, unsophisticated patients. Psychological Bulletin, 83, 339-352

Helson, H. (1956). Adaptation-Level-Theory. In: Koch, S. (Ed.). Psychology: A study of science (Vol. 1). New York: McGraw-Hill

Helson, H. (1964). Adaptation-Level-Theory. New York: Harper & Row

Hemling, H. (1985). Öffentlichkeitsarbeit in Erziehungs- und Familienberatungsstellen. In: Klug, H.P., Specht, F. Erziehungs- und Familienberatung: Aufgaben und Ziele, Göttingen: Verlag für Med. Psychologie

Hemling, H. (1987). Öffentlichkeitsarbeit an Erziehungs - und Familienberatungsstellen - eine bundesweite Umfrage. Praxis der Kinderpsychologie und Kinderpsychiatrie, 36, 215 - 219

Heppner, P.P., Heesacker, M. (1983). Perceived counselor characteristics, client expectations, and client satisfaction with counseling. Journal of Counseling Psychology, 30, 31-39

Höger, C. (1987a). Die Stellung der Erziehungsberatungsstellen in einem Versorgungssystem. In: Bundeskonferenz für Erziehungsberatung e.V. (Hrsg.). Bedingungen und Einflußmöglichkeiten institutioneller Erziehungs- und Familienberatung, Zweite Arbeitsgemeinschaft im ZIF Bielefeld, Fürth

Höger, C. (1987b). Zum Standort institutioneller Erziehungsberatung innerhalb eines psychosozialen Versorgungssystems. Praxis der Kinderpsychologie und Kinderpsychiatrie, 36, 204 - 209

Hölzel, S. (1981). Erziehungsberatung. München: Kösel

Hollingshead, A.B., Redlich, F.C. (1958). Social class and mental illness. New York: Wiley

Horenstein, D. (1974). The effects of confirmation or disconfirmation of client expectations upon subsequent psychotherapy. Dissertation Abstracts International, 34, 6211B

Horenstein, D.; Houston, B.K. (1976). The expectation-reality discrepancy and premature termination from psychotherapy. Journal of Clinical Psychology, 32, 373-378

Hornstein, W. (1977). Probleme der Organisation der Beratung. In: Hornstein, W., Bastine, R., Junker, H., Wulf, C. (Hrsg.). Beratung in der Erziehung (Bd.2), Frankfurt a.M.: Fischer

Hundsalz, A. (1991). Methoden- und Konzeptentwicklung in den Psychologischen Beratungsstellen. Praxis der Kinderpsychologie und Kinderpsychiatrie, 40, 55-61

Johnson, F.L. (1970). The importance of the psychotherapist: Patient and therapist conceptions. Dissertation Abstracts International, 30, 4373B-4374B

Joisten, H. (1982). Urteile und Vorurteile über institutionelle Erziehungsberatung. Eine Analyse der Einstellungs- und Sozialstruktur von Klienten und Nichtklienten öffentlicher Erziehungsberatungsstellen am Beispiel der Stadt Oberhausen. Frankfurt: R.G. Fischer

Junker, H. (1977). Theorien der Beratung. In: Hornstein, W., Bastine, R., Junker, H., Wulf, C. (Hrsg.). Beratung in der Erziehung (Bd.1), Frankfurt a.M.: Fischer

Kaiser, J. (1971). Client expectations of counseling and perceptions of the counselor. Dissertation Abstracts International, 32, 2419A-2420A

Karzmark, P., Greenfield, T., Cross, H. (1983). The relationship between level of adjustment and expectations for therapy. Journal of Clinical Psychology, 39, 930-932

Katholische Bundesarbeitsgemeinschaft Beratung (1981). Empfehlungen der Katholischen Bundesarbeitsgemeinschaft Beratung für die Gestaltung der Arbeit in Erziehungsberatungsstellen- Beratungsstellen für Eltern, Kinder und Jugendliche - in katholischer Trägerschaft. In: Spittler, H.-D., Specht, F.(Hrsg.) (1984). Basistexte und Materialien zur Erziehungs- und Familienberatung, Göttingen: Verlag für Medizinische Psychologie

Kazdin, A.E. (1979a). Nonspecific treatment factors in psychotherapy outcome research. Journal of Consulting and Clinical Psychology, 47, 846-851

Kazdin, A.E. (1979b). Therapy outcome questions requiring control of credibility and treatment-generated expectancies. Behavior Therapy, 10, 81-93

Keppler, E. (1979). Die Effizienz der Erziehungsberatung. Eine empirische Untersuchung an 4 Erziehungsberatungsstellen in Bayern. Unveröffentl. Dissertation, Würzburg

Kerr, B.A., Olson, D.H., Pace, T.M., Claiborn, C.D. (1986). Understanding client variables in the social influence process. In: Dorn, F.J. (Ed.). The social influence process in counseling and psychotherapy. Springfield, IL: Charles C. Thomas

Klepac, R.K. (1970). An experimental analogue of psychotherapy involving "client" behavior as a function of confirmation and disconfirmation of expectations of "therapist" directiveness. Dissertation Abstracts International, 30, 5690B-5691B

Klepac, R.K., Page, H.A. (1974). Discrepant role expectations and interviewee behavior: A reply to Pope, Siegman, Blass, and Cheek. Journal of Consulting and Clinical Psychology, 42, 139-141

Kluge, I., Cremer, H.. (1987). Gemeindenahe Arbeitsweise in Erziehungsberatungs-stellen. In: Bundeskonferenz für Erziehungsberatung e.V. (Hrsg.). Bedingungen und Einflußmöglichkeiten institutioneller Erziehungs- und Familienberatung, Zweite Arbeitsgemeinschaft im ZIF Bielefeld, Fürth

Knobloch, E.M. (1985). Veränderungen der Inanspruchnahme und der Tätigkeiten von Erziehungsberatungsstellen. Unveröffentl. Dissertation, Göttingen

Kolke v., G., Altenkamp, D. (1977). Erziehungsberatungsstellen im Urteil von Eltern. Unveröffentl. Diplomarbeit, Münster

Koschorke, M. (1973). Unterschichten und Beratung. Wege zum Menschen, 25, 129-163

Kreisberg, G.J. (1978). The relationship of the congruence of patient-therapist goal expectancies to psychotherapy outcome and duration of treatment. Dissertation Abstracts International, 38, 3890-B

Lambert, M.J. (1983). Introduction to assessment of psychotherapy outcome: Historical perspective and current issues. In: Lambert, M.J., Christensen, E.R., DeJulio, S.S. (Eds.) (1983). The assessment of psychotherapy outcome. New York: Wiley

Lambert, M.J., Shapiro, D.A., Bergin, A.E. (1986). The effectiveness of psychotherapy. In: Garfield, S.L., Bergin, A.E. (Hrsg.) (1986). Handbook of psychotherapy and behavior change. New York: Wiley

Landolf, P. (1985). Was Ratsuchende von einer hilfreichen Beratung erwarten. Ergebnisse einer Klientenbefragung der Studentenberatung der Universität Bern, Berufsberatung und Berufsbildung, 70, 324-336

Langenmayr, A. (1980). Diskriminierung von Mädchen in Erziehungsberatungs-stellen. Frankfurt a.M., New York: Campus

Lazare, A., Eisenthal, S., Wasserman, L. (1975). The customer approach to patienthood. Archieves of General Psychiatry, 32, 553-558

Lennard, H.L., Bernstein, A. (1960). The anatomy of psychotherapy. New York: Columbia University Press

Leong, S.L., Leong, F.T.L., Hoffman, M.A. (1987). Counseling expectations of rational, intuitive, and dependent decision makers. Journal of Counseling Psychology, 34, 261-265

Lienert, G.A. (1969). Testaufbau und Testanalyse. Weinheim: Beltz

Lorion, R.P. (1974). Social class, treatment attitudes, and expectations. Journal of Consulting and Clinical Psychology, 42, 920

Lorr, M. (1965). Client perceptions of therapists: A study of the therapeutic relationship. Journal of Consulting Psychology, 29, 146-149

Ludewig, K. (1985). Die therapeutische Intervention – Eine signifikante Verstörung der Familienkohärenz im therapeutischen System. In: Schneider, K. (Hrsg.). Familientherapie in der Sicht psychotherapeutischer Schulen. Paderborn: Junfermann

Marmon, E. (1979). Konzepte der Erziehungsberatung, Weinheim: Beltz

Martin, P.J., Sterne, A.L. (1975). Prognostic expectations and treatment outcome. Journal of Consulting and Clinical Psychology, 43, 572-576

Martin, P.J., Sterne, A.L., Hunter, M.L. (1976). Share and share alike: Mutuality of expectations and satisfaction with therapy. Journal of Clinical Psychology, 32, 677-683

Martin, P.J., Sterne, A.L., Moore, J.E., Lindsey, C.J. (1977a). Patients expectancies and hospital outcome. Journal of Clinical Psychology, 33, 254-258

Martin, P.J., Friedmeyer, M.H., Moore, J.E., Claveaux, R.A. (1977b). Patients' expectancies and improvement in treatment: The shape of the link. Journal of Clinical Psychology, 33, 827-833

Martin, P.J., Moore, J.E., Sterne, A.L. (1977c). Therapists as prophets: Their expectancies and treatment outcome. Psychotherapy: Theory, Research and Practice, 14, 188-195

Meltzoff, J., Kornreich, M. (1975). Research in psychotherapy. Chicago: Aldine Publishing

Mendelsohn, R. (1964). The effects of cognitive dissonance and interview preference upon counseling-type interviews. Dissertation Abstracts International, 24, 2987-2988

Mosby, R. (1972). Alteration of client's expectations about counseling in the direction of client-counselor mutuality by means of an intervention procedure. Dissertation Abstracts International, 33, 446-447

Mummendey, H.D. (Hrsg.) (1979). Einstellung und Verhalten. Bern: Huber

Mummendey, H.D. (1988). Die Beziehung zwischen Verhalten und Einstellungen. In: Mummendey, H.D. (Hrsg.). Verhalten und Einstellung: Untersuchung der Einstellungs- u. Selbstkonzeptänderungen nach Änderung des alltäglichen Verhaltens. Berlin u.a.: Springer

Nestmann, F. (1984). Beratung in der Erziehungsberatung. In: Zygowski, H. (Hrsg.). Erziehungsberatung in der Krise: Analysen und Erfahrungen. Forum für Verhaltenstherapie und psychosoziale Praxis Bd.6. Tübingen: DGVT

Omer, H. (1989). Specifics and nonspecifics in psychotherapy. American Journal of Psychotherapy, 63, 181-192

Overall, B., Aronson, H. (1963). Expectations of psychotherapy in patients of lower socioeconomic class. American Journal of Orthopsychiatry, 33, 421-430

Peham, I.M. (1981). Beginn einer therapeutischen Beziehung unter besonderer Berücksichtigung der Klienten- und Therapeutenerwartungen im ersten und dritten Gespräch. Unveröffentl. Dissertation, Innsbruck

Peise-Seithe, M. (1982). Erziehungsberatung als Bestandteil von Gemeinwesen-
arbeit. In: Specht, F., Spittler, H.-D. (Hrsg.). Wie Berater helfen: Integration
und Kombination von Methoden, Göttingen: Verlag für Medizinische Psychologie

Pekarik, G., Wierzbicki, M. (1986). The relationship between clients' expected and
actual treatment duration. Psychotherapy: Theory, Research and Practice, 23,
532-534

Perotti, L.P., Hopewell, C.A. (1980). Expectancy effects in psychotherapy and
systematic desensitization: Review. ISAS: Catalogue of selected Documents in
Psychology, 10 (Ms. No. 2052)

Piper, W.E., Wogan, M. (1970). Placebo effects in pssychotherapy: An extension of
earlier findings. Journal of Consulting and Clinical Psychology, 42, 482-490

Plessen, U. (1982). Verlaufs- und Erfolgskontrolle im psychotherapeutischen
Prozeß. Göttingen: Hogrefe

Plessen, U. (1985). Zur Bedeutsamkeit verlaufs- und erfolgsorientierter Daten -
Forderungen an eine aussagekräftige Veränderungsdiagnostik. In: Hehl, F.J.,
Ebel, V., Ruch, W. (Hrsg.) (1985). Psychologische Diagnostik (Kinder, Familie,
Schule, Sport), Bonn: Deutscher Psychologen Verlag

Pohlmann, E. (1964). Should clients tell counselors what to do? Personnel and
Guidance Journal, 42, 456-458

Pope, B., Siegman, A.W., Blass,T., Cheek, J. (1972). Some effects of discrepant role
expectations on interviewee verbal behavior in the initial interview. Journal of
Consulting an Clinical Psychology, 39, 501-507

Post, I. (1987). Zum Selbstverständnis von Erziehungsberatung - Was wird heute
und morgen erwartet? Jugendwohl, 68, 385-392

Presting, G. (1987a). Erziehungs- und Familienberatungsstellen in der
Bundesrepublik Deutschland: Entwicklung, Inanspruchnahme und Tatigkeiten -
Erhebungen zur gegenwärtigen Lage. In: Presting, G., Sielert, U., Westphal, R.
Erziehungskonflikte und Beratung - Institutionelle Hilfen für Familien und
Jugendliche (Materialien zum siebten Jugendbericht Bd.7), München: DJI

Presting, G. (1987b). Erziehungs- und Familienberatungsstellen in der
Bundesrepublik Deutschland: Zur gegenwärtigen Versorgungslage. Praxis der
Kinderpsychologie und Kinderpsychiatrie, 36, 210 -214

Prospero, M.K. (1987). Effects of confirmation versus disconfirmation of counselor
directiveness in students with congruent expectations and preferences.
Unpublished doctoral dissertation, University of Acron

Redl, F. (1978). Erziehungsprobleme - Erziehungsberatung. München: Piper

Rahm, A. (1979). Gestaltberatung. Paderborn

Reiter-Theil, S., Reiter, L.,Steiner, E., Much, M. (1985). Einstellungen von Klienten
zur Eheberatung und Beratungserfolg, Familiendynamik, 10, 147 - 169

Rexilius, G. (1984). Familientherapie. In: Zygowski, H. (Hrsg.). Erziehungsberatung
in der Krise: Analysen und Erfahrungen. Forum für Verhaltenstherapie und
psychosoziale Praxis Bd.6. Tübingen: DGVT

Rey, E.-R., Aba, O., Pfeifer, W.K. (1978). Erste Ergebnisse einer Basis-dokumentation für Kinder und Jugendliche aus Erziehungsberatungsstellen, 6, 40-55

Richert, A.J. (1976). Expectations, experiencing and change in psychotherapy. Journal of Clinical Psychology, 32, 438-444

Richert, A. (1983). Differential prescription for psychotherapy on the basis of client role preferences. Psychotherapy: Theory, Research, and Practice, 20, 321-329

Richter, H.-E. (1984). Beratung in unserer Gesellschaft. In: Klug, H.-P., Specht, F. Erziehungs- und Familienberatung: Aufgaben und Ziele, Göttingen: Verlag für Med. Psychologie

Rickers-Ovsiankina, M.A., Berzins, J.I., Geller, J.D., Rogers, G.W. (1971). Patients' role-expectancies in psychotherapy: A theoretical and measurement approach. Psychotherapy: Theory, Research, and Practice, 8, 124-126

Riedrick, F.W. (1989). Psychosoziale Beratung. Köln: Pahl-Rugenstein Verlag

Rosen, A. (1967). Client preferences: An overview over the literature. Personnel and Guidance Journal, 45, 785-789

Rosen, A., Cohen, M. (1980). Client expectation-preference discrepancies, perceived powerlessness, and treatment behaviors. Journal of Social Service Research, 3, 371-381

Rosenthal, D. & Frank, J.D. (1956). Psychotherapy and the placebo effect. Psychological Bulletin, 1956, 53, 294-302

Ross, M.B. (1977). Discussion of similarity of client and therapist. Psychological Reports, 40, 699-704

Röttger, W.-A., Oberborbeck, K.W. (1977). Ein Gang zur Erziehungsberatungsstelle. In: Hornstein, W., Bastine, R., Junker, H., Wulf, C. (Hrsg.). Beratung in der Erziehung (Bd.1), Frankfurt a.M.: Fischer

Rotter, J.B. (1966). Generalized expectancies for internal vs. external control of reinforcement. Psychological Monographs, 80, 1-28

Sakofski, A., Kämmerer, A. (1986). Evaluation von Erziehungsberatung: Katamnestische Untersuchung zum Therapieerfolg. Zeitschrift für Klinische Psychologie, 15(4), 321-332

Sandler, W. (1975). Patient-therapist-dissimilarity of role expectations related to premature termination of psychotherapy with student-therapists. Dissertation Abstracts International, 35, 6111B - 6112B

Schlag, B., Langenmayr, A. (1984). Rahmenbedingungen, Arbeitsweise und Leistungsumfang von Erziehungsberatungsstellen. Heilpädagogische Forschung 10, 84-94

Schmidt, J. (1978). Einführung in die Erziehungsberatung. Darmstadt: Wissenschaftliche Buchgesellschaft

Schmidtchen, S., Bonhoff, S., Fischer, K., Lilienthal, C. (1983). Das Bild der Erziehungsberatungsstelle in der Öffentlichkeit und aus der Sicht von Klienten und Beratern. Praxis der Kinderpsychologie und Kinderpsychiatrie, 32, 166-173

Schmitz, B. (1981). Ein Fragebogen zur Erfassung von Einstellungen zur Inanspruchnahme psychotherapeutischer Hilfe. Unveröffentl. Dissertation, Tübingen

Schofield, W. (1964). Psychotherapy, the purchase of friendship. Englewood Cliffs: Prentice Hall

Schütt, K. (1978). Die Rolle der Erziehungsberatung im Feld psychosozialer Versorgung. Praxis der Kinderpsychologie und Kinderpsychiatrie, 27, 102-107

Schwab, R., König, R., Weiß, K.-H. (1978). Einstellungen zu psychischer Gestörtheit und Psychotherapie. Zeitschrift für klinische Psychologie, 7, 194-206

Schwab, R., Brasch, A.-M. (1986). Vorzeitiger Psychotherapieabbruch - Ursachen und Folgen aus der Sicht ehemaliger Klienten. Zeitschrift für Klinische Psychologie, 17, 217-229

Seitz, W. (1982). Aufgaben und Methoden der Erziehungsberatung im Wandel. Psychologie in Erziehung und Unterricht, 29, 30-40

Seligman, M.E.P. (1979). Erlernte Hilflosigkeit. München: Urban & Schwarzenberg

Sengling, D., Eisenberg, K. (1982). Stadtteilorientierte Erziehungsberatung - Möglichkeiten, Erfahrungen, Probleme. In: Specht, F., Spittler, H.-D. (Hrsg.). Wie Berater helfen: Integration und Kombination von Methoden, Göttingen: Verlag für Medizinische Psychologie

Severinson, K.N. (1966). Client expectation and perception of the counselor's role and their relationship to client satisfaction. Journal of Counseling Psychology, 13, 1, 109-112

Shapiro, A.K., Morris, L.A. (1978). The placebo effect in medical and psychological therapies. In: Garfield, S.L., Bergin, A.E. (Eds.) (1978). Handbook of psychotherapy and behavior change. New York: Wiley

Sipps, G.J., Janeczek, R.G. (1986). Expectancies for counselors in relation to subject gender traits. Journal of Counseling Psychology, 33, 214-216

Smid, H., Armbruster, E. (1980). Institutionelle Erziehungsberatung: Eine Bestandsaufnahme in Hessen, Weinheim: Beltz

Specht, F. (1982). Erziehungsberatung - Familie - Autonomie. Praxis der Kinderpsychologie und Kinderpsychiatrie, 31, 201-206

Spittler, H.-D., Specht, F.(Hrsg.). (1984). Basistexte und Materialien zur Erziehungs- und Familienberatung, Göttingen: Verlag für Medizinische Psychologie

Straus, F., Höfer, R., Gmür, W. (1988). Familie und Beratung: Zur Integration professioneller Hilfe in den Familienalltag; Ergebnisse einer qualitativen Befragung von Klienten. München: Profil

Streeck, U., Krug, A. (1983). Therapieerwartungn von Patienten der Mittel- und Unterschicht. Praxis der Psychotherapie und Psychosomatik, 28, 215-222

Stroebe, W. (1980). Grundlagen der Sozialpsychologie I. Stuttgart: Klett-Cotta

Strong, S.R. (1968). Counseling: An interpersonal influence process. Journal of Counseling Psychology, 15, 215-224

Strong, S.R., Matross, R.P. (1973). Change processes in counseling and psychotherapy. Journal of Counseling Psychology, 20, 25-37

Subich, L.M. (1983). Expectancies for counselors as a function of counselor gender specification and subject sex. Journal of Counseling Psychology, 30, 412-424

Subich, L.M., Coursol, D.H. (1985). Counseling expectations of clients and nonclients for group and individual treatment modes. Journal of Counseling Psychology, 32, 245-251

Subich, L.M., Hardin, S.I. (1985). Counseling expectations as a function of fee for service. Journal of Counseling Psychology, 32, 323-328

Suckert-Wegert, K. (1976). Das klienten-zentrierte Konzept der Gesprächs-psychotherapie und die "therapeutisch-zentrierte" Erwartungshaltung des Klienten: Eine empirische Untersuchung über die Effekte vortherapeutischer Beeinflussung falscher Klientenerwartungen auf den Therapieverlauf. Unveröffentl. Dissertation, Münster

Tauschmann, U. (1982). Erziehungs-, Jugend- und Familienberatungsstellen - Ihre Möglichkeiten und Grenzen - auf dem Hintergrund der lokalen Gegebenheiten der Region. Unsere Jugend, 34, 359 - 363

Tinsley, H.E.A., Harris, D.J. (1976). Client expectations for counseling. Journal of Counseling Psychology, 23, 173-177

Tinsley, H.E.A., Benton, B.L. (1978). Expectancies and preferences in counseling. Journal of College Student Personnel, 19, 537-543

Tinsley, H.E.A., Workman, K.R., Kass, R.A. (1980). Factor analysis of the domain of client expectancies about counseling. Journal of Counseling Psychology, 27, 561-570

Tinsley, H.E.A., de St. Aubin, T.M., Brown, M.T. (1982). College students' help seeking-preferences. Journal of Counseling Psychology, 29, 523-533

Tinsley, H.E.A., Brown, M.T., de St. Aubin, T.M., Lucek, J. (1984). Relation between expectancies for a helping relationship and tendency to seek help from a campus help provider. Journal of Counseling Psychology, 31, 149-160

Tinsley, H.E.A., Bowman, S.H., Ray, S.B. (1988). Manipulation of expectancies about counseling and psychotherapy: Review and analysis of expectancy manipulation strategies and results. Journal of Counseling Psychology, 35, 99-108

Tinsley, D.A., Hinson, J.A., Holt, M.S., Tinsley, H.E.A. (1990). Level of psychosocial development, perceived level of psychological difficulty, counseling readiness, and expectations about counseling: Examination of group differences. Journal of Counseling Psychology, 37, 143-148

Tollinton, H.J. (1973). Initial expectations and outcome. British Journal of Medical Psychology, 46, 251-257

Torrey, E.F. (1972). The mind game, witch doctors and psychiatrists. New York: Emerson Hall

Tracey, T.J. (1986). The stages of influence in counseling and psychotherapy. In: Dorn, F.J. (Ed.). The social influence process in counseling and psychotherapy. Springfield, IL: Charles C. Thomas

Tracey, T.J., Heck, E.J., Lichtenberg, J.W. (1981). Role expectations and and symmetrical/complementary therapeutic relationships. Psychotherapy: Theory, Research And Practice, 18, 338-344

Tracey, T.J.; Ray, P.B. (1984). The stages of successful time-imited counseling: An interactional examination. Journal of Counseling Psychology, 31, 13-27

Tracey, T.J., Dundon, M. (1988). Role anticipations and preferences over the course of counseling. Journal of Counseling Psychology, 35, 3-14

Tuchelt-Gallwitz, A. (1970). Organisation und Arbeitsweise der Erziehungs-beratungsstellen in der BRD. Weinheim: Beltz

Uhlenhuth, E., Duncan, D. (1968). Subjective Change in psychoneurotic outpatients with medical student therapists. II. Some determinants of change. Archives of General Psychiatry, 18, 532-540

Vail, A. (1974). Dropout from psychotherapy as related to patient - therapist discrepancies, therapist characteristics, and interaction in race and sex. Dissertation Abstracts International, 35, 2452B

VandeCreek, L.; Angstadt, L. (1985). Client preferences and anticipations about counselor self-disclosure. Journal of Counseling Psychology, 32, 206-214

Veelken, B. (1984). Das Schichtenproblem in der Arbeit institutionalisierter Erziehungsberatung - zum Vorwurf der Mittelschichtorientiertheit von Erziehungsberatungsstellen. Unveröffentl. Diplomarbeit, Münster

Venzor, E., Gillis, J.S., Beal, D.G. (1976). Preference for counselor response styles. Journal of Counseling Psychology, 23, 538-542

Wallach, M., Strupp, H. (1960). Psychotherapists' clinical judgements and attitudes toward patients. Journal of Consulting Psychology, 24, 316-323

Waniek, W., Finke, J. (1981). Welche Erwartungen knüpfen Patienten an die Behandlungsmaßnahmen einer Psychotherapieabteilung? Der Nervenarzt, 52, 538-543

Webb, L.E., Lamb, D.H. (1975). The use of expectancy-reality discrepancy to predict patient improvement. Journal of Clinical Psychology, 31, 314-317

Weber, M., Friebel, H.-D. (1987). Öffnung der Beratungsstelle. In: Bundes-konferenz für Erziehungsberatung e.V. (Hrsg.). Bedingungen und Einfluß-möglichkeiten institutioneller Erziehungs- und Familienberatung, Zweite Arbeitsgemeinschaft im ZIF Bielefeld, Fürth

Wegner, R. (1975). "Ratsuchende" (Stichwort). In: Keil, S. (Hrsg.). Familien- und Lebensberatung. Stuttgart: Krenz

Weiss, S., Dlugokinski, E. (1974). Parental expectations of psychotherapy. The Journal of Psychology, 86, 71-80

Westhoff, K. (1985). Erwartungen und Entscheidungen. Berlin u.a.: Springer

Westhoff, K. (1989). Expectations and decisions. In: Upmeyer, A. (Hrsg.). Attitudes and behavioral decisions. New York: Springer

Wilkins, W. (1973). Expectancy of therapeutic gain: An empirical and conceptual critique. Journal of Consulting and Clinical Psychology, 40, 69-77

Wilkins, W. (1977). Expectancies in applied settings. In: Gurman, A.S., Razin, A.M. (Ed.) (1977). Effective Psychotherapy: A handbook of research. Oxford: Pergamon Press

Wilkins, W. (1979a). Expectancies in therapy research: Discriminating among heterogenous nonspecifics. Journal of Consulting and Clinical Psychology, 47, 837-845

Wilkins, W. (1979b). Heterogenous referents, indiscriminate langugage, and complementary research purposes. Journal of Consulting and Clinical Psychology, 47, 856-859

Wilkins, W. (1979c). Getting specific about nonspecifics. Cognitive Therapy and Research, 3, 319-329

Wilkins, W. (1984). Empirically equating psychotherapy and placebos: Critique and alternatives. Journal of Social and Clinical Psychology, 2, 289-309

Wilson, G.T., Thomas, M.G.W. (1973). Self- versus drug-produced relaxation and the effects of instructional set in standardized systematic desensitization. Behavior Research an Therapy, 11, 279-288

Wiswede, G. (1977). Rollentheorie. Stuttgart: Kohlhammer

Wolfslast, G. (1985). Rechtsfragen in der Erziehungsberatung: Die Schweigepflicht von Erziehungsberatern gegenüber Behörden. In: Klug, H.-P., Specht, F. (Hrsg.). Erziehungs- und Familienberatung: Aufgaben und Ziele, Göttingen: Verlag für Med. Psychologie

Wynne, M.F. (1982). Client and therapist expectations related to the outcome of crisis intervention therapy with black clients. Dissertation Abstracts International, 42, 4220B

Yanico, B.J., Hardin, S.I. (1985). Relation of type of problem and expectations of counselor knowledge and understanding to students' gender preferences for counselors. Journal of Counseling Psychology, 32, 197-205

Yuen, R.K.-W., Tinsley, H.E.A. (1981). International and American students' expectancies about counseling. Journal of Counseling Psychology, 21, 66-69

Zürn, H., Bosselmann, R., Arendt, G., Liebl-Wachsmuth, W. (1990). Wie ging's denn weiter? - Ergebnisse und Erkenntnisse aus der Nachbefragung eines Klientenjahrgangs. Praxis der Kinderpsychologie und Kinderpsychiatrie, 39, 185-190

Zoll, H.G. (1980). Zur Diskussion gestellt: Beratung und Therapie - ein weltlich Ding? Jugendwohl, 61, 434-439

Zygowski, H.(Hrsg.) (1984). Erziehungsberatung in der Krise: Analysen und Erfahrungen, Forum für Verhaltenstherapie und psychosoziale Praxis Bd.6. Tübingen: DGVT

ANHANG

A: Ergebnistabellen zu den Eingangserwartungen von Beratern und Klienten

B: Items und Faktorladungen der Antizipations- und Präferenzfaktoren der Klienten (Eingangserwartungen)

C: Mittelwertsunterschiede in den Erwartungen der Klienten der Erwartungscluster

D: Vergleich der Erwartungen von Klienten und Beratern

E: Erwartungsunterschiede in erfolgreichen und weniger erfolgreichen Beratungen

F: Berechnungsvorschriften der Klient-Berater-Beziehungswerte und Ergebnisse zu den Regressionsanalysen in Kap. 14.1

G: Items des Erwartungsteils des Fragebogens

H: 1.   Klientenfragebogen 1-3
    2.   Erwartungsfragebogen für Berater
    3.   Therapiebewertungsbogen für Berater
    4.   Metafragebogen zur Voruntersuchung

Ergebnistabellen zu den Eingangserwartungen von Beratern und Klienten

Die Tabellen geben die aritmethischen Mittelwerte (M) und Standardabweichungen
(S) der einzelnen Items jeweils für Antizipationen und Präferenzen wieder. Die drei
Spalten mit der Bezeichnung "%-Anteile" enthalten, wiederum für Antizipationen und
Präferenzen getrennt, den prozentualen Anteil der Antworten pro Item. Dabei wurden
die Antworten zur besseren Übersicht so zusammengefaßt, daß ablehnende Antworten
in die Kategorie "-" und zustimmende Antworten in die Kategorie "+" fallen.

Die vorletzte Spalte gibt die Produkt-Moment-Korrelationen von Antizipation und
Präferenz sowie deren Signifikanzniveau wieder (* entspricht Signifikanz auf
mindestens 5%-Niveau, ** auf mindestens 1%-Niveau). Die letzte Spalte zeigt das
Ergebnis eines t-Tests auf Mittelwertsunterschiede zwischen den Antizipationen und
Präferenzen (t-Test für abhängige Stichproben, zweiseitige Testung (jeweils
df=110). Signifikante Mittelwertsunterschiede sind auch hier mit * (p < .05) und
** (p < .01) gekennzeichnet.

METHODIK	ANTIZIPATIONEN					PRÄFERENZEN					VERGLEICH ANT. - PRÄF.	
			%-Anteile					%-Anteile			Korrelat.	t-Wert(Diff.)
	M	S	-	0	+	M	S	-	0	+	Ant.-Präf	Ant.-Präf.
1) Th. spricht nur kurz mit den Eltern	-0,27	1,60	49	14	37	-0,47	1,55	56	8	36	.55 **	1,40
8) Tips und Ratschläge	1,16	1,16	14	5	81	1,60	0,89	6	0	94	.53 **	-4,45 **
19) Gemeinsame Sitzungen mit Eltern und Kindern	1,01	1,07	7	23	69	0,95	1,09	10	15	75	.43 **	0,58
27) Einsatz standard. diagnost. Verfahren	0,06	1,55	35	25	40	-0,21	1,42	37	33	30	.55 **	2,02 *
33) Einsatz von Rollenspielen und Gesprächsübungen	0,72	1,18	12	30	59	0,60	1,30	18	24	59	.57 **	1,15
36) Einsatz von Körper- und Gesprächsübungen	0,75	1,26	14	24	61	0,69	1,32	18	21	61	.56 **	0,55
42) Th. gibt v.a. Denkanstöße	1,70	0,73	3	3	95	1,82	0,62	2	1	97	.66 **	-2,17 *
57) Th. gibt konkrete Verhaltens- aufgaben	0,70	1,20	13	29	59	0,64	1,36	19	16	65	.51 **	0,52
61) Beratung in Gruppen	-0,03	1,40	32	30	37	-0,25	1,43	44	23	32	.52 **	1,70
INHALTE												
5) Verhalten statt Gefühle im Mittelpunkt	-0,51	1,60	58	12	31	-0,24	1,65	50	10	40	.50 **	-1,70
12) Nur Eingangsproblem thematisieren	0,57	1,47	26	16	58	0,56	1,58	32	6	62	.54 **	0,06
13) Kl. spricht auch über persönliche Probleme	1,10	1,13	8	15	77	0,88	1,28	14	15	70	.52 **	1,91
15) Intime Familienbereiche thematisieren	0,44	1,51	27	19	54	-0,03	1,52	40	16	44	.65 **	3,91 **
21) Gegenwart statt Vergangenheit im Mittelpunkt	0,05	1,57	40	16	44	0,21	1,62	41	6	53	.54 **	-1,06
40) Fehler des Kl. ansprechen	1,50	0,86	5	8	87	1,44	0,97	6	5	89	.49 **	0,72
53) Ansichten aller Familienmit- glieder einbeziehen	1,73	0,59	1	5	95	1,65	0,72	2	4	95	.44 **	1,22
56) Elternverhältnis spielt keine Rolle	-1,33	1,21	80	10	10	-0,73	1,47	59	16	26	.25 **	-3,80 **
VERLAUF												
70) Beratungsdauer unter 1/2 Jahr	0,14	1,29	22	46	32	0,44	1,45	22	32	47	.51 **	-2,30 *

Tab. A: Itemmittelwerte von Antizipationen und Präferenzen (über alle Klienten) aus dem Bereich "Beratungsprozeß", sowie Korrelationen und Mittelwertsunterschiede von Antizipation und Präferenz (* p < .05, ** p < .01)

BEZIEHUNG	ANTIZPATIONEN					PRÄFERENZEN					VERGLEICH ANT. - PRÄF.	
			%-Anteile					%-Anteile			Korrelat.	t-Wert(Diff.)
	M	S	-	0	+	M	S	-	0	+	Ant.-Präf	Ant.-Präf.
16) Th. entscheidet über Themen und Teilnehmer	0,97	1,30	14	15	70	0,83	1,43	21	6	73	.54 **	1,16
39) freundschaftl. Verhältnis zwischen Th. und Kl.	0,75	1,18	16	20	64	0,89	1,34	19	9	72	.65 **	-1,42
58) Th. klärt Kl. über Absichten auf	1,41	0,96	7	6	87	1,60	0,84	5	4	91	.47 **	-2,05 *
59) Th. berichtet auch private Erfahrungen	-0,16	1,39	37	29	34	0,19	1,30	27	30	43	.51 **	-2,78 **
60) offene Kritik und Forderungen zwischen Kl. und Th.	1,11	1,04	6	22	72	1,32	0,99	6	8	86	.36 **	-1,89
64) Th. ergreift bei Konflikten zwischen Kl. Partei	-1,31	1,09	72	22	6	-1,50	1,04	83	11	6	.61 **	2,12 *
66) Th. hält sich an Wünsche d. Kl.	0,53	1,18	18	31	51	0,89	1,16	14	15	70	.44 **	-3,06 **
ZIELE												
14) Kl. soll eigene Ängste und Schwächen kennenlernen	1,32	0,95	5	13	83	1,33	1,11	8	6	86	.42 **	-0,17
24) Verhaltensmodifikation bei Kindern als Ziel	1,41	1,04	8	6	86	1,48	1,02	7	6	87	.74 **	-1,02
41) Vollständige Problemlösung als Ziel	0,92	1,22	16	13	71	1,51	0,90	6	1	93	.51 **	-5,70 **
51) Offenere Kommunikation in der Familie als Ziel	1,23	1,07	6	15	78	1,37	1,06	10	6	84	.67 **	-1,76
68) Ursachenfindung als Ziel	1,73	0,59	2	2	96	1,81	0,61	3	0	97	.36 **	-1,26
EFFIZIENZ												
6) Schwierigkeiten werden vollständig beseitigt	0,17	1,33	31	21	49	1,61	0,68	3	3	95	.21 *	-11,11 **
23) Positive Wirkung der Beratung auf das Familienleben Familienleben auswirkt	1,34	0,95	5	9	86	1,82	0,43	0	2	98	.38 **	- 5,70 **

Tab. B: Itemmittelwerte von Antizipationen und Präferenzen (über alle
Klienten) aus dem Bereich "Beratungsprozeß", sowie Korrelationen und
Mittelwertsunterschiede von Antizipation und Präferenz (* p < .05, **
p < .01)

BERATUNGSUMSTÄNDE	ANTIZPATIONEN					PRÄFERENZEN					VERGLEICH ANT. - PRÄF.	
	M	S	%-Anteile -	0	+	M	S	%-Anteile -	0	+	Korrelat. Ant.-Präf	t-Wert(Diff.) Ant.-Präf.
7) Termine auch außerhalb gängiger Öffnungszeiten	0,82	1,37	16	20	64	1,28	1,01	5	19	77	.27 **	-3,31 **
34) Beratung auch in rechtl. und finanziellen Dingen	1,80	0,52	2	0	98	1,87	0,37	0	1	99	.46 **	-1,16
48) Termine in Räumen der EBSt	1,57	0,84	2	14	84	1,05	1,06	4	34	62	.43 **	5,37 **
BERATUNGSRAHMEN												
2) Caritas-EBSt v.a. für kath. Ratsuchende zuständig	-1,67	0,91	88	8	4	-1,73	0,71	89	10	1	.35 **	0,71
9) Th. hat auch für kleinere Probleme Zeit	1,31	1,09	9	10	81	1,68	0,66	3	3	95	.42 **	-3,86 **
18) Schweigepflicht	1,90	0,40	1	1	98	1,86	0,50	1	4	96	.60 **	1,15
35) Kostenlosigkeit	1,43	0,97	4	21	76	1,72	0,75	3	7	90	.48 **	-3,38 **
46) Trägerspezifische Beratung	-0,35	1,14	32	53	15	-0,41	1,20	34	53	13	.58 **	0,61
50) Zusammenarbeit der EBSt mit anderen Stellen	1,41	0,91	5	10	86	1,31	1,05	6	9	85	.42 **	1,07
63) Ansichten des Trägers fließen in die Beratung ein	-0,95	1,35	67	17	16	-1,14	1,16	69	23	9	.41 **	1,46
69) Zuständigkeit nur für Erziehungsprobleme	-0,23	1,62	49	15	36	-0,31	1,54	48	17	35	.44 **	0,51

Tab. C: Itemmittelwerte von Antizipationen und Präferenzen (über alle Klienten) aus dem Bereich "institutionelle Rahmenbedingungen", sowie Korrelationen und Mittelwertunterschiede von Antizipation und Präferenz (* p < .05, ** p < .01)

BERUFLICHE KOMPETENZ	ANTIZIPATIONEN					PRÄFERENZEN					VERGLEICH ANT. - PRÄF.	
	M	S	-%-Anteile	0	+	M	S	-%-Anteile	0	+	Korrelat. Ant.-Präf	t-Wert(Diff.) Ant.-Präf
20) Th. blickt nicht "tiefer" in Kl. hinein als andere	-0,12	1,38	43	18	39	-0,44	1,46	53	17	30	.41 **	2,20 *
22) Th. hat umfassendes Fachwissen	1,40	0,89	6	5	88	1,69	0,67	3	1	96	.49 **	-3,73 **
25) Th. schafft offene Gesprächsatmosphäre	1,57	0,85	3	7	90	1,72	0,64	2	2	96	.38 **	-1,91
29) Th. kann besonders gut mit Kindern umgehen	0,04	1,23	28	37	35	0,82	1,19	14	19	67	.28 **	-5,70 **
30) Th. hat Hochschulausbildung	0,76	1,15	11	32	58	0,29	1,01	14	48	38	.48 **	4,29 **
37) Th. kann besonders gut zuhören	1,80	0,52	2	0	98	1,87	0,37	0	1	99	.38 **	-1,30
43) Th. erkennt sehr schnell den Problemschwerpunkt	0,90	1,13	15	12	73	1,60	0,74	3	2	96	.34 **	-6,53 **
45) Th. versetzt sich gut auch in "einfache" Leute	1,22	0,86	2	23	76	1,45	0,87	3	12	86	.42 **	-2,64 **
65) Th. hat einige Jahre Berufserfahrung	1,21	1,06	8	18	74	1,14	1,01	7	17	76	.41 **	0,59
67) Th. kann unbemerkt Veränderungen bewirken	0,04	1,43	35	20	45	0,11	1,65	42	6	51	.75 **	-0,68
PERSÖNLICHKEIT												
3) Th. hat eigene Probleme weitgehend gelöst	0,17	1,31	25	39	36	0,70	1,29	20	21	60	.33 **	-3,73 **
10) Th. ist lebenserfahren	1,01	1,16	12	15	73	1,37	0,84	4	13	84	.40 **	-3,35 **
11) Th. ist sachlich u. überlegt	1,13	0,97	7	17	76	1,09	1,12	14	6	80	.37 **	0,32
17) Th. hat seriöses Äußeres	0,58	1,13	12	40	49	0,60	1,08	12	34	54	.54 **	-0,27
28) Th. strahlt Wärme und Geborgenheit aus	0,72	1,02	7	42	51	1,37	0,85	4	5	91	.50 **	-7,19 **
31) Th. strahlt Ruhe und Gelassenheit aus	1,45	0,68	0	11	89	1,60	0,73	3	1	96	.28 **	-1,78
32) Th. ist locker u. humorvoll	0,49	1,04	14	33	52	0,91	1,13	13	16	71	.59 **	-4,52 **
38) Th. ist fordernd u. direkt	0,12	1,39	25	22	43	0,14	1,48	40	10	50	.59 **	-0,22
49) Th. ist verständnisvoll u. tolerant	1,30	0,77	1	16	83	1,51	0,79	3	6	93	.43 **	-2,62 **
52) Th. und Kl. etwa gleich alt	0,20	1,16	18	50	32	0,29	1,16	12	57	32	.59 **	-0,90
54) Th. hat eigene Kinder	0,39	1,11	13	46	41	0,76	1,05	6	37	57	.41 **	-3,31 **
62) Th. u. Kl. gleichgeschlechtl.	-0,60	1,38	47	38	15	-0,30	1,15	26	60	14	.51 **	-2,54 *
PERSÖNL. ENGAGEMENT												
4) Th. macht sich bei anderen Stellen für Kl. stark	0,44	1,44	24	20	56	0,58	1,49	25	11	64	.47 **	-0,94
26) Th. fühlt sich persönlich von Kl.-Problemen betroffen	0,21	1,29	5	9	86	0,87	1,26	17	14	69	.29 **	-4,55 **
44) Keine freundschaftl. Kontakte von Th. zu Kl.	0,28	1,28	23	38	39	-0,32	1,27	42	37	21	.25 **	4,02 **
47) Th. macht nicht nur "seinen Job"	1,19	1,08	7	15	78	1,61	0,86	4	5	91	.38 **	-4,06 **
55) Th. ist privat erreichbar erreichen ist	0,58	1,23	18	27	55	0,74	1,30	18	16	66	.64 **	-1,59

Tab. D: Itemmittelwerte von Antizipationen und Präferenzen (über alle Klienten) aus dem Bereich "Beratermerkmale", sowie Korrelationen und Mittelwertsunterschiede von Antizipation und Präferenz (* p < .05, ** p < .01)

METHODIK	ANTIZPATIONEN					PRÄFERENZEN					VERGLEICH ANT. - PRÄF.	
			%-Anteile					%-Anteile			Korrelat.	t-Wert(Diff.)
	M	S	-	0	+	M	S	-	0	+	Ant.-Präf	Ant.-Präf.
1) Th. spricht nur kurz mit den Eltern	-1,70	0,65	95	3	3	-1,70	0,65	10	5	85	.51 **	0,00
8) Tips und Ratschläge	-0,48	1,22	58	15	28	-0,48	1,30	55	10	35	.74 **	0,00
19) Gemeinsame Sitzungen mit Eltern und Kindern	0,98	0,92	10	13	78	1,28	1,01	8	3	90	.28	-1,64
27) Einsatz standard. diagnost. Verfahren	-0,38	1,33	50	18	33	-0,58	1,17	55	23	23	.48 **	0,98
33) Einsatz von Rollenspielen und Gesprächsübungen	0,58	1,20	25	3	72	1,13	0,98	8	5	88	.76 **	-4,44 **
36) Einsatz von Körper- und Gesprächsübungen	1,05	1,06	15	0	85	1,55	0,71	3	5	93	.47 **	-3,29 **
42) Th. gibt v.a. Denkanstöße	1,28	0,82	5	8	88	1,48	0,91	8	5	88	.65 **	-1,75 *
57) Th. gibt konkrete Verhaltensaufgaben	0,63	1,28	23	8	70	0,85	1,15	18	5	88	.86 **	-2,16 *
61) Beratung in Gruppen	-0,80	1,44	73	0	27	0,55	1,22	23	15	63	.33 *	5,53 **
INHALTE												
5) Verhalten statt Gefühle im Mittelpunkt	-0,73	1,22	65	15	20	-0,80	1,24	68	12	20	.79 **	0,60
12) Nur Eingangsproblem thematisieren	-1,23	1,07	83	3	15	-1,28	0,99	83	7	10	.71 **	0,40
13) Kl. spricht auch über persönliche Probleme	1,88	0,52	3	0	97	1,78	0,66	3	5	92	.44 **	1,00
15) Intime Familienbereiche thematisieren	1,50	0,64	0	7	93	1,45	0,82	3	12	85	.39 *	0,39
21) Gegenwart statt Vergangenheit im Mittelpunkt	0,83	0,84	10	15	75	0,58	1,06	20	18	62	.60 **	1,82
40) Fehler des Kl. ansprechen	1,10	0,98	7	5	87	0,95	1,01	13	7	80	.70 **	1,23
53) Ansichten aller Familienmitglieder einbeziehen	1,85	0,48	0	5	95	1,80	0,69	5	0	95	.29	0,44
56) Elternverhältnis spielt keine Rolle	-1,80	0,72	95	3	3	-1,48	1,13	87	5	8	.03	-1,55
VERLAUF												
70) Beratungsdauer unter 1/2 Jahr	-0,48	1,26	57	13	30	-0,05	1,32	37	20	43	.20	-1,65

Tab. E: Itemmittelwerte von Antizipationen und Präferenzen (über alle Berater) aus dem Bereich "Beratungsprozeß", sowie Korrelationen und Mittelwertsunterschiede von Antizipation und Präferenz (* $p < .05$, ** $p < .01$)

BEZIEHUNG	ANTIZPATIONEN M	S	%-Anteile -	0	+	PRÄFERENZEN M	S	%-Anteile -	0	+	VERGLEICH ANT. - PRÄF. Korrelat. Ant.-Präf	t-Wert(Diff.) Ant.-Präf.
16) Th. entscheidet über Themen und Teilnehmer	-0,18	1,30	48	15	38	-0,18	1,22	45	12	43	.60 **	0,00
39) freundschaftl. Verhältnis zwischen Th. und Kl.	-0,88	1,07	58	32	10	-0,83	1,15	60	22	18	.80 **	-0,44
58) Th. klärt Kl. über Absichten auf	0,38	1,28	27	18	55	0,68	1,23	22	13	65	.64 **	-1,78
59) Th. berichtet auch private Erfahrungen	0,20	1,14	37	13	50	0,18	1,04	37	15	48	.81 **	0,24
60) offene Kritik und Forderungen zwischen Kl. und Th.	0,10	1,19	37	20	43	1,05	1,11	13	13	75	.66 **	-6,26 **
64) Th. ergreift bei Konflikten zwischen Kl. Partei	-1,10	1,08	78	7	15	-1,53	0,75	90	7	3	.76 **	3,77 **
66) Th. hält sich an Wünsche d. Kl.	1,08	0,94	7	10	83	1,15	1,08	10	5	85	.62 **	-0,53
ZIELE												
14) Kl. soll eigene Ängste und Schwächen kennenlernen	1,38	0,67	0	10	90	1,73	0,45	0	0	100	.35 *	-3,34 **
24) Verhaltensmodifikation bei Kindern als Ziel	0,13	1,07	30	25	45	0,58	1,08	23	12	65	.69 **	-3,36 **
41) Vollständige Problemlösung als Ziel	-0,18	1,34	45	12	43	0,48	1,41	35	3	62	.67 **	-3,66 **
51) Offenere Kommunikation in der Familie als Ziel	1,83	0,39	0	0	100	1,88	0,34	0	0	100	.42 **	-0,81
68) Ursachenfindung als Ziel	0,38	1,30	35	12	52	0,85	1,23	23	0	77	.74 **	-3,32 **
EFFIZIENZ												
6) Schwierigkeiten werden vollständig beseitigt	-1,00	1,01	75	12	13	0,80	1,18	22	5	73	.26	-8,47 **
23) Positive Wirkung der Beratung auf das Familienleben Familienleben auswirkt	1,20	0,65	0	13	87	1,93	0,27	0	0	100	.39 *	-7,66 **

Tab. F: Itemmittelwerte von Antizipationen und Präferenzen (über alle Berater) aus dem Bereich "Beratungsprozeß", sowie Korrelationen und Mittelwertsunterschiede von Antizipation und Präferenz (* p < .05, ** p < .01)

BERATUNGSUMSTÄNDE	ANTIZPATIONEN					PRÄFERENZEN					VERGLEICH ANT. - PRÄF.	
			%-Anteile					%-Anteile			Korrelat.	t-Wert(Diff.)
	M	S	-	0	+	M	S	-	0	+	Ant.-Präf	Ant.-Präf.
7) Termine auch außerhalb gängiger Öffnungszeiten	1,38	0,93	8	0	92	0,73	1,30	18	10	72	.43 **	3,34 **
34) Beratung auch in rechtl. und finanziellen Dingen	-0,08	1,33	48	10	42	1,05	1,11	13	5	82	.44 **	5,45 **
48) Termine in Räumen der EBSt	1,50	0,60	0	5	95	1,05	1,09	13	10	77	.59 **	3,25 **
BERATUNGSRAHMEN												
2) Caritas-EBSt v.a. für kath. Ratsuchende zuständig	-1,93	0,35	97	3	0	-1,88	0,46	95	5	0	-.06	-0.53
9) Th. hat auch für kleinere Probleme Zeit	1,58	0,64	0	7	93	1,45	0,99	5	5	90	.64 **	1,04
18) Schweigepflicht	1,88	0,65	3	0	97	1,85	0,70	3	2	95	.86 **	0,44
35) Kostenlosigkeit	1,98	0,16	0	0	100	1,48	1,11	10	2	88	.36 *	2,98 **
46) Trägerspezifische Beratung	-0,63	1,21	57	30	13	-0,65	1,46	60	15	25	.53 **	0,12
50) Zusammenarbeit der EBSt mit anderen Stellen	1,99	0,22	0	0	100	1,83	0,45	0	3	97	.17	1,71
63) Ansichten des Trägers fließen in die Beratung ein	-0,85	1,15	67	13	20	-0,75	1,21	60	20	20	.73 **	-0,73
69) Zuständigkeit nur für Erziehungsprobleme	-0,75	1,45	67	5	28	-1,35	1,00	85	7	8	.40 *	2,73 **

Tab. G: Itemmittelwerte von Antizipationen und Präferenzen (über alle Berater) aus dem Bereich "institutionelle Rahmenbedingungen", sowie Korrelationen und Mittelwertunterschiede von Antizipation und Präferenz (* $p < .05$, ** $p < .01$)

BERUFLICHE KOMPETENZ	ANTIZIPATIONEN					PRÄFERENZEN					VERGLEICH ANT. - PRÄF.	
			%-Anteile					%-Anteile			Korrelat. Ant.-Präf	t-Wert(Diff.) Ant.-Präf
	M	S	-	0	+	M	S	-	0	+		
20) Th. blickt nicht "tiefer" in Kl. hinein als andere	-0,13	1,34	57	5	38	-0,55	1,40	65	8	27	.63 **	2,29 *
22) Th. hat umfassendes Fachwissen	1,15	0,77	3	15	82	1,75	0,54	0	5	95	.46 **	-5,35 **
25) Th. schafft offene Gesprächsatmosphäre	1,70	0,52	0	3	97	1,95	0,22	0	0	100	.09	-2,91 **
29) Th. kann besonders gut mit Kindern umgehen	-0,75	1,24	60	15	25	0,23	1,31	32	18	50	.66 **	-5,87 **
30) Th. hat Hochschulausbildung	1,40	1,39	15	0	85	0,45	1,28	23	25	52	.29	3,75 **
37) Th. kann besonders gut zuhören	1,78	0,48	0	3	97	1,93	0,35	0	3	97	.66 **	-2,62 *
43) Th. erkennt sehr schnell den Problemschwerpunkt	0,68	0,83	8	25	67	1,45	0,82	5	5	90	.30	-5,03 **
45) Th. versetzt sich gut auch in "einfache" Leute	1,00	0,99	13	10	77	1,73	0,64	3	3	95	.12	-4,13 **
65) Th. hat einige Jahre Berufserfahrung	1,63	0,93	6	8	87	1,53	0,82	5	5	90	.13	0,55
67) Th. kann unbemerkt Veränderungen bewirken	-0,45	1,28	52	18	30	-0,65	1,35	62	8	30	.55 **	1,02
PERSÖNLICHKEIT												
3) Th. hat eigene Probleme weitgehend gelöst	0,88	0,88	10	15	75	1,18	1,08	10	5	85	.24	-1,55
10) Th. ist lebenserfahren	0,95	0,88	8	17	75	1,65	0,77	3	3	95	.47 **	-5,19 **
11) Th. ist sachlich u. überlegt	-0,03	1,12	40	23	37	0,10	1,19	33	20	47	.67 **	-0,84
17) Th. hat seriöses Äußeres	0,60	1,11	18	20	62	0,70	1,09	20	10	70	.77 **	-0,85
28) Th. strahlt Wärme und Geborgenheit aus	0,98	0,80	3	17	80	1,48	0,60	0	5	95	.40 *	-4,03 **
31) Th. strahlt Ruhe und Gelassenheit aus	1,13	0,94	5	15	80	1,60	0,55	0	3	97	.10	-2,90 **
32) Th. ist locker u. humorvoll	0,25	0,93	20	33	47	1,00	1,11	13	15	72	.55 **	-4,84 **
38) Th. ist fordernd u. direkt	-0,43	1,13	60	10	30	-0,40	1,32	52	13	35	.66 **	-0,15
49) Th. ist verständnisvoll u. tolerant	0,95	0,71	3	20	77	1,45	0,45	3	7	90	.38 *	-3,87 **
52) Th. und Kl. etwa gleich alt	0,28	1,24	30	25	45	-0,30	1,20	35	42	23	.13	2,30 *
54) Th. hat eigene Kinder	0,70	1,90	33	0	67	0,98	0,97	8	17	75	.43 **	-1,01
62) Th. u. Kl. gleichgeschlechtl.	-0,43	1,52	60	0	40	-0,98	1,17	67	23	10	.41 **	2,34 *
PERSÖNL. ENGAGEMENT												
4) Th. macht sich bei anderen Stellen für Kl. stark	0,75	0,98	18	10	73	0,68	1,19	28	7	65	.55 **	0,45
26) Th. fühlt sich persönlich von Kl.-Problemen betroffen	-0,68	1,23	58	20	23	0,88	1,20	17	10	73	.24	-6,53 **
44) Keine freundschaftl. Kontakte von Th. zu Kl.	1,18	0,96	8	15	77	0,73	1,24	23	17	60	.39 *	2,30 *
47) Th. macht nicht nur "seinen Job"	1,25	0,98	8	8	85	1,48	0,75	3	7	90	.60 **	-1,78
55) Th. ist privat erreichbar erreichen ist	0,43	1,63	40	3	57	0,38	1,44	33	10	57	.65 **	0,24

Tab. H: Itemmittelwerte von Antizipationen und Präferenzen (über alle Berater) aus dem Bereich "Beratermerkmale", sowie Korrelationen und Mittelwertsunterschiede von Antizipation und Präferenz (* p < .05, ** p < .01)

Items und Faktorladungen der Antizipations- und Präferenzfaktoren

der Klienten (Eingangserwartungen)

1) Antizipationsfaktoren:

Faktor 1: "Sachlicher Expertenrat zu konkretem Problem"
(Var.-aufklärung: 12.1%)

Item	Ladung	Inhalt
11	.72	Th. ist sachlich und überlegt
8	.64	Tips und Ratschläge
10	.61	Th. ist lebenserfahren
12	.59	nur Eingangsproblem thematisiert
9	.54	Th. hat für kleinere Probleme Zeit
16	.52	Th. entscheidet über Themen u. Teilnehmer
3	.50	Th. hat eigene Probleme weitgehend gelöst
17	.50	Th. tritt seriös auf

Faktor 2: "Freies Angebot zu transparenter u. gleichberechtigter
Ursachensuche"
(Var.-aufklärung: 6.6%)

Item	Ladung	Inhalt
58	.63	Th. klärt Kl. über Absichten auf
35	.60	Kostenlosigkeit der Beratung
49	.54	Th. ist verständnisvoll u. tolerant
60	.52	offene Kritik und Forderungen
18	.48	Schweigepflicht
59	.47	Th. berichtet private Erfahrungen
43	.45	Th. erkennt schnell Problemschwerpunkt
68	.45	Ursachenfindung als Beratungsziel
66	.42	Th. hält sich an Wünsche der Kl.

Faktor 3: "Eng problemzentrierte u. verhaltensorientierte
Erziehungsberatung"
(Var.-aufklärung: 4.6%)

Item	Ladung	Inhalt
15	-.72	intime Familienbereiche thematisiert
69	.61	nur für Erziehungsprobleme zuständig
5	.60	Verhalten statt Gefühle im Mittelpunkt
14	-.60	Kl. soll eigene Ängste u. Schwächen kennenlernen
21	.49	Gegenwart statt Vergangenheit im Mittelpunkt
20	.43	Th. blickt nicht "tiefer" in Kl. als andere
13	-.45	Kl. spricht auch über persönliche Probleme

Faktor 4: "Hilfreiche Gespräche mit kompetentem Freund"
         (Var.-aufklärung: 4.3%)

Item	Ladung	Inhalt
23	.73	pos. Wirkung der Beratung auf Familienleben
22	.60	Th. hat umfassendes Fachwissen
39	.54	freundschaftl. Verhältnis zwischen Kl. und Th.
3	.50	Th. hat eigene Probleme weitgehend gelöst
25	.46	Th. schafft offene Gesprächsatmosphäre
49	.40	Th. ist verständnisvoll u. tolerant

Faktor 5: "Umfassende Hilfe auf persönlich-unbürokratische Weise"
         Var.-aufklärung: 3,7%)

Item	Ladung	Inhalt
55	.61	Th. privat erreichbar
28	.55	Th. strahlt Wärme u. Geborgenheit aus
65	.55	Th. hat einige Jahre Berufserfahrung
7	.55	Termine auch außerhalb gängiger Öffnungszeiten
13	.49	Kl. kann auch über persönl. Probleme sprechen
32	.48	Th. ist locker und humorvoll
34	.46	EBSt berät auch in rechtl./finanz. Sachen

Faktor 6: "Kinderbehandlung durch Berater in vergleichbaren
         Lebensumständen"
         (Var.-aufklärung: 3,6%)

Item	Ladung	Inhalt
62	.63	Th. und Kl. haben gleiches Geschlecht
67	.57	Th. bewirkt unbemerkt Veränderungen
54	.48	Th. hat Erfahrung mit eigenen Kindern
1	.46	Th. spricht nur kurz mit den Eltern
46	.45	trägerspezifische Beratung

Faktor 7: "Offen-konfrontative Auseinandersetzung mit Problemen"
         (Var.-aufklärung: 3,5%)

Item	Ladung	Inhalt
38	.57	Th. ist fordernd und direkt
57	.54	Th. gibt konkrete Verhaltensaufgaben
40	.52	Fehler des Kl. werden angesprochen
61	.51	Beratung in Gruppen
64	.41	Th. ergreift bei Konflikten Partei
60	.46	offene Kritik u. Forderungen zwischen Kl. u. Th.

Faktor 8: "Individueller Denkanstoß an die Eltern"
        (Var.-aufklärung: 3,2%)

Item	Ladung	Inhalt
42	.63	Th. gibt v.a. Denkanstösse
56	-.59	Elternverhältnis spielt keine Rolle
47	.50	Th. macht nicht nur "seinen Job"
45	.46	Th. versetzt sich gut auch in "einfache" Kl.

Faktor 9: "Erfolgreiche Arbeit mit Kindern"
        (Var.-aufklärung: 3,1%)

Item	Ladung	Inhalt
29	.64	Th. geht besonders gut mit Kindern um
6	.51	Schwierigkeiten werden vollständig beseitigt
41	.49	Ziel der Beratung ist völlige Problemlösung
21	-.41	Gegenwart (nicht Vergangenheit) im Mittelpunkt

Faktor 10: "Elterndistanz zum Berater"
        (Var.-aufklärung: 2,8%)

Item	Ladung	Inhalt
19	-.69	Gemeinsame Sitzungen mit Eltern u. Kindern
44	.59	keine freundschaftl. Kontakte von Th. zu Kl.

Faktor 11: "Berater als kompetenter Gesprächspartner"
        (Var.-aufklärung: 2,6%)

Item	Ladung	Inhalt
30	.65	Th. hat Hochschulausbildung
37	.64	Th. hört besonders gut zu

Faktor 12: "Einsatz psychologisch-therapeutischer Verfahren"
        (Var.-aufklärung: 2,4%)

Item	Ladung	Inhalt
36	.71	Einsatz körperl. u. Vorstellungsübungen
33	.52	Einsatz von Rollenspielen und Gesprächsübungen
27	.47	Einsatz standard. diagnostischer Verfahren

2) Präferenzfaktoren

Faktor 1: "Hinweise zur Problemlösung von verständnisvollem Fachmann"
          (Var.-aufklärung: 14,6%)

Item	Ladung	Inhalt
58	.69	Th. klärt Kl. über Absichten auf
42	.65	Th. gibt v.a. Denkanstösse
43	.64	Th. erkennt schnell Problemschwerpunkt
68	.64	Ursachenfindung als Beratungsziel
22	.59	Th. hat umfassendes Fachwissen
49	.58	Th. ist verständnisvoll u. tolerant
31	.58	Th. strahlt besonders Ruhe u. Gelassenheit aus
8	.57	Tips und Ratschläge
32	.52	Th. ist locker und humorvoll
45	.47	Th. versetzt sich gut auch in "einfache" Kl.
28	.44	Th. strahlt Wärme u. Geborgenheit aus
60	.44	offene Kritik u. Forderungen zwischen Kl. u. Th.
39	.43	freundschaftl. Verhältnis zwischen Kl. und Th.

Faktor 2: "Trägerspezifische verhaltensorientierte Kinderbehandlung"
          (Var.-aufklärung: 7,5%)

Item	Ladung	Inhalt
20	.63	Th. blickt nicht "tiefer" in Kl. als andere
63	.61	Trägeransichten fließen in d. Beratung mit ein
5	.61	Verhalten statt Gefühle im Mittelpunkt
2	.59	EBSt v.a. für kath. Ratsuchende zuständig
56	.55	Elternverhältnis spielt keine Rolle
1	.54	Th. spricht nur kurz mit den Eltern
21	.51	Gegenwart (nicht Vergangenheit) im Mittelpunkt
46	.50	trägerspezifische Beratung
69	.50	nur für Erziehungsprobleme zuständig

Faktor 3: "Selbstzentrierte Beratung in engem Th.-Kl.-Kontakt"
          (Var.-aufklärung: 5,5%)

Item	Ladung	Inhalt
14	.80	Kl. soll eigene Ängste u. Schwächen kennenlernen
13	.76	Kl. kann auch über persönl. Probleme sprechen
15	.53	intime Familienbereiche thematisiert
55	.53	Th. privat erreichbar
7	.52	Termine auch außerhalb gängiger Öffnungszeiten
34	.51	EBSt berät auch in rechtl./finanz. Sachen
51	.49	bessere Familienkommunikation als Beratungsziel
39	.47	freundschaftl. Verhältnis zwischen Kl. und Th.

Faktor 4: "Souveräner Berater"
          (Var.-aufklärung: 4,3%)

Item	Ladung	Inhalt
3	.73	Th. hat eigene Probleme weitgehend gelöst
17	.65	Th. tritt seriös auf
70	.45	Beratungsdauer unter 1/2 Jahr
65	.44	Th. hat einige Jahre Berufserfahrung
31	.41	Th. strahlt besonders Ruhe u. Gelassenheit aus

Faktor 5: "Beratung als freie Dienstleistung"
          (Var.-aufklärung: 4,0%)

Item	Ladung	Inhalt
35	.67	Kostenlosigkeit der Beratung
48	.64	Beratung im Haus der EBSt
66	.53	Th. hält sich an Wünsche der Kl.
18	.48	Schweigepflicht

Faktor 6: "Einsatz psychologisch-therapeutischer Verfahren"
          (Var.-aufklärung: 3,5%)

Item	Ladung	Inhalt
33	.79	Einsatz von Rollenspielen und Gesprächsübungen
36	.72	Einsatz körperl. u. Vorstellungsübungen
57	.50	Th. gibt konkrete Verhaltensaufgaben

Faktor 7: "Ratschläge zur umfassenden Problemlösung"
          (Var.-aufklärung: 3,4%)

Item	Ladung	Inhalt
41	.65	Ziel der Beratung ist völlige Problemlösung
23	.60	pos. Wirkung der Beratung auf Familienleben
6	.59	Schwierigkeiten werden vollständig beseitigt
8	.50	Tips und Ratschläge
25	.41	Th. schafft offene Gesprächsatmosphäre

Faktor 8: "Sachlich-direkte Problembearbeitung im Familienrahmen"
         (Var.-aufklärung: 2,9%)

Item	Ladung	Inhalt
11	.68	Th. ist sachlich und überlegt
19	.51	Gemeinsame Sitzungen mit Eltern u. Kindern
12	.50	nur Eingangsproblem thematisiert
38	.42	Th. ist fordernd und direkt

Faktor 9: "Kompetenter Berater in vergleichbaren Lebensumständen"
         (Var.-aufklärung: 2,7%)

Item	Ladung	Inhalt
62	.62	Th. und Kl. haben gleiches Geschlecht
30	.53	Th. hat Hochschulausbildung
52	.51	Th. und Kl. etwa gleichalt
65	.42	Th. hat einige Jahre Berufserfahrung

Faktor 10: "Hinweise von aufmerksamem Freund"
         (Var.-aufklärung: 2,6%)

Item	Ladung	Inhalt
37	.65	Th. hört besonders gut zu
40	.51	Fehler des Kl. werden angesprochen
44	-.50	keine freundschaftl. Kontakte von Th. zu Kl.

Faktor 11: "Familienbehandlung durch engagierten Berater"
         (Var.-aufklärung: 2,5%)

Item	Ladung	Inhalt
53	.63	Ansichten aller Familienmitglieder relevant
50	.60	Zusammenarbeit der EBSt mit anderen Stellen
19	.54	Gemeinsame Sitzungen mit Eltern u. Kindern
47	.46	Th. macht nicht nur "seinen Job"

Faktor 12: "Offene Problembeurteilung aus alternativen Perspektiven"
(Var.-aufklärung: 2,2%)

Item	Ladung	Inhalt
61	.70	Beratung in Gruppen
60	.53	offene Kritik u. Forderungen zwischen Kl. u. Th.
27	.48	Einsatz standard. diagnostischer Verfahren
64	.45	Th. ergreift bei Konflikten Partei

Faktor 13: "Persönliches Engagement des Beraters auch außerhalb des
Beratungssettings"
(Var.-aufklärung: 2,1%)

Item	Ladung	Inhalt
4	.75	Th. setzt sich außerhalb EBSt für Kl. ein
26	-.47	Th. nicht persönlich von Kl.-Problemen berührt
34	.43	EBSt berät auch in rechtl./finanz. Sachen

Mittelwertsunterschiede in den Erwartungen
der Klienten der Erwartungscluster

	ANTIZPATIONEN		Cluster			PRÄFERENZEN			Cluster	
Item	t	df	1	2	Item	t	df	1	2
3	3.88	105	0.7	-0.2	5	3.92	75	0.1	-1.0
4	5.98	105	1.3	-0.1	8	3.61	31	1.9	1.0
6	5.28	105	0.8	-0.4	10	3.53	39	1.6	0.9
8	3.72	105	1.6	0.8	12	5.04	107	1.0	-0.5
9	3.13	103	1.7	1.1	16	4.11	107	1.2	0.0
10	4.86	104	1.5	0.6	21	7.39	76	0.8	-1.1
11	2.94	105	1.4	0.9	24	4.07	33	1.8	0.7
12	4.79	105	1.2	0.0	27	3.47	107	0.1	-0.9
16	3.83	101	1.5	0.6	28	4.15	35	1.6	0.8
17	3.08	105	1.0	0.3	29	6.19	107	1.2	-0.1
22	3.17	99	1.7	1.2	31	3.04	34	1.8	1.2
23	4.18	95	1.7	1.1	32	4.86	107	1.2	0.2
24	3.73	85	1.8	1.1	35	3.02	32	1.9	1.3
25	3.17	93	1.8	1.5	36	2.97	107	0.9	0.1
27	2.63	105	0.5	-0.3	39	2.51	41	1.1	0.3
28	7.70	105	1.4	0.2	41	2.71	36	1.7	1.0
29	3.17	105	0.4	-0.3	46	4.48	107	-0.1	-1.2
31	4.37	105	1.7	1.2	48	3.07	107	1.2	0.6
32	4.72	105	1.0	0.1	55	2.97	107	1.0	0.2
36	3.11	103	1.1	0.4	56	4.38	82	-0.4	-1.5
39	6.11	104	1.4	0.3	63	4.09	95	-0.9	-1.7
40	2.79	95	1.7	1.3	66	3.35	107	1.2	0.4
41	6.34	90	1.6	0.4	67	4.61	107	0.6	-0.9
43	5.93	103	1.5	0.4	69	4.15	107	0.1	-1.2
45	3.76	105	1.5	1.0					
51	4.51	98	1.7	0.9					
55	5.61	105	1.3	0.1					
58	4.53	83	1.8	1.1					
60	3.17	105	1.4	0.8					
66	3.62	105	1.0	0.2					

Tab. A: Mittelwertsunterschiede (p < . 01) in den Eingangserwartungen zwischen
den Klientenclustern der Antizipationen und Präferenzen

Vergleich der Erwartungen von Klienten und Beratern

Item	Kl.	Th.	t	(df)	Sign.	Kl.	Th.	t	(df)	Sign.
			ANTIZPATIONEN					PRÄFERENZEN		
Methodik										
1	-0,3	-1,7	7,80	(147)	***	-0,5	-1,7	6,87	(146)	***
8	1,2	-0,5	7,57	(149)	***	1,6	-0,5	9,31	(53)	***
19	1,0	1,0	0,18	(149)		1,0	1,3	-1,67	(149)	
27	0,1	-0,4	1,59	(149)		-0,2	-0,6	1,47	(149)	
33	0,7	0,6	0,67	(149)		0,6	1,1	-2,79	(99)	**
36	0,7	1,1	-1,35	(149)		0,7	1,6	-5,13	(126)	***
42	1,7	1,3	3,07	(149)	**	1,8	1,5	2,23	(53)	*
57	0,7	0,6	0,34	(149)		0,6	0,9	-0,87	(149)	
61	0,0	-0,8	2,98	(149)	**	-0,3	0,6	-3,16	(149)	**
Inhalte										
5	-0,5	-0,7	0,79	(149)		-0,2	-0,8	2,21	(91)	*
12	0,6	-1,2	8,16	(94)	***	0,6	-1,3	8,48	(111)	***
13	1,1	1,9	-5,77	(141)	***	0,9	1,8	-5,56	(131)	***
15	0,4	1,5	-6,03	(145)	***	0,0	1,5	-7,63	(127)	***
21	0,1	0,8	-3,86	(127)	***	0,2	0,6	-1,62	(106)	
40	1,5	1,1	2,45	(149)	*	1,4	1,0	2,72	(149)	**
53	1,7	1,9	-1,16	(149)		1,7	1,8	-1,15	(149)	
56	-1,3	-1,8	2,91	(117)	**	-0,7	-1,5	2,91	(148)	**
Verlauf										
70	0,1	-0,5	2,61	(149)	*	0,4	-0,1	1,88	(149)	
Beziehung										
16	1,0	-0,2	4,78	(149)	***	0,8	-0,2	3,95	(149)	***
39	0,8	-0,9	7,65	(149)	***	0,9	-0,8	7,18	(149)	***
58	1,4	0,4	4,70	(56)	***	1,6	0,7	4,39	(53)	***
59	-0,2	0,2	-1,49	(149)		0,2	0,2	0,06	(149)	
60	1,1	0,1	5,05	(149)	***	1,3	1,1	1,41	(149)	
64	-1,3	-1,1	-1,03	(149)		-1,5	-1,5	0,19	(95)	
66	0,5	1,1	-2,62	(149)	*	0,9	1,2	-1,23	(149)	
Ziele										
14	1,3	1,4	-0,43	(99)		1,3	1,7	-3,08	(147)	**
24	1,4	0,1	6,64	(149)	***	1,5	0,6	4,73	(149)	***
41	0,9	-0,2	4,75	(149)	***	1,5	0,5	4,30	(51)	***
51	1,2	1,8	-5,07	(149)	***	1,4	1,9	-4,44	(147)	***
68	1,7	0,4	6,39	(45)	***	1,8	0,9	4,73	(46)	***
Effizienz										
6	0,2	-1,0	5,05	(149)	***	1,6	0,8	4,12	(49)	***
23	1,3	1,2	1,04	(101)		1,8	1,9	-1,79	(112)	

Tab. A: Mittelwertsunterschiede (* p <. 05, ** p < .01, *** p < .001) in den
Eingangserwartungen von Klienten und Beratern aus dem Bereich
"Beratungsprozeß"

Item	ANTIZPATIONEN					PRÄFERENZEN				
	Kl.	Th.	t	(df)	Sign.	Kl.	Th.	t	(df)	Sign.
Umstände										
7	0,8	1,4	-2,84	(102)	**	1,3	0,7	2,44	(67)	*
34	0,4	-0,1	2,07	(149)	*	0,6	1,1	-1,95	(149)	
48	1,6	1,5	0,55	(96)		1,1	1,1	-0,03	(149)	
Rahmen										
2	-1,7	-1,9	2,52	(148)	*	-1,7	-1,9	1,46	(106)	
9	1,3	1,6	-1,87	(118)		1,7	1,5	1,34	(52)	
18	1,9	1,9	0,24	(50)		1,9	1,9	0,05	(54)	
35	1,4	2,0	-5,69	(125)	***	1,7	1,5	1,30	(53)	
46	-0,4	-0,6	1,28	(149)		-0,4	-0,7	1,00	(149)	
50	1,4	2,0	-5,75	(138)	***	1,3	1,8	-4,24	(145)	***
63	-1,0	-0,9	-0,40	(149)		-1,1	-0,8	-1,78	(149)	
69	-0,2	-0,8	1,80	(149)		-0,3	-1,4	4,84	(107)	***

Tab. B: Mittelwertsunterschiede (* p <. 05, ** p < .01, *** p < .001) in den Eingangserwartungen von Klienten und Beratern aus dem Bereich "institutionelle Beratungbedingungen"

	ANTIZPATIONEN					PRÄFERENZEN				
Item	Kl.	Th.	t	(df)	Sign.	Kl.	Th.	t	(df)	Sign.

Fachl. Kompetenz

Item	Kl.	Th.	t	(df)	Sign.	Kl.	Th.	t	(df)	Sign.
20	-0,1	-0,1	0,03	(149)		-0,4	-0,6	0,41	(149)	
22	1,4	1,2	1,56	(149)		1,7	1,8	-0,55	(149)	
25	1,6	1,7	-1,15	(114)		1,7	2,0	-3,29	(149)	**
29	0,0	-0,8	3,47	(149)	**	0,8	0,2	2,63	(149)	**
30	0,8	1,4	-2,87	(149)	**	0,3	0,5	-0,76	(149)	
37	1,8	1,8	0,29	(149)		1,9	1,9	-0,90	(149)	
43	0,9	0,7	1,34	(94)		1,6	1,5	1,03	(149)	
45	1,2	1,0	1,31	(149)		1,5	1,7	-2,10	(94)	*
65	1,2	1,6	-2,20	(149)	*	1,1	1,5	-2,15	(149)	*
67	0,0	-0,5	1,90	(149)		0,1	-0,7	2,60	(149)	**

Persönlichkeit

Item	Kl.	Th.	t	(df)	Sign.	Kl.	Th.	t	(df)	Sign.
3	0,2	0,9	-3,77	(102)	***	0,7	1,2	-2,07	(149)	*
10	1,0	1,0	0,33	(91)		1,4	1,7	-1,85	(149)	
11	1,1	0,0	6,16	(149)	***	1,1	0,1	4,72	(149)	***
17	0,6	0,6	-0,11	(149)		0,6	0,7	-0,48	(149)	
28	0,7	1,0	-1,43	(149)		1,4	1,5	-0,85	(98)	
31	1,5	1,1	2,01	(55)	*	1,6	1,6	-0,05	(92)	
32	0,5	0,3	1,26	(149)		0,9	1,0	-0,44	(149)	
38	0,1	-0,4	2,22	(149)	*	0,1	-0,4	2,05	(149)	*
49	1,3	1,0	2,49	(149)	*	1,5	1,5	0,38	(149)	
52	0,2	0,3	-0,35	(149)		0,3	-0,3	2,76	(149)	**
54	0,4	0,7	-0,98	(49)		0,8	1,0	-1,15	(149)	
62	-0,6	-0,4	-0,68	(149)		-0,3	-1,0	3,19	(149)	**

Engagement

Item	Kl.	Th.	t	(df)	Sign.	Kl.	Th.	t	(df)	Sign.
4	0,4	0,8	-1,49	(102)		0,6	0,7	-0,38	(149)	
26	0,2	-0,7	3,75	(149)	***	0,9	0,9	-0,04	(149)	
44	0,3	1,2	-4,61	(92)	***	-0,3	0,7	-4,48	(149)	***
47	1,2	1,3	-0,31	(149)		1,6	1,5	0,90	(149)	
55	0,6	0,4	0,54	(56)		0,7	0,4	1,47	(149)	

Tab. C: Mittelwertsunterschiede (* $p < .05$, ** $p < .01$, *** $p < .001$) in den Eingangserwartungen von Klienten und Beratern aus dem Bereich "Beratermerkmale"

Erwartungsunterschiede in erfolgreichen und weniger erfolgreichen Beratungen

K1.-Zufriedenheit / Th.-Zufriedenheit

Item	M Erfolg −	+	t	df	p	Item	M Erfolg −	+	t	df	p
ANT 10	0.62	1.41	-2.96	54	.01	ANT 8	1.53	0.91	2.85	69	.01
ANT 19	1.21	0.59	2.16	54	.05	ANT 18	2.00	1.80	2.38	89	.05
ANT 23	1.03	1.56	-2.11	44	.05	ANT 24	1.62	1.16	2.07	76	.05
ANT 25	1.41	1.78	-2.29	45	.05	ANT 26	0.60	0.07	2.02	89	.05
						ANT 34	0.72	-0.02	2.85	89	.01
PRÄF 16	0.38	1.22	-2.26	54	.05	ANT 42	1.51	1.84	-2.11	64	.05
PRÄF 30	0.55	-0.04	2.16	54	.05	ANT 55	0.98	0.32	2.75	89	.01
						ANT 65	1.51	0.98	2.46	89	.05
						PRÄF 18	1.96	1.73	2.04	57	.05
						PRÄF 48	1.43	0.89	2.62	89	.01

K1.-Veränderungseinschätzung / Th.-Veränderungseinschätzung

Item	M Erfolg −	+	t	df	p	Item	M Erfolg −	+	t	df	p
ANT 25	1.78	1.36	2.43	37	.05	ANT 18	2.00	1.79	2.42	87	.05
ANT 26	0.48	-0.32	2.34	50	.05	ANT 20	0.40	-0.38	2.90	87	.01
ANT 35	1.78	1.00	2.84	36	.01	ANT 22	1.66	1.19	2.53	66	.05
ANT 46	-0.41	0.12	-2.15	50	.05	ANT 26	0.64	-0.05	2.63	87	.01
ANT 49	1.52	1.00	2.66	50	.05	ANT 27	0.38	-0.36	2.33	87	.05
ANT 63	-0.41	-1.20	2.04	39	.05	ANT 28	0.91	0.48	2.01	87	.05
ANT 64	-1.74	-1.04	-2.92	40	.01	ANT 43	1.15	0.69	2.07	87	.05
PRÄF 17	1.15	0.44	2.94	50	.01	PRÄF 5	0.28	-0.83	3.37	87	.01
PRÄF 26	1.30	0.16	3.27	36	.01	PRÄF 12	0.91	0.24	2.07	87	.05
PRÄF 35	1.96	1.44	2.67	26	.05	PRÄF 21	0.53	-0.24	2.35	87	.05
PRÄF 48	1.56	0.72	2.97	40	.01	PRÄF 25	1.51	1.81	-2.15	67	.05
PRÄF 58	1.70	1.12	2.09	36	.05	PRÄF 27	0.28	-0.67	3.25	87	.01
PRÄF 68	1.93	1.48	2.25	27	.05	PRÄF 29	1.17	0.36	3.37	87	.01
						PRÄF 32	1.11	0.62	2.04	75	.05
						PRÄF 43	1.74	1.40	2.02	58	.05
						PRÄF 58	1.79	1.36	2.36	57	.05
						PRÄF 61	-0.13	-0.71	2.04	87	.05

Tab. A: Mittelwerte und überzufällige Mittelwertsunterschiede in den Klienten-Erwartungen von erfolgreichen (+) und weniger erfolgreichen (−) Beratungen (getrennt nach den vier Erfolgsscores)

Item	M Erfolg −	+	t	df	p	Item	M Erfolg −	+	t	df	p
Kl.-Zufriedenheit						**Th.-Zufriedenheit**					
ANT 16	0.10	-0.63	2.21	54	.05	ANT 12	-1.68	-1.27	-2.01	71	.05
ANT 42	1.10	1.67	-2.69	41	.01	ANT 15	1.32	1.68	-3.10	89	.01
						ANT 23	1.13	1.43	-2.28	89	.05
PRÄF 16	-0.03	-0.67	2.06	54	.05	ANT 49	0.85	1.16	-2.09	89	.05
						ANT 53	1.66	1.91	-2.01	74	.05
						ANT 60	-0.28	0.66	-3.82	89	.01
						ANT 64	-0.72	-1.23	2.25	89	.05
						PRÄF 3	0.87	1.36	-2.25	77	.05
						PRÄF 9	1.17	1.66	-2.12	76	.05
						PRÄF 24	0.96	0.50	2.18	89	.05
						PRÄF 25	1.91	2.00	-2.00	89	.05
						PRÄF 29	0.66	0.02	2.76	89	.01
						PRÄF 30	0.66	-0.05	2.52	89	.05
						PRÄF 35	1.32	1.77	-2.03	82	.05
						PRÄF 45	1.64	1.93	-2.58	58	.05
						PRÄF 53	1.74	1.95	-2.03	55	.05
						PRÄF 62	-0.47	-1.52	3.94	80	.01
						PRÄF 64	-1.38	-1.80	2.92	89	.01
Kl.-Veränderungseinschätzung						**Th.-Veränderungseinschätzung**					
ANT 7	1.78	1.16	2.70	31	.05	ANT 15	1.36	1.67	-2.52	87	.05
ANT 27	-0.67	0.16	-2.33	50	.05	ANT 17	0.93	0.29	2.84	87	.01
ANT 46	-1.11	-0.28	-2.65	50	.05	ANT 19	0.57	1.02	-2.26	87	.05
ANT 49	0.74	1.16	-2.48	50	.05	ANT 20	-0.53	0.17	-2.51	87	.05
ANT 53	1.93	1.52	2.14	32	.05	ANT 31	0.87	1.31	-2.14	87	.05
ANT 65	1.63	0.96	2.08	50	.05	ANT 46	-1.00	-0.50	-2.11	87	.05
ANT 68	0.15	0.96	-2.29	45	.05	ANT 63	-1.17	-0.67	-2.21	87	.05
						ANT 69	-1.43	-0.74	-2.67	87	.01
PRÄF 3	0.81	1.44	-2.34	41	.05						
PRÄF 9	1.19	1.76	-2.07	38	.05	PRÄF 3	0.87	1.36	-2.14	87	.05
PRÄF 46	-1.04	-0.20	-2.19	50	.05	PRÄF 9	1.15	1.67	-2.26	64	.05
PRÄF 47	1.37	1.84	-2.74	45	.01	PRÄF 19	0.98	1.38	-2.15	80	.05
PRÄF 49	1.33	1.72	-2.15	50	.05	PRÄF 35	1.30	1.79	-2.18	69	.05
PRÄF 67	-0.89	-0.08	-2.27	50	.05	PRÄF 41	0.28	0.95	-2.43	87	.05
PRÄF 68	0.59	1.32	-2.41	39	.05	PRÄF 45	1.66	1.90	-2.11	62	.05
						PRÄF 49	1.32	1.64	-2.15	78	.05

Tab. B: Mittelwerte und überzufällige Mittelwertsunterschiede in den Berater-Erwartungen von erfolgreichen (+) und weniger erfolgreichen (−) Beratungen (getrennt nach den vier Erfolgsscores)

Item	M Erfolg −	+	t	df	p	Item	M Erfolg −	+	t	df	p
Kl.-Zufriedenheit						**Th.-Zufriedenheit**					
1	1.31	0.63	2.29	54	.05	7	0.64	1.27	-2.42	89	.05
5	1.38	0.52	2.64	43	.05	18	0.04	0.24	-2.28	66	.05
9	0.66	0.22	2.42	42	.05	52	0.38	0.73	-2.11	89	.05
10	0.93	0.41	2.31	44	.05	59	0.64	1.14	-2.20	89	.05
16	1.14	0.56	2.18	54	.05	65	0.40	0.80	-2.04	71	.05
43	1.34	0.78	2.18	54	.05	68	0.49	0.18	2.34	67	.05
55	0.28	0.85	-3.11	44	.01						
60	0.66	1.30	-2.24	44	.05						
62	0.86	0.37	2.04	54	.05						
Kl.-Veränderungseinschätzung						**Th.-Veränderungseinschätzung**					
16	1.30	0.48	3.06	44	.01	39	0.51	0.83	-2.01	87	.05
23	0.26	0.84	-2.70	33	.05	44	0.81	1.29	-2.10	87	.05
25	0.15	0.52	-2.51	37	.05	59	0.62	1.14	-2.33	87	.05
49	0.26	0.80	-2.50	37	.05	60	0.53	0.95	-2.03	74	.05
63	1.33	0.52	2.47	37	.05	61	0.66	1.24	-2.74	87	.01

Tab. C: Mittelwerte und überzufällige Mittelwertsunterschiede in den Wunsch-Vermutungs-Abständen von Klienten aus erfolgreichen (+) und weniger erfolgreichen (-) Beratungen (getrennt nach den vier Erfolgsscores)

A N H A N G F

Berechnungsvorschriften zur den "Beziehungswerten" der
Klienten- und Beratererwartungen

1. <u>"Gleich-ungleich-Beziehung"</u>: Diese Beziehungswerte sind definiert als der Absolutbetrag (d.h. keine Berücksichtigung des Vorzeichens) der Differenz aus dem Wert der Beratererwartung minus dem Wert der Klientenerwartung.

2. <u>"Stärker-schwächer-Beziehung"</u>: Diese Beziehungswerte sind hier definiert als die Differenz (d.h. mit Berücksichtigung des Vorzeichens) aus dem Wert der Beratererwartung minus dem Wert der Klientenerwartung.

3. <u>"Wunsch-Vermutungs-Beziehung"</u>: Diese Beziehungswerte entsprechen den Beziehungswerten aus Punkt 1. (bzgl. Antizipationen), wenn die Klienten-Präferenz der betrachteten Erwartung größer als Null ist. Bei Präferenzen kleiner Null werden die Beziehungswerte aus Punkt 1. an der Skalenmitte (2) gespiegelt (0 wird zu 4, 1 wird zu 3 usw.). Bei Präferenzen gleich Null werden keine Wunsch-Vermutungs-Beziehungswerte berechnet, da sich hier keine bedeutsamen Diskrepanzen ergeben können.

Ergebnisse der Regressionsanalysen aus Kap. 14.1

Erfolgs-kriterium	Gleich-ungleich-Beziehung von Th.- und Kl.-Erwartungen							
	bei Antizipationen				bei Präferenzen			
	Item	B	t	p	Item	B	t	p
Kl.-Zuf	Ant 69	.10	2.38	.021	Präf 69	.11	2.45	.029
	Ant 6	.11	2.23	.030				
	Ant 42	-.14	-2.05	.045				
Kl.-Ver	Ant 53	.24	2.12	.039	------			
Th.-Zuf	Ant 18	.37	2.35	.021	Präf 65	.17	2.39	.019
	Ant 64	-.13	-2.11	.038	Präf 9	-.13	-2.12	.037
Th.-Ver	Ant 18	.37	3.20	.002	Präf 9	-.17	-3.59	.001
	Ant 70	-.11	-2.64	.010				

Stärker-schwächer-Beziehung von Th.- und Kl.-Erwartungen

Kl.-Zuf	Ant 10	-.12	-2.83	.007	Präf 16	-.11	-3.38	.001
Kl.-Ver	Ant 63	.11	2.51	.015	Präf 58	.16	3.20	.003
					Präf 28	.21	2.95	.005
					Präf 57	-.11	-2.51	.015
Th.-Zuf	Ant 60	.15	3.83	.002	Präf 62	-.10	-2.84	.006
	Ant 26	.14	3.64	.005	Präf 35	.11	2.29	.024
	Ant 62	-.07	-2.10	.039				
Th.-Ver	Ant 18	.30	2.71	.008	Präf 9	.11	3.03	.003
	Ant 63	.07	2.78	.007	Präf 27	.07	2.56	.012
	Ant 43	.08	2.49	.015	Präf 39	.06	2.45	.027
	Ant 3	.07	2.48	.027				
	Ant 60	.06	2.14	.035				

Tab. A: Einbezogene Items (in der Reihenfolge ihres Einbezugs) der multiplen Regressionsanalysen zur Vorhersage des Beratungserfolges aus der Beziehung von einzelnen Berater- und Klientenerwartungen (getrennt für die gleich-ungleich- und stärker-schwächer-Beziehung der Klienten- und Beratererwartungen)

Items des Erwartungsteils des Fragebogens

Die Aufstellung enthält die Zuordnung der Items zu den Beschreibungskategorien der EBSt. Wiedergegeben werden die Itemstämme (ohne Präferenz- oder Antizipationseinführung) in der Klientenform.

1. MERKMALE DER BERATUNG (32 Items)

1.1 Methodik (9 Items)

1. daß sich der Berater vor allem mit den Kindern beschäftigt und mit den Eltern jeweils nur kurz spricht

8. daß ich vom Berater vor allem konkrete Tips und Ratschläge bekomme

19. daß Eltern und Kinder einer Familie gemeinsam an den Beratungssitzungen teilnehmen

27. daß zu Beginn der Beratung eine Untersuchung (z.B. mit Tests oder Fragebogen) durchgeführt wird

33. daß in der Beratung unter anderem auch Rollenspiele, Verhaltens- oder Gesprächsübungen durchgeführt werden

36. daß ein Bestandteil der Beratung auch geistige oder körperliche Übungen (z.B. Entspannungsübungen, Phantasieübungen, Zeichnen) sind

42. daß ich in der Beratung vor allem Denkanstöße bekomme, die ich selbst in die Praxis umsetzen muß

57. daß konkrete Verhaltensaufgaben für die Zeit zwischen den Sitzungen gegeben werden

61. daß Leute mit ähnlichen Problemen in Gruppen gemeinsam beraten werden

1.2 Inhalte (8 Items)

5. daß es in der Beratung nicht so sehr um Gefühle und Ängste, sondern eher um konkretes Verhalten geht

12. daß es in der Beratung ausschließlich um das zu Beginn vorgestellte Problem geht

13. daß ich im Rahmen der Beratung außer über Erziehungsprobleme auch über meine persönlichen Probleme sprechen kann

15. daß in der Beratung auch intime Bereiche des Familienlebens angesprochen werden

21. daß nicht die Vergangenheit, sondern unsere gegenwärtige Familiensituation im Mittelpunkt steht

40. daß im Laufe der Beratung auch meine eigenen Fehler angesprochen werden

53. daß die Ansichten aller Familienmitglieder, auch die der Kinder, in der Beratung eine Rolle spielen

56. daß das Verhältnis der Eltern zueinander in der Beratung keine Rolle spielt

1.3 Beratungsverlauf (1 Item)

70. daß die Beratung insgesamt nicht länger als ein halbes Jahr in Anspruch nimmt

1.4 Beratungsbeziehung (7 Items)

16. daß der Berater als Experte entscheidet, welche Themen für die Beratung wichtig sind und wer an den Sitzungen teilnehmen soll

39. daß das Verhältnis zum Berater so ähnlich ist wie zu einem Freund

58. daß der Berater uns immer über seine Absichten aufklärt

59. daß der Berater mir auch von seinen privaten Erfahrungen erzählt

60. daß zwischen dem Berater und uns offene Kritik geäußert und Forderungen gestellt werden

64. daß der Berater bei Konflikten zwischen Familienmitgliedern für eine der Seiten Partei ergreift

66. daß der Berater sich an unsere Wünsche und Ziele hält

1.5 Beratungsziele (5 Items)

14. daß die Beratung darauf abzielt, daß man seine eigenen Ängste, Schwächen und Stärken besser kennenlernt

24. daß es das Ziel der Beratung ist, störendes Verhalten der Kinder abzubauen und erwünschtes Verhalten aufzubauen

41. daß es das Ziel der Beratung ist, daß unser Problem vollständig gelöst wird

51. daß es das Ziel der Beratung ist, in unserer Familie besser und offener miteinander reden zu können

68. daß die Beratung darauf abzielt, daß wir die Ursachen für unsere Schwierigkeiten erfahren

1.6 Beratungseffizienz (2 Items)

6. daß unsere Schwierigkeiten durch die Beratung vollständig beseitigt werden

23. daß die Beratung sich insgesamt positiv auf unser Familienleben auswirkt

2. INSTITUTIONELLE RAHMENBEDINGUNGEN (11 Items)

2.1 Beratungsumstände (3 Items)

7. daß man z.B. bei Beruftätigkeit auch außerhalb gängiger Öffnungszeiten einen Termin bekommen kann

34. daß man gegebenenfalls neben der Beratung auch weitere Hilfen (z.B. finanzielle u. rechtliche Beratung, Hilfen gegenüber Behörden) bekommt

48. daß die Beratungstermine in den Räumen der Beratungsstelle durchgeführt werden

2.2 Beratungsrahmen (8 Items)

2. daß diese Caritas-Beratungsstelle vor allem für katholische Ratsuchende zuständig ist

9. daß die Berater auch für Leute mit kleineren und alltäglichen Problemen Zeit haben

18. daß die Berater ebenso wie ein Arzt der Schweigepflicht unterliegen

35. daß die Beratung für alle Ratsuchenden kostenlos ist

46. daß an dieser Caritas-Beratungsstelle eine andere Art von Beratung durchgeführt wird als Beratungsstellen der Diakonie, Arbeiterwohlfahrt oder Pro Familia

50. daß die Beratungsstelle zum Teil auch mit anderen Stellen (z.B. Schule, Sozialamt, Jugendamt) zusammenarbeitet

63. daß in dieser Beratungsstelle, die von der Caritas getragen wird, die Ansichten der katholischen Kirche in die Beratung einfließen

69. daß die Erziehungsberatungsstelle nur für Probleme aus dem Erziehungsbereich zuständig ist

3. MERKMALE DES BERATERS (28 Items)

3.1 Fachliche Kompetenz des Beraters (10 Items)

20. daß der Berater auch nicht "tiefer" in mich hineinsehen kann als andere Leute

22. daß der Berater ein umfassendes Wissen über die Entstehung und die Lösungsmöglichkeiten von Problemen hat

25. daß der Berater eine Atmosphäre schafft, in der man offen über seine Privatsphäre sprechen kann

29. daß der Berater besser mit Kindern umgehen kann als andere Leute, die selbst Kinder haben

30. daß der Berater als Berufsausbildung ein Hochschulstudium absolviert hat

37. daß der Berater besonders gut zuhören kann

43. daß der Berater schnell erkennt, wo bei uns das Problem liegt

45. daß sich der Berater auch als Akademiker gut in die Lage von einfachen Leuten hineinversetzen kann

65. daß der Berater schon einige Jahre Berufserfahrung hat

67. daß der Berater Veränderungen bewirken kann, ohne daß ich es bemerke

3.2 Persönlichkeits- und Verhaltensmerkmale des Beraters (12 Items)

3. daß der Berater seine eigenen Probleme weitgehend gelöst hat

10. daß der Berater ein lebenserfahrener Mensch ist

11. daß der Berater besonders sachlich und überlegt ist

17. daß der Berater ein gepflegtes und seriöses Äußeres hat

28. daß der Berater besonders Wärme und Geborgenheit ausstrahlt

31. daß der Berater besonders Ruhe und Gelassenheit ausstrahlt

32. daß der Berater besonders locker und humorvoll ist

38. daß der Berater besonders fordernd und direkt ist

49. daß der Berater besonders verständnisvoll und tolerant ist

52. daß der Berater nicht viel jünger oder älter ist als ich

54. daß der Berater selbst Kinder hat und sich so besser in die Lage der Ratsuchenden hineinversetzen kann

62. daß ich mit einem Berater meines Geschlechts zu tun habe

3.3 Persönliches Engagement des Beraters (5 Items)

4. daß sich der Berater bei anderen Leuten (z.B. Ämter, Arbeitsstelle, Lehrer) für unsere Belange stark macht

26. daß es den Berater persönlich nicht besonders mitnimmt, wenn er mit schweren Problemen von Ratsuchenden konfrontiert wird

44. daß der Berater keinesfalls freundschaftliche Kontakte zu den Ratsuchenden aufbaut

47. daß der Berater gegenüber den Ratsuchenden nicht nur einfach "seinen Job" macht

55. daß der Berater in ernsten Situationen auch einmal spätabends oder am Wochenende zu erreichen ist

A N H A N G H

- Erwartungsfragebogen für Besucher von EBStn (Nr.1)
- Erwartungsfragebogen für Besucher von EBStn (Nr.2)
- Erwartungsfragebogen für Besucher von EBStn (Nr.3)

- Erwartungsfragebogen für Berater an EBStn
- Therapiebewertungsbogen für Berater

- Metafragebogen zur Voruntersuchung

Erwartungsfragebogen

für Besucher von

Erziehungsberatungsstellen

[1]

Persönl. Datum

1. Teil des Fragebogens: Fragen zur Person

> Im ersten Teil des Fragebogens finden Sie eine Reihe
> von Fragen zu Ihrer Person, dem Grund der Anmeldung
> und Ihren Informationsquellen über diese Beratungs-
> stelle. Zur Beantwortung der Fragen tragen Sie bitte
> die entsprechende Zahl (z.B. bei Altersangaben) ein
> bzw. kreuzen Sie die für Sie zutreffende Antwort in
> dem zugehörigen Kreis an.

A. Allgemeine Angaben zur Person

1. Alter: _____ *Jahre*

2. Geschlecht: 1. weibl. 0
                      2. männl. 0

3. Zahl der Kinder: _____

4. Höchster Schulabschluß:

1. Vor d. letzten Hauptschulklasse   0
2. Hauptschulabschluß   0
3. Mittlere Reife   0
4. Berufsschul-/Fachschulabschluß   0
5. Abitur/Fachabitur   0
6. Abitur mit anschließendem Studium   0

5. Gegenwärtige Tätigkeit:

1. berufstätig   0
2. arbeitslos   0
3. in Ausbildung   0
4. Hausfrau/Hausmann   0
5. Sonstiges   0

```
6. Beruf der(s) berufstätigen Ehepartner(s):

1. Arbeiter                                               0
2. Facharbeiter/Geselle                                   0
3. einfacher Angestellter/Beamter                         0
4. mittlerer Angestellter/Beamter,Handwerksmeister        0
5. gehobener Angestellter/Beamter                         0
6. Selbstständiger mit kleinerem Betrieb                  0
7. leitender Angest., höherer Beamter, akadem.
   Freiberuf.,Selbständiger mit größerem Betrieb          0
8. Sonstige                                               0
```

```
7. Konfession:

1. katholisch                    0
2. evangelisch                   0
3. sonstige Konfession/Religion  0
4. ohne Konfession               0
```

```
8. Familienstand:

1. ledig       0
2. verheiratet 0
3. getrennt    0
4. geschieden  0
5. verwitwet   0
```

```
9. Sind Sie momentan alleinerziehend?

1. Ja   0
2. Nein 0
```

```
10. Wohnort:

1. Großstadt      (über 100.000 Einwohner)        0
2. mittlere Stadt (10.000-100.000 Einwohner)      0
3. Kleinstadt     (unter 10.000 Einwohner)        0
4. Dorf           (unter 5000 Einwohner)          0
```

11. *Haben Sie oder ein Mitglied Ihrer Familie schon*
    früher einmal psychotherapeutische oder
    beraterische Hilfe in Anspruch genommen?

    1. Ja   0
    2. Nein 0

12. *Wenn ja, an wie vielen Stellen waren*
    Sie bislang ?

    Anzahl: _____

13. *Wenn ja, war darunter eine Beratung an dieser*
    Erziehungsberatungsstelle?

    1. Ja   0
    2. Nein 0

B. Angaben zum Vorstellungsgrund

14. *Welches ist der Hauptgrund für Ihren Besuch*
    bei dieser Erziehungsberatungsstelle?

    1. Schulleistungsprobleme des Kindes   *0*
    2. Verhaltensauffälligkeiten des Kindes   *0*
       (z.B. Aggressivität, Trotz, Ungehorsam,
       Schüchternheit, ständige Unruhe,
       stehlen, stottern)
    3. Körperliche Probleme des Kindes   *0*
       (z.B. Bettnässen, Schlafstörungen,
       Appetitstörungen, Kreislauf- oder
       Magen/Darmstörungen)
    4. Eigene körperliche Probleme   *0*
       (z.B. Schlafstörungen, Erschöpfung, nervöse
       Unruhe, Appetitstörungen, Kreislauf- oder
       Magen/Darmstörungen)
    5. Eigene seelische Probleme   *0*
       (z.B. Niedergeschlagenheit, Überforderung,
       Ängste, Unsicherheit, Tabletten/Alkohol-
       probleme)
    6. Seelische Probleme des Partners   *0*
    7. Partnerschaftsprobleme   *0*
       (z.B. Trennung, Streit, andere Beziehung,
       Sexualität)
    8. Familienprobleme   *0*
    9. Informationen/Auskunft/Begutachtung   *0*
    10. Finanzielle/rechtliche Fragen   *0*

15. Alter und Geschlecht des Kindes

*Falls Sie vor allem wegen Ihres Kindes gekommen sind,
benennen Sie bitte dessen Alter und Geschlecht:*

Alter: _____ *Jahre*

Geschlecht:	*1. weibl.*	*0*
	2. männl.	*0*

---

16. Belastung durch das Problem

*Als wie stark belastend würden Sie Ihr aktuelles
Problem einschätzen?*

1. sehr stark belastend   *0*
2. ziemlich stark belastend   *0*
3. weniger stark belastend   *0*
4. kaum belastend   *0*
5. nicht belastend   *0*

C. Angaben zu Zugangsweg und Informationsquellen

---

17. Persönliche Informationsquellen:

*Wo/bei wem haben Sie versucht, sich vor Ihrem
Besuch genauer über die Erziehungsberatungsstelle
zu informieren? (mehrere Nennungen möglich)*

1. Gar nicht   *0*
2. Arzt   *0*
3. Leute mit Beratungserfahrung   *0*
4. Leute aus Beratungsberufen   *0*
5. Freunde/Bekannte/Verwandte   *0*
6. Schule/Kindergarten   *0*
7. Pfarrer/Seelsorge   *0*
8. andere Beratungseinrichtung   *0*
9. bei der Beratungsstelle selbst   *0*
10. Zeitung   *0*
11. Radio/Fernsehen   *0*
12. Informationsbroschüren   *0*
13. Bücher   *0*
14. Telefonbuch   *0*
15. Sonstige   *0*

18. Erwartete Informationsquellen:

*Wo/Von wem würden Sie generell brauchbare
Informationen über eine Erziehungsberatungsstelle
erwarten? (mehrere Nennungen möglich)*

1. Kinderarzt   0
2. Fach/Hausarzt   0
3. Leute mit Beratungserfahrung   0
4. Freunde/Bekannte/Verwandte   0
5. Schule/Kindergarten   0
6. Pfarrer/Seelsorge   0
7. andere Beratungseinrichtung   0
8. bei der Beratungsstelle selbst   0
9. Zeitung   0
10. Radio/Fernsehen   0
11. Informationsbroschüren   0
12. Bücher   0
13. Telefonbuch   0
14. Sonstige   0

---

19. Zugangsweg:

*Wer gab die entscheidende Anregung zu Ihrem
jetzigen Kontakt zur Erziehungsberatungsstelle?*

1. Kinderarzt   0
2. Fach/Hausarzt/Klinik   0
3. Freunde/Bekannte   0
4. Verwandte   0
5. Schule/Kindergarten   0
6. Pfarrer/Seelsorge   0
7. Jugend/Sozial/Gesundheitsamt   0
8. Gericht   0
9. andere Beratungseinrichtung   0
10. Zeitung/Radio/Fernsehen   0
11. ohne Anregung von außen   0
12. Sonstige   0

---

*Bevor es weitergeht noch eine Bitte: Um diesen und
Ihre späteren Bogen zusammenhalten zu können, tragen
Sie bitte ein markantes Datum (z.B. Geburtsdatum
Ihrer Mutter) in das Kästchen (Persönl. Datum) auf
dem Deckblatt des Fragebogens ein. Dieses Datum
sollen Sie auch bei den späteren beiden Fragebogen
verwenden. Wir haben dieses Vorgehen gewählt, da wir
Ihren Namen nicht verwenden wollen (Anonymität).*

2. Teil des Fragebogens: Vermutungen über die Beratung

Im zweiten Teil des Fragebogens finden Sie eine Reihe von Sätzen, die mögliche

Vermutungen

über eine Erziehungsberatungsstelle enthalten. Beurteilen Sie bitte für jeden Satz, inwieweit Sie persönlich diese Vermutung haben, unabhängig davon, ob Sie sich das Eintreten dieser Vermutung wünschen würden. Es geht bei diesen Sätzen also nicht darum, welche Art von Beratung Sie am liebsten hätten, sondern darum, wie Sie glauben, daß Ihre Beratung vermutlich ablaufen wird.
Nach jedem Satz haben Sie folgende fünf Antwortmöglichkeiten:

stimmt nicht	stimmt wenig	unentschieden	stimmt etwas	stimmt
-2	-1	0	+1	+2

Dabei bedeutet die Zahl -2, daß Sie eine solche Vermutung nicht haben, die Zahl +2 bedeutet, daß Sie diese Vermutung haben. Die Zahlen -1 und +1 geben Ihnen die Möglichkeit, Ihre Antworten in die eine oder andere Richtung feiner abzustufen; die Zahl 0 wählen Sie, wenn Sie sich für keine der Seiten entscheiden können.
Kreuzen Sie bitte bei jedem Satz die Zahl an, welche die Ausprägung dieser Vermutung bei Ihnen am ehesten wiedergibt.
Beantworten Sie den Fragebogen bitte allein, lassen Sie keinen Satz aus und kreuzen Sie ruhig gemäß Ihrer ersten spontanen Reaktion an; bedenken Sie dabei, daß es hier natürlich keine richtigen und falschen Antworten gibt und daß Ihr Berater Ihre Antworten in keinem Fall zu sehen bekommt.

	stimmt nicht	stimmt wenig	unent- schieden	stimmt etwas	stimmt

1. Ich vermute, daß sich der Berater vor allem mit den Kindern beschäftigt und mit den Eltern jeweils nur kurz spricht   -2   -1   0   +1   +2

2. Ich gehe davon aus, daß diese Caritas-Beratungsstelle vor allem für katholische Ratsuchende zuständig ist   -2   -1   0   +1   +2

3. Ich nehme an, daß der Berater seine eigenen Probleme weitgehend gelöst hat   -2   -1   0   +1   +2

4. Ich nehme an, daß sich der Berater bei anderen Leuten (z.B. Ämter, Arbeitsstelle, Lehrer) für unsere Belange stark macht   -2   -1   0   +1   +2

5. Ich schätze, daß es in der Beratung nicht so sehr um Gefühle und Ängste, sondern eher um konkretes Verhalten geht   -2   -1   0   +1   +2

6. Ich gehe davon aus, daß unsere Schwierigkeiten durch die Beratung vollständig beseitigt werden   -2   -1   0   +1   +2

7. Ich vermute, daß man z.B. bei Berufstätigkeit auch außerhalb gängiger Öffnungszeiten einen Termin bekommen kann   -2   -1   0   +1   +2

8. Ich nehme an, daß ich vom Berater vor allem konkrete Tips und Ratschläge bekomme   -2   -1   0   +1   +2

9. Ich schätze, daß die Berater auch für Leute mit kleineren und alltäglichen Problemen Zeit haben   -2   -1   0   +1   +2

10. Ich vermute, daß der Berater ein lebens-erfahrener Mensch ist   -2   -1   0   +1   +2

11. Ich nehme an, daß der Berater besonders sachlich und überlegt ist   -2   -1   0   +1   +2

12. Ich rechne damit, daß es in der Beratung aus-schließlich um das zu Beginn vorgestellte Problem geht   -2   -1   0   +1   +2

13. Ich vermute, daß ich im Rahmen der Beratung außer über Erziehungsprobleme auch über meine persönlichen Probleme sprechen kann   -2   -1   0   +1   +2

14. Ich glaube, daß die Beratung darauf abzielt, daß man seine eigenen Ängste, Schwächen und Stärken besser kennenlernt   -2   -1   0   +1   +2

15. Ich nehme an, daß in der Beratung auch intime Bereiche des Familienlebens angesprochen werden   -2   -1   0   +1   +2

16. Ich schätze, daß der Berater als Experte ent-scheidet, welche Themen für die Beratung wichtig sind und wer an den Sitzungen teilnehmen soll   -2   -1   0   +1   +2

17. Ich vermute, daß der Berater ein gepflegtes und seriöses Äußeres hat   -2   -1   0   +1   +2

	stimmt nicht	stimmt wenig	unent- schieden	stimmt etwas	stimmt

18. *Ich denke, daß die Berater ebenso wie ein Arzt der Schweigepflicht unterliegen*   -2   -1   0   +1   +2

19. *Ich nehme an, daß Eltern und Kinder einer Familie gemeinsam an den Beratungssitzungen teilnehmen*   -2   -1   0   +1   +2

20. *Ich vermute, daß der Berater auch nicht "tiefer" in mich hineinsehen kann als andere Leute*   -2   -1   0   +1   +2

21. *Ich nehme an, daß nicht die Vergangenheit, sondern unsere gegenwärtige Familiensituation im Mittelpunkt steht*   -2   -1   0   +1   +2

22. *Ich denke, daß der Berater ein umfassendes Wissen über die Entstehung und die Lösungsmöglichkeiten von Problemen hat*   -2   -1   0   +1   +2

23. *Ich gehe davon aus, daß die Beratung sich insgesamt positiv auf unser Familienleben auswirkt*   -2   -1   0   +1   +2

24. *Ich nehme an, daß es das Ziel der Beratung ist, störendes Verhalten der Kinder abzubauen und erwünschtes Verhalten aufzubauen*   -2   -1   0   +1   +2

25. *Ich rechne damit, daß der Berater eine Atmosphäre schafft, in der man offen über seine Privatsphäre sprechen kann*   -2   -1   0   +1   +2

26. *Ich schätze, daß es den Berater persönlich nicht besonders mitnimmt, wenn er mit schweren Problemen von Ratsuchenden konfrontiert wird*   -2   -1   0   +1   +2

27. *Ich nehme an, daß zu Beginn der Beratung eine Untersuchung (z.B. mit Tests oder Fragebogen) durchgeführt wird*   -2   -1   0   +1   +2

28. *Ich vermute, daß der Berater besonders Wärme und Geborgenheit ausstrahlt*   -2   -1   0   +1   +2

29. *Ich glaube, daß der Berater besser mit Kindern umgehen kann als andere Leute, die selbst Kinder haben*   -2   -1   0   +1   +2

30. *Ich denke, daß der Berater als Berufsausbildung ein Hochschulstudium absolviert hat*   -2   -1   0   +1   +2

31. *Ich schätze, daß der Berater besonders Ruhe und Gelassenheit ausstrahlt*   -2   -1   0   +1   +2

32. *Ich vermute, daß der Berater besonders locker und humorvoll ist*   -2   -1   0   +1   +2

33. *Ich nehme an, daß in der Beratung unter anderem auch Rollenspiele, Verhaltens- oder Gesprächsübungen durchgeführt werden*   -2   -1   0   +1   +2

34. *Ich schätze, daß man gegebenenfalls neben der Beratung auch weitere Hilfen (z.B. finanzielle u. rechtliche Beratung, Hilfen gegenüber Behörden) bekommt*   -2   -1   0   +1   +2

	stimmt nicht	stimmt wenig	unent- schieden	stimmt etwas	stimmt
35. Ich glaube, daß die Beratung für alle Rat-suchenden kostenlos ist	-2	-1	0	+1	+2
36. Ich nehme an, daß ein Bestandteil der Beratung auch geistige oder körperliche Übungen (z.B. Ent-spannungsübungen, Phantasieübungen, Zeichnen) sind	-2	-1	0	+1	+2
37. Ich rechne damit, daß der Berater besonders gut zuhören kann	-2	-1	0	+1	+2
38. Ich vermute, daß der Berater besonders fordernd und direkt ist	-2	-1	0	+1	+2
39. Ich rechne damit, daß das Verhältnis zum Berater so ähnlich ist wie zu einem Freund	-2	-1	0	+1	+2
40. Ich schätze, daß im Laufe der Beratung auch meine eigenen Fehler angesprochen werden	-2	-1	0	+1	+2
41. Ich vermute, daß es das Ziel der Beratung ist, daß unser Problem vollständig gelöst wird	-2	-1	0	+1	+2
42. Ich schätze, daß ich in der Beratung vor allem Denkanstöße bekomme, die ich selbst in die Praxis umsetzen muß	-2	-1	0	+1	+2
43. Ich rechne damit, daß der Berater schnell erkennt, wo bei uns das Problem liegt	-2	-1	0	+1	+2
44. Ich vermute, daß der Berater keinesfalls freund-schaftliche Kontakte zu den Ratsuchenden aufbaut	-2	-1	0	+1	+2
45. Ich nehme an, daß sich der Berater auch als Akademiker gut in die Lage von einfachen Leuten hineinversetzen kann	-2	-1	0	+1	+2
46. Ich nehme an, daß an dieser Caritas-Beratungs-stelle eine andere Art von Beratung durchgeführt wird als an Beratungsstellen der Diakonie, Arbeiterwohlfahrt oder Pro Familia	-2	-1	0	+1	+2
47. Ich denke, daß der Berater gegenüber den Rat-suchenden nicht nur einfach "seinen Job" macht	-2	-1	0	+1	+2
48. Ich rechne damit, daß die Beratungstermine in den Räumen der Beratungsstelle durchgeführt werden	-2	-1	0	+1	+2
49. Ich schätze, daß der Berater besonders verständnisvoll und tolerant ist	-2	-1	0	+1	+2
50. Ich nehme an, daß die Beratungsstelle zum Teil auch mit anderen Stellen (z.B. Schule, Sozialamt, Jugendamt) zusammenarbeitet	-2	-1	0	+1	+2
51. Ich vermute, daß es das Ziel der Beratung ist in unserer Familie besser und offener miteinander reden zu können	-2	-1	0	+1	+2
52. Ich vermute, daß der Berater nicht viel jünger oder älter ist als ich	-2	-1	0	+1	+2

	stimmt nicht	stimmt wenig	unent- schieden	stimmt etwas	stimmt

53. Ich schätze, daß die Ansichten aller Familienmitglieder, auch die der Kinder, in der Beratung eine Rolle spielen — -2 -1 0 $+1$ $+2$

54. Ich nehme an, daß der Berater selbst Kinder hat und sich so besser in die Lage der Ratsuchenden hineinversetzen kann — -2 -1 0 $+1$ $+2$

55. Ich nehme an, daß der Berater in ernsten Situationen auch einmal spätabends oder am Wochenende zu erreichen ist — -2 -1 0 $+1$ $+2$

56. Ich denke, daß das Verhältnis der Eltern zueinander in der Beratung keine Rolle spielt — -2 -1 0 $+1$ $+2$

57. Ich schätze, daß konkrete Verhaltensaufgaben für die Zeit zwischen den Sitzungen gegeben werden — -2 -1 0 $+1$ $+2$

58. Ich rechne damit, daß der Berater uns immer über seine Absichten aufklärt — -2 -1 0 $+1$ $+2$

59. Ich nehme an, daß der Berater mir auch von seinen privaten Erfahrungen erzählt — -2 -1 0 $+1$ $+2$

60. Ich rechne damit, daß zwischen dem Berater und uns offene Kritik geäußert und Forderungen gestellt werden — -2 -1 0 $+1$ $+2$

61. Ich schätze, daß Leute mit ähnlichen Problemen in Gruppen gemeinsam beraten werden — -2 -1 0 $+1$ $+2$

62. Ich nehme an, daß ich mit einem Berater meines Geschlechts zu tun habe — -2 -1 0 $+1$ $+2$

63. Ich vermute, daß in dieser Beratungsstelle, die von der Caritas getragen wird, die Ansichten der katholischen Kirche in die Beratung einfließen — -2 -1 0 $+1$ $+2$

64. Ich nehme an, daß der Berater bei Konflikten zwischen Familienmitgliedern für eine der Seiten Partei ergreift — -2 -1 0 $+1$ $+2$

65. Ich vermute, daß der Berater schon einige Jahre Berufserfahrung hat — -2 -1 0 $+1$ $+2$

66. Ich rechne damit, daß sich der Berater an unsere Wünsche und Ziele hält — -2 -1 0 $+1$ $+2$

67. Ich nehme an, daß der Berater Veränderungen bewirken kann, ohne daß ich es bemerke — -2 -1 0 $+1$ $+2$

68. Ich schätze, daß die Beratung darauf abzielt, daß wir die Ursachen für unsere Schwierigkeiten erfahren — -2 -1 0 $+1$ $+2$

69. Ich nehme an, daß die Erziehungsberatungsstelle nur für Probleme aus dem Erziehungsbereich zuständig ist — -2 -1 0 $+1$ $+2$

70. Ich vermute, daß die Beratung insgesamt nicht mehr als ein halbes Jahr in Anspruch nimmt — -2 -1 0 $+1$ $+2$

3. Teil des Fragebogens: Wünsche an die Beratung

Im dritten Teil des Fragebogens finden Sie eine weitere Reihe von Sätzen, die nun aber mögliche

Hoffnungen und Wünsche

an eine Erziehungsberatungsstelle enthalten.

Beurteilen Sie bitte für jeden Satz, inwieweit Sie persönlich eine solchen Wunsch haben, <u>unabhängig davon, ob Sie die Erfüllung dieses Wunsches an dieser Beratungsstelle für wahrscheinlich oder unwahrscheinlich halten.</u>

Es geht also im folgenden Teil des Fragebogens <u>nicht</u> mehr darum, welche Vermutungen sie über die Beratung haben, sondern darum, welche Art von Beratung Sie <u>am liebsten</u> hätten.

Nach jedem Satz haben Sie wieder die bekannten fünf Antwortmöglichkeiten. Dabei bedeutet die Zahl -2 nun, daß Sie sich die angesprochene Tatsache nicht wünschen würden, die Zahl +2 bedeutet nun, daß Sie sich diese Tatsache wünschen würden. Die Zahlen -1 und +1 geben Ihnen wieder die Möglichkeit, Ihre Antworten in die eine oder andere Richtung feiner abzustufen; die Zahl 0 wählen Sie, wenn Ihnen die angesprochene Tatsache gleichgültig ist.

Kreuzen Sie bitte bei jedem Satz die Zahl an, welche die Ausprägung dieses Wunsches bei Ihnen am ehesten wiedergibt.

	stimmt nicht	stimmt wenig	gleich-gültig	stimmt etwas	stimmt

71. Ich hoffe, daß sich der Berater vor allem mit den Kindern beschäftigt und mit den Eltern jeweils nur kurz spricht   -2   -1   0   +1   +2

72. Ich würde mir wünschen, daß diese Caritas-Beratungsstelle vor allem für katholische Ratsuchende zuständig ist   -2   -1   0   +1   +2

73. Ich wünsche mir, daß der Berater seine eigenen Probleme weitgehend gelöst hat   -2   -1   0   +1   +2

74. Ich wünsche mir, daß sich der Berater bei anderen Leuten (z.B. Ämter, Arbeitsstelle, Lehrer) für unsere Belange stark macht   -2   -1   0   +1   +2

75. Ich möchte, daß es in der Beratung nicht so sehr um Gefühle und Ängste, sondern eher um konkretes Verhalten geht   -2   -1   0   +1   +2

76. Ich würde mir wünschen, daß unsere Schwierigkeiten durch die Beratung vollständig beseitigt werden   -2   -1   0   +1   +2

77. Ich hoffe, daß man z.B. bei Berufstätigkeit auch außerhalb gängiger Öffnungszeiten einen Termin bekommen kann   -2   -1   0   +1   +2

78. Ich wünsche mir, daß ich vom Berater vor allem konkrete Tips und Ratschläge bekomme   -2   -1   0   +1   +2

79. Ich möchte, daß die Berater auch für Leute mit kleineren und alltäglichen Problemen Zeit haben   -2   -1   0   +1   +2

80. Ich hoffe, daß der Berater ein lebenserfahrener Mensch ist   -2   -1   0   +1   +2

81. Ich wünsche mir, daß der Berater besonders sachlich und überlegt ist   -2   -1   0   +1   +2

82. Ich möchte, daß es in der Beratung ausschließlich um das zu Beginn vorgestellte Problem geht   -2   -1   0   +1   +2

83. Ich hoffe, daß ich im Rahmen der Beratung außer über Erziehungsprobleme auch über meine persönlichen Probleme sprechen kann   -2   -1   0   +1   +2

84. Ich hoffe, daß die Beratung darauf abzielt, daß man seine eigenen Ängste, Schwächen und Stärken besser kennenlernt   -2   -1   0   +1   +2

85. Ich wünsche mir, daß in der Beratung auch intime Bereiche des Familienlebens angesprochen werden   -2   -1   0   +1   +2

86. Ich möchte, daß der Berater als Experte entscheidet, welche Themen für die Beratung wichtig sind und wer an den Sitzungen teilnehmen soll   -2   -1   0   +1   +2

87. Ich würde mir wünschen, daß der Berater ein gepflegtes und seriöses Äußeres hat   -2   -1   0   +1   +2

	stimmt nicht	stimmt wenig	gleich- gültig	stimmt etwas	stimmt
88. Ich hoffe, daß die Berater ebenso wie ein Arzt der Schweigepflicht unterliegen	-2	-1	0	+1	+2
89. Ich möchte, daß Eltern und Kinder einer Familie gemeinsam an den Beratungssitzungen teilnehmen	-2	-1	0	+1	+2
90. Ich hoffe, daß der Berater auch nicht "tiefer" in mich hineinsehen kann als andere Leute	-2	-1	0	+1	+2
91. Ich wünsche mir, daß nicht die Vergangenheit, sondern unsere gegenwärtige Familiensituation im Mittelpunkt steht	-2	-1	0	+1	+2
92. Ich würde mir wünschen, daß der Berater ein umfassendes Wissen über die Entstehung und die Lösungsmöglichkeiten von Problemen hat	-2	-1	0	+1	+2
93. Ich hoffe, daß die Beratung sich insgesamt positiv auf unser Familienleben auswirkt	-2	-1	0	+1	+2
94. Ich wünsche mir, daß es das Ziel der Beratung ist, störendes Verhalten der Kinder abzu- bauen und erwünschtes Verhalten aufzubauen	-2	-1	0	+1	+2
95. Ich möchte, daß der Berater eine Atmosphäre schafft, in der man offen über seine Privatsphäre sprechen kann	-2	-1	0	+1	+2
96. Ich möchte, daß es den Berater persönlich nicht besonders mitnimmt, wenn er mit schweren Problemen von Ratsuchenden konfrontiert wird	-2	-1	0	+1	+2
97. Ich wünsche mir, daß zu Beginn der Beratung eine Untersuchung (z.B. mit Tests oder Fragebogen) durchgeführt wird	-2	-1	0	+1	+2
98. Ich hoffe, daß der Berater besonders Wärme und Geborgenheit ausstrahlt	-2	-1	0	+1	+2
99. Ich wünsche mir, daß der Berater besser mit Kindern umgehen kann als andere Leute, die selbst Kinder haben	-2	-1	0	+1	+2
100. Ich hoffe, daß der Berater als Berufsausbildung ein Hochschulstudium absolviert hat	-2	-1	0	+1	+2
101. Ich möchte, daß der Berater besonders Ruhe und Gelassenheit ausstrahlt	-2	-1	0	+1	+2
102. Ich hoffe, daß der Berater besonders locker und humorvoll ist	-2	-1	0	+1	+2
103. Ich wünsche mir, daß in der Beratung unter anderem auch Rollenspiele, Verhaltens- oder Gesprächsübungen durchgeführt werden	-2	-1	0	+1	+2
104. Ich möchte, daß man gegebenenfalls neben der Beratung auch weitere Hilfen (z.B. finanzielle u. rechtliche Beratung, Hilfen gegenüber Behörden) bekommt	-2	-1	0	+1	+2

	stimmt nicht	stimmt wenig	gleich-gültig	stimmt etwas	stimmt

105. Ich würde mir wünschen, daß die Beratung für alle Ratsuchenden kostenlos ist   -2   -1   0   +1   +2

106. Ich wünsche mir, daß ein Bestandteil der Beratung auch geistige oder körperliche Übungen (z.B. Entspannungsübungen, Phantasieübungen, zeichnen) sind   -2   -1   0   +1   +2

107. Ich hoffe, daß der Berater besonders gut zuhören kann   -2   -1   0   +1   +2

108. Ich hoffe, daß der Berater besonders fordernd und direkt ist   -2   -1   0   +1   +2

109. Ich möchte, daß das Verhältnis zum Berater so ähnlich ist wie zu einem Freund   -2   -1   0   +1   +2

110. Ich möchte, daß im Laufe der Beratung auch meine eigenen Fehler angesprochen werden   -2   -1   0   +1   +2

111. Ich hoffe, daß es das Ziel der Beratung ist, daß unser Problem vollständig gelöst wird   -2   -1   0   +1   +2

112. Ich möchte, daß ich in der Beratung vor allem Denkanstöße bekomme, die ich selbst in die Praxis umsetzen muß   -2   -1   0   +1   +2

113. Ich hoffe, daß der Berater schnell erkennt, wo bei uns das Problem liegt   -2   -1   0   +1   +2

114. Ich hoffe, daß der Berater keinesfalls freundschaftliche Kontakte zu den Ratsuchenden aufbaut   -2   -1   0   +1   +2

115. Ich wünsche mir, daß sich der Berater auch als Akademiker gut in die Lage von einfachen Leuten hineinversetzen kann   -2   -1   0   +1   +2

116. Ich wünsche mir, daß an dieser Caritas-Beratungsstelle eine andere Art von Beratung durchgeführt wird als Beratungsstellen der Diakonie, Arbeiterwohlfahrt oder Pro Familia   -2   -1   0   +1   +2

117. Ich hoffe, daß der Berater gegenüber den Ratsuchenden nicht nur einfach "seinen Job" macht   -2   -1   0   +1   +2

118. Ich wünsche mir, daß die Beratungstermine in den Räumen der Beratungsstelle durchgeführt werden   -2   -1   0   +1   +2

119. Ich möchte, daß der Berater besonders verständnisvoll und tolerant ist   -2   -1   0   +1   +2

120. Ich wünsche mir, daß die Beratungsstelle zum Teil auch mit anderen Stellen (z.B. Schule, Sozialamt, Jugendamt) zusammenarbeitet   -2   -1   0   +1   +2

121. Ich hoffe, daß es das Ziel der Beratung ist in unserer Familie besser und offener miteinander reden zu können   -2   -1   0   +1   +2

122. Ich hoffe, daß der Berater nicht viel jünger oder älter ist als ich   -2   -1   0   +1   +2

	stimmt nicht	stimmt wenig	gleich- gültig	stimmt etwas	stimmt

123. Ich möchte, daß die Ansichten aller Familienmit-   -2   -1   0   +1   +2
glieder, auch die der Kinder, in der Beratung
eine Rolle spielen

124. Ich wünsche mir, daß der Berater selbst Kinder   -2   -1   0   +1   +2
hat und sich so besser in die Lage der Rat-
suchenden hineinversetzen kann

125. Ich wünsche mir, daß der Berater in ernsten   -2   -1   0   +1   +2
Situationen auch einmal spätabends oder am
Wochenende zu erreichen ist

126. Ich hoffe, daß das Verhältnis der Eltern zuein-   -2   -1   0   +1   +2
ander in der Beratung keine Rolle spielt

127. Ich möchte, daß konkrete Verhaltensaufgaben für   -2   -1   0   +1   +2
die Zeit zwischen den Sitzungen gegeben werden

128. Ich hoffe, daß der Berater uns immer über seine   -2   -1   0   +1   +2
Absichten aufklärt

129. Ich wünsche mir, daß der Berater mir auch von   -2   -1   0   +1   +2
seinen privaten Erfahrungen erzählt

130. Ich hoffe, daß zwischen dem Berater und uns offene   -2   -1   0   +1   +2
Kritik geäußert und Forderungen gestellt werden

131. Ich möchte, daß Leute mit ähnlichen Problemen in   -2   -1   0   +1   +2
Gruppen gemeinsam beraten werden

132. Ich wünsche mir, daß ich mit einem Berater meines   -2   -1   0   +1   +2
Geschlechts zu tun habe

133. Ich hoffe, daß in dieser Beratungsstelle, die von   -2   -1   0   +1   +2
der Caritas getragen wird, die Ansichten der
katholischen Kirche in die Beratung einfließen

134. Ich wünsche mir, daß der Berater bei Konflikten   -2   -1   0   +1   +2
zwischen Familienmitgliedern für eine der Seiten
Partei ergreift

135. Ich hoffe, daß der Berater schon einige Jahre   -2   -1   0   +1   +2
Berufserfahrung hat

136. Ich wünsche mir, daß sich der Berater an unsere   -2   -1   0   +1   +2
Wünsche und Ziele hält

137. Ich wünsche mir, daß der Berater Veränderungen   -2   -1   0   +1   +2
bewirken kann, ohne daß ich es bemerke

138. Ich möchte, daß die Beratung darauf abzielt,   -2   -1   0   +1   +2
daß wir die Ursachen für unsere Schwierigkeiten
erfahren

139. Ich wünsche mir, daß die Erziehungsberatungs-   -2   -1   0   +1   +2
stelle nur für Probleme aus dem Erziehungs-
bereich zuständig ist

140. Ich wünsche mir, daß die Beratung insgesamt   -2   -1   0   +1   +2
nicht mehr als ein halbes Jahr in Anspruch nimmt

Erwartungsfragebogen

für Besucher von

Erziehungsberatungsstellen

[2]

Persönl. Datum

*Bevor Sie beginnen noch eine Bitte: Um diesen und
Ihre anderen Bogen zusammenhalten zu können, tragen
Sie bitte dasjenige markante Datum (z.B. Geburtsdatum
Ihrer Mutter), welches Sie auch bei dem ersten Fragebogen verwendet haben, in das Kästchen (Persönl. Datum)
auf dem Deckblatt des Fragebogens ein. Dieses Datum
sollen Sie auch bei dem letzten noch folgenden Fragebogen verwenden. Wir haben dieses Vorgehen gewählt,
da wir Ihren Namen nicht verwenden wollen (Anonymität)*

An dieser Stelle folgen im Originalfragebogen die 140 Erwartungsitems, die bereits im Fragebogen Nr.1 dargeboten wurden.
Die Erläuterung und Darbietung dieser Items erfolgt in identischer Form wie bei dem Klientenfragebogen 1 (vgl. Klientenfragebogen Nr.1).

Erwartungsfragebogen

für Besucher von

Erziehungsberatungsstellen

[3]

Persönl. Datum

Bevor Sie beginnen noch eine Bitte: Um diesen und Ihre anderen Bogen zusammenhalten zu können, tragen Sie bitte dasjenige markante Datum (z.B. Geburtsdatum Ihrer Mutter), welches Sie auch bei dem ersten Frage- bogen verwendet haben, in das Kästchen (Persönl. Datum) auf dem Deckblatt des Fragebogens ein. Dieses Datum sollen Sie auch bei dem letzten noch folgenden Frage- bogen verwenden. Wir haben dieses Vorgehen gewählt, da wir Ihren Namen nicht verwenden wollen (Anonymität)

An dieser Stelle folgen im Originalfragebogen die 140 Erwartungsitems, die
bereits in den Fragebögen Nr.1 und Nr.2 dargeboten wurden.
Die Erläuterung und Darbietung dieser Items erfolgt in identischer Form wie
bei dem Klientenfragebogen 1 und 2 (vgl. Klientenfragebogen Nr.1).

3. Teil des Fragebogens: Beurteilung der Beratung

*In den folgenden Fragen geht es um Ihre Zufriedenheit mit der Beratung.
Bitte beurteilen Sie für jede Aussage, wie sehr Sie mit dem angesprochenen
Aspekt der Beratung zufrieden sind. Dabei bedeutet die Zahl -2 starke
Unzufriedenheit, die Zahl +2 starke Zufriedenheit. Die Zahlen -1 und +1
geben Ihnen wieder die Möglichkeit, Ihre Antworten feiner abzustufen. Die
Zahl 0 kreuzen Sie an, wenn Sie weder zufrieden noch unzufrieden mit dem
angesprochenen Aspekt sind.*

Wie zufrieden sind Sie...	UNZUFRIEDEN sehr eher	teils teils	ZUFRIEDEN eher sehr

1. mit den Themen, die in der Beratung zur Sprache gekommen sind — -2 -1 0 +1 +2

2. mit dem persönlichen Auftreten und Verhalten des Beraters — -2 -1 0 +1 +2

3. mit dem zeitlichen Ablauf der Beratung — -2 -1 0 +1 +2

4. damit, was in den Beratungssitzungen konkret gemacht wurde — -2 -1 0 +1 +2

5. mit den Veränderungen, die durch die Beratung erreicht worden sind — -2 -1 0 +1 +2

6. mit den beruflichen Fähigkeiten des Beraters — -2 -1 0 +1 +2

7. mit den Zielen, die in der Beratung verfolgt wurden — -2 -1 0 +1 +2

8. mit dem Verhältnis zwischen Ihnen und dem Berater — -2 -1 0 +1 +2

9. mit dieser Beratungserfahrung insgesamt — -2 -1 0 +1 +2

10. damit, wie sehr sich der Berater persönlich bemüht hat — -2 -1 0 +1 +2

11. mit den räumlichen und organisatorischen Gegebenheiten der Beratungsstelle — -2 -1 0 +1 +2

Hier noch zwei weitere Fragen:

	nein	eher nicht	weiß nicht	eher doch	ja

12. Wenn ich noch einmal ähnliche Probleme bekäme, würde ich wieder zu dieser Beratungsstelle gehen — -2 -1 0 +1 +2

13. Ich würde Freunden mit ähnlichen Problemen diese Beratungsstelle weiterempfehlen — -2 -1 0 +1 +2

2. Erreichte Veränderungen:

Die folgenden Aussagen befassen sich mit Veränderungen, die sich im Laufe
einer Beratung ergeben könnten. Bitte stellen Sie sich noch einmal Ihre
Situation zum Zeitpunkt Ihrer Anmeldung vor.
Überblicken Sie dann die seither vergangene Zeit und beurteilen Sie für jede
der folgenden Aussagen, *ob sich eine Veränderung in die eine oder andere*
Richtung bei Ihnen (bzw. in Ihrer Familie) in diesem Zeitraum ergeben hat.
Das Ausmaß und die Richtung dieser Veränderung geben Sie bitte durch An-
kreuzen der entsprechenden Zahl auf der folgenden Skala an:

nein, genau im Gegenteil	nein, eher im Gegenteil	keine Veränderung	ja, etwas	ja, sehr
-2	-1	0	+1	+2

Beispiel: "Ich schlafe jetzt schlechter"
Ist diese Veränderung seit der Anmeldung tatsächlich stark bei Ihnen in
Erscheinung getreten (d.h. Sie schlafen jetzt schlechter), kreuzen Sie +2
an. Ist jedoch das Gegenteil der Fall (d.h. Sie schlafen jetzt besser),
kreuzen Sie -2 an. Bei nur leichten Veränderungen wählen Sie +1 oder -1.
Falls keine Veränderung eingetreten ist, markieren Sie die Zahl 0.
Hier nun die Aussagen:

14. Wir kommen mit dem zu Beginn der Beratung bestehenden   -2 -1 0 +1 +2
Problem jetzt besser zurecht

15. Ich kann jetzt schlechter einschätzen, wie mein Auftreten   -2 -1 0 +1 +2
und Handeln auf die anderen Familienmitglieder wirkt

16. Wir regeln Konflikte untereinander jetzt auf eine   -2 -1 0 +1 +2
befriedigendere Art und Weise

17. Ich bin mir jetzt mehr im Klaren darüber, was mir   -2 -1 0 +1 +2
in unserer Familie wichtig ist

18. Wir kommen in unserer Familie jetzt insgesamt   -2 -1 0 +1 +2
schlechter miteinander aus

19. Wir können jetzt besser miteinander über unsere   -2 -1 0 +1 +2
Gedanken und Gefühle sprechen

20. Ich habe jetzt weniger Möglichkeiten mit   -2 -1 0 +1 +2
schwierigen Situationen umzugehen

21. Ich habe mir einige falsche oder unpassende   -2 -1 0 +1 +2
Verhaltensweisen abgewöhnt

Erwartungsfragebogen

für Berater an

Erziehungsberatungsstellen

Persönl. Datum

1. Teil des Fragebogens: Fragen zur Person

Im ersten Teil des Fragebogens finden Sie eine Reihe
von Fragen zu Ihrer Person und den Zugangswegen der
Klienten. Zur Beantwortung der Fragen tragen Sie
bitte die entsprechende Zahl (z.B. bei Altersangaben)
ein bzw. kreuzen Sie die für Sie zutreffende Antwort
in dem zugehörigen Kreis an.

A. Allgemeine Angaben zur Person

1. Alter: _____ Jahre

2. Geschlecht: 1. weibl. 0
                    2. männl. 0

3. Familienstand: 1. ledig   0
                    2. verheiratet 0
                    3. getrennt   0
                    4. geschieden   0
                    5. verwitwet   0

4. Berufsausbildung:

1. Diplom-Pädagoge   0
2. Diplom-Psychologe   0
3. Sozialarbeiter/pädagoge   0
4. Kinder- u. Jugendl.-Psychoth. 0
5. Arzt   0
6. Sonstige   0

5. Berufserfahrung: _____ Jahre

B. Angaben zu den Zugangswegen der Klienten

6. Zugangsweg:

Durch wen werden Klienten vor allem zur Kontaktaufnahme mit dieser Erziehungsberatungsstelle
angeregt? (Mehrfachnennungen möglich)

1.	Kinderarzt	0
2.	Fach/Hausarzt/Klinik	0
3.	Freunde/Bekannte	0
4.	Verwandte	0
5.	Schule/Kindergarten	0
6.	Pfarrer/Seelsorge	0
7.	Jugend/Sozial/Gesundheitsamt	0
8.	Gericht	0
9.	andere Beratungseinrichtung	0
10.	Zeitung/Radio/Fernsehen	0
11.	ohne Anregung von außen	0
12.	Sonstige	0

7. Auswirkungen des Zugangsweges:

Welche Ausprägung von Motivation, Informationsstand und Veränderungswunsch erwarten Sie bei den
Klienten der verschiedenen Zugangswege?
(Bitte die Felder ausfüllen; Antwortmöglichkeiten:
5 (hoch), 4 (eher hoch), 3 (mittel), 2 (eher gering),
1 (gering)

Zugang über:	Motivation	Informations- stand	Veränderungs- wunsch
Ärzte			
Bekannte/ Verwandte			
Schule/ Kindergarten			
Ämter			
Pfarrer/ Seelsorge			
Selbstmelder			

Bevor es weitergeht noch eine Bitte: Um uns die Zuordnung Ihres Bogens zu denen Ihrer Klienten zu ermöglichen, tragen Sie bitte ein markantes Datum (z.B.
Geburtsdatum Ihrer Mutter) in das Kästchen (Persönl.
Datum) auf dem Deckblatt des Fragebogens ein. Dieses
Datum sollten Sie auch bei der zum Ende der Beratung
stattfindenden Befragung verwenden. Wir haben dieses
Vorgehen gewählt, da wir Ihren Namen nicht verwenden
wollen (Anonymität).

2. Teil des Fragebogens: Persönliche Beratungspraxis

*Im zweiten Teil des Fragebogens finden Sie eine Reihe von Selbstaus-
sagen, die mögliche Umstände der Tätigkeit eines Erziehungsberaters
enthalten. Beurteilen Sie bitte für jeden Satz, inwieweit die
betreffende Aussage im allgemeinen für Ihre persönliche Praxis an
Ihrer EB zutrifft, unabhängig davon, ob Sie die angesprochenen
Tatsachen für wünschenswert halten oder nicht.*

Nach jedem Satz haben Sie folgende fünf Antwortmöglichkeiten:

stimmt nicht	stimmt wenig	unentschieden	stimmt etwas	stimmt
-2	-1	0	+1	+2

*Dabei bedeutet die Zahl -2, daß die angesprochene Tatsache nach
Ihrer Erfahrung nicht zutrifft, die Zahl +2 bedeutet, daß diese
Tatsache nach Ihrer Erfahrung zutrifft. Die Zahlen -1 und +1 geben
Ihnen die Möglichkeit, Ihre Antworten in die eine oder andere Rich-
tung feiner abzustufen; die Zahl 0 wählen Sie, wenn Sie sich für
keine der Seiten entscheiden können.*

*Auch wenn einige Aussagen naturgemäß ihre Praxis etwas verallgemei-
nern mögen, so kreuzen Sie bitte bei jedem Satz die Zahl an, welche
das Zutreffen dieser Tatsache bei Ihnen noch am ehesten wiedergibt.*

*Lassen Sie bitte keinen Satz aus und kreuzen Sie gemäß Ihrer ersten
spontanen Reaktion an.*

	stimmt nicht	stimmt wenig	unent- schieden	stimmt etwas	stimmt

1. Ich beschäftige mich vor allem mit den Kindern und spreche mit den Eltern jeweils nur kurz   −2   −1   0   +1   +2

2. Diese Caritas-EB ist vor allem für katholische Ratsuchende zuständig   −2   −1   0   +1   +2

3. Ich habe meine eigenen Probleme weitgehend gelöst   −2   −1   0   +1   +2

4. Ich mache mich bei anderen Leuten (z.B. Ämter Arbeitsstelle, Lehrer) für die Belange der Klienten stark   −2   −1   0   +1   +2

5. Es geht in meiner Beratung nicht so sehr um Gefühle und Ängste, sondern eher um konkretes Verhalten   −2   −1   0   +1   +2

6. Die Schwierigkeiten der Klienten werden durch meine Beratung vollständig beseitigt   −2   −1   0   +1   +2

7. Klienten können z.B. bei Berufstätigkeit auch außerhalb gängiger Öffnungszeiten einen Termin bei mir bekommen   −2   −1   0   +1   +2

8. Ich gebe den Klienten vor allem konkrete Tips und Ratschläge   −2   −1   0   +1   +2

9. Ich habe auch für Leute mit kleineren und alltäglichen Problemen Zeit   −2   −1   0   +1   +2

10. Ich würde mich als einen lebenserfahrenen Menschen bezeichnen   −2   −1   0   +1   +2

11. Ich bin als Berater besonders sachlich und überlegt   −2   −1   0   +1   +2

12. Es geht in meiner Beratung ausschließlich um das zu Beginn vorgestellte Problem   −2   −1   0   +1   +2

13. Im Rahmen meiner Beratung können die Klienten außer über Erziehungsprobleme auch über ihre persönlichen Probleme sprechen   −2   −1   0   +1   +2

14. Meine Beratung zielt darauf ab, daß die Klienten ihre eigenen Ängste, Schwächen und Stärken besser kennenlernen   −2   −1   0   +1   +2

15. In meiner Beratung werden auch intime Bereiche des Familienlebens angesprochen   −2   −1   0   +1   +2

16. Ich entscheide als Berater, welche Themen für die Beratung wichtig sind und wer an den Sitzungen teilnehmen soll   −2   −1   0   +1   +2

17. Ich achte bei mir auf ein seriöses und gepflegtes Äußeres   −2   −1   0   +1   +2

	stimmt nicht	stimmt wenig	unent- schieden	stimmt etwas	stimmt

18. Ich unterliege ebenso wie ein Arzt der Schweigepflicht — -2 -1 0 $+1$ $+2$

19. In meiner Beratung nehmen Eltern und Kinder einer Familie gemeinsam an den Beratungssitzungen teil — -2 -1 0 $+1$ $+2$

20. Ich kann auch nicht "tiefer" in die Klienten hineinsehen als andere Leute — -2 -1 0 $+1$ $+2$

21. In meiner Beratung steht nicht die Vergangenheit, sondern die gegenwärtige Familiensituation der Klienten im Mittelpunkt — -2 -1 0 $+1$ $+2$

22. Ich habe ein umfassendes Wissen über die Entstehung und die Lösungsmöglichkeiten von Problemen — -2 -1 0 $+1$ $+2$

23. Meine Beratung wirkt sich insgesamt positiv auf das Familienleben der Klienten aus — -2 -1 0 $+1$ $+2$

24. Es ist das Ziel meiner Beratung, störendes Verhalten der Kinder abzubauen und erwünschtes Verhalten aufzubauen — -2 -1 0 $+1$ $+2$

25. Ich schaffe in der Beratung eine Atmosphäre, in der die Klienten offen über ihre Privatsphäre sprechen können — -2 -1 0 $+1$ $+2$

26. Es nimmt mich persönlich nicht besonders mit, wenn ich mit schweren Problemen von Klienten konfrontiert werde — -2 -1 0 $+1$ $+2$

27. Zu Beginn meiner Beratung wird eine Untersuchung (z.B. mit Tests oder Fragebogen) durchgeführt — -2 -1 0 $+1$ $+2$

28. Ich strahle als Berater besonders Wärme und Geborgenheit aus — -2 -1 0 $+1$ $+2$

29. Ich kann als Berater besser mit Kindern umgehen als andere Leute, die selbst Kinder haben — -2 -1 0 $+1$ $+2$

30. Ich habe als Berufsausbildung ein Hochschulstudium absolviert — -2 -1 0 $+1$ $+2$

31. Ich strahle als Berater besonders Ruhe und Gelassenheit aus — -2 -1 0 $+1$ $+2$

32. Ich bin als Berater besonders locker und humorvoll — -2 -1 0 $+1$ $+2$

33. In meiner Beratung werden unter anderem auch Rollenspiele, Verhaltens- oder Gesprächsübungen durchgeführt — -2 -1 0 $+1$ $+2$

34. An dieser EB bekommen die Klienten gegebenenfalls neben der Beratung auch weitere Hilfen (z.B. finanzielle u. rechtliche Beratung, Hilfen gegenüber Behörden) — -2 -1 0 $+1$ $+2$

35. Die Beratung an dieser EB ist für alle Ratsuchenden kostenlos — -2 -1 0 $+1$ $+2$

	stimmt nicht	stimmt wenig	unent- schieden	stimmt etwas	stimmt

36. Ein Bestandteil meiner Beratung sind geistige oder körperliche Übungen (z.B. Entspannungsübungen, Phantasieübungen, Zeichnen) −2 −1 0 +1 +2

37. Ich höre als Berater besonders gut zu −2 −1 0 +1 +2

38. Ich bin als Berater besonders fordernd und direkt −2 −1 0 +1 +2

39. Die Klienten haben zu mir ein Verhältnis wie zu einem Freund −2 −1 0 +1 +2

40. Im Laufe meiner Beratung werden auch Fehler der Klienten angesprochen −2 −1 0 +1 +2

41. Es ist das Ziel meiner Beratung, daß das Problem der Klienten vollständig gelöst wird −2 −1 0 +1 +2

42. In meiner Beratung bekommen die Klienten vor allem Denkanstöße, die sie selbst in die Praxis umsetzen müssen −2 −1 0 +1 +2

43. Ich erkenne schnell, wo bei den Klienten das Problem liegt −2 −1 0 +1 +2

44. Ich baue keinesfalls freundschaftliche Kontakte zu den Klienten auf −2 −1 0 +1 +2

45. Ich kann mich auch als Akademiker gut in die Lage von einfachen Leuten hineinversetzen −2 −1 0 +1 +2

46. An dieser Caritas-EB wird eine andere Art von Beratung durchgeführt als an Beratungsstellen der Diakonie, AWO oder Pro Familia −2 −1 0 +1 +2

47. Ich mache gegenüber den Klienten nicht nur einfach "meinen Job" −2 −1 0 +1 +2

48. Meine Beratungstermine werden in den Räumen der Beratungsstelle durchgeführt −2 −1 0 +1 +2

49. Ich bin als Berater besonders verständnisvoll und tolerant −2 −1 0 +1 +2

50. Diese EB arbeitet zum Teil auch mit anderen Stellen (z.B. Schule, Sozialamt, Jugendamt) zusammen −2 −1 0 +1 +2

51. Es ist das Ziel meiner Beratung, daß die Klienten in ihrer Familie besser und offener miteinander reden können −2 −1 0 +1 +2

52. Ich bin im allgemeinen nicht viel jünger oder älter als die Klienten −2 −1 0 +1 +2

53. In meiner Beratung spielen die Ansichten aller Familienmitglieder, auch die der Kinder, eine Rolle −2 −1 0 +1 +2

54. Ich habe Erfahrungen mit eigenen Kindern −2 −1 0 +1 +2

55. Ich bin in ernsten Situationen auch einmal spätabends oder am Wochenende für die Klienten zu
erreichen   -2   -1   0   +1   +2

56. In meiner Beratung spielt das Verhältnis der
Eltern zueinander keine Rolle   -2   -1   0   +1   +2

57. Ich gebe konkrete Verhaltensaufgaben für die Zeit
zwischen den Sitzungen   -2   -1   0   +1   +2

58. Ich kläre die Klienten immer über meine Absichten
auf   -2   -1   0   +1   +2

59. Ich erzähle den Klienten auch von meinen privaten
Erfahrungen   -2   -1   0   +1   +2

60. Zwischen mir und den Klienten werden offene Kritik
geäußert und Forderungen gestellt   -2   -1   0   +1   +2

61. Ich berate Klienten mit ähnlichen Problemen in
Gruppen gemeinsam   -2   -1   0   +1   +2

62. Ich habe im allgemeinen mit Klienten meines
Geschlechts zu tun   -2   -1   0   +1   +2

63. In dieser Caritas-EB fließen die Ansichten der
katholischen Kirche in die Beratung mit ein   -2   -1   0   +1   +2

64. Ich ergreife bei Konflikten zwischen Familienmitgliedern für eine der Seiten Partei   -2   -1   0   +1   +2

65. Ich habe schon einige Jahre Berufserfahrung   -2   -1   0   +1   +2

66. Ich halte mich an die Wünsche und Ziele der
Klienten   -2   -1   0   +1   +2

67. Ich kann bei den Klienten Veränderungen bewirken,
ohne daß sie es bemerken   -2   -1   0   +1   +2

68. Meine Beratung zielt darauf ab, daß die Klienten
die Ursachen für ihre Schwierigkeiten erfahren   -2   -1   0   +1   +2

69. Diese EB ist nur für Probleme aus dem Erziehungsbereich zuständig   -2   -1   0   +1   +2

70. Meine Beratungen nehmen jeweils nicht mehr als
ein halbes Jahr in Anspruch   -2   -1   0   +1   +2

3. Teil des Fragebogens: Wünsche an die Beratung

*Im dritten Teil des Fragebogens geht es noch einmal um mögliche
Umstände der Tätigkeit eines Erziehungsberaters. Jetzt sollen Sie
jedoch im Unterschied zu den vorherigen Aussagen die Sätze danach
beurteilen, inwieweit Sie sich eine solche Praxis für sich selbst an
Ihrer EB <u>wünschen</u> würden, <u>unabhängig davon, wie Ihre momentane Praxis
an Ihrer EB tatsächlich aussieht.</u>*

*Nach jedem Satz haben Sie wieder die bekannten fünf Antwortmöglich-
keiten. Dabei bedeutet die Zahl -2 nun, daß Sie sich die angesprochene Tatsache nicht wünschen würden, die Zahl +2 bedeutet nun, daß
Sie sich diese Tatsache wünschen würden. Die Zahlen -1 und +1 geben
Ihnen wieder die Möglichkeit, Ihre Antworten in die eine oder andere
Richtung feiner abzustufen; die Zahl 0 wählen Sie, wenn Ihnen die
angesprochene Tatsache gleichgültig ist.*

	stimmt nicht	stimmt wenig	gleich-gültig	stimmt etwas	stimmt

71. Ich würde mir wünschen, mich vor allem mit den Kindern zu beschäftigen und mit den Eltern jeweils nur kurz zu sprechen   -2   -1   0   +1   +2

72. Ich würde mir wünschen, daß diese Caritas-EB vor allem für katholische Ratsuchende zuständig ist   -2   -1   0   +1   +2

73. Ich würde mir wünschen, daß Berater ihre eigenen Probleme weitgehend gelöst haben   -2   -1   0   +1   +2

74. Ich würde mir wünschen, daß ich mich als Berater bei anderen Leuten (z.B. Ämter, Arbeitsstelle, Lehrer) für die Belange der Klienten stark mache   -2   -1   0   +1   +2

75. Ich hoffe, daß es in meiner Beratung nicht so sehr um Gefühle und Ängste, sondern eher um konkretes Verhalten geht   -2   -1   0   +1   +2

76. Ich würde mir wünschen, daß die Schwierigkeiten der Klienten durch meine Beratung vollständig beseitigt werden   -2   -1   0   +1   +2

77. Ich würde mir wünschen, daß Klienten z.B. bei Berufstätigkeit auch außerhalb gängiger Öffnungs-zeiten einen Termin bei mir bekommen können   -2   -1   0   +1   +2

78. Ich hoffe, daß ich den Klienten vor allem konkrete Tips und Ratschläge gebe   -2   -1   0   +1   +2

79. Ich würde mir wünschen, daß ich auch für Leute mit kleineren und alltäglichen Problemen Zeit habe   -2   -1   0   +1   +2

80. Ich würde mir wünschen, daß Berater lebens-erfahrene Menschen sind   -2   -1   0   +1   +2

81. Ich hoffe, daß ich als Berater besonders sachlich und überlegt bin   -2   -1   0   +1   +2

82. Ich würde mir wünschen, daß es in meiner Beratung ausschließlich um das zu Beginn vorgestellte Problem geht   -2   -1   0   +1   +2

83. Ich würde mir wünschen, daß die Klienten im Rahmen meiner Beratung außer über Erziehungsprobleme auch über ihre persönlichen Probleme sprechen können   -2   -1   0   +1   +2

84. Ich würde mir wünschen, daß meine Beratung darauf abzielt, daß die Klienten ihre eigenen Ängste, Schwächen und Stärken besser kennenlernen   -2   -1   0   +1   +2

85. Ich hoffe, daß in meiner Beratung auch intime Bereiche des Familienlebens der Klienten ange-sprochen werden   -2   -1   0   +1   +2

86. Ich möchte, daß ich als Berater entscheide, welche Themen für die Beratung wichtig sind und wer an den Sitzungen teilnehmen soll   -2   -1   0   +1   +2

87. Ich hoffe, daß ich als Berater auf ein gepflegtes und seriöses Äußeres achte   -2   -1   0   +1   +2

	stimmt nicht	stimmt wenig	gleich-gültig	stimmt etwas	stimmt

88. Ich wünsche mir, daß ich als Berater ebenso wie ein Arzt der Schweigepflicht unterliege   −2   −1   0   +1   +2

89. Ich wünsche mir, daß Eltern und Kinder einer Familie gemeinsam an den Beratungssitzungen teilnehmen   −2   −1   0   +1   +2

90. Ich hoffe, daß ich als Berater auch nicht "tiefer" in die Klienten hineinsehen kann als andere Leute   −2   −1   0   +1   +2

91. Ich möchte, daß in meiner Beratung nicht die Vergangenheit, sondern die gegenwärtige Familiensituation der Klienten im Mittelpunkt steht   −2   −1   0   +1   +2

92. Ich hoffe, daß ich als Berater ein umfassendes Wissen über die Entstehung und die Lösungsmöglichkeiten von Problemen habe   −2   −1   0   +1   +2

93. Ich hoffe, daß meine Beratung sich insgesamt positiv auf das Familienleben der Klienten auswirkt   −2   −1   0   +1   +2

94. Ich hoffe, daß es das Ziel meiner Beratung ist, störendes Verhalten der Kinder abzubauen und erwünschtes Verhalten aufzubauen   −2   −1   0   +1   +2

95. Ich hoffe, daß ich als Berater eine Atmosphäre schaffe, in der man offen über seine Privatsphäre sprechen kann   −2   −1   0   +1   +2

96. Ich würde mir wünschen, daß es mich als Berater persönlich nicht besonders mitnimmt, wenn ich mit schweren Problemen von Ratsuchenden konfrontiert werde   −2   −1   0   +1   +2

97. Ich würde mir wünschen, daß zu Beginn meiner Beratung eine Untersuchung (z.B. mit Tests oder Fragebogen) durchgeführt wird   −2   −1   0   +1   +2

98. Ich hoffe, daß ich als Berater besonders Wärme und Geborgenheit ausstrahle   −2   −1   0   +1   +2

99. Ich würde mir wünschen, daß ich als Berater besser mit Kindern umgehen kann als andere Leute, die selbst Kinder haben   −2   −1   0   +1   +2

100. Ich würde mir wünschen, daß Berater als Berufsausbildung ein Hochschulstudium absolviert haben   −2   −1   0   +1   +2

101. Ich hoffe, daß ich als Berater besonders Ruhe und Gelassenheit ausstrahle   −2   −1   0   +1   +2

102. Ich hoffe, daß ich als Berater besonders locker und humorvoll bin   −2   −1   0   +1   +2

103. Ich hoffe, daß in meiner Beratung unter anderem auch Rollenspiele, Verhaltens- oder Gesprächsübungen durchgeführt werden   −2   −1   0   +1   +2

104. *Ich möchte, daß die Klienten an dieser EB*   −2   −1   0   +1   +2
gegebenenfalls neben der Beratung auch weitere
Hilfen (z.B. finanzielle u. rechtliche Beratung,
Hilfen gegenüber Behörden) bekommen

105. *Ich würde mir wünschen, daß die Beratung für alle*   −2   −1   0   +1   +2
Ratsuchenden kostenlos ist

106. *Ich würde mir wünschen, daß ein Bestandteil meiner*   −2   −1   0   +1   +2
Beratung auch geistige oder körperliche Übungen
(z.B. Entspannungsübungen, Phantasieübungen,
Zeichnen) sind

107. *Ich hoffe, daß ich als Berater besonders gut zuhöre* −2   −1   0   +1   +2

108. *Ich hoffe, daß ich als Berater besonders fordernd*   −2   −1   0   +1   +2
und direkt bin

109. *Ich würde mir wünschen, daß die Klienten zu mir*   −2   −1   0   +1   +2
ein Verhältnis haben wie zu einem Freund

110. *Ich würde mir wünschen, daß im Laufe meiner Bera-*   −2   −1   0   +1   +2
tung auch Fehler der Klienten angesprochen werden

111. *Ich würde mir wünschen, daß es das Ziel meiner*   −2   −1   0   +1   +2
Beratung ist, daß das Problem der Klienten voll-
ständig gelöst wird

112. *Ich hoffe, daß die Klienten in meiner Beratung vor* −2   −1   0   +1   +2
allem Denkanstöße bekommen, die sie selbst in die
Praxis umsetzen müssen

113. *Ich hoffe, daß ich als Berater schnell erkenne,*   −2   −1   0   +1   +2
wo bei den Klienten das Problem liegt

114. *Ich hoffe, daß ich als Berater keinesfalls freund-*   −2   −1   0   +1   +2
schaftliche Kontakte zu den Ratsuchenden aufbaue

115. *Ich hoffe, daß ich mich auch als Akademiker gut in* −2   −1   0   +1   +2
die Lage von einfachen Leuten hineinversetzen kann

116. *Ich möchte, daß an dieser Caritas-EB eine andere*   −2   −1   0   +1   +2
Art von Beratung durchgeführt wird als an Bera-
stellen der Diakonie, AWO oder Pro Familia

117. *Ich möchte, daß ich als Berater gegenüber den Rat-* −2   −1   0   +1   +2
suchenden nicht nur einfach "meinen Job" mache

118. *Ich würde mir wünschen, daß meine Beratungstermine* −2   −1   0   +1   +2
in den Räumen der Beratungsstelle durchgeführt
werden

119. *Ich hoffe, daß ich als Berater besonders verständ-* −2   −1   0   +1   +2
nisvoll und tolerant bin

120. *Ich würde mir wünschen, daß die Beratungsstelle*   −2   −1   0   +1   +2
zum Teil auch mit anderen Stellen (z.B. Schule,
Sozialamt, Jugendamt) zusammenarbeitet

	stimmt nicht	stimmt wenig	gleich-gültig	stimmt etwas	stimmt

121. Ich möchte, daß es das Ziel meiner Beratung ist, daß die Klienten in ihrer Familie besser und offener miteinander reden können

$-2 \quad -1 \quad 0 \quad +1 \quad +2$

122. Ich würde mir wünschen, daß meine Klienten im allgemeinen nicht viel jünger oder älter sind als ich

$-2 \quad -1 \quad 0 \quad +1 \quad +2$

123. Ich hoffe, daß die Ansichten aller Familienmitglieder, auch die der Kinder, in meiner Beratung eine Rolle spielen

$-2 \quad -1 \quad 0 \quad +1 \quad +2$

124. Ich würde mir wünschen, daß Berater selbst Kinder haben und sich so besser in die Lage der Ratsuchenden hineinversetzen können

$-2 \quad -1 \quad 0 \quad +1 \quad +2$

125. Ich würde mir wünschen, daß ich als Berater in ernsten Situationen auch einmal spätabends oder am Wochenende zu erreichen bin

$-2 \quad -1 \quad 0 \quad +1 \quad +2$

126. Ich möchte, daß das Verhältnis der Eltern zueinander in meiner Beratung keine Rolle spielt

$-2 \quad -1 \quad 0 \quad +1 \quad +2$

127. Ich würde mir wünschen, daß ich konkrete Verhaltensaufgaben für die Zeit zwischen den Sitzungen gebe

$-2 \quad -1 \quad 0 \quad +1 \quad +2$

128. Ich hoffe, daß ich die Klienten immer über meine Absichten aufkläre

$-2 \quad -1 \quad 0 \quad +1 \quad +2$

129. Ich würde mir wünschen, daß ich als Berater den Klienten auch von meinen privaten Erfahrungen erzähle

$-2 \quad -1 \quad 0 \quad +1 \quad +2$

130. Ich möchte, daß zwischen den Klienten und mir offene Kritik geäußert und Forderungen gestellt werden

$-2 \quad -1 \quad 0 \quad +1 \quad +2$

131. Ich würde mir wünschen, daß Leute mit ähnlichen Problemen in Gruppen gemeinsam beraten werden

$-2 \quad -1 \quad 0 \quad +1 \quad +2$

132. Ich würde mir wünschen, daß ich im allgemeinen mit Klienten meines Geschlechts zu tun habe

$-2 \quad -1 \quad 0 \quad +1 \quad +2$

133. Ich hoffe, daß in dieser Caritas-EB die Ansichten der katholischen Kirche in die Beratung einfließen

$-2 \quad -1 \quad 0 \quad +1 \quad +2$

134. Ich hoffe, daß ich als Berater bei Konflikten zwischen Familienmitgliedern für eine der Seiten Partei ergreife

$-2 \quad -1 \quad 0 \quad +1 \quad +2$

135. Ich würde mir wünschen, daß Berater schon einige Jahre Berufserfahrung haben

$-2 \quad -1 \quad 0 \quad +1 \quad +2$

136. Ich hoffe, daß ich mich als Berater an die Wünsche und Ziele der Klienten halte

$-2 \quad -1 \quad 0 \quad +1 \quad +2$

137. Ich hoffe, daß ich als Berater Veränderungen bewirken kann, ohne daß die Klienten es bemerken

$-2 \quad -1 \quad 0 \quad +1 \quad +2$

	stimmt nicht	stimmt wenig	gleich- gültig	stimmt etwas	stimmt

138. Ich hoffe, daß meine Beratung darauf abzielt, daß die Klienten die Ursachen für ihre Schwierigkeiten erfahren   −2 −1 0 +1 +2

139. Ich würde mir wünschen, daß die Erziehungsbera-tungsstelle nur für Probleme aus dem Erziehungs-bereich zuständig ist   −2 −1 0 +1 +2

140. Ich würde mir wünschen, daß meine Beratungen jeweils nicht mehr als ein halbes Jahr in Anspruch nehmen   −2 −1 0 +1 +2

Therapiebewertungsbogen

für Berater

Persönl. Datum

Datum des Kl.

Bevor Sie beginnen noch eine Bitte: Um uns die Zuordnung Ihres Bogens zu denen Ihrer Klienten zu ermöglichen, tragen Sie bitte dasjenige markante Datum
(z.B. Geburtsdatum Ihrer Mutter), welches Sie auch bei
ihrem Erwartungsfragebogen verwendet haben, in das
Kästchen (Persönl. Datum) auf dem Deckblatt dieses
Fragebogens ein.
Desweiteren sollten Sie ebenfalls auf dem Deckblatt
das persönl. Datum desjenigen Klienten eintragen,
dessen Beratung Sie hier bewerten. (Diese Nummer müßte
im Sekretariat auf dem Kontrollbogen zu finden sein)
Ohne diese beiden Angaben ist der Bewertungsbogen nicht
auswertbar. Ihre Anonymität und die Ihres Klienten
werden dadurch nicht beeinträchtigt.

Fragen zum Therapie-/Beratungsverlauf:

1. Wie viele Monate war(en) der Klient/die Klienten
   bislang in der Beratungsstelle in Betreuung?

   _____ Monate

2. Etwa wie viele Termine hatte(n) der Klient/
   die Klienten in dieser Zeit insgesamt?

   _____ Anzahl

3. Mit wem wurde hauptsächlich gearbeitet?

   Familiensetting   0
   Eltern zusammen   0
   Mutter/Frau allein   0
   Vater/Mann allein   0
   Kind allein   0

4. Ist die Beratung/Therapie zum jetzigen
   Zeitpunkt bereits beendet?

   1. Ja   0
   2. Nein 0

1. Zufriedenheit mit der Beratung/Therapie

In den folgenden Fragen geht es um Ihre Zufriedenheit mit der Beratung. Bitte beurteilen Sie für jede Aussage, wie sehr Sie mit dem angesprochenen Aspekt der Beratung zufrieden sind. Dabei bedeutet die Zahl -2 starke Unzufriedenheit, die Zahl +2 starke Zufriedenheit. Die Zahlen -1 und +1 geben Ihnen wieder die Möglichkeit, Ihre Antworten feiner abzustufen. Die Zahl 0 kreuzen Sie an, wenn Sie weder zufrieden noch unzufrieden mit dem angesprochenen Aspekt sind.

Wie zufrieden sind Sie...	UNZUFRIEDEN sehr	eher	teils teils	ZUFRIEDEN eher	sehr
1. mit den Themen, die in der Beratung zur Sprache gekommen sind	-2	-1	0	+1	+2
2. mit Ihrem persönlichen Auftreten und Verhalten in dieser Beratung	-2	-1	0	+1	+2
3. mit dem zeitlichen Ablauf der Beratung	-2	-1	0	+1	+2
4. damit, was in den Beratungssitzungen konkret gemacht wurde	-2	-1	0	+1	+2
5. mit den Veränderungen, die durch die Beratung erreicht worden sind	-2	-1	0	+1	+2
6. damit, wie Sie Ihre beruflichen Fähigkeiten in dieser Beratung umsetzen konnten	-2	-1	0	+1	+2
7. mit den Zielen, die in der Beratung verfolgt wurden	-2	-1	0	+1	+2
8. mit dem Verhältnis zwischen Ihnen und dem(n) Klienten	-2	-1	0	+1	+2
9. mit dieser Beratung/Therapie insgesamt	-2	-1	0	+1	+2
10. mit Ihrem persönlichen Engagement in dieser Beratung	-2	-1	0	+1	+2
11. mit den räumlichen und organisatorischen Gegebenheiten in dieser Beratung/Therapie	-2	-1	0	+1	+2

2. Erreichte Veränderungen:

Die folgenden Aussagen befassen sich mit Veränderungen, die sich im Laufe einer Beratung bei Klienten ergeben könnten. Bitte stellen Sie sich noch einmal die Situation des Klienten zum Zeitpunkt seiner Anmeldung vor. Überblicken Sie dann die seither vergangene Zeit und beurteilen Sie für jede der folgenden Aussagen, <u>ob sich eine Veränderung in die eine oder andere Richtung bei dem(n) Klienten in diesem Zeitraum ergeben hat.</u>

Das Ausmaß und die Richtung dieser Veränderung geben Sie bitte durch Ankreuzen der entsprechenden Zahl auf der folgenden Skala an:

nein, genau im Gegenteil	nein, eher im Gegenteil	keine Veränderung	ja, etwas	ja, sehr
-2	-1	0	+1	+2

Beispiel: "Der Klient schläft jetzt schlechter"
Ist diese Veränderung seit der Anmeldung tatsächlich stark bei dem Klienten in Erscheinung getreten (d.h. er/sie schläft jetzt schlechter), kreuzen Sie +2 an. Ist jedoch das Gegenteil der Fall (d.h. er/sie schläft jetzt besser), kreuzen Sie -2 an. Bei nur leichten Veränderungen wählen Sie +1 oder -1. Falls keine Veränderung eingetreten ist, markieren Sie die Zahl 0.
Hier nun die Aussagen:

14. Der/die Klienten kommen mit dem zu Beginn der Beratung   -2 -1 0 +1 +2
    bestehenden Problem jetzt besser zurecht

15. Der/die Klienten können jetzt schlechter einschätzen, wie -2 -1 0 +1 +2
    Ihr Auftreten und Handeln auf die anderen Familien-
    mitglieder wirkt

16. Der/die Klienten regeln Konflikte untereinander jetzt   -2 -1 0 +1 +2
    auf eine befriedigendere Art und Weise

17. Der/die Klienten sind sich jetzt mehr im Klaren darüber,   -2 -1 0 +1 +2
    was ihnen in ihrer Familie wichtig ist

18. Der/die Klienten kommen in ihrer Familie jetzt insgesamt   -2 -1 0 +1 +2
    schlechter miteinander aus

19. Der/die Klienten können jetzt besser miteinander über   -2 -1 0 +1 +2
    ihre Gedanken und Gefühle sprechen

20. Der/die Klienten haben jetzt weniger Möglichkeiten   -2 -1 0 +1 +2
    mit schwierigen Situationen umzugehen

21. Der/die Klienten haben sich einige falsche oder   -2 -1 0 +1 +2
    unpassende Verhaltensweisen abgewöhnt

Dieter Wälte

Der Expertenansatz
Sein Beitrag für die Klärung der Indikationsfrage
in der Familientherapie

In dieser aktuellen Studie wird ein Ansatz vorgestellt, mit dem die Nützlichkeit der praktischen Erfahrungen von Experten für die Klärung des Einsatzes der Familienthe-rapie untersucht wird. Dabei kann mit drei aufeinander abgestimmten Analysestufen gezeigt werden, daß das Expertenwissen eine wichtige Informationsquelle für die Fundierung von Indikationsempfehlungen bietet. Denn es lassen sich aus den Ein-schätzungen der Experten differentielle Familienmerkmale herausfiltern, die Hinwei-se auf die Frage liefern, unter welchen Bedingungen eine Familientherapie oder eine andere Interventionsform indiziert ist.
Die Untersuchung liefert somit Forschern wie Praktikem wichtige Impulse für die weitere Arbeit.

Waxmann Verlag GmbH Münster/New York, 1990, br., 331 Seiten, 59.00 DM
ISBN 3-89325-063-8

Heiner Gertzen

Entscheidungen bei sequenzierter Informationsdarbietung
am Bildschirm

Diese Studie untersucht theoretisch und empirisch, wie unterschiedliche Arten der Sequenzierung, d.h. der Auswahl und Anordnung von Informationen, den Entschei-dungsvorgang einer Person beeinflussen. Ein Sequenzierungsproblem tritt auf, sobald computergestützte Informationssysteme zur Entscheidungsfindung benutzt werden. Denn einerseits sind im Massenspeicher des Rechners große Informationsmengen verfügbar, andererseits zwingt jedoch die begrenzte Kapazität des Bildschirms wie auch des Systembenutzers zu einer sequenzierten Darbietung relativ kleiner Informa-tionseinheiten.
Die Untersuchung bereichert die aktuelle Entscheidungsforschung um praxisorientier-te Ergebnisse zu den Problembereichen Aufwand-Qualitäts-Analyse, alternativenba-sierte Verarbeitung und dimensionale Strategien.

Waxmann Verlag GmbH Münster/New York, 1990, br., 203 Seiten, 49.90 DM
ISBN 3-89325-068-9

Fragen zu Ihrem persönlichen Eindruck von dem Fragebogen

1. Länge des Fragebogens

a. Wie lange dauerte das Ausfüllen des Fragebogens?

_____ Minuten

b. Mir erscheint der Fragebogen persönlich:

viel zu lang   0
zu lang   0
genau passend   0
zu kurz   0
viel zu kurz   0

2. Erläuterungen und Inhalte des Fragebogens

a. Ich finde die Hinweise, wie man den Fragebogen ausfüllen soll:

sehr klar und verständlich   0
einigermaßen verständlich   0
ziemlich unverständlich   0
sehr unverständlich   0

b. Ich finde die Aussagen des Fragebogens sprachlich:

sehr verständlich   0
eher verständlich   0
normal verständlich   0
eher unverständlich   0
sehr unverständlich   0

falls Sie einige Fragen unverständlich fanden, geben Sie bitte deren Nummern

an: _____

c. Fanden Sie, daß bestimmte Aspekte in dem Fragebogen zu genau behandelt
wurden? Wenn ja, geben Sie diese Aspekte bitte an:

_____

_____

d. Konnten Sie mit bestimmten Aspekten in dem Fragebogen gar nichts anfangen?
Wenn ja, geben Sie diese bitte an:

_____

_____

e. Haben Sie sonst noch irgendeine kritische Anmerkung zu dem Fragebogen zu
machen? (Hat er Sie möglicherweise geärgert, erfreut, beunruhigt, genervt,
interessiert?): _____

_____

_____